W0033927

Die **500** besten
PFLANZEN
für Balkon und Terrasse

Die **500** besten
PFLANZEN
für Balkon und Terrasse

Herausgegeben von
Andrea Rausch und
Annette Timmermann

Die Deutsche Bibliothek – CIP-Einheitsaufnahme

Die 500 besten Pflanzen für Balkon und Terrasse / Andrea Rausch;
Annette Timmermann. – Köln: DuMont-Monte-Verlag, 2002
ISBN 3-8320-8681-1

Herausgegeben von Andrea Rausch und Annette Timmermann
Mit Texten von: Wolfgang Beuchelt (Scriptorium Köln): Achillea millefolium – Kniphofia
(Stauden), Regine Ermert: Beta vulgaris – Raphanus sativus / Fragaria x ananassa –
Vaccinium corymbosum / Ocimum basilicum – Allium schoenoprasum (Kräuter, Gemüse,
Obst), Ralph Henry Fischer: Pennisetum setaceum – Zinnia (Saisonpflanzen),
Alexander Kerkhoff: Dendranthema-Indicum-Hybriden – Melampodium paludosum
(Saisonpflanzen), Sonja Leyers: Bidens ferulifolia – Dahlia (Saisonpflanzen),
Samuel Liebe: Acalypha hispida – Bellis perennis / Mesembryanthemum crystallinum –
Pelargonium (Saisonpflanzen), Brigitte Lotz: Kletterpflanzen, Rosen (Rosa 'Alba Meidiland'
bis 'Meidiland'), Andrea Rausch: Rosen (Muttertag bis Zwergkönig) und alle übrigen Texte,
Brigitte Rüßmann (Scriptorium Köln): Pernettya – Viola cornuta (Stauden)

Alle Abbildungen © Annette Timmermann, Stolpe

Druck und buchbinderische Verarbeitung: APPL, Wemding

Originalausgabe
Alle Rechte vorbehalten
© 2002 DuMont Monte Verlag, Köln

Printed in Germany
ISBN 3-8320-8681-1

Inhalt

Vorwort

Was hält Sie noch davon ab, Ihren Balkon oder Ihre Terrasse in ein »grünes Zimmer« zu verwandeln? Auch auf kleinstem Raum lassen sich grüne Oasen schaffen, in denen Sie Ruhe und Entspannung finden oder Ihrer Leidenschaft, dem Gärtnern, nachgehen können.

Wir helfen Ihnen dabei und stellen neben vielen Anregungen und Tipps die schönsten und populärsten Pflanzen für Balkon und Terrasse vor, die Sie in gut sortierten Gärtnereien und Garten-Centern ohne Mühe finden.

Viele beliebte Balkonblumen, Kübelpflanzen und Kräuter stammen aus mediterranen oder tropischen Ländern. Ohne ihre exotische Blütenpracht wäre das Jahr auf dem Balkon oder der Terrasse nur halb so schön, auch wenn Sie nicht frostbeständig sind. In letzter Zeit wird diese Gruppe mehr und mehr durch frostharte Ziergehölze und Stauden erweitert, die man bisher nur aus dem Garten kannte. Und selbst Obst und Gemüse hält es nicht mehr am angestammten Platz.

Auf Balkon und Terrasse herrschen für Pflanzen besondere Bedingungen. Benötigen sie volle Sonne oder gedeihen sie noch im Schatten? Wachsen sie nur eine Saison oder über viele Jahre? Können Sie im Freien überwintern oder müssen sie vor Frost geschützt werden? Wie groß muss das Gefäß sein und welches Material bietet sich an? Welche Erde benutze ich am besten? Wie häufig muss gegossen werden? Kann ich sie selbst vermehren? Bei Dachterrassen besonders wichtig – vertragen die Pflanzen Wind oder gar Zugluft? Alle Antworten auf diese und weitere Fragen finden Sie in den einleitenden Kapiteln und detaillierten Pflanzenporträts. Wie Sie Schädlingen und Krankheiten mit umweltschonenden Mitteln an den Kragen gehen, finden Sie im Anschluss an die Pflanzen-Porträts.

Im Hauptteil des Buches finden Sie durch die Einteilung in gängige Pflanzengruppen schnell die richtige Pflanzen für jeden Verwendungszweck. Innerhalb der Gruppen sind sie nach ihren botanischen Namen alphabetisch geordnet. Die gängigste deutsche Bezeichnung findet sich ebenfalls in der Überschrift. Ist die Pflanze noch unter einem weiteren Namen bekannt, so steht dies im Text.

Die Herausgeberinnen Andrea Rausch und Annette Timmermann sind gelernte Gartenbau-Ingenieurinnen und haben das Sortiment für Sie zusammengestellt. Aus der Feder von Frau Rausch, die als freie Autorin und Lektorin tätig ist, stammen die praktischen Kultur- und Pflegeanleitungen sowie das Kapitel der Kübelpflanzen. Alle übrigen Pflanzen-Porträts wurden von weiteren Fachautoren geschrieben. Frau Timmermann arbeitet für einen Pflanzengroßhandel in Norddeutschland. Von ihr stammen die brillianten Farbfotos.

In den gelben Kästen neben den Beschreibungen finden Sie auf einen Blick die wichtigsten Angaben zu jeder Pflanze. Die hier verwendeten Symbole haben folgende Bedeutung:

💧	viel gießen	°°°	Aussaat
💧	wenig gießen	▨	Stecklinge
		❀	Teilung
☼	liebt Sonne		
☀	liebt Schatten	❁	Blühpflanze
☼	liebt Halbschatten	❦	Blattpflanze
		❧	Kletterrose
⊡	verträgt Staunässe		
△	regenempfindlich	❄	frosthart
⚠	geschützt aufstellen	⚠	abdecken
		❋	Kalthaus
✖	Giftpflanze bzw.	⌂	temperiertes Haus
	Allergienauslöser	❋	Warmhaus
⊙	einjährig		
∞	mehrjährig		

Kalthaus: Hell, 5-10 °C. Ideale Bedingungen für die meisten Kübelpflanzen, die man in kühlen Wintergärten oder Kleingewächshäusern, in ungeheizten Treppenhäusern oder Eingangsbereichen findet.

Temperiertes Haus: Hell, 10-15 °C. Für subtropische Pflanzen. Geeignete Quartiere sind leicht temperierte Wintergärten, Gewächshäuser, Treppenhäuser oder kühle Wohnräume.

Warmhaus: Hell, 15-20 °C. Tropische Pflanzen brauchen Wärme, die man in beheizten Wintergärten, Gewächshäusern und Wohnräumen vorfindet.

Bitte beachten Sie:
Giftige und Allergien auslösende Pflanzen sind mit ✖ gekennzeichnet. Wenn Sie kleine Kinder haben, die sich häufig von den farbenprächtigen Blüten und Früchten angezogen fühlen, verzichten Sie lieber auf diese Pflanzen. Nehmen Sie auch die Allergie-Hinweise ernst. Die Pflanzenauswahl ist so groß, dass Sie sicherlich eine Alternative finden.

Die Frage des Standorts

Bevor Sie sich an die Auswahl Ihrer Balkon- und Kübelpflanzen machen, sollten Sie zunächst beobachten, von welchem Microklima der vorgesehene Platz beherrscht wird. Ist ihre Terrasse den ganzen Tag über der prallen Sonne ausgesetzt? Oder stehen die Pflanzen in einem schattigen Innenhof? Oder sind sie etwa auf einer freien Dachterrasse dem Wetter ausgesetzt und müssen hier einem besonders starken Wind trotzen? Vergessen Sie dabei nicht, die regionalen Klimaverhältnisse mit in diesen Fragenkatalog einzubeziehen. Wichtige Punkte dabei sind zum Beispiel die Anzahl der Sonnenstunden, Niederschlagsmenge und Luftfeuchtigkeit sowie Dauer und Stärke des Winters. Die besten Wachstumbedingungen liegen immer dann vor, wenn sie in Hinblick auf Licht, Temperatur, Feuchtigkeit und Substrat in etwa dem natürlichen Standort der Pflanzenart entsprechen. Für unser kühl bis temperiertes Klima eignen sich in erster Linie heimische Pflanzen sowie Pflanzen aus Regionen mit ähnlichen klimatischen Voraussetzungen. Außerdem solche Gewächse, die auch an einem warmen Naturstandort den starken Temperaturwechsel zwischen Tag und Nacht gewöhnt sind. Durch die züchterische Bearbeitung sind viele Sorten hinsichtlich ihres Standortes jedoch weitaus toleranter geworden als die Wildform. Informieren Sie sich deshalb im lexikalischen Teil noch einmal über die jeweiligen Standortansprüche Ihrer Pflanzen.

Sonne pur

Die meisten Sommerblumen sind Sonnenliebhaber. Ein freier, unbedachter Standort, nach Süden ausgerichtet und den ganzen Tag der Sonne ausgesetzt, ist für sie ideal. Zweizahn, Elfensporn, Mittagsgold, Astern, Zitrusfrüchte und Strauchmargeriten gehören dazu, genauso wie die meisten Kräuter. Die Blüten von Mittagsblumen und Kapmargeriten öffnen sich sogar nur bei Sonnenschein. Einige Pflanzen mit silbrigen, blauen oder graugrünen Blättern wie Oliven, Eukalyptus, Zistrosen oder Silberblatt. sind einem sonnigen Standort besonders gut angepasst. Die Blätter heizen sich dank ihrer Beschaffenheit nicht so stark auf und verdunsten weniger Wasser. Ledrige Blätter, etwa von Lorbeer, sind ein besonders guter Verdunstungsschutz, genauso wie die kleinen, nadelartigen Blätter von Myrte oder Rosmarin. Wahre Trockenkünstler sind sukkulente Pflanzen wie Agaven oder Portulakröschen, deren fleischige Blätter das wertvolle Wasser speichern.

Sonne ohne Mittagshitze

Einige sonnenliebende Pflanzen, vor allem jene mit großen, weichen Blättern, brauchen im Sommer einen Schutz vor der heißen Mittagssonne. Das kann eine Markise, ein Sonnenschirm oder der wandernde Schatten einer Mauer oder eines Baumes sein. In der Mittagshitze würden Pflanzen wie Engelstrompete, Roseneibisch oder Tibouchina einfach zu viel Wasser verdunsten und schlapp machen.

Sonne bis lichter Schatten

Wenig Probleme bereiten die Pflanzen, die im vollen Sonnenlicht wachsen, aber auch leichten Schatten vertragen. Nach Südosten oder Südwesten ausgerichtete Standorte sind für sie optimal. Beispiele sind Leberbalsam, Hänge-Pelargonien, Felberich, Studentenblumen, Veilchen und Gräser wie Kalmus, Zittergras, Schwingel oder Pfeifengras. Auch für die meisten buntblättrigen Arten und Sorten ist dieser Standort optimal. Sie enthalten weniger Blattgrün als grünblättrige Pflanzen und müssen daher immer etwas heller stehen.

Halbschatten

Wie gut, dass es auch weniger lichthungrige Pflanzen gibt. Sie sind ideal, um halbschattige Bereiche zu begrünen, denn ihnen reichen einige Stunden Morgen- oder Abendsonne an der Ost- oder

Westseite des Hauses völlig aus. Würden sie in der vollen Sonne stehen, könnten die Wurzeln gar nicht so schnell das erforderliche Wasser in die oberen Pflanzenteile transportieren. Als Folge treten Blattverbrennungen auf, die Pflanzen können sogar ganz vertrocknen. Im Halbschatten wachsen Spindelstrauch, Fuchsien, Begonien, Hortensien, Edellieschen sowie Fleißige Lieschen und Waldreben.

Schatten

Für kühl schattige, nach Nordwesten oder Nordosten ausgerichtete Bereiche eignen sich Efeu, Japanischer Hopfen, Aukube, Kamelie, Immergrün, Buntnessel und die meisten Farne. Sie wachsen in der Natur meist unter Bäumen und kommen mit wenig Licht aus. Ein schattiger Standort ist für diese Pflanzen besonders im Sommer wichtig, denn ihre meist großen und weichen Blätter würden sich in der Sonne stark aufheizen und rasch verbrennen. Gleichzeitig verdunsten sie über ihre große Blattfläche viel Wasser. Panaschierte und buntblättrige Sorten sind dagegen für schattige Plätze ungeeignet, sie vergrünen dort.

Temperatur

Die Temperatur hängt neben dem Standort auch vom regionalen Klima ab. Wärmebedürftige Pflanzen finden die günstigsten Bedingungen im Weinbauklima, wo die Zahl der Sonnenstunden hoch und auch die Winter recht mild sind. Während Pflanzen tropischer Herkunft, zu denen beispielsweise Bougainvilleen, Kassien oder Kreppmyrten gehören, erst bei hohen Temperaturen wachsen und blühen, gedeihen Pflanzen maritimer Herkunft auch bei kühlerer Witterung. Robuster sind unter anderem Zwergpalmen, Fuchsien oder Lorbeer.

Bei Wind und Wetter

An Küstenregionen, auf freien Terrassen oder hoch gelegenen Balkonen und Dachterrassen herrscht oft eine steife Brise. Für diese Standorte bieten sich robuste Vertreter wie Schuppen-Wacholder, Färber-Ginster oder Ginkgo an, die generell nicht so wärmebedürftig sind. An windexponierten Standorten trocknen die Pflanzen wesentlich schneller aus. Bambusse verdunsten häufig so viel Wasser, dass man mit dem Gießen nicht mehr nachkommt. Auch Pflanzen mit zarten Trieben oder großen, weichen Blättern wie Schönmalven, Zimmeraralien oder Weiden leiden hier. An diesen Extremstandorten empfiehlt es sich, die Pflanzen in große Gefäße zu setzen, damit sie einen ausreichenden Wasservorrat haben. Große Kübelpflanzen sollten zudem so aufgestellt werden, dass sie nicht umfallen. Wände und Hecken schutzen vor Zugluft und konnen Warme speichern. Überdachte Plätze bieten

sich für regenempfindliche Pflanzen, zum Beispiel Perückenstrauch, Oleander, Bleiwurz und viele Palmenarten, an. Aber auch Sukkulenten, die aus den niederschlagsarmen Gebieten der Erde stammen, stehen lieber zu trocken als zu nass. Kamelie, Fuchsie oder Hornklee kommen aus luftfeuchten Gebieten und wachsen daher auch in feuchten, kühlen Sommern noch gut.

Auf gute Nachbarschaft

In der Regel darf ein Mieter seinen Balkon oder seine Terrasse nach eigenem Ermessen gestalten, solange er seine Nachbarn nicht stört. Sollten Sie Balkonkästen nach außen aufhängen, sorgen Sie auf jeden Fall für eine gute Befestigung. Achten Sie darauf, dass kein Gießwasser die Fassade herunterläuft, auf Nachbar's Gartenmöbel oder gar auf den Gehweg tropft; letzteres kann besonders im Winter eine Gefahrenquelle sein. Bevor Sie größere bauliche Maßnahmen durchführen, zum Beispiel ein Mini-Gewächshaus auf Ihrem Balkon installieren, sprechen Sie sich vorher mit Ihrem Vermieter oder Miteigentümern ab.

Das passende Gefäß

Entscheidend bei der Auswahl der Gefäße ist neben dem persönlichen Geschmack, dass sie sich harmonisch in das Umfeld einfügen und den Pflanzen einen optimalen Lebensraum bieten. Bedenken Sie, dass sich für die Kultur in Gefäßen eher Pflanzen mit flachen als mit tiefgründigen Wurzeln eignen.

Beziehen Sie auch das Gewicht in Ihre Überlegungen mit ein. Ein Balkon sollte durch Begrünung und Möbel nicht zu stark belastet werden, als Richtwert gelten 250 kg/m². Das ist jedoch abhängig von seiner Größe und Bauart.

Die Auswahl an Formen und Materialien ist groß, deshalb an dieser Stelle eine Orientierungshilfe:

Modelle

Balkonkästen: In der Regel sind sie aus Kunststoff, die Farben reichen von Braun, Grün, Weiß bis zu Terrakotta. Standardlängen sind 40, 60, 80 oder 100 cm. Für eine Bepflanzung mit einjährigen Sommerblumen, klein bleibenden Stauden und Gehölzen empfehlen sich großvolumige Kästen, die mindestens 20 cm breit

und hoch sein sollten, damit die Pflanzen ausreichend Wurzelraum haben. Für größere Stauden und Gehölze nehmen Sie besser noch größere Gefäße. Praktisch sind Kästen mit Wassertanks, die einem im Sommer viel Gießarbeit ersparen.

Ampeln: Sie werden in verschiedenen Größen angeboten und sind in der Regel aus Kunststoff, der Durchmesser reicht von 20 cm bis 50 cm. Wählen Sie sie nicht zu klein, denn bei guter Pflege werden die Pflanzen rasch groß. Wichtig ist eine stabile Aufhängung – am besten an einem windgeschützten Platz –, denn nach dem Gießen können sie schwer werden. Ampeln gibt es auch mit Wassertanks. Das erspart das »Über-Kopf-Gießen«.

Töpfe und Schalen: Der gute alte Blumentopf ist auch in der heutigen Zeit nicht wegzudenken. Neben Tontöpfen gibt es mittlerweile Schalen und Töpfe aus Kunststoff in den verschiedensten Dekors. Beliebt sind die Terrakotta-Nachbildungen, deren Vorteil wieder eindeutig im geringen Gewicht liegt. Töpfe eignen sich hervorragend für spontane oder wechselnde Arrangements, denn man kann sie leicht dort hinstellen, wo man sie haben will.

Kübel: Es gibt sie aus verschiedenen Materialien wie Kunststoff, Steingut, Ton, Terrakotta oder Holz. Neben dem Aussehen spielt bei großen Gefäßen das Gewicht eine bedeutende Rolle, gerade auf dem Balkon oder der Dachterrasse. Und denken Sie daran, dass man sie auch noch bepflanzt von der Stelle rücken kann.

Milchkanne und Co.: Es spricht eigentlich nichts dagegen, ihrer Fantasie freien Lauf zu lassen. In jedem Haushalt lassen sich schließlich Objekte finden, sei es nun eine alte Milchkanne, gusseiserne Kochtöpfe, ein verrosteter Schubkarren oder ein Weidenkorb. Sie alle lassen sich zu hübschen Pflanzgefäßen umfunktionieren. Damit die Gefäßwände nicht angegriffen werden, empfiehlt es sich, sie zuvor mit Folie auszulegen und diese mit Abzugslöchern zu versehen. Können Sie kein Abzugsloch in den Gefäßboden einarbeiten, verwenden Sie Tonscherben oder Blähton als Dränageschicht. Weidenkörbe eignen sich für kurzzeitige Bepflanzungen.

Materialien

Ton und Terrakotta: Gefäße aus diesem Material vermitteln mediterranes Flair.
Als Terrakotta bezeichnet man alle aus Ton gefertigten, unglasierten Gefäße. Sie ermöglichen eine gute Durchlüftung des Substrates, das Wasser trocknet relativ schnell ab. Dieses Material entspricht am ehesten einem natürlichen Wasserhaushalt, ist aber für Pflanzen mit einem hohem Wasserbedarf nicht so optimal.
Man findet äußerst unterschiedliche Qualitäten, besonders was die Frosthärte angeht: je härter der Ton gebrannt ist, desto weniger kann er sich mit Wasser voll saugen und desto frosthärter ist er. Bei maschinell gefertigten Gefäßen bilden sich am Gefäßrand häufig Kalkablagerungen, weil der im Ton enthaltene Gips nicht vollständig ausgebrannt wurde.

Der Ansatz von Patina (Besiedlung mit Flechten und Moosen) dagegen ist ein Zeichen für gute Qualität, der hohe Preis handgefertigter Ware gegenüber maschinell hergestellten Gefäßen ist in der Regel gerechtfertigt. Tongefäße sind zwar schwer, doch bietet das hohe Gewicht gleichzeitig eine hohe Standfestigkeit. Leider ist das Material zerbrechlich.

Kunststoff: Vorteil ist das geringe Gewicht und der günstige Preis. Das Wasser verdunstet langsam, daher sind Kunststoffgefäße für Feuchtigkeit liebende Arten empfehlenswert. Das Substrat erwärmt sich schnell, der Kunststoff bietet kaum Isolierung vor Frost. Die Haltbarkeit ist stark von der Qualität abhängig.

Holz: Ein zeitloses Material mit langer Tradition (»Versailleskübel«). Je nach Holzart, zum Beispiel Eiche, sind sie robust und langlebig. Sie sind leichter als Terrakotta und isolieren gut. Leider sind sie witterungsanfälliger, deshalb sollte man sie lasieren, lackieren oder innen auslegen. Austrocknen sollten sie auch nicht, sonst verziehen sie sich leicht.

Steingut: Gebrannte Steinguttöpfe gibt es in den unterschiedlichsten Qualitäten. Oft stammen sie aus asiatischer Produktion. Glasierte Gefäße sind sehr dekorativ und praktisch zugleich, denn sie sind äußerst witterungsbeständig und lassen sich gut abwischen. Es bilden sich keine Kalkablagerungen an der Gefäßwand. Sie haben sich als frosthart erwiesen, sind aber schwer und teuer. Es gibt auch Gefäße aus »Kunststein«, die preiswerter sind.

Naturstein: Ausgangsmaterialien sind Marmor, Sand- oder Kalkstein, aus denen Tröge, Schalen, Vasen und vieles mehr hergestellt werden. Sie sind jedoch schwer und relativ teuer.

Beton: Er ist windfest und hitzebeständig, im Winter aber sehr kühl, zudem sehr schwer und wegen seines Gewichtes nicht gerade für den Balkon geeignet. Betonkübel sollten vor dem Bepflanzen ausgewaschen werden, das heißt eine Zeit lang unbepflanzt im Freien stehen.

Faserzementgefäße: Hierbei handelt es sich um Gefäße, die aus einer astbestfreien Mischung von Glasfasern, Zement und anderen Zusatzstoffen hergestellt werden. Ihr Vorteil liegt in dem geringen Gewicht, zudem sind sie frostbeständig und atmungsaktiv.

Das sollten Sie bedenken:
- Alle Gefäße müssen ein Abflussloch im Boden haben, damit keine Staunässe entsteht.
- Stellen Sie die Gefäße nicht direkt auf den Boden, damit das Wasser abfließen kann. Holzkübel faulen sonst leicht. Als Stützen eignen sich zum Beispiel Holzleisten, Ziegelsteine, Füße aus Terrakotta oder Keramik.
- Ideal ist eine zylindrische Form, denn sie ist ein guter Kompromiss aus Standfestigkeit und Handhabbarkeit.
- Stellen Sie unglasierte Gefäße vor Benutzung in ein Wasserbad oder ein paar Tage in den Regen.
- Mittelgroße Pflanzen wie Kübelpflanzen, kleine Bäume oder Sträucher sowie Weihnachtsbäume brauchen ein Mindestmaß von 50 x 50 x 50 cm.
- Praktische Hilfen beim »Umzug« bieten Kübelroller, Kübeltragen, Tragegurte oder eine Sackkarre.

Pflanzen leicht selbst vermehren

Es gibt viele Gründe, um seine Pflanzen selbst zu vermehren. Natürlich kann man auch vorkultivierte Jungpflanzen kaufen, die den Vorteil haben, dass sie sich rasch entwickeln und blühen, doch ist es ungleich spannender, seine Lieblingspflanze heranwachsen zu sehen. Zudem ist eine Vermehrung über Aussaat, Stecklinge oder Teilung wesentlich preiswerter, erst recht, wenn man eine größere Fläche zu begrünen hat. Andere wiederum, exotische Pflanzen, Kräuter oder Gemüse, sind manchmal nur als Samen erhältlich, so dass einem gar nichts anderes übrig bleibt, als selbst Hand anzulegen.

Generative Vermehrung

Unter generativer Vermehrung versteht man die Anzucht über Samen. Balkongärtner mit wenig Platz für Vermehrungsarbeiten sollten sich dabei auf Pflanzen beschränken, die nur eine kurze Kulturzeit bis zur Blüte haben. Dies ist bei vielen einjährigen Sommerblumen, Kletterpflanzen, Kräutern und Gemüsen der Fall, aber auch bei einigen

Stauden und Gräsern. Eine Besonderheit bilden die zweijährigen Pflanzen wie Tausendschön oder Stiefmütterchen, die – im Sommer ausgesät – im ersten Jahr eine Blattrosette bilden und im Frühjahr darauf blühen.

Saatgut: Achten Sie beim Kauf von Samen auf das Verfallsdatum und darauf, dass die Packung nicht verblichen ist. Dies ist ein untrügliches Zeichen dafür, dass sie zu lange in der Sonne gelegen hat und die Keimfähigkeit eventuell schon abgenommen hat. Saatgut sollte immer trocken und luftig gelagert werden, damit die Keimfähigkeit nicht verloren geht.

Kalibriertes Saatgut ist nach der Größe sortiert, pilliertes mit einer Schutzhülle ummantelt. Gemüse-, Kräuter- und Blumensamen werden häufig auch schon in Form von Saatbändern oder Saatsticks angeboten.

Die Nachkommen selbst geernteter Samen variieren mehr oder weniger stark. Sie können jedes Jahr mit neuen Überaschungen rechnen, während gekauftes Saatgut von Sorten oder F1-Hybriden sehr einheitlich ausfällt.

Zur Erklärung:
Bei F1-Hybriden handelt es sich um die erste Generation einer Kreuzung von zwei reinerbigen Elternpflanzen, deren positive Eigenschaften man in kräftigen, und einheitlichen Nachkommen verbinden möchte. Ihre Nachkommen sind jedoch nicht mehr einheitlich, das heißt man muss sie jede Saison neu kaufen.

Von zahlreichen Pflanzen können Sie mühelos selber Samen ernten. Reife Samenhüllen schneidet man ab, legt sie am besten in eine Schale oder Kiste und stellt sie einige Tage an einen trockenen, luftigen Ort auf. Sobald sie abgetrocknet sind, schüttelt man die Samen vorsichtig heraus und hebt sie in verschraubbaren Gläsern oder Papiertütchen bis zum nächsten Frühjahr auf.

Anzuchtgefäße: Dies können einfache Plastikschalen sein, Styroporkisten oder Blumentöpfe aus Ton oder Kunststoff. Im Fachhandel oder Baumarkt gibt es Saatkisten mit durchsichtiger Abdeckhaube zu kaufen, ebenso beheizbare Mini-Gewächshäuser mit Temperaturregler oder beheizbare Anzuchtschalen. Multitopfplatten haben den Vorteil, dass die Jungpflanzen gleich einen festen Ballen haben. Torfpresstöpfe, die bei Wasserzugabe aufquellen, können direkt mitgepflanzt werden und sind biologisch abbaubar. Praktisch und Platz sparend sind auch kleine Anzucht-Gewächshäuser, die aus einem einfachen Rohrgestell mit Folienhaube bestehen.

Anzuchterden

Vermehrungssubstrate dürfen nicht zu stark gedüngt sein, das vertragen die zarten Wurzeln nicht. Sie würden regelrecht »verbrennen«. Zudem sollten sie eine lockere Struktur besitzen, damit die feinen Wurzeln leicht hindurchwachsen können und keine Staunässe entsteht. Sonst würden die Keimlinge leicht faulen. Geeignet sind spezielle Anzucht- und Aussaaterden oder sie mischen normale Erde, Torf und Sand im Verhältnis 1:1:1. Um alle Keime abzutöten, erhitzen Sie die Mischung im Backofen 30 Minuten lang bei 100-120 °C.

Zeitpunkt: Der beste Aussaat-Zeitpunkt variiert von Art zu Art, genaue Angaben finden sich in den jeweiligen Pflanzenporträts. Als Faustregel gilt:
• Ab Februar/März kann man mit der Aussaat im durchgehend beheizten Gewächshaus, Wintergarten oder auf der Fensterbank beginnen; ab Mitte April bis Ende Mai im ungeheizten Gewächshaus oder Wintergarten, je nach Wärmeanspruch der Pflanzen auch schon direkt an Ort und Stelle.
• Zweijährige werden im Sommer ausgesät und mit einer schützenden Reisigdecke überwintert, beispielsweise in den leeren Balkonkästen.

Aussaat: Für große Samen eignen sich Torfpresstöpfe oder Multitopfplatten, wobei ein Korn pro Töpfchen ausgelegt wird. Feine Samen sät man in Schalen, sehr feine vermischt man mit Sand, damit sie sich besser verteilen. Die Schale wird nicht zu hoch mit dem Anzuchtsubstrat gefüllt, dann wird die Erde glatt gestrichen. Der Samen wird locker ausgesät und mit einem feinen Strahl lauwarmem Wasser angegossen. Die Erde sollte nie austrocknen.

Dunkelkeimer müssen mit einer Erdschicht abgedeckt werden, Lichtkeimer werden nur leicht angedrückt. Achten Sie hier auf die Kulturbedingungen, die auf der Saattüte angegeben sind.

Hat man keine Abdeckhaube, kann man transparente Folien oder Glasplat-ten zum Abdecken der Aussaaten oder auch Stecklinge verwenden. Dies ist wichtig, um die Luftfeuchtigkeit auf hohem Niveau zu halten, damit die Samen gut keimen bzw. die Stecklinge gut anwurzeln können.

Die beste Keimtemperatur liegt bei den meisten Arten bei 18 bis 20 °C; bei exotischen allerdings etwas höher, bei heimischen entsprechend etwas niedriger. Nach der Keimung und Bewurzelung wird die Abdeckung entfernt.

Pikieren und Weiterkultur: Sind die Sämlinge so weit herangewachsen, dass es im Anzuchtgefäß eng wird, muss man sie vereinzeln. Sind sie schon in das endgültige Gefäß gesät worden, dünnt man aus und lässt nur die kräftigsten Pflänzchen stehen, ansonsten wird in Einzeltöpfe pikiert, also umgepflanzt. Hierzu verwendet man wiederum nur schwach gedüngte Anzucht- oder Pikiererde. Zusätzliche Düngung ist meist nicht nötig. Stellen Sie die Pflanzen an einen hellen Platz, aber nie in die volle Sonne. Entspitzen Sie die Pflanzen, damit sie sich buschig aufbauen und gut verzweigen. Knipsen Sie den Haupttrieb einfach ab, sobald die Pflanze mindestens 3 Blattansätze gebildet hat; bei Stämmchen erst, wenn sie die gewünschte Höhe haben. Härten Sie die zarten Pflänzchen ab, bevor Sie sie ins Freie stellen und gewöhnen Sie sie an kühlere Temperaturen.

Vegetative Vermehrung

Die vegetative Vermehrung dagegen bietet die Möglichkeit, rasch einen Klon seiner Lieblingspflanze herzustellen. Sie empfiehlt sich bei Pflanzen, die von der Aussaat bis zur vollständig entwickelten Pflanze eine lange Zeit benötigen oder die steril sind, das heißt, keine Samen ansetzen. Darunter fallen viele Stauden, Gräser und Zwiebelblumen sowie Bäume und Sträucher. Für welche Pflanze sie in Frage kommen, finden Sie in den einzelnen Beschreibungen.

Zeitpunkt: Bei den meisten Pflanzen ist die beste Vermehrungszeit das Frühjahr oder der Frühsommer; so können die Jungpflanzen vom steigenden Lichtangebot profitieren. Bei Gehölzen können auch im Sommer oder Herbst noch Stecklinge geschnitten werden. Wichtige Voraussetzung für eine erfolgreiche Vermehrung ist allerdings, dass Sie nur kräftige, gesunde Mutterpflanzen verwenden. Die Bedingungen für Anzuchtgefäße und -substrate entsprechen der Aussaat.

Methoden: Es gibt verschiedene Möglichkeiten, Pflanzen vegetativ zu vermehren.

Dazu gehört die Vermehrung über *Stecklinge*: Sie können von Triebspitzen (Kopfstecklinge), Triebstücken (Teilstecklinge) oder vom Stamm (Stammstecklinge) geschnitten werden. Einige Pflanzen enwickeln sogar aus einem abgetrennten Blatt oder Blattstück neue Pflänzchen (Blattsteckling).

Am leichtesten bewurzeln krautige Stecklinge, die von weichen, einjährigen Trieben mitten in der Wachstumsphase geschnitten werden; bei Laub- und Nadelgehölzen nennt man sie auch Grünstecklinge. Nadelgehölze schneidet man besser, wenn der Wachstumsschub im Frühjahr etwas nachgelassen hat.

Wichtig ist, dass kurz unter einem Blattknoten (Nodium) geschnitten wird.

Der Steckling sollte 5-10 cm lang sein und nicht mehr als vier Blattpaare besitzen, sonst wächst er nur langsam an. Die untersten Blätter werden am besten entfernt. Er wird etwa 2 cm tief in das Vermehrungssubstrat gesteckt, angedrückt, gut angegossen, mit Folie abgedeckt und hell und warm aufgestellt. Bodenwärme fördert zusätzlich die Bewurzelung, zum Beispiel in heizbaren Minitreibhäuser.

Halbieren Sie bei großblättrigen Stecklingen die Blattfläche. So wird die Verdunstung reduziert und das Bewurzeln beschleunigt.

Decken Sie die Stecklinge wie die Aussaaten mit einer durchsichtigen Abdeckhaube oder Folie ab. »Lüften« Sie jedoch ab und zu. Sobald sich neue Blättchen bilden, kann die Abdeckung ganz entfernt werden. Nach der Bewurzelung kann der Steckling in ein Gefäß mit frischem Substrat umgetopf werden. Die Weiterkultur erfolgt ähnlich wie bei Sämlingen, also bei viel Licht mit anschließendem Entspitzen und Abhärten.

Steckhölzer: werden nach der Wachstumsperiode, meist im späten Herbst, von verholzten, aber noch jungen Trieben Laub abwerfender und immergrüner Gehölze geschnitten. Sie sollten nicht zu dick sein, etwa 10-30 cm lang und mindestens ein Auge besitzen. Die Blätter werden allesamt entfernt. Damit man nicht den Überblick verliert, was oben und unten ist, schrägt man die untere Seite an. Wenn Sie zum Winter hin anschneiden, sollten Sie die Steckhölzer in Sand einschlagen und frostfrei überwintern. Im Frühjahr können Sie sie direkt in den Boden stecken und zwar so, dass nur noch ein Viertel des Holzes aus dem Substrat herausragt.

Tipps und Tricks

- Bei Stecklingen oder Steckhölzern, die nur schwer bewurzeln, helfen Bewurzelungspräparate, die im Fachhandel zu kaufen sind.
- Häufig liefern "Schnittabfälle", die beim Formschnitt oder Rückschnitt im Frühjahr und Frühsommer anfallen – zum Beispiel bei Buchsbaum oder Pelargonie –, gleichzeitig reichlich Stecklingsmaterial.
- Viele Stecklinge bewurzeln auch im Wasserglas. Der Zusatz von Holzkohle in das Wasser beugt Fäulnis vor.
- Hygiene ist oberstes Gebot bei allen Vermehrungsarbeiten. Um Infektionen vorzubeugen, achten Sie auf saubere Gefäße und desinfizierte, scharfe Messer.

Veredlung (Pfropfen): Diese Methode ist ideal, wenn Sie die positiven Eigenschaften einer Wildform, die in der Regel als Unterlage dient, mit einer Edelsorte (Reis) verbinden möchten. Sie verlangt etwas Übung, deshalb versuchen Sie sich am besten zunächst an der Kopulation zweier gleichstarker Pflanzen. Hierbei werden Unterlage und Edelreis schräg angeschnitten und aufeinander gelegt. Das Edeltreis sollte ca. 10 cm lang sein und eine Knospe besitzen. Die Veredlungsstelle wird mit einem Gummiband festgebunden.

Rosen werden durch Okulation veredelt. Dabei wird im Sommer ein Edelauge in den T-förmigen Schnitt einer Wildlingsunterlage eingesetzt. Die Stelle wird mit Bast verbunden und im Früh-jahr wird der Wildling abgeschnitten, damit das Edelauge durchwachsen kann.

Teilung: Dies ist eine leichte Methode, mehrtriebige Pflanzen wie Stauden oder Bambus zu vermehren. Bester Zeitpunkt ist das Frühjahr, wenn man sowieso umtopft. Wenn möglich, lockert man den Wurzelballen etwas und teilt die Pflanze – je nach Größe – mit der Hand, dem Messer oder dem Spaten. Anschließend werden die Teilstücke einfach wieder in frische Erde eingetopft. Achten Sie darauf, dass jedes Teilstück ausreichend Wurzeln und Triebknospen besitzt.

Brutzwiebeln: Nach dem Einziehen des Laubes, in der Regel im Frühsommer, lassen sich von der Mutterzwiebel kleine Brutzwiebeln abnehmen, die nach einer trockenen Zwischenlagerung im Herbst erneut eingepflanzt werden können. Diese Methode funktioniert in Gefäßen am ehesten bei Wildarten.

Abtrennen von Kindel: Dies ist eine kinderleichte Methode, Pflanzen zu vermehren. Kindel sind schon vollständig ausgebildete Minipflanzen, die mitsamt Wurzeln von der Mutterpflanze abgetrennt und eingepflanzt werden können. Ein bekanntes Beispiel ist die Agave.

Geeignete Erden und Substrate

Gerade bei Pflanzen, die in begrenztem Raum wachsen und denen der Boden keinen Nachschub an Nährstoffen liefert, ist ein optimales Substrat für ein gutes Gedeihen besonders wichtig. Es sollte so zusammengesetzt sein, dass Haupt- und Spurennährstoffe in ausreichender Menge und ausgewogenem Verhältnis vorhanden sind. Ein gutes Substrat ist zudem locker und strukturstabil, es ist gut durchlüftet und verdichtet nicht. Das Wasser muss einerseits gut abfließen, andererseits muss auch genügend gespeichert werden. Mehrjährige Kübelpflanzen sind auf ein lang anhaltendes Speichervermögen für Nährstoffe angewiesen, da sie häufig mehrere Jahre in ein und demselben Kübel stehen.

Organische Bestandteile

Weißtorf: Ein noch wenig zersetzter Hochmoortorf mit großem Porenvolumen, der für eine stabile Struktur des Substrates sorgt. Er verbessert die Durchlüftung sowie das Speichervermögen für Wasser und Nährstoffe. Wenn er austrocknet, lässt er sich allerdings nur schwer wieder benetzen.

Schwarztorf: Älterer, stärker zersetzter Torf mit geringerem Porenvolumen als Weißtorf. Er verbessert den Nährstoffvorrat, neigt aber zur Verschlämmung. Große Schwarztorfanteile im Substrat fördern Staunässe.

Kompost: Komposterden sind Zersetzungsprodukte aus organischen Abfällen.

Sie verbessern die Aufnahmefähigkeit für Wasser und Nährstoffe, fördern die Durchlüftung und versorgen das Substrat mit Humus. Entscheidend für die Qualität ist die Herkunft (keine Klärschlämme wegen des hohen Schwermetallgehaltes) und der Zersetzungsgrad.

Rindenhumus: Diese kompostierten Abfallprodukte aus der Holzindustrie ersetzen in letzter Zeit verstärkt den Weißtorfanteil. Vom Grad der Zersetzung hängt ab, wie stark sie die Durchlüftung und die Wasseraufnahme verbessern.

Mineralische Bestandteile

Ton: Ein Gemisch aus verschiedenen Tonmineralien, das ein hohes Aufnahme- und Speichervermögen für Wasser und Nährstoffe besitzt. Bei hohem Tonanteil nimmt die Durchlüftung ab.

Lehm: Eine Mischung aus Ton, Schluff und Sand, die die Wasseraufnahme günstig beeinflusst, die Luftdurchlässigkeit jedoch verringert.

Sand: Sand im Substrat sorgt für gute Dränage und lockert schwere Böden. Sein hohes Gewicht verbessert die Standfähigkeit der Pflanze. Sand ist chemisch neutral.

Zuschlagsstoffe

Blähton, Blähschiefer, Bimskies: Sie dienen in erster Linie dazu, die Durchlüftung der Substrate bei gleichzeitig guter Wasserhaltekraft zu erhöhen.

Ähnliche Eigenschaften haben vulkanische Gesteine wie Perlite oder Vermiculit und synthetische Schaumstoffe wie Styromull.

Produkte

Sie können auf handelsübliche Fertigerden zurückgreifen oder selbst welche mischen. Da wären:

Einheitserden: Sie werden industriell hergestellt und bestehen hauptsächlich

---

Kompost auf dem Balkon?

Es wäre zweifellos praktisch, aus Pflanzen- und Küchenabfällen humusreiche Komposterde herzustellen. Jedoch ist eine Kompostanlage nicht nur eine Platzfrage. Für die Zersetzung organischer Abfälle sind zahlreiche Bodenlebewesen, von Mikroorganismen bis zum Regenwurm, zuständig. Damit diese sich im Kompost einnisten können, muss die Kompostanlage immer auf gewachsenem Untergrund stehen und niemals auf festem Boden, zum Beispiel Beton. Sie brauchen trotzdem nicht auf Kompost zu verzichten, sondern können ihn im Gartenfachhandel und häufig auch von Kompostierungsanlagen Ihrer Gemeinde erhalten.

Für kleine Gärten sind geschlossene Thermokomposter ideal. Sie brauchen nur einen Behälter und den Kompost nicht umzusetzen. Die Verrottung verläuft sehr schnell. Zudem ist das Gerät das ganze Jahr über zu benutzen.

aus Weißtorf, Ton und Humus, je nach Verwendungszweck mit unterschiedlich hohem Nährstoffgehalt und Zuschlagstoffen. Ihr Vorteil ist die gleichmäßige Zusammensetzung und Qualität, der pH-Wert zwischen 5,6 bis 6,5 ist für die Mehrzahl der Balkon-und Kübelpflanzen optimal. Es gibt verschiedene Typen, von nährstoffarmen Anzuchterden bis hin zu Erden mit Depotdünger für Langzeitkulturen.

Torfkultursubstrate (TKS): Hauptbestandteil ist aufgekalkter Weißtorf. Weißtorf ist zwar sehr locker, hat aber den Nachteil, dass er schnell austrocknet und dann nur noch schlecht Wasser aufnimmt. Zudem ist die Standfestigkeit nicht sehr groß, was besonders bei großen Kübelpflanzen wichtig ist. Schwere, lehmige Erde lässt sich mit TKS auflockern.

Blumenerde, Balkonerde: Hier ist die Vielfalt groß und folglich die Qualität sehr unterschiedlich. Preiswerte Erden haben einen hohen Schwarztorfanteil, der – im Übermaß zugesetzt –, den Pflanzen alles andere als optimale Wachstumsbedingungen bietet. Auf der einen Seite hält Schwarztorf Nährstoffe fest, auf der anderen Seite ist er schwer, schlecht durchlüftet und neigt zur Bildung von Staunässe. Greifen Sie besser zu höherwertigen Produkten, auch wenn diese »Gärtnerqualität«, wie sie manchmal bezeichnet wird, etwas mehr kostet.

Spezialerden: Sie sind speziell auf die Bedürfnisse von Sonderkulturen abgestimmt, wie beispielsweise Palmenerden und Rhododendronerde.

Blähton, Blähschiefer: Substrate aus Blähton haben den Vorteil, dass sie sich im Gegensatz zu organischen Materialien nicht zersetzen und der Lufthaushalt immer von gleicher Qualität bleibt. Trotz voller Wassersättigung hat die Wurzel immer ausreichend Sauerstoff. Das Gießen wird durch die große Speicherkapazität deutlich reduziert. Nachteil ist, dass die Materialien keine Nährstoffe speichern und laufend gedüngt werden muss.

Eigenproduktionen: Wenn Sie Gartenbesitzer sind, über lehmig-humosen Boden und einen Komposthaufen verfügen, können Sie Ihre Erden auch leicht selbst anfertigen. Als Faustregel gilt: Gartenerde, gut verrotteten Kompost mit Sand und Weißtorf im Verhältnis 3:3:2:2 gut mischen. Nachteilig ist, das Gartenboden und Kompost häufig Unkraut-

samen enthalten können und keine einheitliche Qualität aufweisen wie Fertigerden.

»Halb-und-Halb«: Sie können auch ungedüngte oder leicht gedüngte Fertigerden mit eigenem oder gekauftem Kompost aufbereiten. Eine gute Mischung ist Einheitserde, lehmiger Kompost und Sand im Verhältnis 1:1:0,2, der Sie organischen Dünger oder Langzeitdünger zusetzen können.

Um die fortschreitende Zerstörung der Moore aufzuhalten, wird Weißtorf in letzter Zeit verstärkt durch andere Zusatzstoffe wie Rindenhumus ersetzt. Sie können einen Beitrag zum Umweltschutz leisten, indem Sie beim Kauf auf diese Bestandteile achten und auf sogenannte Rindenkultursubstrate zurückgreifen.

Richtig Pflanzen

Egal ob selbst vermehrt oder gekauft, es gilt einige wichtige Punkte zu beachten, bevor Sie sich an die Arbeit machen und mit dem Pflanzen beginnen:

- Der beste Zeitpunkt ist bei den meisten sommerblühenden Pflanzen das Frühjahr. Containerpflanzen können sogar das ganze Jahr über gepflanzt werden, mit Ausnahme von Frostperioden.

- Ihre Pflanzen wachsen am leichtesten an, wenn sie sich einige Tage geschützt an das Klima im Freien gewöhnen können.

- Der Topfballen sollte niemals trocken sein. Bevor Sie die neuen Pflanzen in das Gefäß einsetzen, gießen Sie sie gründlich; sind sie sehr trocken, stellen Sie sie in ein Wasserbad.

- Empfindliche, frisch gepflanzte Neulinge, besonders blühende, müssen vor Spätfrösten geschützt werden. Decken Sie sie abends einfach mit Noppenfolie, Strohmatten oder Zeitungspapier ab.

- Plastiktöpfe müssen vor dem Pflanzen entfernt werden, Töpfe aus Torf- oder Altpapier können mit eingepflanzt werden. Wenn man sie vorher leicht zerdrückt oder aufreißt, wird der Pflanze das Bewurzeln erleichtert.

- Die Pflanzen nur so tief pflanzen, wie sie vorher in der Erde waren.

- Einen Gießrand von 1-2 cm lassen, damit die Erde nicht weggeschwämmt wird.

- Die Gefäße müssen ein Abzugsloch haben; bereits gebrauchte Gefäße müssen gründlich gesäubert werden. Dazu empfiehlt sich Schmierseifenwasser oder Essiglösung.

- Zusätzlich kann man eine Dränageschicht aus Tonscherben oder Blähton auf den Kübelboden ausbringen.

- Junge Pflanzen setzt man in kleinere Töpfe, damit der Boden schneller durchwurzelt wird.

- Nach dem Umtopfen immer gut angießen, damit die Pflanze gleich mit Feuchtigkeit versorgt wird und Hohlräume zugeschwemmt werden.

Urlaubsvertretung gesucht

Damit Ihre Bemühungen im Urlaub nicht zunichte gemacht werden, sollten Sie auch für diese Zeit gerüstet sein. Vielleicht können Sie sich auf eine nette Nachbarin oder hilfsbereiten Nachbarn verlassen, es gibt aber auch einige Systeme, die ihnen die Arbeit ganz abnehmen oder zumindest wesentlich erleichtern. Der Fachhandel bietet Balkonkästen und Ampeln mit Wassertanks an. So haben Sie je nach Wetterlage bis zu zwei Wochen »gießfrei«.

Um die Verdunstung zu verringern, stellen Sie die Pflanzen an einen schattigen Platz und schneiden Sie alle Blüten ab. Große Exemplare stellen Sie, wenn möglich, auf Untersetzer, die Sie vor der Abreise noch mit Wasser füllen. Kleinere Gefäße können Sie mithilfe von Docht- oder Kegelsystemen mit Wasser versorgen. Stecken Sie die Dochte mit dem einen Ende tief in das Substrat, mit dem anderen in ein mit Wasser gefülltes Gefäß. Stellen Sie aber sicher, dass der Docht nicht herausrutschen kann. Ähnlich funktioniert das System mit Tonkegeln.

Gießen und Wasserqualität

Alle Pflanzen in Gefäßen müssen regelmäßig mit Wasser versorgt werden, denn es gibt keinen Boden, aus dem sie sich mit Nachschub versorgen können. Bedenken Sie diesen Punkt schon bei der Planung und Pflanzenauswahl. Haben Sie einen Wasseranschluss in der Nähe oder müssen Sie Gießkanne für Gießkanne tragen? Wie hoch der Gießaufwand letztendlich ist, entscheiden mehrere Faktoren:

Wasserbedarf der Pflanze: Pflanzen mit großen, weichen Blättern, wie Schönmalve, Engelstrompete oder Zimmerlinde, haben eine große Verdunstungsfläche und dadurch einen hohen Wasserbedarf. Arten mit fleischigen, ledrigen oder kleinen Blättern verdunsten weniger Wasser oder können es sogar speichern, so dass sie aufgrund dessen Trockenperioden besser überstehen können. Beispiele sind Agave, Portulakröschen, Lorbeer, Zitruspflanzen, Myrten, Rosmarin.

Pflanzgefäß: Kleinere Gefäße müssen häufiger gegossen werden als größere; Gefäße aus Kunststoff halten die Feuchtigkeit länger als solche aus Ton oder aus Terrakotta.

Substrat: Sandige Böden trocknen schneller ab als lehmige.

Wetter bzw. Standort: Bei sonnigem, lufttrockenem oder windigem Wetter ist der Wasserbedarf der Pflanzen wesentlich höher als bei schwülem Wetter, bei Pflanzen, die der prallen Sonne ausgesetzt sind, höher als an einem geschützten Standort.

So gießen Sie richtig

- Kontrollieren Sie den Wasserbedarf täglich, auch bei Regenwetter. Denn ein großer Teil des Regenwassers läuft über die dichte Blattmasse ab und erreicht das Gefäß erst gar nicht.
- Am besten gießt man morgens oder abends, wenn es noch nicht so heiß ist. So hat das Wasser ausreichend Zeit, zu den Wurzeln zu gelangen und verdunstet nicht sofort wieder.
- Gießen Sie die Pflanzen nie in der prallen Mittagssonne und nicht über Kopf, sondern direkt auf das Substrat, um hässliche Flecken auf den Blättern zu vermeiden. Das beugt gleichzeitig Pilzerkrankungen vor.
- Am günstigsten ist es, weniger häufig, dafür aber durchdringend zu gießen – »durstige« Pflanzen wie Engelstrompete bei sehr warmem Wetter sogar zweimal täglich. Häufige, nur oberflächliche Wassergaben sind nicht so effektiv.
- Bei sukkulenten Pflanzen, zum Beispiel Agaven, sollten Sie mit dem Gießen warten, bis das Substrat abgetrocknet ist.

- Stauende Nässe sollten Sie möglichst vermeiden, denn die meisten Arten vertragen keine »nassen Füße«.
- Trocknet Ihnen ein Topf oder eine Ampel einmal aus, hilft ein Tauchbad. Stellen Sie die Pflanze solange in ein Wasserbad, bis keine Luftblasen mehr aufsteigen.
- Vielleicht haben Sie ja die Möglichkeit, mit einer Regentonne weiches Regenwasser aufzufangen. Das ist zum einen kostengünstiger, zum anderen nicht so kalt und kalkhaltig wie Leitungswasser. Kalkarmes Gießwasser ist besonders wichtig bei Heidepflanzen, Rhododendron und Hortensien. Steht Ihnen keine Regentonne zur Verfügung, können Sie im Fachhandel Enthärtungsmittel kaufen.

Viele für die Gefäßkultur geeigneten Pflanzen vertragen kurzzeitige Trockenzeiten; meist erholen sie sich nach reichlichem Gießen rasch wieder. Das sollte man aber nicht herausfordern.

Ausgewogen düngen

Ebenso wichtig wie die Wasserversorgung ist die Versorgung mit Nährstoffen, die in einem Gefäß rasch aufgebraucht sind. Praktisch ist eine Grunddüngung mit organischem Dünger oder Langzeitdünger, die die Nährstoffe nach und nach freisetzen und bei Bedarf eine wöchentliche Nachdüngung mit schnell wirksamen, mineralischen Volldüngern. Wachsen die Pflanzen nur noch kümmerlich, werden die Blätter gelb oder fallen gar ganz ab, ist es höchste Zeit für eine Düngergabe.

> **Vorsicht:** Eine übereifrige Düngung kann auch Nachteile mit sich bringen. So hat ein Stickstoff-Überschuss mastiges, weiches Pflanzengewerbe zur Folge, das äußerst anfällig für Schädlingsbefall ist.

Der richtige Dünger

Mineralische Dünger

Mineralische Volldünger: Diese Mehrnährstoffdünger enthalten alle wichtigen Hauptnährstoffe und Spurenelemente. Meistens liegen sie als chemische Salze vor, die von den Pflanzen schnell aufgenommen werden können. Es gibt sie als Flüssigdünger, Pulver oder als Düngestäbchen; letztere versorgen die Pflanzen über mehrere Wochen mit Nährstoffen. Sie eignen sich für eine rasche Nährstoffversorgung während der Hauptwachstumszeit, besonders für Pflanzen mit hohem Nährstoffbedarf wie Engelstrompeten, Pelargonien oder Petunien. Beachten Sie immer die Dosierungsanleitung, um Überdosierungen und Verbrennungen zu vermeiden.

Langzeitdünger (Depotdünger): Die Nährsalze liegen in gebundener Form vor, meist als Kügelchen, und werden durch das Gießwasser gelöst. Die Umhüllung ermöglicht, dass die Nährstoffe über einen längeren Zeitraum abgegeben werden, je nach Wirkungsdauer über 3 bis 4, 6 oder 9 Monate. Wenn Sie bei der Pflanzung Langzeitdünger eingearbeitet haben, können Sie mit einer Nachdüngung in der Regel noch einige Wochen warten. Ein weiterer Vorteil ist, dass Überdosierungen durch die allmähliche Abgabe der Nährstoffe vermieden werden.

Spezialdünger: Fehlt ein bestimmter Nährstoff, lässt sich dieser durch eine gezielte Gabe eines Einnährstoff- oder Spurenelementdüngers beheben. Letztere gibt es als Einzel- oder Volldünger, zum Beispiel spezielle Eisendünger.

Bei kalkempfindlichen Pflanzen wie Rhododendron, Hortensien oder Myrten sollten nur Spezialdünger verwendet werden, die den Säuregehalt des Substrates (pH-Wert) nicht erhöhen.

Zudem können Sie auf Dünger zurückgreifen, die auf den Nährstoffbedarf bestimmter Kulturen abgestimmt sind, beispielsweise Kakteendünger.

Mangelsymptome

Mangel an ... ... Hauptnährstoffen	Typische Symptome
Stickstoff (N)	Stickstoff ist wesentlicher Bestandteil des Blattgrüns; zumeist ältere Blätter hellen sich auf, das Wachstum ist stark vermindert.
Phosphor (P)	geringere Blütenbildung, vermindertes Wachstum, Blattunterseite und Stängel werden rötlich, Blattunterseiten dunkel grün; zuerst an älteren Blättern
Calcium (Ca)	verformte und aufgehellte Triebspitzen, Blüten und Früchte; Blattadern verbräunen, Stängel können umkippen; Stippigkeit beim Apfel, Blütenendfäule bei Tomaten
Kalium (K)	K fordert Wasseraufnahme und Stutzgewebeaufbau; Pflanzen welken, es zeigen sich Blattrandchlorosen, später sterben diese Stellen ab; geringere Frostresistenz
Schwefel (S)	ähnlich Stickstoff-Mangel
Magnesium (Mg)	Chlorosen zwischen den Blattadern, besonders bei älteren Blättern, die dann absterben und abfallen
... Spurenelementen	
Eisen (Fe)	Chlorose, Blattadern bleiben grün
Kupfer (Cu), Bor (B), Molybdän (Mo)	verformte und aufgehellte Triebspitzen, Blüten und Früchte
Mangan (Mn)	punktförmige Chlorosen an mittleren und jüngeren Blättern

> **Zur Erklärung:**
> *Chlorose (»Bleichsucht«)*: Die Blätter hellen auf und vergilben, da die Bildung des Blattgrüns beeinträchtigt wird.
> *Nekrose:* Das Blattgewebe verbräunt und stirbt ab.

Organische Dünger

Sie bestehen aus tierischem oder pflanzlichem Material, dass zunächst im Boden in eine für die Pflanzen verfügbare Form umgewandelt werden muss. Der Vorteil besteht darin, dass die organischen Dünger durch die allmähliche Zersetzung eine lang anhaltende Wirkung haben. In humushaltigen Substraten fördern Sie die Vermehrung der Mikroorganismen, die ihrerseits die Nährstoffe erst verfügbar machen. Hier sollte jedoch erwähnt werden, dass diese Mikroorganismen in Gefäßen häufig nicht in ausreichender Menge vorhanden sind.

Die Gefahr einer Überdosierung ist gering, da die Nährstoffe erst umgewandelt werden müssen. Andererseits ist ein akuter Nährstoffmangel mit organischen Düngern nicht sofort auszugleichen. Es gibt sie auch für Sonderkulturen wie Zitruspflanzen oder Kakteen.

Organische Dünger pflanzlicher Herkunft sind: Kompost, Rizinusschrot, Sojaschrot oder Rapsschrot.

Aus tierischen Produkten werden hergestellt: Guano, Hornspäne oder Knochenmehl, letzteres liefert der Pflanze reichlich Phosphor.

Organisch-mineralische Dünger

Rein organische Dünger enthalten nicht immer alle wichtigen Haupt- und Spurenelemente. Dieser Nachteil lässt sich durch die Anwendung organisch-mineralischer Dünger ausgleichen. Sie bieten neben sofort verfügbaren Nährsalzen langsam wirkende organische Verbindungen.

Pflanzenstärkungsmittel

Dies sind Stoffe, die dem Boden selbst kaum Nährstoffe zuführen, dafür aber durch ihre positiven physikalischen und chemischen Eigenschaften die Verfügbarkeit von Nährstoffen verbessern. Beispiele sind Gesteinsmehle, Extrakte aus Baldrian oder Algen.

Algenextrakte enthalten viele wichtige Spurenelemente, Vitamine, Enzyme, Aminosäuren, Proteine und Phytohormone, sie regen das Pflanzenwachstum an und sind für alle Pflanzen geeignet. Man kann sie gießen oder als Blattdünger spritzen.

Pflanzenjauchen, zum Beispiel aus Brennnesseln, Löwenzahn, Ackerschachtelhalm, Knoblauch oder Beinwell, haben gleichzeitig eine pflanzenstärkende und schädlingsabwehrende Wirkung.

Grundrezept Pflanzenjauche:

Man setzt 1 kg frische, grob zerkleinerte Kräuter in 10 l Wasser an. Das Gefäß wird dann offen an einem warmen, sonnigen Ort aufgestellt. Um zu verhindern, dass Tiere hineinfallen, können Sie es mit einem Gitterrost abdecken. Die Jauche wird täglich umgerührt und muss ein bis zwei Wochen gären, bis die Wirkstoffe freigesetzt werden. Wenn sie sich dunkel verfärbt hat und nicht mehr schäumt, ist sie fertig. Bevor die Jauche ausgebracht wird, wird sie abgesiebt und mit Wasser verdünnt (Verhältnis 1:10). Man kann sie gießen oder spritzen, dies am besten abends, um Blattverbrennungen zu vermeiden.

Leider ist die Vergärung mit unangenehmen Gerüchen verbunden, was auf der Terrasse oder dem Balkon nicht immer so angenehm ist. Dies lässt sich eindämmen, indem man der Jauche täglich Gesteinsmehl zugibt oder fertiges Brennnesselpulver, das es im Handel zu kaufen gibt, ansetzt.

Wichtige Düngeregeln

- Düngen Sie besser häufiger in niedriger Konzentration als weniger, aber hoch dosiert. Sonst können die empfindlichen Pflanzenwurzeln Schaden nehmen. Dies gilt besonders für salzempfindliche Pflanzen. Sie sollten dem Boden auch nicht mehr Nährstoffe zuführen, als ihm entzogen wird. Beachten Sie stets die Dosierungshinweise.
- Umgetopfte Pflanzen erst nach 4 bis 6 Wochen nachdüngen, damit sie genügend Zeit zur Wurzelbildung haben.
- Bei Zugabe von Langzeitdünger braucht erst nach etwa 10 Wochen nachgedüngt werden, je nach Wirkungsdauer des Depotdüngers.
- Bei Kübelpflanzen oder ausgepflanzten Gehölzen ab August nicht mehr düngen, damit die Triebe vor dem Winter noch ausreifen und abhärten können.
- Düngen Sie niemals, wenn das Substrat trocken ist.
- Organische Dünger unterstützen die Humusbildung und vermeiden eine Überdüngung.

Zeit zum Umtopfen

- Ausgewachsene Pflanzen werden in der Regel alle 2 bis 3 Jahre umgetopft; stark wachsende Pflanzen mit hohem Nährstoffbedarf sogar jährlich.

- Unbedingt notwendig wird das Umtopfen, wenn das Gefäß durchwurzelt ist und die Wurzeln schon aus dem Abzugsloch herauswachsen oder wenn das Substrat hart und verkrustet ist. Warten Sie nicht erst, bis die Pflanzen deutliche Mangelsymptome zeigen.

- Lockern Sie den Wurzelballen etwas auf, kürzen Sie lange Wurzeln etwas ein und entfernen Sie braune, verfaulte Wurzeln, damit sich neue, feinere bilden können.

- Bei Bedarf kann man auch die Wurzeln zurückschneiden. Tun Sie dies mit Bedacht, damit Wurzel- und Pflanzenvolumen im richtigen Verhältnis bleiben.

- Der beste Zeitpunkt umzutopfen ist das Frühjahr, sobald das Wachstum wieder einsetzt, zum Beispiel wenn Ihre Kübelpflanzen aus dem Winterquartier kommen. Mit frischer Erde erhalten sie gleichzeitig einen kräftigen Wachstumsschub.

- Topfen Sie nie während der Blütezeit um, das regt die Pflanze zu verstärkter Triebbildung an.

- Der neue Topfdurchmesser sollte bei kleineren Pflanzen 2 cm, bei größeren Exemplaren 5 bis 10 cm größer sein. Vergessen Sie die Dränageschicht nicht.

- Pflanzen Sie nur so tief, wie die Pflanze im alten Gefäß stand, sonst kann der Stamm faulen.

- Halten Sie die Pflanzen danach für etwa zwei Wochen etwas trockener, damit sie schneller anwachsen. Vermeiden Sie vollsonnige Standorte.

- Soll die Pflanze in dem Gefäß bleiben, tauschen Sie zumindest die obere Substratschicht aus und geben Sie Langzeitdünger zu.

Erfolgreich überwintern

Mit Ausnahme der einjährigen Sommerblumen, Kräuter und Gemüsepflanzen müssen fast alle Pflanzen, die in Gefäßen wachsen, vor Frosteinwirkung geschützt werden. Der Winterschutz fällt je nach Kälteempfindlichkeit unterschiedlich aus:

• Frostverträgliche Ziergehölze, Obstgehölze und Stauden bleiben im Freien.

• In erster Linie gilt es, die frostempfindlichen Wurzeln zu schützen. Man kann das Gefäß mit einer Kokos-Manschette, Schilfmatte oder Noppenfolie umwickeln und zusätzlich die Zwischenräume und Substratoberfläche mit trockenem Laub oder Stroh abdecken. Wenn Sie die Substratoberfläche abdecken, zum Beispiel mit einer Fußmatte, wird das Wegwehen der Laubschicht verhindert. Eine weitere Möglichkeit ist, den Topf oder Kübel mit Folie zu umwickeln und in einen größeren Behälter zu stellen. Die Zwischenräume werden zur besseren Isolierung ausgefüllt, zum Beispiel mit Laub.

• Stellen Sie das Gefäß auf Holzlatten, Ziegelsteine oder »Füße« und lassen Sie mindestens 1 cm Abstand zum Boden. Dies isoliert und das Wasser kann abfließen. So verhindern Sie, dass ein Wasserstau unter Frosteinwirkung Wurzeln und Gefäße schädigt.

• Stellen Sie Ihre Pflanzen den Winter über an geschützte Stellen, etwa an die Hauswand.

• Frostempfindliche Partien, wie die Veredlungsstelle von Rosenstämmchen, werden mit Jutesäcken oder Reisigzweigen abgedeckt. Immergrüne Pflanzen wie Bambus sollten nur bei starkem Frost abgedeckt werden. Die Abdeckung wird tagsüber wieder entfernt.

• Immergrüne Stauden wie Christrose oder Alpenveilchen schützt man durch eine Reisigdecke oder trockenes Laub vor langen Frostperioden. Kleinere Gefäße stellt man am besten zusammen.

• Es empfiehlt sich, Blüten von herbstblühenden Stauden bei Nachtfrösten mit Vlies o. ä. Material abzudecken.

• Kletterpflanzen an Gerüsten können mit Schilfmatten vor starken Frösten geschützt werden, die man an frostfreien Tagen leicht wieder entfernen kann.

• Immergrüne Pflanzen werden auch im Winter an frostfreien Tagen gegossen.

• Frostempfindliche, exotische Kübelpflanzen überwintern im Haus

• Sie müssen vor den ersten Frösten in das Winterquartier eingeräumt werden. Geeignet sind helle, kühle Zimmer, Treppenhäuser oder Wintergärten. Einige Arten überdauern sogar in dunklen Kellerräumen. Wichtig ist, dass an frostfreien Tagen regelmäßig gelüftet wird. In der Regel reichen Temperaturen zwischen 5 bis 10 °C.

• Immergrüne und winterblühende Pflanzen brauchen unbedingt ein helles Plätzchen zum Überwintern, Laub abwerfende oder stark zurückgeschnittene geben sich notfalls auch mit einem dunklen Quartier zufrieden.

• Generell gilt: Je heller und wärmer der Überwinterungsraum ist, umso mehr muss gegossen werden. Gießen Sie aber nur, wenn der Ballen trocken ist.

• Wenn Sie wenig Platz haben und große Pflanzen zurückschneiden möchten, machen Sie sich vorher schlau, welche Arten einen starken Rückschnitt vertragen. Bei Engelstrompeten, Fuchsien, Strauchmargeriten oder Wandelröschen ist dies der Fall.

• Kontrollieren Sie Ihre Schützlinge regelmäßig auf Krankheiten und Schädlinge, entfernen Sie befallene Pflanzenteile.

• Mit zunehmendem Licht, etwa ab Anfang März, beginnen die meisten Pflanzen mit dem Austrieb. Jetzt werden sie – je nach Art – nur leicht in Form oder kräftig zurückgeschnitten, ggf. umgetopft und langsam an stärkeres Licht gewöhnt.

• Nützliche »Umzugshilfen« beim Ein- und Ausräumen sind Untersetzer mit Rollen, Sackkarren, Tragebarren oder -gurte.

• Fehlt Ihnen der Platz, fragen Sie Ihren Gärtner, ob er einen Überwinterungsservice anbietet.

Ausputzen und Zurückschneiden

Machen Sie es sich zur Gewohnheit, verblühte und verwelkte Pflanzenteile regelmäßig auszuschneiden oder abzuknipsen. Die Pflanze steuert ihre Energie dann in die Blütenbildung anstatt Samen anzusetzen – es sei denn, sie möchten ihn ernten. Dies empfiehlt sich zum Beispiel bei Petunien, Strauchmargeriten, Pantoffelblumen, Lobelien oder Steinkraut nach der Hauptblüte; sie blühen dann nach einer kurzen Pause erneut durch. Stauden wie Hoher Phlox, Kokardenblume, Sonnenbraut oder Staudensonnenblume sind ebenso dankbar dafür.

Die meisten Arten blühen kräftiger, wenn sie regelmäßig zurückgeschnitten werden. Ein regelmäßiger Auslichtungsschnitt hält ältere Kübelpflanzen in Form und fördert die Blühkraft. Dabei werden am besten im Frühjahr eingetrocknete sowie lange, dünne Triebe entfernt. Schneidet man bis auf Seitenverzweigungen zurück, fällt der Eingriff kaum auf.

Verkahlt die Pflanze oder lassen Wuchskraft und Blühwilligkeit nach, empfiehlt sich ein kräftiger Verjüngungsschnitt. Dabei schneidet man alle Zweige stark zurück, ältere Äste sogar direkt über dem Boden bzw. nah am Stamm. Schwächere Triebe werden entfernt, man lässt nur die kräftigsten stehen.

Frauenmantel, Schafgarbe, Katzenminze oder Salbei blühen nach einem totalen Rückschnitt ein zweites Mal. Schneidet man Glockenblumen oder Indianernessel nach der Blüte total zurück, bewirkt das einen frischen Blattaustrieb.

Pflanzen, die die gesamte Vegetationsperiode über blühende Triebe bilden, kann man in der Ruhezeit kräftig zurückschneiden. Dies sind unter anderem Strauchmargeriten, Wandelröschen und Fuchsien.

Bei frühjahrsblühenden Pflanzen werden die Blütenknospen bereits am vorjährigen Holz gebildet. Hier sollte man auf einen radikalen Rückschnitt verzichten und nach der Blüte nur schwächere Triebe entfernen.

Sommerblühende Sträucher kann man ab Februar an frostfreien Tagen zurückschneiden, zum Beispiel Forsythie, Weigelie, Pfeifenstrauch, Schneeball, Deutzie. Frühlingsblüher wie Ranunkelstrauch oder Brautspiere schneidet man erst nach der Blüte.

Bei der Anzucht von Hochstämmchen werden bei der Jungpflanze zunächst alle Seitentriebe entfernt, bis sie die gewünschte Größe hat. Ist diese erreicht, wird die Spitze entfernt, so dass sich Seitentriebe ausbilden können. Diese werden solange zurückgeschnitten, bis sich die endgültige Krone geformt hat. Austriebe am Stamm werden entfernt.

Grundsätzlich werden unterschieden:

Aufbauschnitt: Er wird an jüngeren Pflanzen durchgeführt und dient zum Aufbau gut verzweigter Pflanzen. Wichtig ist, die charakteristische Wuchsform herauszustellen.

Erhaltungsschnitt: Dient bei älteren, ausgewachsenen Pflanzen dem Erhalt von Form, Größe und Blühwilligkeit.

Gestaltungsideen zum Nachmachen

Das Angebot an Pflanzen, Gefäßen und Accessoires ist schier unerschöpflich, so dass Sie Ihrer Fantasie bei der Gestaltung von Balkon und Terrasse völlig freien Lauf lassen können. Die abgebildeten Arrangements sollen Ihnen dabei Anregungen bieten. Doch bei aller Kreativität, nehmen Sie Rücksicht auf die Standort- und Pflegeansprüche der Pflanze, damit Sie lange Freude an Ihrem blühenden Zimmer haben.

• Kombinieren Sie Pflanzen verschiedener Größen und Formen, damit keine Langeweile entsteht. Bei Balkonkästen gehören hohe Pflanzen in den Hintergrund, buschige an die Seiten und hängende in den Vordergrund.

• Topf- und Kübelgruppen lassen sich je nach Jahreszeit umgestalten – was gerade blüht, gehört in die erste Reihe. Schwere Kübel, die nicht verschoben werden können, bepflanzt man am besten mit immergrünen Pflanzen, die in allen Jahreszeiten einen schönen Anblick bieten.

Der Frühling hält Einzug

Über diese duftenden Frühlingsboten freuen sich nicht nur die Bienen: Kissen-Primeln, Hyazinthen, Maiglöckchen und Zier-Lauch. Denken Sie daran, dass Duftpflanzen immer in Nasenhöhe gehören.

Stilleben mit Tulpen, Krokussen, Traubenhyazinthen und gefüllten Mini-Glockenblumen. Auch auf Balkon und Terrasse können Sie einfache Töpfe zu Gestecken machen. Ein nicht allzu fest geschnürter Reisigkragen verleiht den Tulpen zudem Halt und schützt vor Wind.

Im Sommer geht es bunt zu

Diese bunt gemischte Blumenampel mit Hänge-Petunien, Knollen-Begonien, Fleißigen Lieschen, Männertreu, Zweizahn und Harfenstrauch gedeiht auch im Halbschatten noch gut. Kombinieren Sie nur Pflanzen mit ähnlichen Wuchsstärken, damit schwach wachsende Partner nicht überwuchert werden.

Schönmalve und Studentenblume strahlen hier um die Wette, die Unterpflanzung mit der weißen Schneeflockenblume unterstützt das leuchtende Gelb noch. Tipp: Legen Sie vor dem Bepflanzen den Weidenkorb mit Folie aus und stechen Sie einige Löcher hinein, damit überschüssiges Wasser gut abfließen kann.

Eine ebenso hübsche wie praktische Kombination für Gießfaule: Echeverie, Dickblatt, Kalanchoe, Fetthenne und Leuchterblume kommen mit wenig Wasser aus.

Herbststimmung zaubern

In herbstlicher Kulisse lädt die Terrasse an sonnigen Tagen zum Verweilen ein. Herbstchrysanthemen, Besenheide, Glattblatt-Aster und weißbunte Segge ergänzen sich harmonisch.

Nostalgie im Doppelpack: Terrakottakasten mit Glockenblume, Hortensie und kleinem Oleander, daneben ein Weidenkorb mit Chineser-Nelken und Schleierkraut.

Sommerernte: Nicht nur optisch ein Leckerbissen – die reiche Ernte zeigt, dass sich der Gemüseanbau im Balkonkasten oder auf der Terrasse lohnt. Wer würde sich nicht über einen so prächtigen Präsentkorb freuen?

Auch Früchte wie Hagebutte und Co. hat der Herbst im Angebot. Stilvoll in Töpfen dekoriert, Besenheide, Alpenveilchen und Zier-Kohl dazugesellt – schon hält herbstliche Flair auf Balkon und Terrasse Einzug.

Ein Kräutergärtchen mit Rosmarin, Majoran, Zitronen-Melisse, Petersilie und Kerbel für Naschkatzen und andere Feinschmecker. Das Aroma entfaltet sich an einem sonnigen, trockenen Standort besonders intensiv.

Balkonpflanzen für eine Saison

Gegenüberliegende Seite: Sanvitalia, Salbei und Lantana

Ohne die farbenprächtigen Sommerblumen, Zwiebel- und Knollenpflanzen wäre der Sommer doch nur halb so schön. Nicht nur im Gartenbeet, auch in Töpfen, Kübeln, Balkonkästen und Ampeln machen sie eine gute Figur. Sie bringen neben Farbe und Struktur gleichzeitig ein Stück Natur selbst in luftige Höhen, denn sie sind beliebte Futterquellen für Bienen, Hummeln und Schmetterlinge.

Die meisten Arten sind frostempfindlich und dürfen erst nach den Eisheiligen ab Mitte Mai ins Freie. Einjährige Sommerblumen brauchen von der Aussaat bis zur Blüte und Samenreife nur eine Saison. Zweijährige bilden im ersten Jahr ihre Blätter und blühen erst im Frühling darauf. Die Mehrzahl von ihnen sind Sonnenliebhaber, doch auch für schattige Ecken gibt es das Passende. Selbst wenn sie nur eine Saison wachsen, gedeihen sie doch am schönsten in hochwertigen Substraten. Im puncto Gießen ist weniger manchmal mehr, denn stauende Nässe vertragen sie fast alle nicht. Da die Pflanzen in Gefäßen keinen Vorrat an Nährstoffen haben, empfiehlt sich gleich bei der Pflanzung eine Vorratsdüngung durch die Zugabe von Langzeitdüngern oder organischen Düngern. Je nach Nährstoffbedarf der Pflanze muss nach einigen Wochen nachgedüngt werden, entweder mit schnell wirkenden Flüssigdüngern oder Düngestäbchen. Beachten Sie auf jeden Fall die Dosierungsanweisung.

Für jede Jahreszeit lassen sich die schönsten Blüten- und Blattpflanzen arrangieren, doch muss man nicht traurig sein, wenn sie bei den ersten Frösten absterben. Um Ihre Lieblingspflanze zu erhalten, ernten Sie ihren Samen, schneiden Sie Stecklinge oder nehmen Sie Brutzwiebeln ab. Pelargonien oder Fuchsien können in frostfreien Räumen sogar überwintern. Außerdem gibt es ständig Neuheiten, die Sie im gut sortierten Fachhandel zukaufen können.

Acalypha hispida

ⓘ

Standort: ◗ ☀ △
Pflege: 🌡
Vermehrung: ▱
Eigenschaften: ✖ ∞ ✿
Schädlinge: Spinnmilben,
    Schmierläuse, Schildläuse,
    Weiße Fliege
Blütezeit: Sommer – Herbst

Katzenschwanz

Acalypha hispida

Der Katzenschwanz, auch »Nesselschön« oder »Pfeifenputzerstrauch« genannt, ist ein aufrechter, weichsprossiger Strauch aus der Familie der Wolfsmilchgewächse *(Euphorbiaceae)*. Im Sommer bringt er zahlreiche winzige, leuchtend rote Blüten hervor, die in anmutigen Ähren herabhängen. Die dicken, weichen Kätzchen sind meist kräftig rot, bei der Sorte 'Alba' grauweiß. Auch die großen ovalen Blätter sind äußerst dekorativ. Acalypha hispida gibt in unseren Breiten eine gute Kübelpflanze ab, die eine Höhe von etwa 90 cm und eine Breite von 40 cm erreicht. Sie liebt ganzjährig Temperaturen über 16 °C. Zudem schätzt sie durchlässige Erde und einen windgeschützten, sonnigen bis halbschattigen Standort. Im Sommer muss sie reichlich gewässert und wöchentlich gedüngt werden, im Winter werden die Wassergaben reduziert. Ein leichter Rückschnitt im Spätwinter fördert eine buschige Form. Die Vermehrung erfolgt über Kopfstecklinge im Frühsommer.

Dickblatt

Aeonium

ⓘ

Standort: ◌ ☀-☀ △
Pflege: 🌡
Vermehrung: ∴ ▱ ✄
Eigenschaften: △ ∞ ✿ ❀ ❄
Schädlinge: Blattläuse, Schmierläuse
Blütezeit: Frühjahr – Sommer

Diese Gattung aus der Familie der Dickblattgewächse *(Crassulaceae)* umfasst etwa 40 Arten Rosetten bildender Sukkulenten. Die frost- und kälteempfindlichen Pflanzen tolerieren Temperaturen bis 10 °C und können als Topf- oder Kübelpflanze auf Balkon und Terrasse gehalten werden. Besonders beliebt ist *Aeonium haworthii*. Der dichte, kugelige Strauch wird etwa 60 cm hoch. An den kurzen Zweigen entstehen Rosetten dicker, blaugrauer, löffelförmiger Blätter mit schönen roten Rändern. Von Frühjahr bis Sommer erscheinen endständige Büschel mit cremegelben, rosa überlaufenen Blüten. Die Pflanze bevorzugt ein leichtes, gut durchlässiges Substrat, ideal ist Kakteenerde, einen sonnigen bis halbschattigen Standort und mäßige Wassergaben. Gedüngt wird monatlich mit organischem Dünger oder Kakteendünger. Abgestorbene Blütenrispen sollte man entfernen. Die Vermehrung erfolgt im Frühjahr durch Aussaat, Trieb- oder Blattstecklinge.

*L*eberbalsam

Ageratum houstonianum

»Ageratos« bedeutet im Griechischen »nicht alternd«. Der Name verweist auf die lange Blütezeit dieser beliebten Sommerblume, die sich besonders gut für die Bepflanzung von Balkonkästen eignet, als Partner von Fuchsie und Fleißigem Lieschen. In unseren Breiten wird der Korbblütler aus der Familie *Asteraceae* einjährig gezogen. Charakteristisch ist sein dichter, stark verzweigter Wuchs. Die ovalen bis herzförmigen Blätter sind oft flaumig behaart. Mit zahlreichen kleinen Blütenköpfchen bedecken die dichten Rispen die gesamte Pflanze. Neben verschiedenen Blautönen gibt es auch rosa und weiße Sorten. Der Leberbalsam bevorzugt einen vollsonnigen, geschützten Standort in lockerer, nährstoffreicher Erde. Im Hochsommer benötigt er viel Wasser und sollte alle 14 Tage gedüngt werden. Das Entfernen der welken Blüten verlängert die Blütezeit. Er lässt sich problemlos aus Samen heranziehen. Der Inhaltstoff Cunarin kann Allergien verursachen.

Ageratum

Standort: ◌ ☀ ⚠
Vermehrung: ⠁
Eigenschaften: ✖ ☉ ✿
Krankheiten: Wurzelfäule
Blütezeit: Sommer – Herbst

*G*arten-Fuchsschwanz

Amaranthus caudatus

Das einjährige Amarantgewächs *(Amaranthaceae)* schätzt einen sonnigen, geschützten Standort und ist als Einzelpflanze in Ampel, Topf und Kübel beliebt. Mit seiner stattlichen Höhe bis zu 1,50 m macht es sich gut zwischen kleineren Einjährigen. Seinen Namen verdankt der Fuchsschwanz den herabhängenden, dunkelroten, quastenartigen Blütenähren, die sich vom Sommer bis zum Frühherbst zeigen. Die achsel- oder endständigen Rispen sind lange haltbar, bei der Sorte 'Viridis' sind sie gelbgrün. Auch die kräftigen, aufrechten Stängel mit ihren großen Blättern tragen zu seiner Attraktivität bei. *Amaranthus caudatus* gedeiht gut in mäßig fruchtbarer, lockerer, feuchter Erde und muss in sommerlichen Trockenzeiten ausgiebig gewässert werden, um die Blütezeit zu strecken. Man kann ihn im Frühjahr leicht aus Samen ziehen, ein Rückschnitt der jungen Pflanzen lässt sie dichter wachsen. Leider ist er anfällig für Blattläuse, Schnecken und Raupen.

ⓘ

Standort: ◌ ☀ ⚠
Vermehrung: ⠁
Eigenschaften: ☉ ✿
Schädlinge: Blattläuse, Raupen,
  Schnecken
Blütezeit: Sommer – Herbst

Antirrhinum majus

Standort: ◌ ☼ ⚠
Vermehrung: ⸛
Eigenschaften: ✖ ☉ ❀
*Krankheiten: Löwenmäulchen-Rost,
   Echter Mehltau*
Schädlinge: Blattläuse
Blütezeit: Sommer – Herbst

Garten-Löwenmaul

Antirrhinum majus

Bei den alten Griechen hieß dieses Braunwurzgewächs *(Scrophulariaceae)* »Antirrhinon«, sprich »Nasenartige«; die Franzosen nennen sie »Gueule de loup« (Wolfsmaul), Italiener und Deutsche »Löwenmaul«. Die Ähnlichkeit der Blüte mit einem Tiermaul rührt von ihrem zweilippigen Aufbau her, insbesondere von dem charakteristischen Unterlippenwulst. Die frostempfindlichen Pflanzen, die bis zum ersten Frost blühen, werden meist einjährig kultiviert. Niedrige Sorten (bis 20 cm) eignen sich hervorrragend für Balkonkästen, zumal *Antirrhinum* nahezu das gesamte Farbspektrum abdeckt. Wird Verblühtes regelmäßig entfernt, verlängert sich die Blütezeit. Die Pflanze, die sich gut aus Samen ziehen lässt, benötigt einen sonnigen, geschützten Standort und ein fruchtbares, feuchtes Substrat, verträgt aber keine Staunässe. Man kann sie auch überwintern, allerdings wächst dabei das Risiko des Pilzbefalls. Gelegentlich ruft sie Allergien hervor.

Goldtaler

Asteriscus maritimus

Standort: ◌ ☼ ⚠
Vermehrung: ⸛
Eigenschaften: ☉ ❀
*Schädlinge: Blattläuse, Weiße Fliege,
   Minierfliege, Thripse*
Blütezeit: Frühjahr – Herbst

Der Korbblütler aus der Familie *Asteraceae* hat sich unter verschiedenen deutschen Namen (Stachelnüsschen, Dukatenblume, Ausdauernder Strandstern, Gnom) zu einem wahren Marktrenner entwickelt. Dabei spielen der kompakte Aufbau und die dekorative Verzweigung der Pflanze eine wichtige Rolle, entscheidend für ihren Erfolg ist aber die frühe und von April bis November zuverlässig anhaltende Produktion der attraktiven, leuchtend gelben Blüten – unbeeindruckt auch von mäßigem Wetter. Bekannt ist die Sorte 'Gold Coin'. Der hierzulande einjährige Goldtaler empfiehlt sich mit seiner Höhe von etwa 50 cm vor allem als Beipflanze für sonnige Standorte auf Balkon und Terrasse, lässt sich aber auch gut im Kübel als Solitär einsetzen. Er schätzt durchlässige Erde sowie reichliche Ernährung und verkraftet Temperaturen bis 5 °C. Man sollte die abgeblühten Köpfchen herausschneiden und für eine gleichmäßige Befeuchtung der Pflanze sorgen.

Sommerzypresse

Bassia scoparia

Die Besen-Radmelde, wie dieses Gänsefußgewächs *(Chenopodiaceae)* auch genannt wird, gleicht von Weitem einer kleinen Konifere. Neben ihren filigranen, hellgrünen Blättern ist die ovale bis kugelige Wuchsform sehr dekorativ. Die Blüten sind unscheinbar. Die bis 1 m hohe Einjährige ist sehr schnittverträglich und braucht genügend Raum, um ihre Wirkung voll zu entfalten. Als Hintergrund bunter Sommerblüher kann sie besonders reizvolle Akzente setzen. Die Sorte 'Childsii' bleibt auch nach dem ersten Frost lindgrün, während sich die Blätter der Sorte 'Trichophylla' rötlich färben. Die Sommerzypresse schätzt fruchtbares, gut wasserdurchlässiges Substrat und will auch in der Wachstumsphase nur mäßig gegossen werden. Eine Düngergabe alle 14 Tage und ein vollsonniger, windgeschützter Standort tragen mit dazu bei, dass die Pflanze gut gedeiht. Im Frühjahr wird im Haus direkt in Töpfe ausgesät, der Samen wird nur leicht mit Erde bedeckt.

ℹ

Standort: ◌ ☼ ⚠
Vermehrung: ˳°
Eigenschaften: ☉ ❀
Blütezeit: Sommer

Elatior-Begonie

Begonia-Elatior-Gruppe

Die Elatior-Begonie entstand Ende des 19. Jahrhunderts aus der Kreuzung von *B. socotrana* mit *B. boliviensis, B. veitchii* und *B. rosaeflora.* Mit 'Rieger's Schwabenland' war 1961 endlich eine Sorte erhältlich, die durch kompakten Wuchs und gute Haltbarkeit überzeugte und sich relativ leicht durch Blattstecklinge vermehren ließ. Die Blüten-Begonie ist heute eine begehrte Topfpflanze, die im Gewächshaus eine überwältigende Blütenfülle in Weiß, Rosa und Rot hervorbringt. An geschützter Stelle lässt sie sich aber auch auf Terrasse oder Balkon in Topf oder Ampel zum Blühen bringen. Die Pflanzen sind weit zierlicher als die Knollen-Begonien. Ihre rosenähnlichen Blüten kontrastieren ausgezeichnet zu den asymmetrischen, hell- bis olivgrünen Blättern. Sorten mit überhängendem Wuchs eignen sich hervorragend für Ampeln, etwa die 'Charisma'®-Hybriden, deren gefüllte Blüten in Scharlach, Rosa oder Lachsorange brillieren.

ℹ

Standort: ◍ ☼ ⚠
Pflege: ❋
Vermehrung: ˳° ▥
Eigenschaften: ☉ / ∞ ❀
Krankheiten: Grauschimmel, Echter
   Mehltau, Spross- und Rhizomfäule
Schädlinge: Raupen, Schmierläuse,
   Blattläuse, Milben, Thripse,
   Gefurchter Dickmaulrüssler
Blütezeit: Sommer, im Warmhaus
Herbst – Winter

Begonia-Semperflorens

ⓘ

Standort: 💧 ☀ ⛰
Vermehrung: ⸰⸰⸰
Eigenschaften: ⊔ ✖ ⊙ ✿
Krankheiten: Grauschimmel,
　Echter Mehltau, Spross- und
　Rhizomfäule
Schädlinge: Raupen, Schmierläuse,
　Blattläuse, Milben, Thripse,
　Gefurchter Dickmaulrüssler
Blütezeit: Sommer – Herbst

Eis-Begonie

Begonia-Semperflorens-Gruppe

Der Urahn der »immerblühenden« Eis-Begonie stammt aus Brasilien. Den frostigen deutschen Namen verdankt sie den lackartigen Blattoberseiten, die wie gefroren erscheinen. Dabei ist die für die Bepflanzung von Töpfen und Balkonkästen ideale Sommerblume recht frostempfindlich. Es gibt niedrige und höhere Sorten mit einfachen oder gefüllten Blüten, die üppig vom Sommer bis zum Spätherbst erscheinen. In der 'Cocktail'-Serie finden Sie buschige Minipflanzen mit bronzefarbenem Laub, die Serie 'Thousand Wonders' bietet kompakte, sonnenresistente Pflanzen in verschiedenen Schattierungen an. Eis-Begonien sind gute Nachbarn für Verbenen und Zwergmargeriten. Sie gedeihen an einem halbschattigen Standort in nährstoffreicher und nicht zu trockener Erde. Von Juni bis September benötigen sie alle 14 Tage eine Düngergabe. Das Ausknipsen der Triebspitzen sorgt für einen buschigen Wuchs. Da die Anzucht recht schwierig ist, kauft man besser Jungpflanzen.

ⓘ

Standort: 💧 ☀ ⛰
Pflege: ❄
Vermehrung: ⸰⸰⸰ ▱ ✿
Eigenschaften: ∞ ✿
Krankheiten: Grauschimmel, Echter
　Mehltau, Spross- und Rhizomfäule
Schädlinge: Raupen, Schmierläuse,
　Blattläuse, Milben, Thripse,
　Gefurchter Dickmaulrüssler
Blütezeit: Sommer

Knollen-Begonie

Begonia-Tuberhybrida-Gruppe

Die Knollen-Begonie stammt aus den südamerikanischen Hochgebirgen. Die meist aufrechten, buschigen Stauden erfreuen sich dank ihrer schönen Blätter und Blüten großer Beliebtheit. Im Angebot findet man aufrecht wachsende Sorten für Beete, Balkonkästen und Schalen ebenso wie großblumige Hänge-Begonien für Ampeln. Mit Ausnahme von Blau und Grün ist nahezu jede Blütenfarbe erhältlich, die attraktiven Blüten sind einfach oder dicht gefüllt, gelegentlich gekräuselt oder gewellt. Die Stauden ruhen im Winter, darum muss man die Knollen vor dem ersten Frost herausnehmen, trocknen lassen und bei 5–7 °C überwintern. Im zeitigen Frühjahr kann man sie, mit dem ruhenden, eingefallenen Auge nach Oben, in humusreichem Substrat bei guter Befeuchtung vorkultivieren. Ins Freie dürfen sie erst nach dem letzten Frost, und zwar möglichst an einen windgeschützten Standort an der Ostseite von Balkonen oder Terrassen. Die Pflanze lässt sich durch

Samen und Stecklinge, am einfachsten aber durch Teilung vorhandener Knollen vermehren. Diese treiben zum Sommer hin zerbrechliche lange Stängel mit wenigen mittelgrünen Blättern. Bei den aufrechten Sorten müssen sie unter Umständen gestützt werden. Den ganzen Sommer hindurch erscheinen Büschel mit jeweils zwei kleinen, weiblichen Blüten und einer auffälligen, gefüllten, männlichen Blüte. Während der Blütezeit sollte man die Knollen-Begonie sparsamer wässern und wöchentlich düngen. Durch Entfernen der verblühten weiblichen Blüten verlängert sich die Blütezeit. Hauptgruppe bilden die aufrecht wachsenden Sorten. Die kompakten 'Multiflora'-Begonien werden wegen ihrer zahlreichen, kleinen Blüten gezogen, während die Hybriden der 'Pendula'-Gruppe sich mit ihrem hängenden Wuchs besonders gut für Ampelbepflanzungen eignen.

Begonia tuberhybrida

Bellis perennis

Gänseblümchen

Bellis perennis

Die Rosetten bildende Staude, auch als »Maßliebchen« oder »Tausendschön« bekannt, gehört zur Familie der Korblütler *(Asteraceae)*. Die Gattung ist mit 15 Arten in Europa, Nordafrika und der Türkei beheimatet. Das Gänseblümchen wird meist zweijährig kultiviert, so dass sich im ersten Jahr die Blattrosetten bilden, und es im nächsten Frühling blüht. Dabei bringt jede Rosette vom Spätwinter bis Frühsommer ununterbrochen Blütenköpfchen hervor, die je nach Sorte weiß, rosa oder karmesinrot, einfach, dicht gefüllt oder pomponartig sind. Um die Selbstaussaat zu vermeiden, sollten die Blütenköpfchen nach der Blüte entfernt werden. Die Pflanze wird im Sommer ausgesät oder durch Teilung nach der Blüte vermehrt. Im Winter werden die Jungpflanzen abgedeckt oder frostfrei aufgestellt. Das anspruchslose Gänseblümchen gedeiht an einem sonnigen bis halbschattigen Standort, schätzt nährstoffreiche Erde und sollte regelmäßig gewässert werden.

Standort: ◗ ☼ — ☼
Pflege: ⚠
Vermehrung: ∘° ⚚
Eigenschaften: ∞ ❁
Blütezeit: Frühjahr

Zweizahn

Bidens ferulifolia

Die etwa 200 Arten umfassende Gattung Bidens gehört zu den Korbblütlern *(Asteraceae)* und kommt in den meisten heißen bis gemäßigten Regionen der Erde vor. Der in Mexiko und Arizona beheimatete Zweizahn wächst buschig und etwa 50 cm hoch. Er besitzt kleine, 1- bis 3-fach gefiederte, farnähnliche Blätter; die goldgelben Blütenköpfchen bilden sich von Frühsommer bis Herbst. Vermehrt wird durch Aussaat im Frühling, durch Stecklinge im Frühjahr und Herbst oder durch Teilung bei Wachstumsbeginn im Frühjahr. Der Zweizahn wächst sehr ausladend und sollte stets allein in Kübeln, Ampeln oder Kästen gepflanzt werden. Die enorm blühwillige Pflanze ist sehr lichthungrig und benötigt einen Standort mit direkter Sonneneinstrahlung. Im Sommer wird sie reichlich gewässert und wöchentlich gedüngt. Sie ist sehr frostempfindlich und wird daher einjährig kultiviert. Attraktive und allseits beliebte Sorten sind 'Golden Godess' oder 'Arizona'.

Standort: ◗ ☼
Vermehrung: ∘° ⊡ ⚚
Eigenschaften: ⊟ ⊙ ❁
Blütezeit: Sommer

Australisches Gänseblümchen

Brachyscome iberidifolia

Zu dieser aus Ozeanien stammenden Gattung von Korbblütlern *(Asteraceae)* gehören 60 bis 70 einjährige Pflanzen und immergrüne, meist kurzlebige Stauden. Die Blätter sind je nach Sorte recht unterschiedlich, meist weich und fein gegliedert. Das farbenprächtige Australische Gänseblümchen bringt zahlreiche margeritenähnliche, duftende Blütenkörbchen hervor, die in der Mitte orangefarben oder bräunlich sind, die Zungenblüten dagegen zumeist purpur, blau oder weiß. Beliebt ist auch das Blaue Gänseblümchen *(B. multifida)* mit zartblauen Blüten. An einem sehr sonnigen, aber geschützten Standort eignet sich die Pflanze in einem Kübel oder einer Schale mit nährstoffreicher, gut durchlässiger Erde hervorragend für den Balkon oder die Terrasse. Sie lässt sich im Frühjahr leicht aus Samen vermehren. Schnecken lieben das weiche Laub.

Standort: ◐ ☼ △
Vermehrung: ∘∘° ▦ ✂
Eigenschaften: △ ☉ ❀
Schädlinge: Schnecken
Blütezeit: Sommer

Brachyscome iberidifolia

Größtes Zittergras

Briza maxima

ⓘ

Standort: � ☀ △
Vermehrung: ⸰⸰
Eigenschaften: ☉ ✿
Blütezeit: Frühjahr – Sommer

Das Zitter- oder Tränengras gehört zur Familie der Süßgräser *(Poaceae)* und ist in den gemäßigten Regionen Europas und Asiens mit etwa 20 Arten verbreitet. Seinen Namen verdankt es der Tatsache, dass die Ährchen bereits bei dem sachtestem Windstoß eindrucksvoll zu zittern beginnen. Das Größte Zittergras ist eine mediterrane Art, die im Frühjahr im Haus ausgesät und ab April gepflanzt wird. An einem Standort in voller Sonne und in wasserdurchlässiger Erde wächst das einjährige Gras in dichten Büscheln bis 60 cm hoch. Die Blüten erscheinen vom Spätfrühling bis in den Spätsommer in hübschen kleinen Rispen, die wiederum aus hängenden, breit herzförmigen bis rundlichen, an den Seiten abgeflachten Ähren bestehen. Nach der Blüte vertrocknen die Horste gewöhnlich, die blass grünen Blätter werden später strohfarben. In dieser natürlichen Färbung oder künstlich gefärbt, wird das Zittergras gerne für Trockensträuße verwendet.

Browallie

Browallia speciosa

ⓘ

Standort: ◯ ☀ △ ▷
Vermehrung: ⸰⸰
Eigenschaften: ☉ ✿
Blütezeit: Sommer

Die in Südamerika und auf den Karibischen Inseln beheimatete Gattung Browallia gehört zur Familie der Nachtschattengewächse *(Solanaceae)*. Die Browallie wird meist einjährig kultiviert. Sie ist ein etwa 80 cm hoher, buschiger Strauch, dessen matt grüne Blätter leicht klebrig sind. In den Blattachseln entstehen einzeln oder büschelweise im Sommer violette, blaue oder weiße Blüten. Die Pflanze benötigt einen hellen, aber vor direkter Sonneneinstrahlung geschützten Standort. In der Wachstumsphase darf sie nur mäßig gegossen werden, den buschigen Wuchs und eine dauerhafte Blüte fördern niedrig dosierte Düngergaben alle 2 bis 4 Wochen. Um die Blütezeit zu verlängern, sollten verwelkte Blätter und Blüten herausgeschnitten werden. Im Frühjahr wird ausgesät; das Saatgut der Lichtkeimer darf nicht bedeckt werden. Im Sommer lassen sich Stecklinge schneiden. Die Jungpflanzen werden mehrmals gestutzt, damit sie sich gut verzweigen.

Pantoffelblume

Calceolaria integrifolia

Das aus dem chilenischen Bergland stammende Braunwurzgewächs *(Scrophulariaceae)* trägt seinen Namen wegen der zweilippigen, pantoffelähnlichen Blüten, wobei die kleine, obere Lippe meist aufgebläht ist, und die große, untere wie ein gewölbter Sack aussieht. Die immergrüne Staude ist sehr frostempfindlich und wird deshalb einjährig kultiviert. Der Halbstrauch wird je nach Sorte bis 60 cm hoch. Vom Frühling bis zum Herbst bilden sich an den Enden der Zweige gelbe bis bronzefarbene Blüten in dichten Büscheln. Die meiste Freude haben Sie an der Pantoffelblume, wenn sie an einem kühlen und feuchten, hellen, aber halbschattigen Platz aufgestellt wird. Die sehr empfindlichen Blüten sollten vor Wind geschützt sein, Verwelktes wird regelmäßig ausgeputzt. Während der Wachstumszeit muss die Pflanze reichlich gegossen werden und etwa alle 4 Wochen eine Volldüngergabe erhalten. Im Frühjahr wird ausgesät, im Sommer kann man Stecklinge schneiden.

Standort: 💧 ☼ – ☼ ⚠
Vermehrung: ⣰ ▨
Eigenschaften: ☉ ❀
Schädlinge: Schnecken
Blütezeit: Frühjahr – Herbst

Calceolaria integrifolia

Calendula officinalis

Standort: ☀ ☼ – ☼
Vermehrung: ˳°˚
Eigenschaften: ⊙ ✿
Krankheiten: *Mehltau*
Schädlinge: *Blattläuse*
Blütezeit: *Sommer – Herbst*

Callistephus chinesis

Standort: ☀ ☼
Vermehrung: ˳°˚
Eigenschaften: ⊙ ✿
Krankheiten: *Asternwelke*
Schädlinge: *Blattläuse, Raupen*
Blütezeit: *Sommer*

Garten-Ringelblume

Calendula officinalis

Die in Südeuropa heimische Gattung aus der Familie der Korbblütler (*Asteraceae*) umfasst über 20 Arten. Bereits im Mittelalter wurden Krankheiten wie Pocken, Verstopfung und Depressionen mit Ringelblumen behandelt. *C. officinalis* wird auch heute noch als Heilkraut verwendet, und ist die einzige Art, die zudem als Zier- und Küchenpflanze kultiviert wird. In Salaten, Reis oder Suppen können die Blütenblätter als Safranersatz verwendet werden. Die Wuchshöhe variiert je nach Sorte zwischen 30–70 cm. Gemeinsam ist allen ein buschiger Wuchs, lanzettliche, aromatische blassgrüne Blätter und die mageritenähnlichen Blütenköpfchen, die vom Sommer bis in den Herbst hinein blühen. Die Vermehrung erfolgt durch Aussaat im Frühjahr. Die Pflanze benötigt durchlässiges Substrat und einen sonnigen oder halbschattigen Standort. Durch regelmäßiges Ausputzen oder einen Rückschnitt nach der ersten Blüte lässt sich die Blütezeit verlängern.

Sommeraster

Callistephus chinesis

Aus China und Japan stammt der beliebte Korbblütler (*Asteraceae*), der seit über 200 Jahren auch in Europa gezüchtet wird. Wegen der Sortenvielfalt ist die Sommeraster sehr vielfältig verwendbar. Es gibt niedrige, buschig kompakte oder hohe Sorten, die sich hervorragend als Schnittblumen eignen. Ebenso vielfältig sind die Farben und Formen der vorwiegend rötlichen, violettblauen, weißen oder gelben Blüten, die mitunter auch zweifarbig sind. Üblicherweise wird im Frühjahr ausgesät, um die Blütezeit zu verlängern, am besten in Folgesätzen. Die einjährige Pflanze bevorzugt einen sonnigen, warmen Standort und sollte gleichmäßig gegossen werden. Wichtig ist ein gut durchlässiges, nährstoffreiches Substrat. Sehr empfindlich reagiert sie auf Staunässe, die die gefürchtete Asternwelke verursachen kann. Scheinbar grundlos welkende Astern sollten unverzüglich entfernt werden. Verwelktes wird regelmäßig entfernt, hohe Pflanzen werden gestützt.

Silberknopf

Calocephalus brownii

Der aus Australien stammende Korbblütler *(Asteraceae)* wächst in seiner Heimat als immergrüner, kleiner Strauch mit nadelförmigen, silbergrauen, filzig behaarten Blättern. Und das stark verzweigt bis 40 cm hoch. Nur in sehr langen und warmen Sommern zeigt das Silberkörbchen, wie es auch genannt wird, seine unscheinbaren, knopfartigen Blüten. Meistens wird es jedoch als Herbstpflanze angeboten. Zwischen März und August können krautige Stecklinge geschnitten werden und bei hoher Luftfeuchtigkeit unter Glas oder Folie bewurzeln. Nach den letzten Frösten darf der Silberknopf dann ins Freie. Die äußerst trockenheitsverträgliche Pflanze hat einen geringen Nährstoffbedarf und braucht nur wenig Wasser. Sie liebt die volle Sonne und lässt sich gut in Form schneiden. Meist einjährig gezogen, kann sie doch hell und luftig überwintern. Für alle farbenfrohen Blütepflanzen bietet der Silberknopf einen hübschen, neutralen Hintergrund.

Standort: ◌ ☼
Pflege: ❄
Vermehrung: ⬚
Eigenschaften: △ ∞ ❀
Blütezeit: Sommer

Calocephalus brownii

Italienische Glockenblume

Campanula isophylla

ⓘ

Standort: 💧 ☀ 🝱
Pflege: ❄
Vermehrung: ⚬° ⊞ ✂
Eigenschaften: ∞ ❀
Schädlinge: Schnecken,
  Dickmaulrüssler
Blütezeit: Sommer

Campanula

Zur Gattung Campanula aus der Familie der Glockenblumengewächse *(Campanulaceae)* zählen rund 300 Arten. Nur wenige sind so hervorragend als Topf- oder Ampelpflanze geeignet wie die aus Norditalien stammende *C. isophylla*. Die Staude wächst aufrecht bis 20 cm hoch; längere Triebe hängen leicht über. Im Sommer erscheinen zahlreiche blassblaue oder weiße, sternförmige Blüten. Vermehrt wird durch Aussaat oder Kopfstecklinge im Frühjahr, oder durch Teilung im Frühjahr oder Herbst. Die empfindliche Pflanze schätzt einen luftigen und hellen, halbschattigen Standort. In der Wachstumsphase sollte nur mäßig gegossen und alle vier Wochen ein flüssiger Volldünger hinzugegeben werden. Die Triebe werden im Herbst zurückgeschnitten. Dann wird die frostempfindliche Pflanze ins Haus geholt, wo sie an einem hellen Platz bei 6–10 °C gut über den Winter kommt, wenn sie mäßig feucht gehalten wird.

Marien-Glockenblume

Campanula medium

ⓘ

Standort: 💧 ☀ – ☀ 🝱
Pflege: 🝱
Vermehrung: ⚬° ⊞ ✂
Eigenschaften: ∞ ❀
Blütezeit: Frühjahr – Sommer

Die seit dem Mittelalter beliebte Zierpflanze stammt aus Nord- und Mittelitalien und Südost-Frankreich. Sie ist eine langsam aufrecht wachsende Zweijährige, deren Blattrosette sich im ersten, und deren Blütenstand sich im zweiten Jahr bildet. Die markanten, dicht am Stiel wachsenden, glockenförmigen Blüten erscheinen vom Frühling bis in den Sommer und sind je nach Sorte blau, weiß oder rosa. Gesät wird im Frühling, oder es wird über Stecklinge oder Teilung vermehrt. Wichtig ist ein sonniger bis halbschattiger Standort, im Halbschatten halten sich die zarten Blütenfarben deutlich länger. Sie benötigt nährstoffreiches, gleichmäßig feuchtes Substrat, gegen Staunässe ist die frostharte Pflanze jedoch sehr empfindlich. Für monatliche Düngergaben ist sie dankbar. Die bis 90 cm hohen Stängel sollten gestützt werden. Um die zweite Blüte zu fördern und die Selbstaussaat zu vermeiden, wird nach der ersten Blüte zurückgeschnitten.

Zier-Paprika

Capsicum annuum

Capsicum annuum

Das aus Südamerika stammende Nachtschattengewächs *(Solanaceae)* umfasst die unterschiedlichsten Formen: vom Zier-Paprika über den sehr scharfen Chili (Cayennepfeffer) bis zur Gemüse- und Gewürzpaprika. Die Sortenvielfalt ist riesig groß. Generell kann man sagen, je kleiner die Frucht ist, umso schärfer ist ihr Geschmack. Das äußerst kälteempfindliche, einjährige Nachtschattengewächs wird im warmen Haus im Spätwinter ausgesät und vorkultiviert, oder als Jungpflanze zugekauft und nach den Spätfrösten im Mai ausgepflanzt. Die tief wurzelnde Pflanze sollte in einem hohen Topf an einen sehr sonnigen Standort aufgestellt werden. In der Wachstumszeit, das heißt bis die unreifen grünen Früchte orange oder rot werden, muss die Pflanze reichlich gegossen und alle zwei Wochen mit einem Flüssigdünger gedüngt werden. Um den Fruchtansatz zu fördern, werden die Blüten jeden Tag besprüht.

Standort: ☼
Vermehrung:
Eigenschaften: ⊙ ❀
Krankheiten: Viren, Welkekrankheiten, Echter Mehltau
Schädlinge: Blattläuse
Blütezeit: Sommer

Immergrün

Catharanthus roseus

Zu der in Madagaskar heimischen Gattung aus der Familie der Hundsgiftgewächse *(Apocynaceae)* gehören acht einjährige oder immergrüne Arten. *C. roseus* ist mit etlichen Sorten in Europa als Topfpflanze sehr beliebt. Sie wird auch als *Vinca rosea* bezeichnet und von einigen Botanikern zur Gattung *Vinca* gezählt. Das Immergrün erfordert einen vollsonnigen Standort und sollte auch zur Zeit des Wachstums nur mäßig gegossen und einmal im Monat gedüngt werden. Im Winter benötigt sie nur sehr wenig Wasser, Staunässe verträgt sie nicht. Die immergrüne Pflanze mit ihren purpur-, rosafarbenen oder weißen Blüten, die im Frühling und Sommer erscheinen, wächst buschiger, wenn sie leicht gestutzt wird. Im Frühjahr wird ausgesät, bis zum Sommer können Stecklinge geschnitten werden. Vorsicht ist im Umgang mit der Pflanze geboten, wenn kleine Kinder da sind, da alle Pflanzenteile giftige Alkaloide enthalten.

Standort: ☼ – ◐
Pflege: –
Vermehrung:
Eigenschaften: ✖ ⊙ /∞ ❀
Blütezeit: Frühjahr – Sommer

Hahnenkamm

Celosia-Spicata-Gruppe

Standort: 💧 ☀ ⚠
Vermehrung: ⊶
Eigenschaften: ⊙ ❀
Krankheiten: *Stängelfäule,*
Blattflecken
Schädlinge: *Blattläuse*
Blütezeit: *Sommer*

Aus Asien, Afrika und Amerika stammen die 50 bis 60 zur Gattung zählenden einjährigen Kräuter, Stauden und Sträucher. Sie gehören zur Familie der Amarantgewächse *(Amaranthaceae).* Auf die eigentümliche Form des Blütenstandes basiert der deutsche Name Hahnenkamm. Die bis 60 cm hoch wachsende *C. spicata* blüht im Sommer je nach Sorte in Rosa, Rot, Gelb oder Orange. Der Hahnenkamm wird sehr gerne auch als Schnitt- und Trockenblume verwendet. Da die Blüten bei Sonne und relativ feuchter Luft besonders zahlreich und farbenprächtig werden, ist ein sonniger, aber geschützter Standort ideal. Das Substrat sollte gleichmäßig feucht gehalten und nur mäßig gegossen oder leicht besprüht werden. Alle 14 Tage wird ein Volldünger gegeben. In sehr heißen, trockenen Perioden ist der Wasserbedarf deutlich höher. Im Frühjahr wird im Haus ausgesät.

Celosia

Kornblume

Centaurea cyanus

Der Korbblütler *(Asteraceae)* ist in großen Teilen der Welt, vom Mittelmeerraum bis zum amerikanischen Kontinent, beheimatet. Als weit verbreitetes »Unkraut« in Kornfeldern kam die blau blühende Art *Centaurea cyanus* zu ihrem deutschen Namen. Im Sommer erscheinen die kleinen Blütenköpfchen, die oft Bienen und Schmetterlinge zu einem Zwischenstopp einladen. Neben dieser spezifischen Farbe der Wildform blüht die Kornblume dank intensiver Züchtungsarbeit auch weiß, rosafarben oder rot. Entfernt man die verwelkten Blüten, kann die Blütezeit verlängert werden. Die einjährige Pflanze ist recht genügsam und schätzt durchlässiges Substrat und einen sonnigen Standort. In milderen Regionen kann bereits im Frühherbst gesät werden, um eine zeitige Frühjahrsblüte zu ermöglichen. Ansonsten ist es ratsam, ab Februar zunächst im Haus vorzukultivieren.

Centaurea cyanus

Standort: ○ ☼
Vermehrung: ◦°
Eigenschaften: ☉ ✿
Krankheiten: Echter Mehltau
Blütezeit: Sommer

Grünlilie

Chlorophytum comosum

Aus Süd- und Westafrika stammt die etwa 250 Arten umfassende Gattung aus der Familie *Anthericaceae. Chlorophytum comosum* ist eine büschelig wachsende Staude mit grasähnlichen, sehr schmalen Blättern, die bis zu 30 cm lang werden. Je nach Sorte, wie etwa 'Variegatum' oder 'Vittatum', sind die grünen Blätter weiß oder cremefarben gezeichnet. Im Sommer bilden sich zierliche, weiße Blüten in Trauben. Durch Ableger, die von der Pflanze getrennt, im Wasserglas bewurzelt oder direkt eingepflanzt werden, lässt sich die Grünlilie rasch und leicht vermehren. Ihre Robustheit und ihr attraktives Erscheinungsbild verhalfen ihr zu einer enormen Beliebtheit. Ob als Topf- oder Ampelpflanze, auf dem Balkon, der Terrasse oder im Zimmer, die genügsame Pflanze verzeiht fast jeden Pflegefehler. Auch wenn sie unregelmäßiges Gießen toleriert, sollte man sich bemühen, sie während des Wachstums reichlich und im Winter nur mäßig zu wässern.

Standort: ◆ ☼ — ☼
Pflege: 🌡 — ❄
Vermehrung: ◦° ✄ ❀
Eigenschaften: ∞
Blütezeit: Sommer

Godetie

Clarkia amoena

Standort: 💧 ☀ – ☀
Vermehrung: ⚬°°
Eigenschaften: △ ☉ ❀
Krankheiten: Spross-, Grund- und Wurzelfäule
Blütezeit: Sommer

Die Gattung *Clarkia* verdankt ihren Namen Captain William Clarke, der im Jahre 1806 mit seiner Expedition Amerika durchquerte und sie dort entdeckte. Die einjährigen Nachtkerzengewächse *(Onagraceae)* zeichnen sich durch einen buschigen Wuchs und ihre markanten, bis 10 cm großen, trichterförmigen Blüten aus. Wenngleich die Blütezeit im Sommer nur recht kurz ist, bringt die auch unter dem deutschen Namen »Atlasblume« bekannte Pflanze reichlich flieder- bis rosafarbene, becherförmige Blüten hervor. Zu großzügig gedüngtes Substrat fördert jedoch einseitig das Blattwachstum. Die Erde sollte deshalb nur mäßig fruchtbar, gleichzeitig feucht und gut durchlässig sein. An einem sonnigen oder halbschattigen Standort fühlt sich die Godetie rundum wohl, zu große Hitze und Feuchtigkeit verhindern jedoch ihre Entfaltung. Die hübsche Pflanze eignet sich auch bestens als Schnittblume. Im Frühjahr wird ausgesät, für eine zeitige Blüte schon im Herbst.

Cleome spinosa

Spinnenpflanze

Cleome spinosa

Standort: 💧 ☀ △
Vermehrung: ⚬°°
Eigenschaften: ☉ ❀
Schädlinge: Blattläuse
Blütezeit: Sommer

Zu der aus den Tropen und Subtropen stammenden Gattung aus der Familie der Kaperngewächse *(Capparaceae)* zählen 150 Arten. Dabei sind vor allem die einjährigen mit ihren großen, endständigen Blütendolden und den hervorstehenden Staubfäden, die wie Spinnenbeine aussehen, besonders dekorativ. Auf diese Assoziation geht auch der deutsche Name »Spinnenpflanze« zurück. *Cleome spinosa* besitzt an Hanf erinnernde, gezahnte und behaarte Blätter. Die im Sommer erscheinenden, intensiv duftenden Blüten sind rosa, violett oder weiß gefärbt. Ab März werden die Samen in leicht gedüngter Erde im Haus ausgesät, ab Mitte Mai können sie in Kübeln, Töpfen oder Schalen ins Freie gestellt werden. Vor allem in der Wachstumszeit muss reichlich gegossen und alle 4 Wochen ein Flüssigdünger gegeben werden. Die Spinnenpflanze gedeiht bestens in der vollen Sonne. Ihre Blüte lässt sich verlängern, wenn Verblühtes regelmäßig entfernt wird.

Papageienschnabel

Clianthus puniceus

Die Gattung umfasst zwei Arten, die australische *Clianthus formosus*, und die neuseeländische *C. puniceus*. Die Halbsträucher gehören zur Familie der Schmetterlingsblütler *(Fabaceae)*. Weil ihre langen, spitzen, roten Blüten an einen Papageienschnabel erinnern, kamen sie zu ihrem deutschen Namen. *C. puniceus* ist ein immergrüner Kletterstrauch, der 1,5 m hoch wächst. Stützt man ihn, so kann er an Mauern auch über 5 m hoch werden. *C. formosus* wächst kriechend aufrecht bis 60 cm hoch. Während des Wachstums sollte die Pflanze reichlich gegossen werden und einmal im Monat einen flüssigen Volldünger erhalten. Das Substrat muss gut durchlässig sein. An einem sehr sonnigen, vor starken Winden geschützten Standort fühlt sich der Papageienschnabel am wohlsten. Direkt nach der Blüte empfiehlt sich ein Rückschnitt. Im Frühjahr wird ausgesät, im Sommer werden Stecklinge geschnitten.

Standort: 💧 ☼ ⚠
Pflege: ❄
Vermehrung: ⚬° ⊻
Eigenschaften: ∞ ❀
Blütezeit: Frühjahr – Sommer

Blaue Mauritius

Convolvulus sabatius

Die auch als »Ackerwinde« bekannte, mehrjährige, aber frostempfindliche Staude aus der Familie der Windengewächse *(Convolvulaceae)* ist in Italien, Spanien und Nord-Afrika beheimatet. Sie wächst kriechend und recht dicht, wobei sie sich rasch ausbreitet. Mit dem ausladenden Wuchs eignet sie sich hervorragend für die Begrünung von Wänden oder für Ampeln. Die anspruchslose »Blaue Mauritius« schätzt gut durchlässige Erde und einen geschützten Standort in der vollen Sonne. Ihr Nährstoffbedarf ist durchschnittlich. In der Wachstumsphase sollte reichlich gegossen werden, im Winter reicht es, sie feucht zu halten. Vom Sommer bis in den frühen Herbst bilden sich blasse bis tief lavendelblaue Blüten, die nur tagsüber geöffnet sind. Nach der Blüte empfiehlt es sich, die Pflanze stark zurückzuschneiden, um ein kräftiges Wachstum im nächsten Jahr anzuregen. Sie kann durch Aussaat, Stecklinge oder Teilung vermehrt werden.

Standort: 💧 ☼ ⚠
Pflege: ⚠ – ❄
Vermehrung: ⚬° ⊻
Eigenschaften: ∞ ❀
Schädlinge: Blattläuse
Blütezeit: Sommer – Herbst

Cosmos bipinnatus

Standort: ◗ ☼ ⚠
Vermehrung: ⠶
Eigenschaften: ☉ ✿
Krankheiten: *Grauschimmel*
Schädlinge: *Blattläuse*
Blütezeit: *Sommer*

Schmuckkörbchen

Cosmos bipinnatus

In den Regionen zwischen Mexiko und Brasilien ist der auch »Kosmee« genannte Korbblütler *(Asteraceae)* beheimatet. Die aufrecht wachsende Einjährige mit ihren federartigen grünen Blättern besticht besonders durch ihre zierlichen, an Anemonen erinnernden, weißen, rosa oder roten Blüten. Da die wieder kürzer werdenden Tage die Blüte anregen, kommt es erst im späten Sommer zur Hauptblüte. In mäßig gedüngter und feucht gehaltener Erde gedeihen sie am besten an einem windgeschützten Standort in der vollen Sonne. Auch Halbschatten verträgt die für Töpfe, Balkonkästen und Ampeln gleichermaßen geeignete Pflanze, die in Trockenperioden reichlich gegossen werden muss. Wachstum und Blütenbildung werden gefördert, wenn Verblühtes regelmäßig entfernt wird. Schnittblumen schneidet man kurz nach der Blütenöffnung. Nach dem letzten Frost wird direkt im Freien ausgesät, jedoch kann durch Vorkultur im Haus eine frühere Blüte ermöglicht werden.

Crassula coccinea

Standort: ◌ ☼
Pflege: ❄ — 🌡
Vermehrung: ⠶ ▦
Eigenschaften: ⚠ ∞ ✿ ❦
Schädlinge: *Blattläuse, Schmierläuse,*
  Gefurchte Dickmaulrüssler
Blütezeit: *Sommer*

Dickblatt

Crassula coccinea

Zur Gattung *Crassula* aus der Familie der Dickblattgewächse *(Crassulaceae)* gehören über 150 einjährige und ausdauernde, immergrüne Sukkulentenarten, die vor allem in Südafrika beheimatet sind. Das aus den Bergen der Kapprovinz stammende, frostempfindliche Dickblatt wird bis Mitte Mai zunächst im Haus kultiviert, wo es ab Herbst auch überwintern sollte. Der bis 60 cm hoch wachsende, sukkulente Halbstrauch bildet mehrere Äste an der Basis und besitzt kurze grüne, dicht wachsende Blätter, die nicht selten rot getönt sind. Die prächtig roten oder selten weißen Blüten entstehen vom Sommer bis in den Herbst hinein. In der vollen Sonne, warm und trocken platziert, in durchlässiger, nur mäßig feuchter Erde und zweimal im Monat mit Kakteendünger gedüngt, wächst sie am besten. Vom Frühjahr bis Sommer lassen sich Kopfstecklinge schneiden. Die Pflanze ist anfällig für Schmier- und Blattläuse sowie Gefurchte Dickmaulrüssler.

Krokus

Crocus

Crocus

Die im Herbst oder Frühjahr blühenden Krokusse verhelfen Ihrem Balkon oder Ihrer Terrasse auch außerhalb des Sommers zu leuchtender Farbenpracht. Die Gattung aus der Familie der Schwertliliengewächse *(Iridaceae)* umfasst etwa 80 Arten. Die Farben der becher- oder kelchförmigen, mitunter auch zweifarbigen Blüten reichen von Gelb über Blau, Lila, Hellviolett bis zu Weiß. Typisch sind die aus den Blütenkelchen herausragenden, orangefarbenen Staubblätter. Die Blätter sind grasähnlich und haben in der Mitte einen silbrig weißen Streifen. Sie bilden sich gemeinsam mit der Blüte oder sogar erst danach. Die Knollen der Frühjahrsblüher werden im Herbst, die der Herbstblüher im Spätsommer 5–10 cm tief in gut durchlässiges Substrat gepflanzt, das im Sommer trocken und im Winter feucht gehalten werden muss. Kurz vor dem Aufspringen der Kapseln können die Samen geerntet und in Töpfe gepflanzt werden. In der Regel wird über Brutknollen vermehrt.

Standort: 💧 ☀
Pflege: ❄
Vermehrung: ⚬°
Eigenschaften: ∞ ✿
Blütezeit: Frühjahr, Herbst

Garten-Kürbis

Cucurbita pepo

Cucurbita pepo

Die mindestens 9000-jährige Kulturgeschichte der Kürbisgewächse *(Cucurbitaceae)* lässt sich in Mittelamerika nachweisen. Die einjährigen Arten bilden bis 250 cm lange, rankende Triebe. Vom Zier-Kürbis gibt es eine Vielzahl von Sorten, deren Früchte länglich, gekrümmt oder rund und unterschiedlich groß sind. Für die Kübelkultur auf Balkon oder Terrasse empfehlen sich kleinere, kompakt wachsende Zucchini-Sorten. Im Frühjahr wird im Haus ausgesät, und nach den Spätfrösten kann die Pflanze in einem größeren Gefäß mit reichlich Substrat nach draußen gestellt werden. Dort schätzt sie einen sonnigen oder halbschattigen Standort, der jedoch vor Wind geschützt ist. Die Pflanzen, die bald hübsche, gelbe oder orange Blüten bilden, sollten reichlich und regelmäßig gegossen und alle 4 Wochen gedüngt werden. Die grünen oder gelben Früchte reifen sehr schnell und können bald gepflückt werden. Sie werden frostfrei, luftig und kühl gelagert.

Standort: 💧 ☀ – ☀ ❄
Vermehrung: ⚬°
Eigenschaften: ☉ ✿
Krankheiten: Mehltau,
    Welkekrankheit
Blütezeit: Sommer

Safranwurz

Curcuma

Standort: 💧 ☀ ⚠
Pflege: ⚙
Vermehrung: ⚬° ✂
Eigenschaften: ∞ ❀
Blütezeit: Sommer

Die Gattung umfasst 40 mehrjährige, schilfähnliche Rhizomstauden, die aus den tropischen Regionen Asiens und Australiens stammen. Sie gehören zu den Ingwergewächsen *(Zingiberaceae)*. Die in Büscheln wachsenden breiten Blätter vertrocknen im Herbst. Dann werden auch die Rhizome bestimmter Arten geerntet, die als Gewürze oder zum Färben von Speisen und Stoffen dienen. Das Gewürz ist vor allem aus der indischen Küche bekannt, in der die frische oder getrocknete Wurzel zur Verfeinerung von Chutneys und Curries verwendet wird. Besonders beliebt sind die Rhizome von *Curcuma longa*. Die frostempfindlichen Pflanzen werden im Frühjahr im Haus ausgesät und auch dort überwintert. Im Freien brauchen sie einen halbschattigen, geschützten Standort. Sie werden in der Wachstumsphase reichlich gegossen und alle 4 Wochen flüssig gedüngt. Während der Überwinterung ist die Pflanze fast trocken zu halten.

Alpenveilchen

Cyclamen

Standort: 💧 ☀
Pflege: ❄ – ❄
Vermehrung: ⚬°
Eigenschaften: ✖ ∞ ❀
Blütezeit: Frühjahr, Herbst

Zu den in Europa und Asien weit verbreiteten Primelgewächsen *(Primulaceae)* zählen etwa 20 Knollen bildende Arten, die wie *C. coum* im Frühjahr oder wie *C. persicum* im Herbst blühen. Durch die zwei bis drei Monate währende Blütezeit bringen die beliebten Alpenveilchen selbst im Frühwinter und zeitigen Frühling hübsche Farbtupfer auf Balkon oder Terrasse. Die zierlichen, überwiegend weißen, rosa oder roten Blüten duften mitunter. Die Blätter sind schlicht bis anmutig gemustert, und bei den Herbstblühern halten sie sich bis zum Frühjahr. Vom Spätwinter bis zum Frühjahr wird ausgesät, wobei die Samen der Dunkelkeimer nur mit wenig Erde bedeckt werden. Sie lieben gut durchlässige, kalkhaltige Substrate und mäßige Düngergaben sowie leichten Halbschatten. Die meisten Arten sollten nur mäßig gegossen werden, am besten am Topfrand, da die Knollen sonst leicht faulen. Der Verzehr aller Pflanzenteile verursacht sehr große Übelkeit.

Cyclamen

Papyrus

Cyperus papyrus

Die Gattung *Cyperus* gehört zu den Ried- oder Sauergräsern *(Cyperaceae)* und umfasst etwa 600 einjährige oder immergrüne, mehrjährige Arten, die in den feucht tropischen und subtropischen Erdregionen verbreitet sind. Kultiviert werden sie vor allem wegen der eigenwilligen Blütenstände. Aus den gepressten und getrockneten Sprossen von *C. papyrus* wurde im alten Ägypten das papierähnliche Papyrus hergestellt. Die bis 2 m hohe Staude bildet mit Mark gefüllte, blattlose Sprosse, die im Sommer schopfartige, große Blütendolden tragen. Die Samen werden im Frühjahr in ständig feuchter, regelmäßig zu düngender Topferde ausgesät oder es wird über Teilung vermehrt. Man kann auch die Blütenstände abschneiden und kopfüber in ein Wasserglas stellen, damit sie bewurzeln. Papyrus bevorzugt volle Sonne und ständig Wasser im Untersetzer. Bei zu wenig Licht bilden sich kaum neue Triebe, bei großer Trockenheit verbräunen die Spitzen.

Standort: 💧 ☼ ⛰
Pflege: ▥
Vermehrung: ⚬° ⚘
Eigenschaften: ⬒ ∞ ▧
Blütezeit: *Sommer*

Gegenüberliegende Seite: Dahlia 'Bantling'

Dahlie

Dahlia-Hybriden

ⓘ

Standort: ☀ ⚠
Pflege: ✳
Vermehrung: ⚬ 🖉
Eigenschaften: ☉/∞ ✿
Krankheiten: Echter Mehltau,
*   Mosaikvirus, Knollenfäule*
*   (beim Überwintern)*
Schädlinge: Blattläuse, Spinnmilben,
*   Blindwanzen, Schnecken, Raupen*
Blütezeit: Sommer – Herbst

Zu der aus den Gebirgsregionen Mexikos und Mittelamerikas stammenden Gattung der Dahlien oder »Georginen« aus der großen Familie der Korbblütler *(Asteraceae)* zählen etwa 30 Arten und über 20 000 Kulturformen. Neben der Rose ist die Dahlie eine der beliebtesten Zierpflanzen. Besonders die Vielfalt der reizvollen Blütenköpfchen spornten den Ehrgeiz der Züchter an, so dass mittlerweile eine beeindruckende Vielfalt an Farbtönen und Formen besteht. Das umfangreiche Sortiment wird aufgrund der verschiedenen Formen in zehn Gruppen untergliedert. Es gibt einfach blühende Dahlien und Dekorative Dahlien, Pompon- und Ball-Dahlien, Kaktus- und Semi-Kaktus-Dahlien, Anemonenblütige Dahlien, Halskrausen- und Seerosen-Dahlien. Die Gruppe der diversen Dahlien besteht aus exotischen Vertretern wie der Orchideen-Dahlie oder Hirschgeweih-Dahlie. Sie werden gleichermaßen als Schnittblumen wie als Beet- und Topfpflanzen geschätzt, nicht zuletzt deshalb, weil sie vom Sommer bis zu den ersten Frösten blühen. Sie lieben sonnige, geschützte Standorte sowie ein humoses, lockeres Substrat. Während der Wachstumszeit im Sommer muss ausreichend gewässert und gedüngt werden. Es empfiehlt sich, die Anzahl der Triebe bei großblütigen Sorten auf höchstens fünf, bei kleinblütigen Vertretern auf maximal zehn zu beschränken und Verwelktes regelmäßig zu entfernen. So haben Sie lange Freude an der Blütenpracht. Bienen und Schmetterlinge werden von Dahlien magisch angezogen. Dahlien werden durch Aussaat oder Teilung der Wurzelknollen vermehrt. Die Knollen der abgestorbenen Pflanzen müssen luftig, bei 4 bis 8 °C im Haus überwintern und werden im Frühjahr wieder ausgepflanzt.

Semi-Kaktus Dahlie

ⓘ

Standort: ◗ ☀ ⚠
Pflege: ✳
Vermehrung: ˙°° ✂
Eigenschaften: ☉ / ∞ ✿
Krankheiten: Echter Mehltau,
    Mosaikvirus, Knollenfäule
    (beim Überwintern)
Schädlinge: Blattläuse, Spinnmilben,
    Blindwanzen, Schnecken, Raupen
Blütezeit: Sommer – Herbst

ⓘ

Standort: ◗ ☀ ⚠
Pflege: ✳
Vermehrung: ˙°° ✂
Eigenschaften: ☉ ✿
Krankheiten: Echter Mehltau,
    Mosaikvirus, Knollenfäule
    (beim Überwintern)
Schädlinge: Blattläuse, Spinnmilben,
    Blindwanzen, Schnecken, Raupen
Blütezeit: Sommer

Dekorative Dahlie

Dahlia 'Berliner Kleene'

Die Gruppe der Dekorativen Dahlien besticht durch die üppige, sich bis spät in den Herbst erstreckende Blüte. Die Blütenköpfchen sind voll gefüllt und haben keine klar erkennbare Scheibe. Die glatten, offenen Blütenblätter biegen sich bisweilen am Rand ein wenig nach innen. Die in zahlreichen Variationen erhältlichen Dekorativen Dahlien werden anhand ihrer Blütengröße eingeteilt, die von zwerg- bis riesenblütig reicht. Viele Sorten werden bis 2 m hoch und eignen sich somit nur bedingt für den Balkon. Zu den kompakteren Sorten zählt zum Beispiel die bis 40 cm hoch wachsende 'Berliner Kleene'. Sie bildet lachsrosa Blüten und ist eine der beliebtesten Dahlien-Sorten. Weitere, ähnlich niedrig wachsende Sorten sind 'Claudette' (purpur), 'Bluesette' (purpur) oder 'Parkfeuer' (rot). Kultur- und Pflegehinweise siehe unter »Dahlie«.

Halskrausen-Dahlie

Dahlia 'Herz As'

Kennzeichnend für die Halskrausen-Dahlien ist, dass das gelbe Zentrum von einer Reihe kurzer, gewellter Röhrenblüten umgeben ist, die an eine Halskrause erinnern. Um diese herum sind meist acht Zungenblüten in einer Kontrastfarbe mit flachen, abgerundeten Enden angeordnet. Genau genommen handelt es sich bei der »Halskrause« um umgebildete Staubgefäße, die fest an den Blütenblättern sitzen. Die Blütenköpfchen der Halskrausen-Dahlien sind, im Gegensatz zu den anderen Gruppen, in denen die Blütengröße recht unterschiedlich ist, mit 10–15 cm Durchmesser ziemlich klein. Nicht nur bei Pflanzenliebhabern erfreuen sich die Halskrausen-Dahlien großer Beliebtheit, auch auf Bienen und Hummeln wirken sie sehr anziehend. Eine wegen ihrer geringen Höhe von etwa 50 cm für den Balkon gut geeignete Sorte ist 'Herz As', die mit ihren rosafarbenen Blüten um die helle Mitte sehr dekorativ ist. Kultur- und Pflegehinweise siehe unter »Dahlie«.

Kaktus-Dahlie

Dahlia 'Extase'

Bis zum Ende des 19. Jahrhunderts waren Kaktus-Dahlien in unseren Breiten nahezu unbekannt, doch seit ihrer Einführung in Europa nahm ihre Beliebtheit stetig zu. Mit ihren nach hinten aufgerollten, spitz zulaufenden Blütenblättern erinnert die Kaktus-Dahlie an einen Seeigel. Doch nicht ihrem stacheligen Äußeren verdankt sie ihren Namen, sondern der Ähnlichkeit ihrer Blüten mit denen bestimmter Kakteen. Eine auch für den durchschnittlichen Balkon geeignete Sorte ist beispielsweise 'Extase'. Die bis 40 cm hohe und prächtig rosa-gelb blühende Pflanze ist eine der beliebtesten, niedrig wachsenden Dahlien-Sorten. Nicht minder farbenprächtig und »balkontauglich« sind die Sorten 'München' (40 cm, gelb), 'Aspen' (Semi-Kaktus-Dahlie, 40 cm, weiß), 'Autumn Fairy' (40 cm, orange), 'Cheerio' (50 cm, weinrot mit weißen Spitzen) oder 'Park Princess' (60 cm, hellrosa). Kultur- und Pflegehinweise siehe unter »Dahlie«.

Einfache Dahlie

Dahlia 'Schloss Reinbeck'

Ungefüllte oder einfach blühende Dahlien sind schlicht anmutende Dahlien-Sorten, die trotz intensiver Züchtungsarbeit noch Wesentliches vom ursprünglichen Charakter ihrer mexikanischen Urform besitzen. Das Zentrum der einzelnen Blüten, ein Büschel aus winzigen Röhrenblüten, liegt offen und wird meist von einem einzigen Kranz aus Strahlenblüten umgeben. Einige wenige Sorten besitzen noch einen zweiten Blütenkranz um ihr Zentrum und werden entsprechend Duplex- oder Päonienblütige Dahlien genannt. Für knapp bemessene Balkone sind besonders die klein bleibenden Mignon- oder Top-Mix-Dalien zu empfehlen, die in der Regel ausgesät werden. Eine sehr reizende Sorte ist etwa 'Schloss Reinbeck', die orange mit roter Mitte blüht und nicht höher als 40 cm wird. Ebenso beliebt sind zum Beispiel 'Irene van der Zwet' (gelb, 60 cm), 'Nelly Geerling' (scharlachrot, 50 cm) und 'Roxy' (lila, 40 cm). Kultur- und Pflegehinweise siehe unter »Dahlie«.

Standort: ☀ ⌂
Pflege: ❊
Vermehrung: °° ⚙
Eigenschaften: ∞ ❀
Schädlinge: Echter Mehltau, Mosaikvirus, Knollenfäule (beim Überwintern)
Schädlinge: Blattläuse, Spinnmilben, Blindwanzen, Schnecken, Raupen
Blütezeit: Sommer – Herbst

Einfache Dahlie

Standort: ☀ ⌂
Pflege: ❊
Vermehrung: °° ⚙
Eigenschaften: ☉ – ∞ ❀
Schädlinge: Echter Mehltau, Mosaikvirus, Knollenfäule (beim Überwintern)
Schädlinge: Blattläuse, Spinnmilben, Blindwanzen, Schnecken, Raupen
Blütezeit: Sommer – Herbst

Dendranthema

Herbst-Chrysantheme

Dendranthema-Indicum-Hybriden

Die zur Familie der Korbblütler *(Asteraceae)* gehörende Gattung stammt aus Europa und Asien und umfasst 20 aufrechte Staudenarten. Sie zählen zu den ältesten Zierpflanzen und erfreuen seit jeher mit ihrer noch im Spätherbst leuchtenden Farbenpracht. Ihre zahlreichen Blütenköpfe strahlen vor allem in Weiß, Gelb, Braun, Rot oder Rosa und duften etwas herb. Im zeitigen Frühjahr wird durch Aussaat oder Stecklinge vermehrt. Die Herbst-Chrysantheme gedeiht bestens in gut durchlässigem Substrat, das monatlich mit einem flüssigen Volldünger nachgedüngt werden sollte. Auch während des Wachstums werden sie erst gegossen, wenn das Substrat trocken ist. Im Freien bevorzugen die Pflanzen sonnige, aber geschützte Standorte. Entfernt man die Seitenknospen, wird die Hauptblüte größer. Überwintert wird hell und kühl, aber frostfrei. Der Verzehr der Pflanzenteile kann Magenschmerzen verursachen, das Berühren der Blätter Hautallergien verstärken.

ℹ

Standort: ◊ ☼ – ☀ ⚠
Pflege: ❄
Vermehrung: ⸱◦° ▱
Eigenschaften: ✖ ∞ ❀
Blütezeit: Sommer – Herbst

Garten-Nelke

Dianthus caryophyllus

Zu dieser Gattung aus der Familie der Nelkengewächse *(Caryophyllaceae)* gehören über 300 Arten. Als Basis für etliche Garten-Nelken-Züchtungen diente die aus den mediterranen Regionen stammende *D. caryophyllus,* die meist mehrjährig gezogen wird. Ihre grau- oder sattgrünen Blätter erinnern an Gras und ihre im Sommer erscheinenden, duftenden Blüten sind je nach Sorte mitunter auch mehrfarbig. Die Sortenvielfalt ist groß. Sie eignen sich für Beete, Schalen und Töpfe, die Gebirgshänge-Nelken sind ideal für Balkonkästen. Während des Wachstums wird mäßig gegossen und alle zwei Wochen gedüngt. Ein Rückschnitt direkt nach der Blüte fördert einen erneuten Flor. Das Ausbrechen der Seitentriebe führt zu größeren Blüten. Die Aussaat gegen Ende des Winters erfolgt am besten auf der Fensterbank, die Pflanze sollte erst nach den letzten Frösten herausgestellt werden. Einige Sorten, wie die zweijährigen Land-Nelken, sind sogar winterhart.

ℹ

Standort: ◊ ☼
Pflege: ⚠ *je nach Sorte*
Vermehrung: ⸱◦° ▱
Eigenschaften: ∞ ❀
Krankheiten: Rostpilze,
   Fusarium-Welke
Schädlinge: Blattläuse, Schnecken
Blütezeit: Sommer

Chineser-Nelke

Dianthus chinensis

Die ein- oder zweijährig gezogene Staude stammt aus China und Korea. Die Pflanze wird bis 40 cm hoch und ist bestens zur Bepflanzung von Balkonkästen oder Töpfen geeignet. Die Sorten der 'Baby Doll'-Serie zum Beispiel werden nur bis 20 cm hoch und bestechen durch große, ungefüllte Blüten, die zumeist karminrot bis weiß gefärbt sind. Die »Kaiser-Nelke«, wie sie auch genannt wird, wird im Frühling ausgesät. Bei Herbstaussaat im Freien ist ein Winterschutz empfehlenswert. Sie wächst buschig, hat graugrüne, lanzettliche Blätter und blüht sehr üppig im späten Frühling und Sommer. Ihre Blüten sind rosa, rot, zart lila oder weiß gefärbt und besitzen oftmals ein purpurfarbenes Saftmal. Bevorzugt wird ein Standort in der Sonne. Während des Wachstums wird mäßig gegossen und 14-tägig gedüngt. Der Rückschnitt nach der ersten Blüte regt das Wachstum neuer Triebe an und fördert eine prachtvolle zweite Blüte.

Standort: ◊ ☼
Pflege: ⚶
Vermehrung: ⟀
Eigenschaften: ⊙/∞ ✿
Krankheiten: Rostpilze, Fusarium-Welke
Schädlinge: Blattläuse, Schnecken
Blütezeit: Frühjahr – Sommer

Dianthus chinensis

Elfensporn

Diascia

ℹ

Standort: ◊ ☼ – ☀
Pflege: ⚒
Vermehrung: ∘°° ▧
Eigenschaften: ⊙ ❀
Blütezeit: Sommer – Herbst

Die Gattung *Diascia* mit ihren etwa 50 Arten ist vorwiegend in den südlichen Gebirgsregionen Afrikas beheimatet. Die hervorragend für Balkon und Terrasse geeignete Hängepflanze wirkt in einer Ampel besonders prächtig. Nicht zuletzt aufgrund ihrer langen Blütezeit vom Frühsommer bis in den Frühherbst erfreut sich das Braunwurzgewächs *(Scrophulariaceae)* großer Beliebtheit. Die Pflanze bildet in dieser Zeit zahlreiche, je nach Sorte zartrosa, lachsfarbene oder rote Blüten. Der windverträglich Elfensporn benötigt einen sonnigen oder halbschattigen Standort. Reichlich Luftzufuhr verhindert, dass die Pflanze von innen verfault. Sie ist relativ pflegeleicht, monatliche Düngergaben und das Entfernen von Verblühtem sorgen für eine unermüdliche Blüte. In Trockenperioden sollte reichlicher gegossen, nach Hitzeperioden zurückgeschnitten werden. Für eine zeitige Blüte wird im Frühjahr im Haus ausgesät. Im Sommer kann man Stecklinge schneiden.

Diascia

Mittagsblume

Dorotheanthus bellidiformis

Zu der aus Südafrika stammenden Gattung aus der Familie der Mittagsblumengewächse *(Aizoaceae)* gehören 10 Arten niedrig wachsender, sukkulenter Einjähriger, deren Wasser speicherndes Gewebe für ihren kräftigen Wuchs und ihre Widerstandsfähigkeit in der sandigen oder gebirgigen Heimat verantwortlich ist. Die polsterbildende Sommerblume ist insbesondere für Terrasseneinfassungen geeignet. Vom Sommer bis zum Frühherbst bildet die Mittagsblume mageritenartige, weiße, karminrote, rosarote, orangegelbe oder braungelbe Blüten. Im zeitigen Frühjahr wird zunächst im Haus ausgesät, die Jungpflanzen kommen erst nach den Eisheiligen ins Freie. Das Substrat sollte nach Möglichkeit sandig, gut durchlässig und nährstoffarm sein. Die Pflanze braucht nur wenig gegossen zu werden, da sie Wasser speichert. Extreme Feuchtigkeit führt zu Fäulnis. Weil sich die Blüten nur bei Sonne öffnen, muss die Mittagsblume unbedingt an einem sonnigen Standort stehen.

Echeverie

Echeveria

Die über 150 mehrjährige Sukkulentenarten umfassende Gattung gehört zu den Dickblattgewächsen *(Crassulaceae)*. Ihre Heimat sind die Halbwüsten in Texas, Mexiko und Mittelamerika. Echeverien werden besonders wegen ihrer farbenprächtigen Blätter und rötlichen Blüten geschätzt, die meist in Trauben an langen Stielen sitzen. Hierzulande werden die frostempfindlichen Echeverien vor allem als Zimmerpflanzen kultiviert, die in den warmen Sommermonaten auch Balkone oder Terrassen zieren können. In der Wachstumsperiode sollte nur mäßig gegossen und monatlich ein niedrig dosierter, flüssiger Volldünger oder Kakteendünger gegeben werden. Im Winter hält man sie fast trocken. Generell benötigt die lichthungrige Pflanze einen sonnigen, warmen Standort. Temperaturen unter 15 °C können bereits zu Schäden führen. Vermehrt wird über Aussaat oder Blattstecklinge, am einfachsten lassen sich kleine Seitensprosse abtrennen und bewurzeln.

Standort: ◌ ☼
Vermehrung: ⸰°
Eigenschaften: △ ⊙ ❀
Krankheiten: Stängelgrundfäule
Schädlinge: Blattläuse
Blütezeit: Sommer – Herbst

Echeveria

Standort: ◌ ☼
Pflege: 🌡
Vermehrung: ⸰° ▭ ✁
Eigenschaften: △ ∞ ❀
Schädlinge: Blattläuse, Schmierläuse,
  Rüsselkäferlarven
Blütezeit: Sommer – Herbst, je
  nach Art

Schnee-auf-dem-Berge

Euphorbia marginata

Die Gattung Euphorbia stammt aus den Tropen und Subtropen, ist aber auch in den gemäßigten Zonen verbreitet. Zu den Wolfsmilchgewächsen *(Euphorbiaceae)* zählen etwa 2000 Sträucher, Stauden, Einjährige und Sukkulente. Schnee-auf-dem-Berge ist eine buschig verzweigte Einjährige aus Nordamerika. Wie bei fast allen Euphorbia-Arten wirkt der Milchsaft der Pflanze bei Hautkontakt ätzend, Kontakt mit den Augen kann sogar zu vorübergehender Erblindung führen. Es empfiehlt sich deshalb, immer mit Handschuhen zu arbeiten. *E. marginata* wächst recht schnell und bildet leuchtend grüne, ovale Blätter mit weißen Rändern. Vom Spätsommer bis in den Herbst bringt sie kleine weiße Blüten hervor, die von breiten, weißen Hochblättern umringt werden. Die Pflanze schätzt feucht gehaltenes, gut durchlässiges Substrat und einen sonnigen Standort. Während des Wachstums wird zusätzlich gedüngt. Im Frühjahr wird ausgesät. Schmierläuse können auftreten.

Standort: ◕ ☼
Vermehrung: ⊹
Eigenschaften: ✖ ☉ ⊗
Krankheiten: *Grauschimmel*
Schädlinge: *Schmierläuse*
Blütezeit: *Sommer – Herbst*

Eustoma

Prärie-Enzian

Eustoma grandiflorum

Die in den USA beheimateten Enziangewächse *(Gentianaceae)* werden ein- oder zweijährig kultiviert, als Schnittblume einstämmig, als Topfpflanze buschig verzweigt. Sie besitzten leicht fleischige, eiförmige, graugrüne Blätter und bringen im Sommer breit glockige, samtige Blüten hervor. Ursprünglich waren diese blau, doch japanische Züchter erweiterten das Farbspektrum um Violett-, Rosa und Weißtöne. Der Prärie-Enzian wächst langsam und eignet sich gleichermaßen als lang haltbare Schnittblume, Zimmerpflanze oder Topfpflanze für Balkon und Terrasse. Dort muss die Pflanze windgeschützt und sonnig stehen. In gut durchlässiger Erde getopft, sollte sie während des Wachstums alle zwei bis drei Wochen flüssig gedüngt und reichlich gegossen werden. Während der Überwinterung braucht sie nur wenig Wasser. Die Aussaat erfolgt bei etwa 20 °C, bei einjähriger Kultur im Spätwinter, bei zweijähriger im Spätsommer.

Standort: ◕ ☼ ⚠
Pflege: ⊞ – ⬚
Vermehrung: ⊹
Eigenschaften: ☉ / ∞ ⊗
Krankheiten: *Umfallkrankheiten (Sämlinge)*
Blütezeit: *Sommer*

Blaues Lieschen

Exacum affine

Die Gattung Exacum ist zwischen dem Jemen und Indien beheimatet. Sie gehört zwar zu den Enziangewächsen *(Gentianaceae)*, jedoch besitzen ihre meist flachen oder breit schalenförmigen Blüten keinerlei Ähnlichkeit mit den typischen Enzianblüten. Das Blaue Lieschen ist eine buschige, kurzlebige, immergrüne Staude, die zumeist einjährig kultiviert wird. Ihre glänzenden Blätter sind eiförmig bis elliptisch. Im Sommer bilden sich duftende, lavendelblaue, rosafarbene oder weiße Blüten. Das auch als Zimmerpflanze kultivierte Blaue Lieschen kann nach den letzten Frösten auf den Balkon oder die Terrasse gestellt werden. Während der Wachstumsperiode sollte man viel gießen und alle zwei bis drei Wochen einen flüssigen Volldünger geben. Die Pflanze schätzt gut durchlässiges Substrat und einen Standort in voller Sonne. Vermehrt wird im zeitigen Frühjahr durch Aussaat oder Stecklinge. Die Samen der Lichtkeimer werden nur mit Folie oder Glas bedeckt.

Exacum affine

ⓘ

Standort: ◆ ☼
Pflege: 🌡
Vermehrung: ˒°˒ 📷
Eigenschaften: ☉/∞ ✿
Blütezeit: Sommer

Blaues Gänseblümchen

Felicia amelloides

Der aus Südafrika stammende, buschige Halbstrauch eignet sich hervorragend als Topfpflanze für den Balkon und die Terrasse. Der auch »Kapaster« genannte Korbblütler *(Asteraceae)* wird aufgrund seiner Frostempfindlichkeit meist einjährig kultiviert. Die Blätter sind dunkelgrün und aromatisch, die sternförmigen Blütenköpfchen hell- bis dunkelblau mit gelbem Zentrum. Die üppige und von Frühjahr bis Herbst andauernde Blüte trägt viel zur Beliebtheit des Blauen Gänseblümchens bei. Durch das Entspitzen der Jungpflanzen lässt sich der buschige Wuchs zusätzlich anregen. Einjährige werden im Frühjahr ausgesät, im Spätsommer lassen sich auch Stecklinge bewurzeln, die wie die Mutterpflanzen frostfrei überwintert werden. In der Wachstumsphase darf nur maßvoll gegossen werden, das Substrat sollte gut durchlässig sein. Eine wöchentliche Düngergabe während des Wachstums ist empfehlenswert. Die Pflanzen lieben volle Sonne.

ⓘ

Standort: ◌ ☼
Pflege: 🌡
Vermehrung: ˒°˒ 📷
Eigenschaften: ☉/∞ ✿
Schädlinge: Blattläuse, Spinnmilbe
Blütezeit: Frühjahr – Herbst

Gegenüberliegende Seite: Fuchsia

Fuchsien – Farbtupfer im Schatten

Für halbschattige und schattige Plätze gibt es kaum eine bessere Pflanze als die Fuchsie. Die Gattung umfasst etwa 100 Arten und wurde schon im 16. Jahrhundert von dem deutschen Botaniker Leonhard von Fuchs beschrieben, nach dem sie auch benannt wurde. In ihrer Heimat Mexiko und Südamerika wachsen sie mehrjährig als Halbsträucher, Sträucher oder sogar kleine Bäume. Beliebt sind sie vor allem wegen der bezaubernden Blüten, die einfach bis gefüllt sein können und achselständig in Trauben oder Rispen sitzen. Häufig haben die vier Kelchblätter (Sepalen) eine andere Farbe als die vier Blütenblätter (Petalen). Auffällig sind die acht langen Staubfäden und der Griffel, die die Blütenkrone (Corolla) weit überragen.

Als Beet- und Balkonpflanzen werden Fuchsien häufig nur eine Saison kultiviert. Doch sind sie relativ leicht zu überwintern, sogar im dunklen Keller. Dafür eignen sich – allein von ihrer Wuchsform her   aufrechte Sorten eher als hängende. Aus ihnen lassen sich auch dekorative Stämmchen ziehen. Bei einer dunklen Überwinterung dürfen die Temperaturen 10 °C nicht übersteigen, in einem temperierten Wintergarten blühen sie sogar weiter. Die Scharlach-Fuchsie (F. magellanica) gilt in milden Gegenden als »winterhart«.

Fuchsien lassen sich durch Kopfstecklinge vermehren, die man ab Herbst bis zum Frühjahr schneiden kann und bei etwa 20 °C bewurzeln lässt. Damit die Pflanzen nicht verkahlen, empfiehlt sich ein regelmäßiger Rückschnitt, am besten im Frühjahr. Die Blüten entwickeln sich an den Spitzen der wachsenden Triebe und erscheinen je nach Sorte sechs bis zehn Wochen nach dem Schnitt.

Die hier vorgestellten Sorten stehen stellvertretend für viele Sorten.

Gegenüberliegende Seite (im Uhrzeigersinn):
Fuchsia 'Beacon', Fuchsia 'Koralle',
Fuchsia 'Mr. Hockin', Fuchsia 'Dollar Princess'

Fuchsie

Fuchsia 'ShadowDancer'

ⓘ

Standort: 💧 ☀ – ☀ ⚠
Pflege: ❋ *dunkel /* 🏠 *hell*
Vermehrung: ✉
Eigenschaften: ∞ ❀
Krankheiten: Rost, Grauschimmel,
   Mehltau
Schädlinge: Weiße Fliege,
   Spinnmilben, Blattläuse
Blütezeit: Sommer – Herbst

Die Fuchsien-Sorten der Serie 'ShadowDancer' haben das Sortiment in der jüngsten Vergangenheit bereichert und zeichnen sich gleich durch mehrere gute Eigenschaften aus. Sie wachsen sehr buschig, aber dennoch kompakt, je nach Sorte aufrecht oder überhängend. Zudem blühen sie schon sehr früh und ohne Unterbrechung bis zum Herbst. Im Gegensatz zu vielen anderen Fuchsien legen sie im Sommer keine Blühpause ein. Ihr Reichtum an kleinen, leuchtend gefärbten Blüten ist kaum zu fassen. Die Blüten stehen gut sichtbar über dem Laub. Diese farbenprächtigen Fuchsien sind für Balkonkästen und Ampeln oder zur Beet- und Grabbepflanzung gleichermaßen geeignet. Im Jahr 2000 hat diese Serie sogar die Proven Winners®-Auszeichnung erhalten, die gemeinsam von Jungpflanzen-Firmen der ganzen Welt für die besten Neuheiten vergeben wird. Weitere Pflege- und Kulturhinweise finden Sie im Einleitungstext.

Fuchsie

Fuchsia 'Dark Eyes'

ⓘ

Standort: 💧 ☀ – ☀ ⚠
Pflege: ❋ *dunkel /* 🏠 *hell*
Vermehrung: ∘ᵒ° ✉
Eigenschaften: ∞ ❀
Krankheiten: Rost, Grauschimmel,
   Mehltau
Schädlinge: Weiße Fliege,
   Spinnmilben, Blattläuse
Blütezeit: Sommer

Die als aufrechter, reich verzweigter Strauch wachsende Sorte 'Dark Eyes' wird bis 60 cm hoch und 75 cm breit. Sie gehört wie alle Fuchsien zu den Nachtkerzengewächsen *(Onagraceae)*. Ihre äußerst langlebigen Blüten sind gefüllt, mit einem Durchmesser von 4–6 cm mittelgroß und besitzen glänzend tiefrote Kelchblätter und dunkel violettblaue Blütenblätter. Die kräftigen Blüten und die dunkle Farbe der Kronblätter verleihen der Pflanze ein besonders edles Flair und erinnern entfernt an die dunkel geschminkten Augen der glamourösen Hollywood-Stars aus den 20er Jahren. Fuchsien schätzen halbschattige bis sonnige Standorte, an denen sie vor Wind und großer Hitze geschützt sind. Besonders während des Wachstums muss reichlich gegossen und monatlich gedüngt werden. Das Entfernen von Fruchtansätzen unterstützt eine üppige Blüte. Im Frühjahr erhält die Pflanze einen Formschnitt. Weitere Pflege- und Kulturhinweise finden Sie im Einleitungstext.

Fuchsie

Fuchsia 'Koralle'

ℹ

Standort: 💧 ☀ – ☀ ⚠
Pflege: ❄ *dunkel* / 🏠 *hell*
Vermehrung: ⸰° ▥
Eigenschaften: ∞ ❀
Krankheiten: Rost, Grauschimmel,
  Mehltau
Schädlinge: Weiße Fliege,
  Spinnmilben, Blattläuse
Blütezeit: Sommer

Die Sorte 'Koralle' ist eine aufrechte, strauchförmige *Fuchsia-Triphylla-Hybride* mit den für diese Gruppe typischen, sehr langen Röhrenblüten. Sie bildet samtig olivgrüne Blätter an kräftigen Trieben und kann rasch bis 90 cm hoch und 60 cm breit werden, ist also ideal für Kübel oder größere Balkonkästen. Dem kräftigen Korallenrot ihrer Blüten verdankt diese Fuchsie ihren Namen. Sie bildet endständige Büschel aus langen, orangeroten Röhrenblüten, ein starker Kontrast zu den sonst für Fuchsien so charakteristischen Blüten aus meist andersfarbigen Kelch- und Blütenblättern. Aber auch sie bevorzugen halbschattige bis schattige Plätze, vor Wind und Hitze geschützt. Während der Wachstumszeit brauchen die Pflanzen reichlich Wasser und eine wöchentliche Düngergabe. Sie blühen lange bis in den Herbst hinein, ab Temperatur unter 5 °C müssen sie ins Haus geholt werden. Weitere Pflege- und Kulturhinweise finden Sie im Einleitungstext.

Hänge-Fuchsie

Fuchsia 'La Campanella'

ℹ

Standort: 💧 ☀ – ☀ ⚠
Pflege: ❄ *dunkel* / 🏠 *hell*
Vermehrung: ⸰° ▥
Eigenschaften: ∞ ❀
Krankheiten: Rost, Grauschimmel,
  Mehltau
Schädlinge: Weiße Fliege,
  Spinnmilben, Blattläuse
Blütezeit: Sommer

'La Campanella' klingt nicht nur schön, sie ist auch eine der attraktivsten und beliebtesten Hänge-Fuchsien und Elternpflanze vieler weiterer Züchtungen. Ihr Erfolg liegt neben den gefüllten Blüten mit den weißen Kelchblättern und blauvioletten Blütenblättern auch in der Unempfindlichkeit gegenüber Schädlingen und Krankheiten. Der lockere Strauch wird bis 30 cm hoch und hängt dann über. Daher passt er gut in Balkonkästen, als Ampelpflanze kommt seine Schönheit besonders zur Geltung. Da die Urform dieses Nachtschattengewächses aus den nebligen Bergregionen von Mexiko bis Chile stammt, kommen sie auch in Kultur mit wenig Licht aus. Wichtig ist eine ausreichende Wasser- und Nährstoffversorgung während des Wachstums. Obwohl häufig einjährig gezogen, können sie frostfrei, hell oder dunkel, gut überwintern. Weitere Pflege- und Kulturhinweise finden Sie im Einleitungstext.

Hänge-Fuchsie

Fuchsia 'Marinka'

Die Sorte 'Marinka' ist ein besonders blühfreudiger Strauch, bei dem nicht nur die Blüten, sondern auch die Blätter reizvoll sind. Auf der Unterseite sind diese rot geadert, wodurch ein hübscher Kontrast zu der tief grünen Grundfarbe des Blattes entsteht. Die Blüte von 'Marinka' besticht durch unterschiedliche Schattierungen leuchtender Rottöne. Die Kelchblätter sind dabei von einem helleren, die Blütenblätter von einem dunkleren Rot. Die Pflanze wird bis 30 cm hoch und bis 60 cm breit. Wie alle hängenden Sorten passt sie gut in Balkonkästen, besonders prächtig gedeiht sie jedoch in Ampeln, wo sie sich nach allen Seiten ausbreiten kann. Zeitweise kann eine einzige Ampelpflanze über 100 Blüten tragen. Besonders üppig wirken sie, wenn mehrere Jungpflanzen in eine Ampel zusammengepflanzt werden. Weitere Pflege- und Kulturhinweise finden Sie im Einleitungstext.

Standort: ◗ ☼ — ☀ ⚠
Pflege: ❄ dunkel / 🌡 hell
Vermehrung: ∘°◦ ⊞
Eigenschaften: ∞ ❀
Krankheiten: Rost, Grauschimmel, Mehltau
Schädlinge: Weiße Fliege, Spinnmilben, Blattläuse
Blütezeit: Sommer

Fuchsie

Fuchsia 'Mrs Marshall'

'Mrs Marshall' ist eine der wenigen älteren Sorten, die heute noch erhältlich sind. Der buschige Strauch wird übersät von zarten Blüten mit cremeweißen Kelchblättern, unter denen samtig kirschrote Blütenblätter zum Vorschein kommen. Sie lässt sich leicht als Hochstämmchen ziehen. Dies gelingt am besten mit jungen, gut bewurzelten Pflanzen. Damit die Pflanze in die Höhe wächst, werden zunächst alle Seitentriebe und Blüten entfernt. Hat sie die gewünschte Höhe erreicht, wird die Spitze abgeschnitten. Spätestens hier empfiehlt sich eine Stütze. Jetzt werden nur die Seitentriebe in der oberen Spitzenregion gelassen, die später die Krone bilden. Alle anderen schneidet man direkt am Stamm ab. Die Kronentriebe werden häufig entspitzt, damit sie sich gut verzweigen. Bis zur Ausbildung einer dichten Krone können mehrere Jahre vergehen. In dieser Zeit sollte stärker dosiert gedüngt werden. Weitere Kulturhinweise finden Sie in der Einleitung.

Standort: ◗ ☼ — ☀ ⚠
Pflege: ❄ dunkel / 🌡 hell
Vermehrung: ∘°◦ ⊞
Eigenschaften: ∞ ❀
Krankheiten: Rost, Grauschimmel, Mehltau
Schädlinge: Weiße Fliege, Spinnmilben, Blattläuse
Blütezeit: Sommer

Hänge-Fuchsie

Fuchsia 'Swingtime'

ⓘ

Standort: 🌢 ☀ – ☀ ⚠
Pflege: ❄ *dunkel /* 🌡 *hell*
Vermehrung: ⸰° ▱
Eigenschaften: ∞ ❀
Krankheiten: Rost, Grauschimmel,
  Mehltau
Schädlinge: Weiße Fliege,
  Spinnmilben, Blattläuse
Blütezeit: Sommer

Die hängende Sorte 'Swingtime' wurde 1950 in den USA gezüchtet. Der kräftige, über 50 cm breite und überhängende Strauch hat große, gefüllte Blüten mit glänzenden, tief roten Kelchblättern und weißen Blütenblättern, die eine feine rote Aderung aufweisen. Die dunkelgrünen, an den Rändern fein gezähnten und rot geaderten Blätter ähneln denen der Sorte 'Marinka'. Ihr ausladender Wuchs prädestiniert diese Sorte zur Bepflanzung von Balkonkästen, Töpfen und Ampeln, in denen sie besonders gut zur Geltung kommt. Gegenüber anderen Fuchsien-Sorten besitzt 'Swingtime' den Vorzug, wetterfest und auch für warme, sonnige Standorte geeignet zu sein. Während des Wachstums braucht sie reichlich Wasser und sollte wöchentlich gedüngt werden. Achten Sie darauf, dass Ampeln windgeschützt aufgehängt werden. Gefäße mit Wassertanks sind empfehlendswert. Weitere Pflege- und Kulturhinweise finden Sie im Einleitungstext.

Hänge-Fuchsie

Gazanie

Gazania

Die Gattung mit etwa 16 Arten niedrig wachsender, einjähriger Kräuter und Stauden stammt aus dem tropischen und südlichen Afrika. Die auch »Mittagsgold« genannte Gazanie gehört zu den Korbblütlern *(Asteraceae)*. Die an Gerbera erinnernden, farbenfrohen Blüten sind hauptsächlich gelb, orange oder rot gefärbt und besitzen einen dunklen Kranz um die Mitte. Hübsch sind auch die graulaubigen Sorten. Gazanien werden über Aussaat im Frühjahr, Stecklinge oder Teilung im Herbst vermehrt. Die Jungpflanzen dürfen erst nach den Eisheiligen ins Freie. Die bis zu 30 cm hohen Pflanzen gedeihen bestens im vollen Sonnenlicht, da sich die Blüten nur bei Sonne öffnen. Es wird nur wenig gegossen, das Substrat sollte gut durchlässig sein. Einmal im Monat wird ein flüssiger Volldünger zugegeben. Auf Staunässe reagieren Gazanien sehr empfindlich. Wenn Verblühtes regelmäßig entfernt wird, bilden sich schnell neue Knospen.

Standort: ○ ☼
Vermehrung: ⚬° ⊡ ✂❀
Eigenschaften: △ ☉ ❀
Krankheiten: Stamm-, Blatt- und Wurzelfäule
Schädlinge: Blattläuse, Weichhautmilben, Thripse
Blütezeit: Sommer

Gazania

Gerbera

ⓘ

Standort: 💧 ☀ – ☀
Pflege: 🏠
Vermehrung: ⸰° ▥ ⚯
Eigenschaften: ∞ ❀
Krankheiten: Blattflecken, Wurzelfäule
Schädlinge: Blattläuse, Weiße Fliege
Blütezeit: Frühjahr – Sommer

Helianthus

ⓘ

Standort: 💧 ☀ ⚠
Vermehrung: ⸰°
Eigenschaften: ✘ ☉ ❀
Krankheiten: Echter Mehltau
Schädlinge: Blattläuse
Blütezeit: Sommer

Gerbera

Gerbera jamesonii

Zur Gattung aus der Familie der Korbblütler *(Asteraceae)* zählen etwa 40 Arten mehrjähriger Stauden, die in Afrika, Madagaskar und Asien beheimatet sind. *Gerbera jamesonii* bildet je nach Kulturbedingungen und Sorte sogar ganzjährig weiße, rosafarbene, gelbe, orangefarbene oder rote, einfache oder gefüllte Blüten. Sie ist vornehmlich als Schnittblume oder Zimmerpflanze bekannt, eignet sich im Sommer aber auch gut als Topfpflanze für Balkon und Terrasse. Zu beachten ist, dass die tief wurzelnde Pflanze ein entsprechend voluminöses Gefäß benötigt. Da sie frostempfindlich ist, sollte sie im Herbst wieder ins Haus geholt werden. Während der Wachstumsphase muss die Pflanze gleichmäßig feucht gehalten und wöchentlich gedüngt werden. Das Substrat sollte nährstoffreich und wasserdurchlässig sein, im Frühjahr wird umgetopft. Die lichthungrige Gerbera benötigt einen hellen Standort. Vermehrt wird in der Regel über Aussaat im Herbst oder Frühjahr.

Sonnenblume

Helianthus annuus

Die Gattung aus der Familie *Asteraceae* stammt aus Amerika. Hierzu gehört auch die kartoffelähnliche, essbare Topinambur, die in deutschen Küchen zur Zeit noch als Geheimtipp gilt. Die schnell wachsende, einjährige Sonnenblume ist eine der bedeutendsten Ölsamenpflanzen. Sie kann bis 3 m hoch werden. Hohe Sorten eignen sich gut als Schnittblumen, für Töpfe und Balkonkästen empfehlen sich eher niedrige Sorten, beispielsweise 'Big Smile' (40 cm), 'Sunspot' (60 cm) oder 'Teddy Bear' (90 cm). Im Sommer erscheinen die großen Blütenköpfe mit brauner Mitte und, je nach Sorte, gelben oder rötlich braunen Strahlenblüten. Sonnenblumen schätzen wasserdurchlässiges Substrat und einen sonnigen, aber vor Wind geschützten Standort. Für eine üppige Blüte muss man reichlich gießen und regelmäßig düngen. Ausgesät wird im Frühjahr. Bei allen *Helianthus*-Arten sollten Allergiker vorsichtig sein, da das Berühren der Blätter Hautallergien verstärken kann.

Garten-Strohblume

Helichrysum bracteatum

Die Garten-Strohblume aus der Famile der Korbblütler *(Asteraceae)* stammt ursprünglich aus Australien. Ihren deutschen Namen verdankt die als Trockenblume sehr lange haltbare Einjährige den hitzeverträglichen, papierartigen Blüten. Die großen Blütenköpfchen erscheinen, je nach Sorte, in roten, gelben, bräunlichen, violetten oder cremefarbenen Tönen. Für Balkonkästen und Ampeln sind besonders die niedrigen, kompakten Sorten wie die 'Bikini'-Serie zu empfehlen, die über Aussaat im Frühjahr vermehrt werden. Neue, stecklingsvermehrte Sorten wie 'Diamond Head', 'Golden Beauty' oder 'Goldbusch' sind mit ihrem überhängenden Wuchs ideal für Ampeln. Das gut wasserdurchlässige Substrat sollte nährstoffreich sein, aber nur mäßig feucht gehalten werden. Ein sonniges, vor Regen geschütztes Plätzchen fördert eine reiche Blüte, unterstützt durch regelmäßiges Ausputzen von Verblühtem. Trockenblumen schneidet man kurz vor dem Aufblühen.

Standort: ○ ☼
Vermehrung: ∴ ▱
Eigenschaften: △ ☉ ✽
Krankheiten: Echter Mehltau
Blütezeit: Sommer

Helichrysum petiolare

Silber-Strohblume

Helichrysum petiolare

Der in Südafrika beheimatete Korbblütler *(Asteraceae)* wächst in seiner Heimat als strauchartige, immergrüne Blattpflanze. Auffälliges Merkmal sind die filzig behaarten, stark verzweigten Triebe mit den, je nach Sorte, silbrig beharrten, weiß oder cremegelb panaschierten Blättern. Besonders beliebt sind die Sorten 'Rondello' (cremegelb panaschiert) oder 'Silver' (silbrig schimmernde Blätter). Die sich vom Spätsommer bis Herbst bildenden, weißen Blütenköpfchen sind dagegen unscheinbar. Das meist einjährig kultivierte Silberblatt eignet sich hervorragend als Strukturpflanze für bunt gemischte Kübel oder Ampeln. Dort gedeiht es bestens an sonnigen und leicht schattigen Plätzen. Trotz der Blattmasse kann es sich trockenen Verhältnissen gut anpassen. Daher reicht mäßiges Gießen aus, gedüngt werden sollte jedoch wöchentlich. Große Exemplare lassen sich willig in Form schneiden. Durch Aussaat oder Stecklinge lässt sie sich leicht vermehren.

Standort: ○ ☼ — ☼
Pflege: ✳
Vermehrung: ∴ ▱ ✄
Eigenschaften: △ ☉/∞
Krankheiten: Echter Mehltau
Blütezeit: Sommer – Herbst

Strohblume

Helichrysum subulifolium

Standort: ◌ ☼
Vermehrung: ◌◦
Eigenschaften: △ ⊙ ✿
Krankheiten: Echter Mehltau
Schädlinge: Blattläuse
Blütezeit: Sommer – Herbst

Beheimatet ist die einjährige Strohblume im Westen Australiens. Der Korbblütler bildet auf unverzweigten, etwa 50 cm hohen Stängeln einzelne, strahlend gelbe Blütenköpfchen von etwa 2 cm Durchmesser. Die Strohblume wird im Sommer als Schnitt- und Trockenblume angeboten, und ist frisch wie getrocknet gleichermaßen dekorativ, da sie auch im getrockneten Zustand nichts von ihrer leuchtenden Farbe einbüßt. Niedrigere Sorten wie 'Gold Braid' (35 cm) eignen sich hervorragend für Balkonkästen. Die lichthungrige Pflanze sollte an einem vollsonnigen Standort aufgestellt werden, wo sie jedoch vor Regen geschützt ist. Das Substrat muss gut wasserdurchlässig sein, gedüngt wird nur mäßig. Die Strohblume kann lange Freude bereiten, wenn Verblühtes regelmäßig herausgeschnitten wird. Im zeitigen Frühjahr wird im Haus ausgesät werden, nach den letzten Frösten ist dies direkt an Ort und Stelle möglich.

Vanilleblume

Heliotropium arborescens

Standort: ◐ ☼ △
Pflege: ❄
Vermehrung: ◌◦ ▨
Eigenschaften: △ ✖ ⊙/∞ ✿
Blütezeit: Sommer

Das Raublattgewächs (*Boraginaceae*) ist ein meist einjährig gezogener, immergrüner Strauch und stammt aus den peruanischen Anden. Seine tiefblauen bis rötlich violetten Blütendolden verströmen einen sehr zarten, vanilleartigen Duft und locken dadurch Bienen und Schmetterlinge an. Ab Januar wird ausgesät, nach den letzten Frösten können die Jungpflanzen herausgestellt werden. Um die Verzweigung anzuregen, sollten diese mehrfach entspitzt werden. Die Vermehrung über Stecklinge erfolgt im Frühjahr oder Sommer. Die Vanilleblume benötigt einen sonnigen, aber vor Wind und Regen geschützten Standort und ein- bis zweimal im Monat einen Flüssigdünger. Die Pflanze reagiert äußerst empfindlich auf Nässe und Trockenheit, und muss mit sehr viel Fingerspitzengefühl gegossen werden. Wenn der Ballen austrocknet, erschlafft das Laub, und nur selten kann sich die Pflanze davon erholen. Sie kann bei 5–10 °C überwintern. Die Pflanze enthält giftige Alkaloide.

Heliotropium arborescens

Mähnen-Gerste

Hordeum jubatum

Die 20 Arten ein- und mehrjähriger Gräser der Gattung Hordeum aus der Familie der Süßgräser *(Poaceae)* sind in allen gemäßigten Regionen verbreitet. Die Mähnen-Gerste ist ein ein- oder zweijährig gezogenes, bis 70 cm hohes Ziergras, das in dichten Büscheln wächst. Die hellgrünen, bis 15 cm langen Blätter wachsen aufrecht oder gebogen. Vom Früh- bis zum Hochsommer bilden sich breite Rispen aus seidig behaarten, blass grünen Ährchen, die rot oder purpur behaucht sind und später beige werden. Die fedrigen Fruchtstände bewahren ihre seidig weiche Form auch, wenn sie vor der Vollreife abgeschnitten und getrocknet werden. Ausgesät wird entweder im Frühjahr oder Herbst, die Jungpflanzen überwintern dann frostfrei. Im Freien ausgepflanzt, kann das Gras stark verwildern. Die anspruchslose Mähnen-Gerste schätzt einen sonnigen Standort und gut durchlässiges, mäßig fruchtbares Substrat. Staunässe verträgt sie nicht.

Standort: ○ ☼
Pflege: ✻
Vermehrung: ∘°°
Eigenschaften: ⊙ / ∞ ✽
Blütezeit: Sommer

Gegenüberliegende Seite: Hyacinthus

Spanisches Hasenglöckchen

Hyacinthoides hispania

Hyacinthoides hispania

Standort: ☀ ○
Vermehrung: ⋅°° *Brutzwiebeln*
Eigenschaften: ❀ ✖
Blütezeit: Frühjahr

Dieses mit dem Blaustern *(Scilla)* verwandte mehrjährige Zwiebelgewächs stammt aus den Wäldern Spaniens, Portugals und Nordafrikas und eignet sich als Untergrundbepflanzung von Hochstämmchen oder im Kübel als robuster Frühjahrsbote. Aus den etwa 6 cm breiten Zwiebeln sprießen große Gruppen von aufrechten, riemenförmigen, dunkelgrünen Blättern. Die blauen, glockenförmigen Blüten mit zurückgeschlagener Spitze erscheinen im Frühling in aufrechten Trauben. Die Kultivare 'Excelsior', 'La Grandesse' und 'Rosabella' blühen violettblau, weiß und violettrosa. Die Pflanze kann Hautreizungen und bei Verzehr starkes Unwohlsein hervorrufen. Die Vermehrung erfolgt direkt nach der Reifung der Samen durch Aussaat oder durch Brutzwiebeln im Sommer. Werden die welken Blüten nicht entfernt, sät sich das Spanische Hasenglöckchen selbst aus. Die robuste Art kommt mit verschiedenen Böden zurecht. Ideal ist ein nährstoffreicher, feuchter, aber wasserdurchlässiger Boden.

Hyazinthe

Hyacinthus orientalis

Die im Frühjahr blühenden, stark duftenden Hyazinthengewächse *(Hyacinthaceae)* aus Klein- und Zentralasien sind eine Bereicherung für jeden Balkon und jede Terrasse. Sie sind in zahlreichen Farben erhältlich und lassen sich gut mit Frühlingsstauden wie Bergenien, Schleifenblumen oder Stiefmütterchen kombinieren. Vermehrt wird über Brutzwiebeln, die im Sommer abgetrennt werden. Die Zwiebeln werden im Herbst etwa 10 cm tief eingepflanzt und gut angegossen. Im ersten Jahr fällt die Blüte recht üppig aus, während sie in den folgenden Jahren zunehmend schwächer wird. Aus dem Grunde empfiehlt sich eine einjährige Kultur. Sie können die Zwiebeln nach der Blüte auch trocken lagern und im Herbst erneut einpflanzen. Voraussetzung einer vollen Blüte ist ein sonniger, aber vor praller Mittagssonne geschützter Standort sowie ein stets feuchtes Substrat. Alle Pflanzenteile sind bei Verzehr giftig, Kontakt mit der Knolle kann Hautallergien verstärken.

Standort: ◖ ☀ — ☀
Pflege: ❄
Vermehrung: ✂❀ *Brutzwiebeln*
Eigenschaften: ✖ ∞ ❀
Blütezeit: Frühjahr

Hymenostemma

Standort: ● ☀
Vermehrung: ∘∘°
Eigenschaften: ☉ ❀
Krankheiten: *Blattflecken*
Schädlinge: *Blattläuse, Blattälchen*
Blütezeit: *Sommer – Herbst*

Zwergmargerite

Hymenostemma paludosum

Der einjährige Korblütler aus der Familie *Asteraceae* stammt aus dem südlichen Europa und den gemäßigten Regionen Asiens. Die Zwergmargerite ist auch noch als *Chrysanthemum paludosum* bekannt, wird aber heute weitgehend als eigenständige Gattung betrachtet und nicht mehr der Gattung *Chrysanthemum* zugeordnet. Die buschig kompakte Pflanze bildet weißliche Zungenblüten um eine gelbe Mitte, die durch das frischgrüne Laub besonders betont werden. Die Zwergmageriten sind sehr pflegeleicht und eignen sich wegen ihrer geringen Höhe bis zu 30 cm auch für noch so kleine Balkone. Sie schätzen sonnige, luftige Standorte genauso wie ein wasserdurchlässiges, mäßig gedüngtes und feucht gehaltenes Substrat. Verblühtes wird regelmäßig herausgeschnitten, ein Rückschnitt nach der ersten Blüte fördert eine kräftige Nachblüte. Vermehrt wird die einjährige Pflanze über Aussaat im zeitigen Frühjahr unter Glas, später auch an Ort und Stelle.

Bunte Hüllenklaue

Hypoestes phyllostachya

Die zur Familie der Akanthusgewächse *(Acanthaceae)* gehörende Gattung stammt aus Südafrika und Madagaskar. Das »Rosa Pünktchen« besitzt rotviolett gefleckte Blätter, daher auch ihr Zweitname. Relativ unscheinbar nehmen sich im Vergleich dazu ihre im Sommer erscheinenden, kleinen, rosa Blüten aus. Die anspruchslose, aber frostempfindliche Pflanze ist als Zimmerpflanze bekannt, eignet sich im Sommer auch gut als Topfpflanze oder zur Unterpflanzung. Sie wird im Frühjahr im Haus ausgesät und erst nach den Eisheiligen herausgestellt. Damit sie schön buschig wächst, werden die Triebspitzen regelmäßig abgeschnitten. Diese Kopfstecklinge lassen sich bei etwa 20 °C leicht bewurzeln. Wichtig ist ein gut durchlässiges Substrat, das stets feucht gehalten wird. Die Pflanze kann ab und an besprüht werden. Alle zwei oder drei Wochen empfiehlt sich eine Düngergabe. Stellen Sie sie an einen halbschattigen, windgeschützten Platz.

Standort: ● ☀ ⛰
Vermehrung: ∘∘° ▨
Eigenschaften: ❀
Krankheiten: *Echter Mehltau*
Blütezeit: *Sommer*

Hypoestes phyllostachya

Felsen-Schleifenblume

Iberis saxatilis

Diese Gattung aus der Familie der Kreuzblütler *(Brassicaceae)* besteht aus rund 50 Arten einjähriger oder ausdauernder, krautiger Pflanzen sowie immergrüner Halbsträucher, die meist aus Südeuropa, Nordafrika und Westasien stammen. Die Felsen-Schleifenblume stammt aus Süd- und Mitteleuropa und ist mit ihren auffälligen weißen Blütenkissen im Frühjahr äußerst dekorativ. Sie wird etwa 10 cm hoch und verzweigt sich rasch. Sie ist unverzichtbar im Steingarten und füllt in großen Pflanztrögen rasch jede Lücke. Wenn man sie nach der Blüte zurückschneidet, blüht sie im Herbst ein weiteres Mal. Wichtig ist ein sonniger Standort. An einem halbschattigen Platz sollte sie im Winter vor Frost geschützt werden. Die Staude steht lieber zu trocken als zu nass, das Substrat muss nährstoffreich und locker sein. Im Frühsommer kann man Stecklinge schneiden. *I. sempervirens* bildet ebenfalls weiße Blütentrauben.

Iberis

Standort: ◊ ☼ ⊠
Pflege: ⊠ *im Halbschatten*
Vermehrung: ⦂° ⊠
Eigenschaften: ∞ ❀ ❄
Schädlinge: Schnecken, Raupen
Blütezeit: Frühjahr, Herbst

Fleißiges Lieschen

Impatiens walleriana

Standort:
Vermehrung:
Eigenschaften:
Krankheiten: Umfallkrankheit, Grauschimmel
Schädlinge: Spinnmilben, Weiße Fliege, Blattläuse, Dickmaulrüssler
Blütezeit: Frühjahr – Herbst

Aus den Gebirgsregionen Ostafrikas stammt das Fleißige Lieschen, das zur Familie der Balsaminengewächse *(Balsaminaceae)* gehört. Das Farbspektrum der radförmigen Blüten reicht von Weiß, Orange, Rosa, Rot bis Violett, und sogar zweifarbige oder gefüllte Sorten sind dabei. Das wegen ihrer Frostempfindlichkeit meist einjährig gezogene Fleißige Lieschen ist äußerst anspruchslos und widerstandsfähig. Es begnügt sich mit halbschattigen oder schattigen Standorten, die jedoch nicht zu heiß und vor Wind geschützt sein sollten. Selbst verregnete Sommer haben keinen Einfluss auf den Blütenreichtum der Pflanze. Am besten gedeiht sie, wenn sie während des Wachstums gut feucht gehalten und wöchentlich niedrig dosiert gedüngt wird. Bei Trockenheit welken Blätter und Triebe rasch, treiben aber meist genauso schnell wieder aus. Im Frühjahr wird bei etwa 20 °C ausgesät. Werden die fleischigen Triebe zu lang, kann man die Pflanze stutzen.

Impatiens walleriana

*E*dellieschen

Impatiens-Neu-Guinea-Gruppe

Die Eltern der Neu-Guinea-Impatiens stammen aus Neu Guinea, daher auch ihr Name. Sie gehören zu den Balsaminengewächsen *(Balsaminaceae)*. Wie das Fleißige Lieschen blüht auch das Edellieschen unaufhörlich. Hübsch leuchten die Blüten in allen Tönen von Weiß bis Samtrot über dem grünen oder bronzefarbenen Laub. Bis auf die Mini-Sorten sind Edellieschen mit einer Höhe von etwa 30 cm größer als ihre Verwandte. Sie bevorzugen halbschattige Plätze, bei guter Wasserversorgung können sie aber auch sonnig stehen. Für Balkonkästen oder zur Unterpflanzung in Kübeln ist die robuste, großblütige Pflanze bestens geeignet. Während des Sommers muss sie reichlich gegossen und wöchentlich niedrig dosiert gedüngt werden. Das Substrat sollte zwar stets feucht sein, doch führt Staunässe leicht zu Fäulnis. Vermehrt wird über Aussaat oder Stecklinge von Frühjahr bis Sommer. Dabei lassen sich die abgetrennten Triebspitzen leicht in einem Glas Wasser bewurzeln.

*S*chwertlilie

Iris

Die 300 Iris-Arten aus der Familie der Schwertliliengewächse *(Iridaceae)* bilden knollige Rhizome oder Zwiebeln und sind in der Mehrzahl in der nördlichen Hemisphäre beheimatet. Die reizvollen Blüten bestehen aus drei äußeren Blütenblättern (Hängeblätter) und drei inneren Blütenblättern (Domblätter). Die meisten Arten blühen vom Frühjahr bis zum Sommer. Für Balkonkästen und Schalen eignet sich die Zwerg-Iris *(I. reticulata)* mit ihren Sorten am besten. Es gibt sie in verschiedenen Blau- und Violetttönen, häufig mit einem gelben Lippenfleck und Mittelstreifen. Sie brauchen ein gut durchlässiges, humoses Substrat. Während des Wachstums hält man sie gleichmäßig feucht, gedüngt wird in dieser Zeit nur zweimal. Nach der Blüte hält man sie trockener. Zwerg-Iris wachsen in der Sonne wie im Halbschatten. Die Brutzwiebeln werden im Herbst in Gefäße gepflanzt und überwintern abgedeckt im Freien oder frostfrei im Haus. Alle Pflanzenteile sind giftig.

Impatiens-Neu-Guinea

ⓘ

Standort: ● ☼ — ☼ ⚠
Vermehrung: ˚˳˚ ▥
Eigenschaften: ☉ ✿
Krankheiten: Umfallkrankheit
Schädlinge: Spinnmilben, Weiße
Fliege, Blattläuse, Dickmaulrüssler
Blütezeit: Sommer

Iris

ⓘ

Standort: ● ☼ — ☼
Pflege: ⚠ ❄
Vermehrung: ˚˳˚ ✿
Eigenschaften: ✖ ∞ ✿
Krankheiten: Rhizomfäule,
Blattflecken, Grauschimmel
Schädlinge: Schnecken, Blattläuse
Blütezeit: Frühjahr – Sommer

Zierhopfen

Justicia brandegeana

ⓘ

Standort: 💧 ☀ ⚶

Pflege: 🌡

Vermehrung: ▧

Eigenschaften: ∞ ❀

Schädlinge: Spinnmilben,
  Weiße Fliege

Blütezeit: Sommer – Herbst

Die Blütenstände dieses Akanthusgewächses *(Acanthaceae)* ähneln dem Echten Hopfen. Blickfang sind die lange haltenden, braunroten Hüllblätter. Sie sitzen in endständigen Ähren und erfreuen mit Ausnahme der Wintermonate das ganze Jahr hindurch. Die eigentlichen, weißen Blüten sind eher unscheinbar und fallen rasch ab. Die frostempfindliche Pflanze ist als Zimmerpflanze bekannt, kann aber nach den Eisheiligen auf den Balkon oder die Terrasse. Dort braucht sie einen halbschattigen, windgeschützten Platz. Das fruchtbare, gut durchlässige Substrat sollte im Sommer stets feucht gehalten werden. Dann wird zudem wöchentlich gedüngt. Im Winter wird die Pflanze bei 10–15 °C trockener gehalten. Nach dem Umtopfen im Frühjahr wird sie zurückgeschnitten. Die dabei anfallenden Kopfstecklinge lassen sich leicht bewurzeln. Um die Verzweigung zu fördern, werden junge Pflanzen mehrmals gestutzt. Am besten setzt man gleich mehrere in einen Topf.

Justicia

Lagurus ovatus

Hasenschwanzgras

Lagurus ovatus

Zur Gattung *Lagurus* aus der Familie der Süßgräser *(Poaceae)* zählt nur eine Art, die vor allem im Mittelmeerraum beheimatet ist. Sie kann ein- oder zweijährig gezogen werden. Das Hasenschwanzgras kam zu seinem Namen, weil die zahlreichen flaumigen Blütenstände an die Blume eines Hasen erinnern. Die Ähren sind zunächst zart grün oder leicht lila behaucht, später färben sie sich cremig gelbbraun. Abhängig vom Aussaattermin, der im Spätsommer oder Frühjahr liegen kann, blüht das Sammetgras, wie es auch genannt wird, zwischen Mai und August. Das Gras wird bis 50 cm hoch und damit es dichte Horste bilden kann, braucht es genügend Platz. Es passt gut in große Kübel, ausgepflanzt als Terrasseneinfassung ist es ebenfalls sehr dekorativ. Wegen der langen Haltbarkeit im getrockneten Zustand wird es gerne für Trockensträuße verwendet. Es gedeiht bestens in mäßig nährstoffreichem, gut durchlässigem und mäßig feuchtem Substrat in der vollen Sonne.

Standort: ◊ ☼
Pflege: ⚹ — ❄
Vermehrung: ⚬°°
Eigenschaften: ⊙/∞ ✿
Blütezeit: Frühjahr – Sommer

Mittagsblume

Lampranthus

Die attraktive Sukkulente aus Südafrika gehört mit ihren Arten zur Familie der Mittagsblumengewächse *(Aizoaceae)*. Sie erfreut den ganzen Sommer über mit ihrer Blütenpracht, deren Farbspektrum von Weiß bis Gelb über Orange und Rosa bis hin zu dunkleren Rottönen reicht. Die Eisnelken, wie sie auch genannt werden, besitzen fleischige, paarweise angeordnete Blätter, die Wasser speichern können. Die frostempfindliche Mittagsblume eignet sich bestens für Balkon und Terrasse, muss aber schon zeitig ins Haus geholt werden, da sie sehr kälteempfindlich ist. Ein Wintergarten wäre optimal, aber Hauptsache es ist kühl und trocken. Im Sommer braucht sie einen sonnigen, luftigen Standort und wird nur soviel gegossen, dass sie nicht austrocknet. Das Substrat sollte sandig und nährstoffarm sein, im Sommer wird zusätzlich alle zwei bis drei Wochen gedüngt. Vermehrt wird im Frühjahr durch Aussaat oder Stecklinge.

ⓘ

Standort: ◌ ☼
Pflege: 🌡
Vermehrung: ◦° 🎲
Eigenschaften: ∞ ❀
Schädlinge: Schmierläuse, Blattläuse
Blütezeit: Sommer – Herbst

Lantana

Wandelröschen

Lantana-Camara-Hybriden

Zur Gattung gehören immergrüne Stauden und Sträucher, die zum größten Teil in Südamerika beheimatet sind. Sie zählen zur Familie der Verbenen- oder Eisenkrautgewächse *(Verbenaceae)*, sind aber in unseren Breiten nicht frosthart. Junge Pflanzen werden etwa 30 cm hoch, mehrjährige Exemplare können durchaus 1 m erreichen. Ihren Namen verdanken sie den runden Blütenbüscheln, die ihre Farbe während der Blütezeit ändern. Es gibt cremefarbene, gelbe, gelbrote, aber auch rosafarbene, rote oder weiße Sorten, die zudem angenehm duften. Sie sind vielseitig einsetzbar, sei es als Hochstamm im Kübel und in bunten Balkonkästen. Wandelröschen benötigen einen sonnigen, regengeschützten Standort, im Sommer viel Wasser und eine wöchentliche Düngergabe. Überwintert wird hell, bei 5–10 °C. Im Frühjahr kann man die Pflanze zurückschneiden und dabei krautige Stecklinge bewurzeln. Die Pflanze ist in allen Teilen giftig.

ⓘ

Standort: 💧 ☼
Pflege: ❄
Vermehrung: 🎲
Eigenschaften: ⚠ ✖ ∞ ❀
Krankheiten: Echter Mehltau
Schädlinge: Weiße Fliege,
  Spinnmilben
Blütezeit: Sommer – Herbst

Blaustern

Laurentia axillaris

Diese zarte Sommerblume aus der Familie der Glockenblumengewächse *(Campanulaceae)* ist auch noch unter ihrer früheren botanischen Bezeichnung *Isotoma axillaris* bekannt. Sie stammt aus Australien, wo sie als ausdauernde Staude wächst. In unseren Breiten wird sie wegen der Frostempfindlichkeit einjährig kultiviert. Die je nach Sorte himmelblauen, rosafarbenen oder weißen, sternförmigen Blüten erscheinen vom Sommer bis zum Herbst. Der Blaustern wächst buschig kompakt bis 25 cm hoch und bereichert jeden Balkonkasten, passt gut in Ampeln oder als Unterpflanzung in Kübel. Die Pflanze liebt die Sonne, wächst aber auch im Halbschatten noch gut. Ideal ist ein humoses, sandiges Substrat, das keine Staunässe entstehen lässt. Im Sommer wird gleichmäßig gegossen und wöchentlich gedüngt. Ausgesät werden die Lichtkeimer im Herbst oder Frühjahr, beim letztgenannten Termin blühen sie später.

Standort: ○ ☼ – ☼
Vermehrung: ⠐⠂
Eigenschaften: ⚠ ⊙ ❀
Schädlinge: Blattläuse
Blütezeit: Frühjahr

Meerlavendel

Limonium sinuatum

Zu der in den gemäßigten Zonen der Erde weit verbreiteten Gattung aus der Familie der Bleiwurzgewächse *(Plumbaginaceae)* zählen rund 300 Arten. Der aus dem Mittelmeerraum stammende Meerlavendel, auch als Statice oder Standflieder bekannt, ist eine aufrecht wachsende, buschige Staude, die bei uns meist einjährig kultiviert wird. Vom Sommer bis zum frühen Herbst bilden sich zahlreiche kleine Blüten in den leuchtendsten Farbtönen und locken zahlreich Schmetterlinge an. Der Meerlavendel ist vor allem als Schnittblume bekannt und lässt sich hervorragend für Trockensträuße verwenden. Er eignet sich aber auch bestens für die Gefäßkultur auf Balkon und Terrasse. Dafür benötigt die Pflanze einen sonnigen, trockenen Standort und sandige, gut wasserdurchlässige Substrate. Auch im Sommer wird sie nur wenig gegossen und während der Blütezeit nur leicht gedüngt. Im Frühjahr wird im Haus ausgesät, die Pflanzen kommen erst nach den Frösten ins Freie.

Limonium sinuatum

Standort: ○ ☼
Vermehrung: ⠐⠂
Eigenschaften: ⊙ ❀
Krankheiten: Echter Mehltau
Blütezeit: Sommer

Leinkraut

Linaria maroccana

Standort: ◊ ☼ — ☼
Vermehrung: ⦿°
Eigenschaften: ⊙ ❁
Krankheiten: Echter Mehltau
Schädlinge: Blattläuse
Blütezeit: Frühjahr – Sommer

Die ungefähr 100 Arten der Gattung sind in den Mittelmeerländern und in Westeuropa beheimatet. Sie gehören den Braunwurzgewächsen *(Scrophulariaceae)* an. Linaria maroccana stammt, wie der Name schon verrät, aus Marokka. Sie ist eine schnell und aufrecht wachsende, einjährige Pflanze mit klebrig behaarten Stängeln und wechselständig angeordneten, blassgrünen Blättern. Aus der Wildform entstanden mit Einkreuzungen anderer Arten die *Linaria-Biparta-Hybriden*, die ab dem Frühsommer mit farbenfrohen Blütentrauben in Rosa, Rot, Lila, Violett, Apricot, Gelb oder auch Cremefarben und Weiß bezaubern. Die anpassungsfähige Pflanze bevorzugt nährstoffreiche, wasserdurchlässige Substrate und einen sonnigen bis halbschattigen Standort. Der Wasserbedarf ist nur gering. Ein Nachblühen wird durch Rückschnitt nach der ersten Blüte stark angeregt. Ausgesät wird zu Beginn des Frühjahrs, danach sät sich das Leinkraut leicht selbst aus.

Hänge-Lobelie

Lobelia erinus 'Richardii'

Standort: ◊ ☼ — ☼ ⚠
Vermehrung: ✂
Eigenschaften: ⊙ ❁
Krankheiten: Grauschimmel
Blütezeit: Sommer – Herbst

Die Urform der Hänge-Lobelie stammt aus Südafrika und gehört zur Familie der Glockenblumengewächse *(Campanulaceae)*. Sie ist auch als »Männertreu« bekannt. Die beliebte einjährige Sorte 'Richardii' blüht ausdauernd und ist mit ihren überhängenden Trieben ideal für Ampeln oder Balkonkästen. Die feinen, grünen Blätter sind übersät mit blassblauen Blüten, die eine weiße Mitte zeichnet. Weitere Hängesorten sind zum Beispiel die tiefblauen Sorten 'Azuro' und 'Saphir', oder die 'Pendula'-Serie mit fünf Einzelfarben. Alle gedeihen prächtig an einem sonnigen bis halbschattigen Platz. Sie bevorzugen sandig humoses Substrat und müssen stets gleichmäßig gegossen werden. Ein Volldünger alle zwei Wochen reicht aus. Im Gegensatz zu den aufrechten Sorten werden Hänge-Lobelien über Stecklinge vermehrt, die man von November bis März schneidet. Sie dürfen nicht zu eng gepflanzt werden, damit die nachwachsenden Triebe genügend Platz haben.

Lobelia erinus 'Richardii'

Hohe Lobelie

Lobelia fulgens

Diese Rhizom bildende Staude, die zu den Glockenblumengewächsen *(Campanulaceae)* gehört, ist in Nordamerika beheimatet. Sie ist auch unter dem Synonym *L. splendens* bekannt und gehört wie *L. x speciosa* zu den hohen Lobelien, die je nach Art und Sorte 60–120 cm hoch werden können. Die unregelmäßigen Blüten, die aus drei unteren und zwei kleinen, oberen Blütenblättern bestehen, erscheinen im Sommer in einseitigen Trauben. Meist sind sie scharlachrot, doch gibt es auch rosa und violette Töne. Die lanzettlichen Blätter sind vorwiegend mittelgrün, bisweilen auch leicht rötlich getönt. Auf Balkon und Terrasse eignen sie sich vornehmlich als Kübelpflanze, und sind nur bedingt winterhart. Man holt sie besser ins Haus, wo sie hell und kühl überwintern können. Oder man sät im Spätwinter erneut aus. Die Pflanze gedeiht an einem sonnigen Standort besonders gut. Sie muss während des Wachstums gleichmäßig gewässert und wöchentlich gedüngt werden.

Standort: 💧 ☼ – ☀ ⚠
Pflege: ⚠ ❄
Vermehrung: ∘°
Eigenschaften: ∞ ❀
Krankheiten: Blattflecken
Schädlinge: Schnecken
Blütezeit: Sommer – Herbst

Duftsteinrich

Lobularia maritima

ℹ️

Standort: ◌ ☼ – ☀
Vermehrung: ⦵
Eigenschaften: ⊙ ❀
Krankheiten: Echter Mehltau,
  Weißrost, Kohlhernie
Schädlinge: Schnecken, Erdflöhe
Blütezeit: Sommer – Herbst

Aus den Mittelmeerländern stammt dieser polsterartige, leicht überhängede, einjährige Kreuzblütler *(Brassicaceae)*, der auch als Strand-Silberkraut bezeichnet wird. Seine Blüten ergeben ein farbenprächtiges Blütenmeer, je nach Sorte in Weiß, Rosa oder Violett. Ihrem honigartigen Duft verdankt die Pflanze ihren deutschen Namen und fleißigen Besuch von Bienen. Sie blüht bis in den Herbst und ist für Terrasseneinfassungen, Töpfe oder Balkonkästen gleichermaßen zu empfehlen. Die anspruchslose Pflanze gedeiht bestens in der vollen Sonne wie im Halbschatten. Gegossen werden muss nur, wenn die Substratoberfläche ausgetrocknet ist. Gedüngt wird sparsam, doch auf den Rückschnitt nach der ersten Blüte wird kräftig nachgedüngt, um eine zweite, üppige Blüte anzuregen. Zudem sollte Verwelktes regelmäßig entfernt werden. Im Haus wird im zeitigen Frühjahr ausgesät, herausgestellt werden können die Pflanzen nach den letzten Frösten.

Hornklee

Lotus

ℹ️

Standort: ◗ ☼ – ☀
Pflege: 🌡
Vermehrung: ▱
Eigenschaften: ∞ ❀ ❧
Schädlinge: Schmierläuse, Blattläuse,
  Spinnmilben
Blütezeit: Sommer – Herbst

Der Hornklee aus der Familie der Schmetterlingsblütler *(Fabaceae)* ist wegen seiner ungewöhnlichen, feinnadeligen Blätter und seiner exotisch anmutenden, flammenförmigen Blüten als Strukturpflanze für Balkonkästen und Ampeln sehr beliebt. Die von den Kanarischen Inseln stammenden Arten *Lotus berthelotii* und *L. maculatus* bestechen durch ihre im Frühjahr leuchtend orangefarbenen bis scharlachroten Blüten und die nadelartigen, silbrig grünen Blätter. Beide Hornklee-Arten sind mehrjährig, aber nicht frosthart. Im Sommer bevorzugen sie einen sonnig bis halbschattigen, luftigen Standort. Das Substrat sollte locker und humos sein. Wichtig ist, gleichmäßig zu gießen, aber keine Staunässe aufkommen zu lassen. Während des Wachstums wird wöchentlich gedüngt. Im Winter fühlt sich der Hornklee mit wenig Wasser in einer hellen, luftigen Umgebung bei etwa 12°C am wohlsten. Vermehrt werden kann er durch Kopfstecklinge im Frühjahr oder Spätsommer.

Lupinus

Zwerg-Lupine

Lupinus nanus

Die zur Familie der Schmetterlingsblüter *(Fabaceae)* zählende Gattung besteht aus etwa 200 Arten einjähriger Kräuter, Stauden, Sträucher und Halbsträucher, die in der Landwirtschaft gelegentlich auch als Viehfutter genutzt werden. Die schnell wachsenden, farbenfrohen Pflanzen mit ihren lang gestielten Blütentrauben sind aber auch als Zierpflanzen sehr beliebt. Die nur etwa 30 cm hoch wachsende Zwerg-Lupine eignet sich besonders gut für die Balkonbepflanzung. Im Sommer erscheinen an der aus Kalifornien stammenden Pflanze bis zu 20 cm lange Trauben, die je nach Sorte blaue, weiße, rosa oder lavendelfarbene Blüten hervorbringen. Die Zwerg-Lupine bevorzugt sonnige Standorte in gut durchlässiger, mäßig fruchtbarer, sandiger Erde. Sie will regelmäßig gegossen und sparsam gedüngt werden. Verwelkte Blüten sollte man abschneiden, um eine Selbstaussaat zu verhindern. Aussaattermin ist das Frühjahr. Der Verzehr der Samen führt zu starker Übelkeit.

Standort: 🌢 ☀
Vermehrung: ⁙
Eigenschaften: ✖ ☉ ✿
Schädlinge: Schnecken
Blütezeit: Sommer

Felberich

Lysimachia congestiflora

ℹ

Standort: 💧 ☀ – ☀
Vermehrung: ▣
Eigenschaften: ☉ ❀
Schädlinge: Schnecken
Blütezeit: Frühjahr – Herbst

Der in China beheimatete Felberich, auch als Lyssi oder Sonnengold bekannt, gehört zur Familie der Primelgewächse *(Primulaceae)*. Sein Gattungsname erinnert an den altgriechischen König Lysimachos, der mit einer solchen Pflanze einen wild gewordenen Ochsen beruhigt haben soll. Die attraktive *L. congestiflora* wird bei uns einjährig kultiviert. Je nach Sorte sprießen während der Blütezeit kleine, goldgelbe Blütendolden mit orangefarbenem Auge über kräftigen, dunkelgrünen oder gelb-grün panaschierten Blättern hervor. Wegen seines rankenden Wuchses kommt der Felberich in einer Ampel besonders gut zur Geltung, doch auch in Balkonkästen nimmt er sich hübsch aus. Die Pflanze bevorzugt halbschattige Standorte in gut durchlässiger Erde, reichliche Bewässerung, wobei Staunässe zu vermeiden ist, und wöchentliche Volldüngergaben. Verwelkte Blütenstände müssen unbedingt ausgebrochen werden. Die Vermehrung erfolgt im Spätsommer durch Kopfstecklinge.

Garten-Levkoje

Matthiola incana

ℹ

Standort: ○ ☀ ⚠
Vermehrung: ⚬°
Eigenschaften: ☉ ❀
Krankheiten: Welkekrankheiten,
Stängelfäule, Umfallkrankheit
(Sämlinge)
Schädlinge: Blattwanzen, Erdflöhe,
Raupen
Blütezeit: Sommer – Herbst

Die Levkoje aus der Familie der Kreuzblütler *(Brassicaceae)* war früher in fast jedem Bauerngarten zu Hause. Neben den hohen Schnittsorten gibt es eine Reihe niedriger Topfsorten, die ihren süßlichen Duft ebenso gut auf einem Balkon oder einer Terrasse entfalten können, wo sie angenehme olfaktorische Akzente setzen. Die roten, violetten, weißen oder rosa- bis malvenfarbenen Blüten der Levkoje verströmen ihren Duft bereits am Tage, der am Abend und bei eher trübem Wetter noch verstärkt wird. Levkojen bevorzugen einen sonnigen, warmen, vor starken Winden geschützten Standort und gut wasserdurchlässiges Substrat. Sie sollten weder zu trocken noch zu nass gehalten und nur gelegentlich flüssig gedüngt werden. Vermehrt wird die Levkoje durch Aussaat im Frühjahr. Die frostempfindliche Pflanze kann auf der Fensterbank gezogen werden, bevor sie nach den letzten Frösten nach draußen gestellt wird. Sie wird in der Regel einjährig gezogen.

Sterntaler

Melampodium paludosum

Der in Südeuropa beheimatete Sterntaler zählt zur Familie der Korbblüter (Asteraceae). Er wächst schnell, blüht üppig und ist in der Regel sehr robust und anpassungsfähig. Ihre Beliebtheit verdankt diese einjährige Pflanze jedoch in erster Linie ihrer farbenfrohen Erscheinung, die an einen hell erleuchteten Sternenhimmel erinnert: Den ganzen Sommer über ragen zahllose kleine, margeritenähnliche Blüten, die je nach Sorte aus blassgelben, weißlich gelben oder leuchtend gelben Zungenblüten und einer orangefarbenen Mitte bestehen, über einem Meer aus dunkelgrünem Blätterwerk hervor. Trotz dieses üppigen Wuchses eignet sich der nur etwa 20 cm hoch wachsende Sterntaler vortrefflich für die Balkonkastenbepflanzung. Dort gedeiht er am besten an einem sonnigen Standort in gut wasserdurchlässiger Erde, die stets feucht gehalten, jedoch nie zu nass werden sollte. Gedüngt wird nur mäßig. Vermehrt wird durch Aussaat im zeitigen Frühjahr.

Standort: ◗ ☼
Vermehrung: ˳˳ᵒ
Eigenschaften: ☉ ❀
*Schädlinge: Weiße Fliege,
    Spinnmilben, Blattläuse
Blütezeit: Frühling – Herbst*

Mittagsblume

Mesembryanthemum crystallinum

Die auch »Eispflanze« genannte Sukkulente aus der Familie der Mittagsblumengewächse (Aizoaceae) stammt aus der Kapprovinz Südafrikas und ist nahe mit *Dorotheanthus bellidiformis* verwandt. *M. crystallinum* ist eine einjährige Sukkulente, die sich teppichartig ausbreitet und bis zu 10 cm hoch wird. Ihr besonderes Markenzeichen sind kleine, aufgequollene Drüsen auf der Blattoberfläche, die in der Sonne glitzern und der Pflanze ein kristallines Aussehen verleihen. Im Sommer bildet die Mittagsblume bis zu 2,5 cm große, weiße, rote, rosafarbene, seltener auch gelbe Blüten. Die Pflege dieser anspruchslosen Pflanzen ist denkbar einfach. Um prächtig zu gedeihen, benötigen sie lediglich einen sonnigen Standort und ein sandiges Substrat. Mit Wasser und Dünger müssen die Mittagsblumen nur in Maßen versorgt werden. Die Pflanze wird durch Aussaat im Frühjahr vermehrt und muss bis zu den letzten Frösten im Haus gezogen werden.

Mesembryanthemum

Standort: ◌ ☼
Vermehrung: ˳˳ᵒ
Eigenschaften: ☉ ❀
*Krankheiten: Pilzerkrankungen
    (bei Dauernässe)
Blütezeit: Sommer*

Gauklerblume

Mimulus

Die etwa 180 Arten umfassende Gattung gehört zu den Braunwurzgewächsen *(Scrophulariaceae)* und besticht durch ihre Vielfältigkeit. Ihre röhren- bis trichterförmigen Blüten leuchten in mannigfachen Farbnuancen. Zum Teil sind sie auffällig gefleckt oder gesprenkelt. Eine für die Topfbepflanzung geeignete Staudenart ist *Mimulus cardinalis*, die etwa 50 cm hoch wird. Ihre scharlachroten Blüten gedeihen den ganzen Sommer über bis zu den ersten Frösten. Da die zarte Pflanze an windigen oder regnerischen Tagen leicht beschädigt werden kann, wird sie am besten geschützt aufgestellt. Sie liebt sonnige, trockene Plätze ebenso wie die nicht frostharte *M. cupreus*. Diese Einjährige wird etwa 20 cm hoch und ist in zahlreichen Rot- und Gelbtönen erhältlich. Die Erde sollte nährstoffreich und gut feucht sein, in den Sommermonaten wird wöchentlich gedüngt. Ein Winterschutz ist empfehlenswert. Vermehrt wird über Aussaat, Teilung oder Stecklinge im Frühjahr.

Standort: ◖ ☀ – ☀ ⚠
Vermehrung: ∘°° ▥ ✂
Eigenschaften: ☉ ∞ ✿
Krankheiten: Mehltaupilze
Schädlinge: Schnecken
Blütezeit: Sommer – Herbst

Molucella laevis

Muschelblume

Molucella laevis

Zur Gattung Molucella aus der Familie der Lippenblütler *(Lamiaceae)* zählen vier einjährige Arten, die vom östlichen Mittelmeerraum bis nach Nordwestindien anzutreffen sind. Die Muschelblume, *Molucella laevis*, ist eine sommerblühende Einjährige aus dem Kaukasus, die sich gut für gemischte Terrasseneinfassungen eignet und schöne Schnitt- und Trockenblumen liefert. Sie wird bis 100 cm hoch und bildet rundliche, hellgrüne Blätter. An langen Ähren sitzen in Wirteln die attraktiven, apfelgrünen, muschelförmigen Kelche, in denen die eher unauffälligen, weißen bis blassrosa Blüten sitzen. Die Kelche erscheinen bei der Samenreife fast papierartig. Die frostempfindliche Pflanze schätzt feuchte, durchlässige und mäßig fruchtbare Erde sowie einen sonnigen, warmen Standort. Sie blüht von Juni bis September und lässt sich durch Aussaat im späten Frühjahr vermehren. Die Samen lässt man am besten vorher aufquellen.

Standort: ◖ ☀
Vermehrung: ∘°°
Eigenschaften: ☉ ✿
Blütezeit: Sommer

Traubenhyazinthe

Muscari

Mit 30 Arten ist diese robuste Gattung aus der Familie der Hyazinthengewächse *(Hyacinthaceae)* vertreten. Schon bald nach der Pflanzung im Herbst erscheinen die fleischigen, mittel- bis graugrünen Blätter. Im folgenden Frühjahr entstehen an blattlosen Trieben je nach Art und Sorte weiße oder blaue, glockenförmige Blüten in dichten Trauben. Muscari armeniacum, die kleine Balkan-Traubenhyazinthe, ist eine der populärsten Zwiebelpflanzen für das Frühjahr. Sie eignet sich hervorragend zur Terrasseneinfassung, aber auch für die Randbepflanzung von Balkonkästen und Schalen. Allerdings neigt sie dazu, sich stark auszubreiten. Die Traubenhyazinthe gedeiht in fruchtbarer, durchlässiger Erde an einem sonnigen oder halbschattigen Standort. Im Sommer lassen sich von ausgegrabenen Zwiebeln Tochterzwiebeln ernten. Nach ihrer sommerlichen Ruhezeit setzt man die Zwiebeln im Herbst etwa 10 cm tief in die Erde. Nach dem Austrieb wird einmal gedüngt.

Standort: ◊ ☼ — ☀ ⚠
Pflege: ⚠
Vermehrung: 🌱
Eigenschaften: ✖ ∞ ✿
Schädlinge: Viruskrankheiten
Blütezeit: Frühjahr

Myosotis sylvatica

Vergissmeinnicht

Myosotis sylvatica

Das griechische Wort »Myosotis« bedeutet »Mauseohr« – die Gattung verdankt diesen Namen den zugespitzten Blättern ihrer etwa 50 einjährigen oder ausdauernden Arten. Der anspruchslose Frühjahrsblüher gedeiht nahezu überall, sofern der Standort nicht zu trocken und warm ist. Er wächst in der Sonne wie im Halbschatten, das Substrat sollte durchlässig und nährstoffreich sein. Die kurze Lebensdauer gleicht das Vergissmeinnicht durch reichliche Selbstaussaat aus. Eine Düngung vor der Blüte fördert die Bildung zahlreicher Blüten, die in dichten Blütenständen sitzen. Das kleine Wald-Vergissmeinnicht, *Myosotis sylvatica*, hat zahlreiche Sorten hervorgebracht, die in der Regel ein- oder zweijährig kultiviert werden. Vom Frühjahr bis zum Frühsommer erscheinen lavendelblaue, rosa oder weiße Blüten. Ausgesät wird im zeitigen Frühjahr im Haus, im Sommer auch im Freien. Bei zweijähriger Kultur werden die Jungpflanzen im Winter abgedeckt.

Standort: ◖ ☼ — ☀
Pflege: ⚠
Vermehrung: ⚬°
Eigenschaften: ⊟ ☉ / ∞ ✿
*Krankheiten: Echter und Falscher
  Mehltau*
Schädlinge: Schnecken
Blütezeit: Frühjahr – Frühsommer

Narzisse

Narcissus

ⓘ

Standort: 💧 ☼ – ☼
Vermehrung: 🌼
Eigenschaften: ✘ ∞ 🌼 ❋ – ⟁
Krankheiten: Pilz- und
   Viruserkrankungen
Schädlinge: Große Narzissenfliege,
   Zwiebelälchen, Schnecken
Blütezeit: Frühjahr – Frühsommer

Die Amaryllisgewächse *(Amaryllidaceae)* zählen mit ihren zahlreichen Arten und Sorten zu den beliebtesten frühjahrsblühenden Zwiebelpflanzen überhaupt. Großkronige Narzissen liefern hübsche Schnittblumen, während sich zierliche Wildarten dekorativ in Steingärten und Rabatten ebenso wie in Kübeln und Balkonkästen unterbringen lassen. Neben den duftenden Blüten tragen auch die riemenförmigen Blätter zur ihrer Attraktivität bei. Als Topfpflanze ist die Cyclamenblütige Narzisse 'Tête-a-Tête' sehr bekannt. Im Herbst werden die Zwiebeln 10–15 cm tief in fruchtbare, durchlässige Erde gepflanzt und an einen sonnigen oder halbschattigen Platz aufgestellt. Während des Wachstums wird reichlich gegossen, nach dem Einziehen der Blätter steht die Pflanze lieber trocken. Das Entfernen von Verblühtem verlängert die Blütezeit, ein stickstoffarmer Kalidünger fördert die Blüte. Vermehrt wird über Tochterzwiebeln oder Teilung. Der Pflanzensaft wirkt allergen.

Narcissus

Elfenspiegel

Nemesia

Die einjährigen Braunwurzgewächse *(Scrophulariaceae)* sind als farbenfrohe Pflanzen für Sommerbeete, Terrasseneinfassungen oder Pflanzgefäße beliebt. In Kultur sind meistens Hybridsorten von *Nemesia strumosa x N. versicolor.* Die großen, becherförmigen Blüten erscheinen bis zum Herbst in vielen Farben von Weiß über Gelb bis Rot und Blau. Sie sitzen in dichten Trauben. Die Pflanzen werden bis 40 cm hoch und wachsen buschig verzweigt. Nemesia schätzt einen geschützten, sonnigen Standort und kühlere Temperaturen. Das Substrat sollte fruchtbar, gleichmäßig feucht und gut durchlässig sein. Bei Trockenheit benötigt sie reichlich Wasser, Staunässe führt jedoch schnell zu Stängelgrundfäule. Eine wöchentliche Düngung ist angebracht. Verblühtes wird regelmäßig entfernt, ein Rückschnitt nach der ersten Blüte führt zum erneuten Durchblühen. Im Frühjahr wird ausgesät, Jungpflanzen werden zur besseren Verzweigung gestutzt.

Standort: ☀ ⚠
Vermehrung:
Eigenschaften: ☉ ❀
Krankheiten: Stängelgrundfäule
Blütezeit: Sommer – Herbst

Nemesia

Zier-Tabak

Nicotiana x sanderae

ⓘ

Standort: 🌢 ☀ — ☀ ⚠
Vermehrung: ⠐ᵒ
Eigenschaften: ✖ ☉ ❀
Krankheiten: Grauschimmel,
  Viruskrankheiten
Schädlinge: Schnecken, Raupen,
  Blattläuse, Weiße Fliege
Blütezeit: Sommer – Herbst

Die Gattung *Nicotiana* zählt zu den Nachtschattengewächsen *(Solanaceae)*, deren Blätter, Blüten und Stängel giftig sind. Die Tabakpflanze kam zu Beginn des 16. Jahrhunderts aus Südamerika nach Europa. Als einjährige Zierpflanze wurde vor allem *N. x sanderae* mit vielen farbenfrohen Sorten kultiviert. Die älteren Sorten öffnen ihre duftenden Röhrenblüten in warmen, windstillen Nächten, neuere Sorten tun dies auch tagsüber. Der Zier-Tabak benötigt nährstoffreiche, durchlässige Erde, einen windgeschützten Standort in voller Sonne oder Halbschatten, ausreichende Bewässerung und in der Wachstumszeit wöchentliche Düngergaben. Mit seiner Höhe bis 40 cm eignet er sich gut als Leitpflanze inmitten eines Pflanzenarrangements. Die Aussaat ist nicht einfach, leichter geht es mit gekauften Jungpflanzen, die nach den Eisheiligen ins Freie dürfen. Höhere Sorten werden gestützt, das Entfernen verwelkter Blütenstände fördert eine erneute Blüte.

Nicotiana

Becherblume

Nierembergia hippomanica

Die Becherblume stammt aus Südamerika und gehört zu den giftigen Nachtschattengewächsen *(Solanaceae)*. Die kleine, buschige, meist einjährig gezogene Staude wächst polsterartig bis 20 cm hoch. Sie eignet sich nicht nur hervorragend für jede freie Nische im Garten, sondern auch sehr gut zur Einfassung von Terrassen und zur Bepflanzung von Balkonkästen und Ampeln. Vom Sommer bis zum Frühherbst erfreut sie mit, je nach Sorte, violettblauen oder weißen Blüten mit gelbem Schlund. Die aufrechten Triebe mit lanzettlichen, dunkelgrünen, behaarten Blättern verzweigen sich stark und sollten nach der Blüte zurückgeschnitten werden. Die frostempfindliche kleine Pflanze gedeiht in feuchter, aber wasserdurchlässiger Erde an einem sonnigen bis halbschattigen Standort. Sie schätzt eine gleichmäßige Bewässerung und gelegentliches Düngen. Die Vermehrung erfolgt durch Aussaat im Frühling oder durch Kopfstecklinge im Sommer.

Standort: ◗ ☼ – ☼ ⚠
Vermehrung: ⚬°° ☒
Eigenschaften: ✖ ☉ ❀
Krankheiten: Tabakmosaik-Virus
Schädlinge: Schnecken
Blütezeit: Sommer – Herbst

Schwarzkümmel

Nigella

Der Blumenfreund schätzt die Hahnenfußgewächse *(Ranunculaceae)* wegen der attraktiven Blüten und der dekorativen, lange haltbaren Fruchtstände, die sie als Schnitt- und Trockenblumen empfehlen. *N. damascena*, die Jungfer-im-Grünen, bringt vielblättrige, gespornte Blüten in Blautönen, Weiß oder Rosa hervor, denen ballonartige, braune Fruchthülsen folgen. Bereits im späten Frühjahr kommt *N. orientalis* 'Transformer' zur Blüte. Bläulich grüne Blätter, endständige gelbe Blüten, aber vor allem ihre Kapseln, die umgedrehten Regenschirmen ähneln, verschönern jedes Trockengesteck. *N. hispanica* blüht kräftig blau. Sie lieben vollsonnige Standorte und nährstoffreiche, humose Erden. Ausgesät wird im späten Frühjahr. Das Entfernen von Verblühtem verlängert zwar die Blüte, verhindert aber die Bildung der Samenkapseln. Geeignete Nachbarn sind *Consolida ajacis*, *Calendula*, *Lobularia*, *Physalis* und *Stachys*.

Nigella

Standort: ◊ ☼ ⚠
Vermehrung: ⚬°°
Eigenschaften: ☉ ❀ ❄
Blütezeit: Frühjahr – Sommer

Glockenwinde

Nolana paradoxa

Standort: ◌ ☼ ⚠
Vermehrung: ⚬ ▦
Eigenschaften: ⊙ ❀
Schädlinge: Blattläuse
Blütezeit: Sommer

Osteospermum

Die Gattung *Nolana* gehört zu den Glockenwindengewächsen *(Nolanaceae)* und ist in Chile, Peru und auf den Galapagos-Inseln heimisch. Die bekannte Glockenwinde wird kaum höher als 20 cm, dafür 50 cm breit. Sie bringt die ganze Saison hindurch zahllose, trompetenförmige, blauviolette Blüten mit gelb-weißem Schlund hervor, die einzeln oder in kleinen Büscheln in den Blattachseln stehen. Sie öffnen sich allerdings nur in voller Sonne. Durch ihren kriechenden, rankenden Wuchs sind die Pflanzen hervorragende Bodendecker, eignen sich aber auch ausgezeichnet als Hängepflanzen für Ampeln und Balkonkästen. In humusreicher, durchlässiger Erde an einem sonnigen, windgeschützten Standort gedeiht die einjährige Pflanze am besten. Im Sommer wird sie gleichmäßig gegossen und alle 14 Tage gedüngt. Verblühtes wird regelmäßig entfernt. Vermehrt wird in der Regel über Aussaat im Frühjahr. Das Stutzen der Jungpflanzen fördert die buschige Form.

Kapkörbchen

Osteospermum ecklonis

Standort: ◌ ☼ ⚠
Pflege: ❄
Vermehrung: ▦
Eigenschaften: ∞ ❀
Krankheiten: Falscher Mehltau,
   Verticillium-Welke
Schädlinge: Blattläuse, Thripse,
   Minierfliege, Weiße Fliege
Blütezeit: Frühjahr – Herbst

Die südafrikanischen Kapmargeriten gehören zu den Korbblütlern *(Asteraceae)* und wurden früher der Gattung *Dimorphotheca* zugerechnet. Vom Spätfrühling bis zum Herbst erscheinen unzählige, große, margeritenähnliche Blüten, je nach Sorte in Weiß, Rosa, Violett oder Gelb. Interessante Neuheiten sind die Sorten mit löffelförmigen Zungenblüten. Die kompakte, bis 70 cm hohe Pflanze mit den glänzenden, dunkelgrünen Blättern ist eine Bereicherung für große Kübel und Balkonkästen. Sie lässt sich frostfrei gut über den Winter bringen. Voraussetzung für ein gutes Gedeihen ist ein geschützter, sonniger Standort mit leichter, mäßig fruchtbarer, durchlässiger Erde. Gegossen wird mäßig, aber regelmäßig, während des Wachstums wird wöchentlich niedrig dosiert gedüngt. Das hebt die Blühpause in Hitzeperioden auf. Vermehrt wird über Kopfstecklinge im Frühjahr, die Aussaat ist eher etwas für den Fachmann. Verblühtes wird ständig entfernt.

Klatsch-Mohn

Papaver rhoeas

Zu den Mohngewächsen *(Papaveraceae)* zählen etwa 70 ein- und zweijährige Arten sowie ausdauernde Stauden. Einige kennt man als Acker-Unkräuter. Der Klatsch-Mohn stammt aus Europa und Kleinasien. Diese rasch wachsende und nur wenig verzweigte Einjährige mit dem Wildblumencharme bringt zarte, schalenförmige, scharlachrote Blüten mit einem schwarzen Fleck im Zentrum hervor. Der Schlaf-Mohn, *P. somniferum*, der wegen seines Milchsaftes zur Herstellung von Opium und verwandter Drogen angebaut wird, erfreut im Sommer mit weißen, rosa, roten oder violetten, oft gefüllten Blüten. Die ein- oder zweijährig gezogenen Mohn-Arten lieben ein nährstoffreiches, gut durchlässiges Substrat und einen möglichst sonnigen Standort. Wichtig ist eine gute Bewässerung. Die Vermehrung erfolgt durch Aussaat in Frühjahr oder Herbst. Will man die Selbstaussaat verhindern, muss man Verblühtes bald entfernen. Der Verzehr kann Übelkeit hervorrufen.

Standort: 💧 ☀
Vermehrung: ⁖
Eigenschaften: ✖ ☉ / ∞ ❀ ❄
   (Wildform)
Krankheiten: Welkekrankheiten
Schädlinge: Blattläuse
Blütezeit: Sommer

Papaver rhoeas

Pelargonien – nostalgisch und modern

Pelargonien verdanken ihren volkstümlichen Namen »Geranie« der früheren Zuordnung zur Gattung Geranium. Pelargos (griech.) bedeutet Storch, ein Hinweis auf die Ähnlichkeit der Spaltfrucht mit einem Storchschnabel. Sie sind typische Gewächse der Kapprovinz Südafrikas und wurden Anfang des 17. Jahrhunderts nach Europa gebracht. Zu den mehr als 200 natürlichen Arten sind durch züchterische Bearbeitung eine Vielzahl von großblütigen Sorten dazugekommen. Sehen Sie die vorgestellten Sorten daher nur als Stellvertreter eines großen Sortimentes an.

Geranienöl erfreut sich in der Parfümindustrie und kosmetischen Industrie großer Beliebtheit, nicht nur weil es das teure Rosenöl ersetzt. Duftblatt-Pelargonien haben in den letzten Jahren eine wahre Renaissance erlebt. Beispiele sind: Pelargonium radens, P. x graveolens, P. capitatum und P. odoratissimum. Mit ihren meist kleinen Blüten in doldenartigen Blütenständen haben sie eher ihr ursprüngliches Aussehen bewahrt als unsere Garten-Sorten.

Pelargonien kennt man vor allem als Beet- und Balkonpflanzen, wo sie meist einjährig gezogen werden. Sie lassen sich in einem hellen Überwinterungsquartier bei etwa 10-15 °C gut über den Winter bringen und sich durchaus als mehrjährige Kübelpflanze ziehen. Im Winter sollte man sie relativ trocken halten, im Sommer dagegen ist der Wasserbedarf recht hoch. Pelargonien lassen sich sehr leicht durch Kopfstecklinge vermehren, die man im Sommer oder Frühjahr schneidet. Die Vermehrung von Zonal-Pelargonien über Aussaat ist möglich, dauert aber länger. Ältere Pflanzen vertragen im Frühjahr einen Rückschnitt, bei Efeu-Pelargonien ist dies sogar ratsam, damit sie sich gut verzweigen.

Duft-Pelargonien

Pelargonium-Arten

Standort: ○ ☼ ⚠
Pflege: 🏷
Vermehrung: ◦° ▱
Eigenschaften: ☉ / ∞ ❀ ▨
*Krankheiten: Grauschimmel,
  Schwarzbeinigkeit, Rostpilze*
*Schädlinge: Gefurchter Dickmaul-
  rüssler, Blattläuse, Raupen,
  Weiße Fliege*
Blütezeit: Sommer – Herbst

Die Duft-Pelargonien haben ihren Ursprung in Südafrika. Die Blätter der kräftigen, dicht verzweigten Sträucher enthalten häufig ätherische Öle, die nach Pfefferminz, Eukalyptus, Zitrone, Apfel, Rose und vielem mehr duften. Leichtes Reiben an den Blättern verstärkt das Aroma noch. *Pelargonium x fragrans* wird etwa 30 cm hoch und breit. Die kleinen, herzförmigen, graugrünen Blätter duften würzig nach Äpfeln oder Kiefern. 'Mabel Grey', die Pelargonie mit dem stärksten Aroma, hat raue, nach Zitronen duftende Blätter und blass violette, rot gezeichnete Blüten. Die kleinen, rundlichen, graugrünen Blätter der Sorte 'Aroma' duften süßlich, während die Blätter von 'Attar of Roses' einen intensiven Rosenduft entfalten. Auch bei *P. crispum* 'Variegatum' duften die mittelgrünen, cremefarben gerandeten Blätter nach Zitrone – ein Aroma, das die Zitronen-Pelargonie, *P. odoratissimum*, noch weitaus stärker verströmt, ergänzt durch eine gewisse Apfelnote.

Pelargonium zonale 'Frank Headly'

Efeu-Pelargonie

Pelargonium peltatum

ⓘ

Standort: ○ ☼ ⚠
Pflege: 🌡
Vermehrung: ▥
Eigenschaften: ☉ / ∞ ✿
Krankheiten: Grauschimmel,
    Schwarzbeinigkeit, Rostpilze
Schädlinge: Gefurchter Dickmaul-
    rüssler, Blattläuse, Raupen,
    Weiße Fliege
Blütezeit: Sommer – Herbst

Die Efeu-Pelargonien, im Volksmund »Hänge-Geranien« genannt, gehören seit langem zu den beliebtesten Pflanzen für Balkonkästen, Ampeln und Kübel. Die Wirkung ihrer reich verzweigten, langen Triebe und ihres üppigen Blütenflors, der sich bis in den Herbst hält, ist beispiellos. Zudem sind sie gut wetterfest, einige Sorten, zum Beispiel die der einfach blühenden 'Cascade'-Serie, reinigen sich sogar selbst. Die meisten Sorten sind aus *Pelargonium peltatum* hervorgegangen, die in den Küstenregionen der südafrikanischen Kap-Provinz heimisch ist. Beliebte, halb gefüllte Sorten sind die rot-weiße 'Mexikanerin' und die violette 'Amethyst Starlight', deren obere Kronblätter eine federförmige, dunkelpurpurne und weiße Zeichnung tragen. Neu sind die einfachen, großblütigen 'Blizzard'-Sorten. Bei Hänge-Pelargonien ist ein windgeschütztes Plätzchen ratsam, damit die Triebe nicht abbrechen. Sie werden meist über Stecklinge vermehrt.

Pelargonium

Pelargonium x hortorum 'Vancouver Centennial'

Aufrechte Pelargonie

Pelargonium x hortorum

Diese große Hybridgruppe hat sich aus einer südafrikanischen Wildart entwickelt. Es handelt sich um kompakte, bis 60 cm große Pflanzen, deren einfache oder gefüllte Blüten in zahlreichen Farbtönen in dichten, lang gestielten Dolden sitzen. Die Blätter haben häufig eine dunkle Blattzeichnung, bei Blattschmuck-Pelargonien wie 'Vancouver Centennial' sind sie bronzefarben, bei 'Mrs. Pollock' sogar mehrfarbig. Die halb gefüllte Zonal-Pelargonie 'Grand Prix' blüht leuchtend rot, die 'Schöne Helena' dagegen zart lachsfarben. 'Brasil' und 'Tango Pink' vertreten die Rosa-Lila-Fraktion. Eine Neuheit ist die stark wachsende 'Salmon Flash' mit sternförmigen, hell lachsfarbenen Blüte. Sie lässt sich gut kombinieren. Edel-Pelargonien (*P. grandiflorum*) sind besonders großblütig. Aufrechte »Geranien« brauchen mehr Wärme und Sonne als ihre hängenden Verwandten, und vertragen regnerische Perioden schlecht. Verwelktes sollte stets entfernt werden.

Standort: ◊ ☼
Pflege: 🌡
Vermehrung: ⸴ ▱
Eigenschaften: △ ⊙ / ∞ ❀ ❈
Krankheiten: Grauschimmel, Schwarzbeinigkeit, Rostpilze
Schädlinge: Gefurchter Dickmaulrüssler, Blattläuse, Raupen, Weiße Fliege
Blütezeit: Sommer – Herbst

*F*ederborstengras

Pennisetum setaceum

Standort: 💧 ☼ ⚠
Pflege: ⚠
Vermehrung: ⚬° ⚙
Eigenschaften: ☉ ❀
Blütezeit: Sommer – Herbst

Dieses meist nur einjährig kultivierte, sommergrüne, horstartige Süßgras aus der Familie Poaceae stammt aus den afrikanischen Tropen. Es bildet einen attraktiven Blickfang in Kübeln oder ausgepflanzt am Terrassenrand. Die dichten Büschel werden bis 100 cm hoch und 50 cm breit. Sie bestehen aus rauen Halmen und langen, schmalen Blättern. Im Sommer erscheinen kupferfarbene Blütenähren, die mit Borsten umgeben sind und bis zum Winter halten. Sie eignen sich hervorragend zum Trocknen. Von Mai bis August sollte man die nicht frostharte Pflanze alle 14 Tage düngen und die abgestorbenen Blätter entfernen. Das recht anspruchslose Gewächs schätzt einen sonnigen Standort und leichte, durchlässige, im Sommer jedoch ausreichend feuchte Erde. Man kann es im Frühjahr aussäen oder im Frühsommer teilen. Falls Sie eine Überwinterung im Freien wagen wollen, decken Sie die zurückgeschnittene Pflanze gründlich mit trockenem Mulchmaterial ab.

Pennisetum setaceum

Pentas

Pentas lanceolata

Der buschig wachsende Halbstrauch, auch als »Stern von Ägypten« bekannt, gehört in die Familie der Krappgewächse *(Rubiaceae)*. Heimat sind Arabien und das tropische Afrika. Die hellgrünen, lanzettlichen Blätter sind flaumig behaart, in den wärmeren Monaten erscheinen in schirmförmigen Dolden kleine sternförmige Blüten, je nach Sorte in Hellrosa, Rot, Violett oder Weiß. Die frostempfindliche Pflanze lässt sich als Schnittblume, Zimmerpflanze oder im Sommer auch in Balkonkästen und Schalen halten. Dafür eignen sich Zwergsorten besonders gut, ansonsten hält man sie durch einen Rückschnitt in der gewünschten Höhe. Pentas schätzt fruchtbare, feuchte, aber durchlässige Erde und einen sonnigen bis halbschattigen Standort. Regelmäßige Wassergaben, eine wöchentliche Volldüngung und gelegentliches Stutzen fördern die Blüte. Im Frühjahr wird ausgesät, im Sommer lassen sich krautige Stecklinge schneiden. Überwintert wird frostfrei und hell.

ⓘ

Standort: 💧 ☀ – ☀ ⚠
Pflege: 🏷
Vermehrung: ⠴ 📺
Eigenschaften: ∞ ❀
Schädlinge: Blattläuse, Spinnmilben
Blütezeit: Frühjahr – Sommer

Cinerarie

Pericallis x hybrida

Das Aschenblümchen aus der Korbblütler-Familie *(Asteraceae)* ist häufig noch als *Senecio-Cruentus-Hybride* bekannt. Charakteristisch sind die in Rosetten angeordneten Blätter mit gesägten Rändern. Von Frühjahr bis Herbst bilden sich die bunten Körbchenblüten in dichten Doldentrauben. Das Farbspektrum reich von Rosa, Rot, Violett bis Weiß, und auch zweifarbige Sorten sind dabei. Die krautige Staude wird meist einjährig gezogen und ist aufgrund ihrer geringen Größe bis 30 cm ideal für Pflanzkästen und Kübel auf Balkon und Terrasse. Die frostempfindliche Cinerarie kann Hitze, Salzluft und Nährstoffmangel gut vertragen, leidet aber bei zu hoher Luftfeuchtigkeit und übermäßiger Nässe. Sie schätzt ein durchlässiges Substrat sowie einen hellen bis halbschattigen Standort. Während des Wachstums empfehlen sich gleichmäßige Wassergaben und eine wöchentliche Düngung. Vermehrt wird meist über Aussaat, dies man besser dem Profi überlässt.

ⓘ

Standort: 💧 ☀ ⚠
Vermehrung: ⠴
Eigenschaften: ☉ ❀
Krankheiten: Blattläuse,
  Spinnmilben, Thripse, Weiße
  Fliege, Minierfliegen
Blütezeit: Frühjahr – Herbst

Gegenüberliegende Seite: Petunia 'Surfinia'

Garten-Petunie

Petunia x atkinsiana

ⓘ

Standort: ◦ ☀ ⚠
Vermehrung: ◦◦°
Eigenschaften: ✖ ☉ ✿
Krankheiten: Mosaikvirus,
    Welkekrankheiten
Schädlinge: Blattläuse, Weiße Fliege
Blütezeit: Frühjahr – Herbst

Die einjährigen, nicht frostharten Garten-Petunien gehören zu den giftigen Nachtschattengewächsen *(Solanaceae)* und sind aus Kreuzungen zwischen der weiß blühenden *P. axillaris* und der rosa-violetten *P. integrifolia* entstanden. Sie wachsen aufrecht oder überhängend und blühen in nahezu allen Farben, einfach oder gefüllt. Neben den großblütigen Grandiflora-Sorten sind die buschigen, reich blühenden Multiflora-Petunien mit mittelgroßen Blüten ebenso ideal für Balkonkästen und Schalen. Nachteil der Grandiflora-Petunien sind die nicht wetterfesten und für Botrytis anfälligen Blüten. Sie benötigen einen sonnigen, windgeschützten Standort und ein durchlässiges, nährstofffreies Substrat. Während des Wachstums brauchen sie reichlich Wasser und wöchentliche Düngergaben. Regelmäßiges Ausputzen fördert die Nachblüte. Im Frühjahr wird ausgesät, die Jungpflanzen kommen erst ohne Frostgefahr ins Freie. Rechtzeitig gestutzt, verzweigen sie sich gut.

Hänge-Petunie

Petunia 'Surfinia'

ⓘ

Standort: ◦ ☀ ⚠
Vermehrung: ⛟
Eigenschaften: ✖ ☉ ✿
Krankheiten: Mosaikvirus,
    Welkekrankheiten
Schädlinge: Blattläuse, Weiße Fliege
Blütezeit: Frühjahr – Herbst

'Surfinia'®-Petunien sind stecklingsvermehrte Sorten aus japanischer Züchtungsarbeit. Der Name hat sich für alle Hänge-Petunien durchgesetzt, obwohl es mittlerweile auch zahlreiche Sorten anderer Züchter gibt. Diese robuste, stark wachsende und ungewöhnlich wetterfeste Hänge-Petunie bringt gegenüber den herkömmlichen Sorten ein vielfaches Blütenvolumen hervor – allerdings nur, wenn für regelmäßige Wasser- und Nährstoffgaben gesorgt wird. Aufgrund der Blatt- und Blütenmasse ist der Bedarf sehr hoch. In der Ampel oder im Balkonkasten können die Triebe bis 1,5 m lang werden. Ein windgeschützter Standort ist daher wichtig. Als Bodendecker machen sie sich auch sehr gut. Das Ausputzen erübrigt sich bei diesen Sorten, die nur als Jungpflanzen erhältlich sind. Obwohl meist einjährig gezogen, können Sie versuchen, ihre Pflanzen hell, bei etwa 10 °C zu überwintern und über Stecklinge zu vermehren.

Phlox

Standort: ◖ – ○ je nach Art, ☼ – ☀
Pflege: ⚘
Vermehrung: ⚬° ▱
Eigenschaften: ∞ ❀
Krankheiten: *Echter Mehltau,
Blattflecken*
Schädlinge: *Blattgallen, Nematoden*
Blütezeit: *Frühjahr – Sommer*

Plectranthus

ⓘ

Standort: ◖ ☼ ⚘
Vermehrung: ▱
Eigenschaften: ☉ ❦
Blütezeit: *Sommer – Herbst*

Sommer-Phlox

Phlox drummondii

In dieser Gattung sind über 60 Arten einjähriger Kräuter oder immergrüner Stauden versammelt, die zur Familie der Sperrkrautgewächse *(Polemoniaceae)* gehören. Die meist aus Nordafrika stammenden Pflanzen sind wegen ihrer unzähligen, leuchtenden und duftenden Blüten beliebt. Sie sind ein schöner Blickfang auf Balkon und Terrasse, wobei die höheren Arten wie *Phlox-Paniculata-Hybriden* schöne Kübelpflanzen abgeben, und niedrige, Polster bildene Arten wie *P. douglasii* gut in Balkonkästen gedeihen. Die hohen Arten benötigen im Wachstum viel Wasser, während die niedrigen auch trockener stehen können. Der Standort sollte möglichst sonnig sein. Hohe Flammenblumen blühen wochenlang, wenn man einige Blütentriebe nach der ersten Blüte einkürzt und sie im Frühjahr kräftig düngt. Bei beiden Arten empfiehlt sich in kalten Lagen eine Abdeckung mit Torf oder Reisig. Im Sommer lassen sich von den Sorten Stecklinge schneiden.

Harfenstrauch

Plectranthus forsteri

In ländlichen Gegenden war der Harfenstrauch ursprünglich an und im Haus zu finden, weil er durch seinen aufdringlichen, unverwechselbaren Geruch Ungeziefer fernhielt. Daher stammen auch seine Beinamen Mottenkönig, Duftheinrich oder Weihrauch. Die einjährig kultivierte Staude gehört zu den Lippenblütlern *(Lamiaceae)* und ist in Südostindien heimisch. Sie wird neben den aromatischen, bunt gezeichneten Blättern auch wegen der meist weißen Blütenrispen geschätzt, die im Sommer erscheinen. Der Harfenstrauch wächst breit ausladend und mit meterlangen, hängenden Trieben. Er ist eine ideale Strukturpflanze für den Balkonkasten, kommt aber auch in Ampeln gut zur Geltung. Die frostempfindliche Pflanze gedeiht an einem halbschattigen Standort am besten und schätzt durchlässige, feuchte Erde. Während des Wachstums sollte man sie reichlich wässern und monatlich düngen. Sie lässt sich jederzeit zurückschneiden. Stecklinge bewurzeln im Frühjahr rasch.

Zimmerbambus

Pogonatherum paniceum

Der grazile, bis 40 cm hohe Zimmerbambus ist nicht mit dem echten Bambus verwandt, sondern gehört zu den Echten Gräsern oder Süßgräsern *(Poaceae)*. Allerdings sieht das schöne Gras aus Südostasien mit seinen dünnen Halmen und schmalen Blättern seinem attraktiven Namenspatron sehr ähnlich. Auch an ihm vergreifen sich Katzen gern. Die pflegeleichte Topf- oder Kübelpflanze ist nicht frosthart und daher eher als mehrjährige Zimmerpflanze bekannt. Den Sommer über kann sie aber im Freien stehen. Wichtig ist generell ein warmer, heller Standort ohne grelle Sonne. Der Wurzelballen darf keinesfalls austrocknen, denn verdorrte Halme lassen sich nur mühselig entfernen. Andererseits faulen bei Staunässe die Wurzeln leicht. Alle zwei bis drei Wochen sollte zusätzlich gedüngt werden. Im Winter werden die Wasser- und Nährstoffgaben etwa auf ein Drittel reduziert. Durch Teilung des Wurzelballens im Frühjahr gewinnt man neue Pflanzen.

Standort: ● ☼ ⚠
Pflege: ⌂
Vermehrung: ✂ ❀
Eigenschaften: ∞

Portulakröschen

Portulaca grandiflora

Portulaca grandiflora

In seiner Heimat Argentinien und Brasilien wächst das sukkulente Portulakgewächs *(Portulacaceae)* an stark besonnten, trockenen und sandigen Hängen. Die kleinen, hellgrünen, fleischigen Blätter können Wasser speichern und darum ist sein Bedarf an Wasser und Nährstoffen auch in Kultur eher gering. In warmen, trockenen Sommern erscheinen die großen, rosenartigen, einfachen oder gefüllten Blüten besonders zahlreich. Es gibt sie in vielen Farben, von Weiß über Gelb zu Rot. Durch ihren breiten, überhängenden Wuchs empfiehlt sich die frostempfindliche Einjährige für Balkonkästen, Ampeln und auch als Bodendecker oder Einfassungspflanze. Sie kommt mit wenig Wasser aus und braucht kaum Pflege. Zudem gedeiht sie noch an vielen Plätzen, an denen andere Sommerblüher »streiken«. Im Frühjahr kann man aussäen, im Sommer lassen sich auch Stecklinge schneiden.

Standort: ○ ☼
Vermehrung: ⋅°° 📭
Eigenschaften: △ ⊙ ❀
Krankheiten: Stängelfäule
Schädlinge: Blattläuse
Blütezeit: Sommer

Flieder-Primel

Primula malacoides

ⓘ

Standort: ◖◗ ☀ ⚠
Pflege: 🌡
Eigenschaften: ✖ ∞ ❀
Krankheiten: Virosen, Wurzelfäule,
   Grauschimmel
Schädlinge: Blattläuse, Spinnmilben,
   Gefurchter Dickmaulrüssler,
   Schnecken
Blütezeit: Winter – Frühjahr

Die Frühjahrsblüher läuten mit Stiefmütterchen und Zwiebelblumen die Balkon-Saison ein. Die aus China stammende, nicht frostharte Staude ist als Zimmerpflanze bekannt, sie kann im Sommer aber auch gut auf dem Balkon oder der Terrasse stehen. Sie wird bis 30 cm hoch und bringt leicht gekräuselte, hellgrüne Blätter hervor. Je nach Temperatur erscheinen ab dem Spätwinter die zarten Blütenquirle an schlanken, weich behaarten Trieben, entweder in einem blassen Purpurton, in Rosarot oder in Weiß. Die Becher-Primel, *Primula obconica*, ist mit ihren kräftigen Blütendolden ebenso schön. Alle Primeln mögen humose, nicht zu trockene, gut durchlässige Erde sowie einen halbschattigen Platz. Das Substrat darf nie austrocknen, aber auch nicht staunass sein. In der Wachstumsperiode wird alle zwei Wochen gedüngt, welke Pflanzenteile werden entfernt. Vermehrt wird über Aussaat, die man dem Fachmann überlassen sollte. Hautkontakt kann Allergien verursachen.

Ranunculus

Garten-Ranunkel

Ranunculus asiaticus

ⓘ

Standort: ◌ ☀ – ☀ ⚠
Pflege: ❄
Vermehrung: ∴ 🌱❀ Wurzelknollen
Eigenschaften: ✖ ∞ ❀
Krankheiten: Mehltau
Schädlinge: Schnecken, Blattläuse
Blütezeit: Frühjahr – Frühsommer

Dieses Hahnenfußgewächs *(Ranunculaceae)*, 1596 aus Vorderasien nach Europa eingeführt, ist mit seinen schönen Blüten ein attraktiver Vorbote des Sommers. *Ranunculus asiaticus* ist eine Wurzelknollen bildende, mehrjährige, jedoch nicht frostharte Staude. Ab dem späten Frühjahr erscheinen ihre runden, dicht gefüllten Blüten, je nach Sorte in Weiß, Rosa, Rot, Gelb und Orange. Hohe Sorten sind hübsche Schnittblumen, niedrige, kompakte sind ideal zur Bepflanzung von Kübeln, Töpfen und Balkonkästen. Wichtig ist ein sonniges bis halbschattiges, warmes Plätzchen. Die Pflanze schätzt regelmäßige Wassergaben und eine 14-tägige Düngung. Das Substrat sollte gut wasserdurchlässig sein. Nach der Blüte, wenn das Laub verwelkt ist, überwintert man die Wurzelknollen luftig und trocken bei etwa 7–10 °C. Sie werden im Herbst oder Frühjahr erneut eingepflanzt. Im Herbst oder Spätwinter kann man im Haus aussäen. Bei Berührung können Hautreizungen auftreten.

Rauer Sonnenhut

Rudbeckia hirta

Rudbeckia hirta

Der einjährige Raue Sonnenhut gehört zur großen Korbblütler-Familie *(Asteraceae)* und ist in Nordamerika heimisch. Er bringt an verzweigten oder unverzweigten Trieben farbenfrohe Blütenkörbchen mit einer anmutig gewölbten, purpurbraunen Mitte hervor. Die Randblüten dagegen sind leuchtend gelb bis rötlich braun, bisweilen auch zweifarbig. Die Blüten können einfach oder gefüllt sein. Hohe Sorten (bis 80 cm) eignen sich gut als Schnittblumen. Niedrige Sorten (25–40 cm) sind unkomplizierte Lückenfüller in Balkonkästen oder Schalen. Besonders gut harmonieren sie mit *Heliotropium, Salvia farinacea, Ageratum* und *Lobelia*. Der einjährige, nicht frostharte Sonnenhut schätzt einen sonnigen Standort und humose, gut durchlässige Erde. Obschon pflegeleicht, benötigt er während des Wachstums ausreichend Wasser und Nährstoffe. Verwelktes sollte man regelmäßig entfernen. Ausgesät wird im Frühjahr, am besten mit Vorkultur im Haus.

ⓘ

Standort: 💧 ☼ ⚠
Vermehrung: ⁖
Eigenschaften: ☉ ✿
Schädlinge: Schnecken
Blütezeit: Sommer

Trompetenzunge

Salpiglossis sinuata

Die einjährige Trompetenzunge aus den südlichen Anden gehört zu den Nachtschattengewächsen *(Solanaceae)*. Die äußerst attraktive Blüte ähnelt der Petunie, mit der sie auch verwandt ist. Die Sommerblume wächst aufrecht mit schlanken, verzweigten Trieben und wird rasch bis 60 cm hoch. In den oberen Achseln der hellgrünen, lanzettlichen Blätter erscheinen bis zum frühen Herbst Blüten in Rot, Orange, Gelb, Blau und Rotviolett, die deutlich geadert sind. Die Pflanze stellt einige Ansprüche an den Standort, doch die Mühe lohnt sich. Voraussetzung für eine reiche Blüte ist ein sonniger, warmer und vor Wind geschützter Standort, in nassen und kühlen Sommern kann die Blüte versagen. Die frostempfindliche Pflanze schätzt nährstoffreiche, durchlässige Erde, die stets mäßig feucht gehalten werden sollte. Während des Wachstums wird wöchentlich gedüngt. Hohe Sorten werden gestützt, Verblühtes regelmäßig entfernt. Im zeitigen Frühjahr wird ausgesät.

ⓘ

Standort: 💧 ☼ ⚠
Vermehrung: ⁖
Eigenschaften: ☉ ✿
Krankheiten: Grauschimmel,
   Wurzelfäule
Schädlinge: Blattläuse
Blütezeit: Sommer – Herbst

Blut-Salbei

Salvia coccinea

ⓘ

Standort: 💧 ☀ ⚠
Vermehrung:
Eigenschaften: ☉ ❀
Schädlinge: Schnecken, Spinnmilben,
*   Blattläuse*
Blütezeit: Sommer – Herbst

Diese einjährige, filigrane Art gehört zur Familie der Lippenblütler *(Lamiaceae)* und ist im südlichen Nordamerika und in Mexiko zu Hause. Sie wächst horstartig und locker verzweigt bis 60 cm hoch. An den schlanken Ähren bringt sie bis zum Frost zahllose, leuchtend rote Blüten hervor. Die Blätter sind eiförmig und gekerbt. Beliebt sind die Sorten 'Lady in Red' mit leuchtend roten Blüten sowie die lachsrote 'Coral Nymph'. Salbei liebt es sonnig und warm. Damit er üppig blüht, braucht er reichlich Wasser und Nährstoffe. Das Substrat sollte nährstoffreich und gut waserdurchlässig sein, damit keine Staunässe entsteht. Der Blut-Salbei kommt in Gruppen besonders gut zur Geltung, eignet sich aber auch für Kübel oder als Lückenfüller in Balkonkästen. *Heliotrop,* Sonnenhut oder Strauchmargerite passen farblich sehr gut zu ihm. Zum Winterende wird im Haus ausgesät, die jungen Pflanzen dürfen erst nach den Frösten ins Freie.

Mehl-Salbei

Salvia farinacea

ⓘ

Standort: 💧 ☀ ⚠
Vermehrung:
Eigenschaften: ☉ ❀
Schädlinge: Schnecken, Spinnmilben,
*   Blattläuse*
Blütezeit: Sommer – Herbst

Der Mehl-Salbei aus der Familie der Lippenblütler *(Lamiaceae)* stammt aus Texas und New Mexiko. Seinen Namen verdankt er dem mehlartigen Flaum, der die Blütenähren umgibt. Manchmal wird er auch nach der dunkelblau blühenden Sorte 'Blauähre' benannt. Die kleinen Lippenblüten sitzen dicht gedrängt an langen schlanken Stängeln und erinnern etwas an Lavendel. Sie sind frosthart bis –5 °C und neben blauen Sorten gibt es mittlerweile auch silberfarbene. Mit einer Wuchshöhe von 30–70 cm eignet sich der Mehl-Salbei als Schnitt- und Trockenblume genauso wie als Beet- und Topfpflanze. Besonders gut passt er zu Rosen. Er liebt es wie alle Salbei-Arten sonnig und warm. Damit er üppig blüht, braucht er reichlich Wasser und Nährstoffe. Das Substrat muss gut waserdurchlässig sein, damit keine Staunässe entsteht. Verblühte Ähren werden abgeschnitten, damit sich die Blütezeit verlängert. Ausgesät wird im Frühjahr im Haus.

Feuer-Salbei

Salvia splendens

Die exotisch anmutende Salbei-Art ist in Brasilien heimisch. Dort wächst sie als ausdauernde Staude bis Halbstrauch, bei uns wird sie wegen der Frostempfindlichkeit einjährig gezogen. Für Terrasse und Balkon bieten sich niedrig wachsende Sorten an, die etwa 25–30 cm hoch werden. Zum Beispiel die dunkelviolette 'Laser Purple', das feurig rote 'Feuerzauber' oder die lachsfarbene 'Melba'. 'Carabiniere' zeichnet sich durch dunkles Laub und rote Blüten aus. Die röhrenförmigen Lippenblüten sitzen in dichten Trauben und erscheinen bis zum Herbst. Leuchtend rote Sorten passen sehr gut zu gelben Sommerblühern wie Pantoffelblumen. Wichtig ist ein sonniger, vor Wind und Regen geschützter Standort. Das Substrat sollte humos und nährstoffreich sein, im Sommer wird es stets feucht gehalten. Dann wird auch wöchentlich niedrig dosiert gedüngt. Die Pflanze blüht nach, wenn man verblühte Blütenstände herausschneidet. Ab März wird bei etwa 20 °C ausgesät.

ⓘ

Standort: 💧 ☀ 🏔
Vermehrung: ⚬⚬
Eigenschaften: ☉ ❀
*Schädlinge: Schnecken, Spinnmilben,
  Blattläuse*
Blütezeit: Sommer – Herbst

Salvia viridis

Buntschopf-Salbei

Salvia viridis

Auffälliges Merkmal dieser Salbei-Art sind weniger die unscheinbaren hellen Blüten als ihre auffälligen Hochblätter, die in dichten Scheinquirlen sitzen. Je nach Sorte erscheinen sie ab dem Frühsommer in zartem Violettblau, Rosa, Rot oder Weiß. Der Lippenblütler, auch als *Salvia hormium* bekannt, stammt aus dem Mittelmeerraum, wo er als Zweijährige oder ausdauernde Staude wächst. Bei uns wird er in der Regel einjährig kultiviert. Die zarte Pflanze wird 40–70 cm hoch und eignet sich zum Schnitt genauso wie für Beete, Töpfe oder Balkonkästen. Die Blüten sind zudem bei Schmetterlingen sehr beliebt. Mit ihrem natürlichen Charme passt sie sehr gut zu Wildblumen oder Blattschmuckpflanzen. Sie mag es ebenfalls sonnig und warm, und braucht nährstoffreiche, lockere Substrate. Staunässe verträgt sie nicht. Im Frühjahr wird im Haus ausgesät, ab Mai ist dies auch im Freien möglich. Dann blüht sie jedoch später.

Standort: 💧 ☀ 🏔
Vermehrung: ⚬⚬
Eigenschaften: ☉ ❀
*Schädlinge: Schnecken, Spinnmilben,
  Blattläuse*
Blütezeit: Sommer – Herbst

Husarenknopf

Sanvitalia procumbens

Standort: ◌ ☼ ⛰

Vermehrung: ⚬°

Eigenschaften: ☉ ✿

Blütezeit: Sommer – Herbst

Der einjährige Husarenknopf aus der Familie der Korbblütler (*Asteraceae)* stammt aus Mexiko und Guatemala. Wegen der knopfgroßen, intensiv gelben Blüten mit fast schwarzer Mitte und der geringen Größe bis etwa 20 cm wird die Art auch Zwergsonnenblume genannt. Eine beliebte Sorte ist 'Aztekengold', mit goldgelben Blüten über dunklem Laub. 'Mandarin Orange' blüht kräftig orange. Der Husrenknopf wächst überhängend und stark verzweigt, und blüht unermüdlich vom Frühsommer bis zum ersten Frost. Er ist pflegeleicht und eignet sich ausgezeichnet für Ampeln, Blumenschalen und Balkonkästen sowie als Unterpflanzung in Kübeln. Man sät ihn im Frühjahr direkt in Töpfe aus und setzt ihn nach den Eisheiligen ins Freie. Ideal ist ein sonniger, geschützter Standort und sandige, gut wasserdurchlässige Erde. Verblühtes sollte man regelmäßig entfernen, außerdem 14-tägig düngen und mäßig wässern. Trockenheit wird besser vertragen als Staunässe.

Sanvitalia

Blaue Fächerblume

Scaevola saligna

Die 96 Arten dieser australischen Gattung aus der Familie der Goodeniengewächse *(Goodeniaceae)* sind allesamt nicht frosthart, doch kommen einige als dankbare Zimmer- oder Balkonpflanzen zu Ehren. Das gilt besonders für die erst 1988 in Europa eingeführte Blaue Fächerblume, eine überhängende Pflanze für Ampeln und Balkonkästen. Sie ist äußerst witterungsbeständig sowie selbstreinigend und verkraftet auch kurzfristige Trockenheit. Ein sonniger oder halbschattiger Standort, durchlässige Erde, reichlich kalkarmes Gießwasser und eine wöchentliche, niedrig dosierte Düngung während der Wachstumszeit sind Voraussetzungen für einen üppigen Blütenflor vom Frühjahr bis zum Spätsommer. Die nicht frostharte Pflanze darf erst Ende Mai ins Freie. Ihre Vermehrung erfolgt durch Stecklinge unter Sprühnebel und sollte deshalb dem Fachmann überlassen werden. Ein Klassiker ist die violettblaue Sorte 'Blue Wonder'. Sie harmoniert gut mit Hänge-Pelargonien.

Standort: ◌ ☼ – ☼
Vermehrung: ▥
Eigenschaften: ☉ ✽
Schädlinge: Minierfliege, Weiße Fliege
Blütezeit: Frühjahr – Herbst

Spaltblume

Schizanthus x wisetonensis

Die Blütenblätter dieses einjährigen, giftigen Nachtschattengewächses *(Solanaceae)* aus Chile sind mehrfach geschlitzt, daher stammt auch ihr Name. Der gelbschwarze Mittelfleck erinnert an Orchideen und deshalb wird sie häufig auch »Orchidee des kleinen Mannes« genannt. Sie bringt bis zum Herbst an endständigen Blütenständen glockenförmige, zweilippige Blüten in Weiß, Blau, Rosa, Rot oder Rotbraun hervor. Besonders niedrige Sorten (um 20 cm hoch) haben einen festen Platz in bunt bepflanzten Schalen oder Balkonkästen verdient. Einen windgeschützten, sonnigen Standort findet sie zum Beispiel in einem Innenhof. Das Substrat sollte locker sein, im Sommer wird reichlich gewässert, aber nur mäßig gedüngt. Sonst werden die Triebe zu weich. Der Kauf von Jungpflanzen ist der Anzucht aus Samen vorzuziehen. Das Stutzen der jungen Triebe führt zu einer guten Verzweigung. Ein Rückschnitt nach der ersten Blüte fördert eine zweite.

Standort: ◔ ☼ ⚠
Vermehrung: ˳°°
Eigenschaften: ✖ ☉ ✽
Blütezeit: Sommer – Herbst

Sibirischer Blaustern

Scilla siberica

Das Blausternchen stammt wie alle weiteren Arten dieser Gattung aus Osteuropa, Asien und Afrika. Bei den pflegeleichten Hyazinthengewächsen *(Hyacinthaceae)* entfalten sich im zeitigen Frühjahr die schmalen Grundblätter zusammen mit den Blütenständen. An etwa 15 cm hohen Stielen bilden sich die anmutigen, azurblauen, sternförmigen Blüten. Für Gefäße eignet sich die bis 15 cm hohe 'Spring Beauty' bestens, die Sorte 'Alba' blüht weiß. Nach der Blüte ziehen sich die Blätter rasch zurück. Man setzt die frostharten Zwiebeln im Frühherbst in Schalen, Körbe oder Balkonkästen in ein durchlässiges Substrat, deckt sie aber zur Überwinterung mit Fichtenreisig ab. Der Blaustern wird nur sparsam gegossen, in der Ruhezeit gar nicht mehr. Während der Wachstumsperiode empfiehlt sich eine mäßige Düngung alle 14 Tage. Eine Vermehrung durch Brutzwiebeln ist nur im Freiland möglich, für die Gefäßkultur greift man zu Samen. Die Zwiebeln und Samen sind giftig.

Standort: ◊ ☼ – ☼ ⚠
Pflege: ⚠ ❄
Vermehrung: ∴° ✂ Brutzwiebeln
Eigenschaften: ✖ ❀
Krankheiten: Viruserkrankungen
Blütezeit: Frühjahr

Senecio cineraria

Silberblatt

Senecio cineraria

Die weißgrau behaarten Blätter dieses Korbblütlers *(Asteraceae)* sind auch für Bezeichnungen wie Aschenblume oder Greiskraut verantwortlich. Häufig ist die aus dem Mittelmeerraum stammende Art noch als *Cineraria bicolor* oder *Cineraria maritima* bekannt. Die meisten Sorten dieser beliebten Blattschmuckpflanze werden etwa 20 cm hoch und verleihen jeder spätsommerlichen Pflanzung Struktur. Ihre Blätter sind je nach Sorte tief geschlitzt oder breit buchtenförmig. Nur bei mehrjährigen Pflanzen, die in wintermilden Gegenden auch im Freien überdauern, erscheinen im Hochsommer senfgelbe Blütenkörbchen. Das an Trockenheit und Wärme gewöhnte Silberblatt benötigt nur wenig Wasser, aber einen vollsonnigen Standort. Während des Wachstums genügt eine monatliche Düngung. Die Pflanze sollte nie zu feucht stehen, da sonst das Laub vergrünt, denn die weiße Behaarung dient als Schutz vor Hitze und Trockenheit. Die Pflanze enthält giftige Alkaloide.

Standort: ◊ ☼ ⚠
Vermehrung: ▨
Eigenschaften: ✖ ⊙ ∞ ❀
Krankheiten: Rostpilze, Echter und
   Falscher Mehltau
Schädlinge: Blattläuse
Blütezeit: Sommer – Herbst

Gloxinie

Sinningia speciosa

Von den 80 Knollen bildenden Stauden der lateinamerikanischen Gattung Sinningia ist die Gloxinie, eine überaus beliebte Topf- und Zimmerpflanze, die bekannteste. Sie gehört in die Familie der Gesneriengewächse *(Gesneriaceae)*. Ihre Popularität verdankt sie den bestechend schönen Blüten, die es in vielen Farben gibt. Sie sind groß und glockenförmig mit fein gezeichneten, gekrausten Blütenblättern wie aus Samt. Diese stehen eindrucksvoll über der Blattrosette aus sattgrünen, ebenfalls samtigen Blättern, die oberseits behaart und unterseits rot überlaufen sind. Im Frühjahr setzt man sie in frische, lockere Erde. Gloxinien stehen gerne hell, aber ohne direkte Sonne. Der Platz auf Balkon oder Terrasse sollte vor Regen geschützt sein. Bis zur Blüte wird regelmäßig mit lauwarmem Wasser gegossen und wöchentlich gedüngt. Nach der Blüte hält man die Knollen trocknen, um sie frostfrei zu überwintern. Die Aussaat ist Profisache.

Sinningia

Standort: 💧 ☀
Pflege: 🏷
Vermehrung: ⸰°⸰
Eigenschaften: △ ∞ ❀
Schädlinge: Zwergzikaden, Thripse
Blütezeit: Sommer

Eierfrucht

Solanum melongena

Der Eierbaum, auch unter dem Namen Eierfrucht oder Zier-Aubergine im Handel, zählt wie Kartoffel, Tomate und Aubergine zu den weltweit verbreiteten Nachtschattengewächsen *(Solanaceae)*. Seine Früchte sind essbar, man kann sie dünsten, braten und frittieren. Aber Vorsicht: Alle anderen Teile der Pflanze sind äußerst giftig! Die einjährige Eierfrucht ist vom tropischen Afrika bis Indien verbreitet und besticht neben ihren dekorativen Früchten auch durch die schönen rötlich violetten Blüten, die sich von Sommer bis Herbst parallel zu den zunächst weißen, im reifen Zustand dann goldgelben Früchten entwickeln. Man setzt die Samen im Frühjahr in sandige, durchlässige Erde und gleich in ein geräumiges Gefäß. Wenn keine Frostgefahr mehr besteht, dürfen die Jungpflanzen an einen sonnigen Platz ins Freie. Für einen reichlichen Fruchtansatz brauchen sie viel Wasser und wöchentlich einen Dünger. Es empfiehlt sich, die Pflanze gut zu stützen.

Solanum melongena

Standort: 💧 ☀ △
Vermehrung: ⸰°⸰
Eigenschaften: ✖ ☉ ❀
Schädlinge: Blattläuse
Blütezeit: Sommer – Herbst

Solenostemon

Standort: ◗ ☼ – ☼ ⚠
Pflege: ✱
Vermehrung: ∘°° ⊞
Eigenschaften: ☉ / ∞ ⚘
Schädlinge: Weiße Fliege
Blütezeit: Sommer

Buntnessel

Solenostemon scutellarioides

Das Lippenblütengewächs *(Lamiaceae)* ist auch als *Coleus blumei* noch sehr bekannt. Die im tropischen Afrika und Asien als buschige Staude wachsende Ziernessel wird weniger wegen der eher unscheinbaren Blüten im Sommer, sondern wegen ihrer bunt gescheckten, häufig gezähnten Blätter kultiviert. Die frostempfindliche Pflanze wird meist einjährig kultiviert und lässt sich im Zimmer bei etwa 10 °C gut überwintern. Dann sollte man sie im Herbst stark zurückschneiden und im Frühjahr in frische, wasserdurchlässige, humose Erde umtopfen. Die exotische Färbung der fein behaarten, dekorativen Bätter kommt am besten an einem halbschattigen, geschützten Standort zur Geltung. Während des Wachstums sollte man die Pflanze reichlich gießen und wöchentlich düngen. Knipst man die Blüten ab, werden die Blätter schön groß. Da die Schönheit der Blätter im zweiten Jahr verblasst, empfiehlt sich eine jährliche Vermehrung über Kopfstecklinge.

Sparrmannia africana

Standort: ◗ ☼ ⚠
Pflege: ✱
Vermehrung: ⊞
Eigenschaften: ∞ ❀ ⚘
Schädlinge: Spinnmilben, Weiße Fliege
Blütezeit: Winter – Frühjahr

Zimmerlinde

Sparrmannia africana

Die schon seit 200 Jahren beliebte Zimmerpflanze mit den großen herzförmigen Blättern gehört wie die Dorflinde zu den Lindengewächsen *(Tiliaceae)*. Der in freier Natur bis 4 m hohe, frostempfindliche Baum stammt aus Südafrika und Madagaskar. Im Frühjahr erscheinen auch hier attraktive Büschel weißer Blüten mit rotvioletten oder gelben Staubgefäßen. Damit die Pflanze gut gedeiht, benötigt sie während des Wachstums reichlich Wasser, mag aber keine Staunässe. Im Sommer wünscht sie alle 14 Tage eine Düngergabe. Sie schätzt einen hellen, windgeschützten Standort, aber keineswegs starke Sonne und Hitze. Andernfalls verliert sie Blätter und Blüten. Vor allem im Winter sollte die Zimmerlinde hell und kühl stehen (bis 10 °C) und nur sparsam gegossen werden. Alle zwei Jahre wird in lockere, nährstoffreiche Erde umgetopft. Bei Bedarf kann man die Pflanze nach der Blüte zurückschneiden, die dabei anfallenden Stecklinge bewurzeln gut.

Schneeflocke

Sutera diffusus

Die Schneeflocke wird häufig mit der botanischen Gattung *Bacopa* verwechselt, die auch als mittel- oder südamerikanisches Fettblatt bekannt ist. Sie zählt jedoch zur südafrikanischen Gattung *Sutera*, die zur Familie der Braunwurzgewächse *(Scrophulariaceae)* gehört. Durch ihren kriechenden oder hängenden Wuchs bietet sie sich zur Bepflanzung von Balkonkästen und Ampeln an. Die frostempfindliche Pflanze bringt einfache, kleine Blätter hervor, die sich gegenständig oder in Büscheln ausbilden. Vom späten Frühjahr bis zum Herbst erscheinen, je nach Sorte, Blüten in Weiß, Rosa, Rotviolett oder Blau. Da sie im Schatten nur wenige und kleine Blüten bildet, sollte man der Schneeflocke einen Standort in voller Sonne gönnen sowie fruchtbare und durchlässige Erde. Sie darf nie austrocknen und wird alle 14 Tage gedüngt. Sie lässt sich durch Samen ebenso wie durch Kopfstecklinge vermehren, 6 bis 8 Wochen vor der Blüte kann man sie leicht stutzen.

Standort: 💧 ☀ △
Pflege: 🌡
Vermehrung: ⋅°° ▱
Eigenschaften: ⊙ ❀
Krankheiten: Grauschimmel,
Rhizoctonia- und Pythium-Fäulen
Schädlinge: Thripse, Blattläuse,
Weiße Fliege
Blütezeit: Frühjahr – Herbst

Hohe Studentenblume

Tagetes erecta

Die einjährige Studentenblume aus Mexiko und Guatemala ist eine der beliebtesten Sommerblumen. Heute gibt es von den Korbblütlern *(Asteraceae)* zahlreiche Sorten – einfache, chrysanthemenblütige oder gefüllte, nelkenähnliche, die meist einen herben Duft verströmen. Sie erscheinen vom späten Frühjahr bis zum Herbst in den verschiedensten Gelb- und Orangetönen. Im schönen Kontrast dazu stehen die dunkelgrünen, gefiederten Blätter. Je nach Sorte werden sie 20–100 cm hoch, wobei die Zwergsorten am besten in Töpfe und Balkonkästen passen. Die robuste, frostempfindliche *Tagetes* eignet sich auch gut zur Randbepflanzung. Sie schätzt einen vollsonnigen Standort, wächst aber auch im Halbschatten noch gut. Das Substrat sollte im Sommer immer gleichmäßig feucht sein, dann wird auch wöchentlich gedüngt. Verwelkte Blüten werden entfernt. Ab dem Spätwinter wird im Haus ausgesät. Laub und Pflanzensaft können allergen wirken.

Tagetes erecta

Standort: 💧 ☀ – ☀
Vermehrung: ⋅°°
Eigenschaften: △ ✖ ⊙ ❀
Krankheiten: Grauschimmel
Schädlinge: Blattläuse, Spinnmilben,
Schnecken, Raupen
Blütezeit: Sommer – Herbst

Tagetes patula

Standort: ◐ ☀ – ☀
Vermehrung: ⸛
Eigenschaften: ✖ ☉ ✿
Krankheiten: Grauschimmel
Schädlinge: Blattläuse, Spinnmilben,
   Schnecken, Raupen
Blütezeit: Sommer – Herbst

Torenia fournieri

Standort: ◐ ☀ ⚠
Vermehrung: ⸛
Eigenschaften: ☉ ✿
Schädlinge: Blattläuse, Weiße Fliege
Blütezeit: Sommer – Herbst

Studentenblume

Tagetes patula

Die Sorten von *Tagetes patula* eignen sich durch ihren niedrigen Wuchs besonders gut für Balkonkästen und andere Pflanzgefäße. Ihre Blüten sind kleiner als die ihrer großen Schwester, dafür aber umso zahlreicher und weniger regenempfindlich. Die buschige, je nach Sorte 20 bis 60 cm hohe Pflanze bringt einfache oder gefüllte Blütenköpfchen in Rot, Gelb, Orange oder Brauntönen hervor. Manchmal sind sie sogar zweifarbig. Eine noch zierlichere Wildform ist die Sammetblume *(Tagetes tenuifolia)*, die ebenfalls aus Südamerika stammt. Sie bezaubert mit zahlreichen, kleinen, einfachen Blüten in gelben, orangenen oder braunen Tönen, die zudem noch Bienen und Schmetterlinge anlocken. Sie wird bis 20 cm hoch und hat sehr fein gefiedertes Laub. Beide Arten sind sehr pflegeleicht. Sie wachsen in der Sonne wie im Halbschatten, als Substrat eignet sich jede nährstoffreiche, lockere Balkonpflanzenerde. Vermehrt werden sie über Aussaat im Frühjahr.

Schnappmäulchen

Torenia fournieri

Von den über 300 *Torenia*-Arten, die im tropischen Asien und Afrika beheimatet sind, ist das meist zweifarbig, in blauen, rosa oder violetten Tönen blühende Schnappmäulchen als Zimmerpflanze und Sommerblume in den letzten Jahren zunehmend beliebter geworden. Es gehört zu den Braunwurzgewächsen *(Scrophulariaceae)* und stammt ursprünglich aus Südvietnam. Während die 'Clown' F1-Hybriden buschig aufrecht wachsen und jährlich aus Samen herangezogen werden, hängt die stecklingsvermehrte Sorte 'Summer Wave' lang über und ist ideal für Balkonkästen und Ampeln. Ihre in Ober- und Unterlippe geteilten, blauen Blüten erscheinen zahlreich vom Sommer bis zum frühen Herbst. Ideal ist ein halbschattiger bis schattiger, windgeschützter Platz. Im Sommer brauchen sie viel Wasser und wöchentlich einen Dünger, wichtig ist ein humoses, wasserdurchlässiges Substrat. Staunässe ist zu vermeiden.

Kapuzinerkresse

Tropaeolum majus

Das in Peru beheimatete, einjährige Kapuzinerkressegewächs *(Tropaeolaceae)* wächst je nach Sorte buschig aufrecht, kriechend oder rankend. Letztere überwuchern blühfreudig Pergolen und Mauern, oder hängen aus Balkonkästen und Ampeln herab. Aus den Blattachseln der bis zu 2 m langen Triebe sprießen bis zum Herbst große, trichterförmige Einzelblüten in leuchtendem Rot, Gelb oder Orange. Auch die lang gestielten, schildförmigen Blätter sind sehr attraktiv. Darüber hinaus wirkt das bittere, antiseptische und stärkende Kraut harntreibend, schleimlösend, bakterizid und fungizid. Blätter und Blüten werden wegen ihrer scharfen Geschmacksnote gern für Salate verwendet, die runden Samen können als Kapernersatz dienen. Kapuzinerkresse schätzt volle Sonne und eine reichliche Wasserversorgung. Damit sie üppig blüht, wird stickstoffarm und nur alle zwei Monate gedüngt. Ausgesät wird im späten Frühjahr, je nach Klima schon im Freien.

Standort: ◗ ☀
Vermehrung: ⚬°
Eigenschaften: ☉ ✿
Schädlinge: Blattläuse, Raupen,
  Erdflöhe, Weiße Fliege
Blütezeit: Sommer – Herbst

Tropaeolum majus

Tulipa

Standort: ○ ☀ ⟁
Pflege: ⟁ – ❄ ⌇
Vermehrung: ⚘⚗ *Brutzwiebeln*
Eigenschaften: ✖ ∞ ❀
Krankheiten: Zwiebelfäule, Pilz
Schädlinge: Schnecken, Nematoden
Blütezeit: Frühjahr

Verbena

Standort: ◗ ☀
Vermehrung: ⚬ ▭
Eigenschaften: ⊙ ❀
Krankheiten: Echter Mehltau
Schädlinge: Thripse, Blattläuse
Blütezeit: Sommer – Herbst

Tulpe

Tulipa

Unsere heutigen Gartentulpen, die zu den Liliengewächsen *(Liliaceae)* gehören, stammen aus Zentral- und Westasien. Man zählt etwa 100 Arten, die Zahl der Sorten geht in die Tausende. Zur Bepflanzung von Balkonkästen und Schalen eignen sich die niedrigen, botanischen Tulpen hervorragend. Man pflanzt die Zwiebeln spätestens im Oktober in lockere, sandige Erde, allerdings nicht so tief wie im Freiland – etwa 2 cm genügen. Der bepflanzte Kasten steht bis zum Austreiben der Pflanzen am besten dunkel und frostfrei. Gießen Sie nur sparsam und vermeiden Sie unbedingt Staunässe, damit die Zwiebeln nicht faulen. Eine einmalige Düngergabe vor der Blüte genügt. Wählen Sie für den Frühjahrsblüher einen sonnigen, geschützten Standort aus und entfernen Sie Verblühtes regelmäßig. Die Blüten muss man vor Frösten schützen. In Gefäßen bilden sich selten Brutzwiebeln. Alle Pflanzenteile lösen nach Verzehr Übelkeit aus oder wirken allergen.

Garten-Verbene

Verbena

Die Urformen der rund 200 Stauden und Sträucher der Gattung *Verbena* stammen aus Südamerika. Die meist angenehm duftenden Sommerblüher zeichnen sich durch runzelige, gezähnte Blätter und leuchtende Blüten, meist mit einem weißen Auge, aus. Für Balkonkästen und Ampeln sind die einjährig kultivierten, bis 40 cm hohen Hybrid-Sorten ganz besonders zu empfehlen. Sie blühen vom Sommer bis zum Herbst in dichten Trugdolden. Die wetterfesten Pflanzen werden im Frühjahr in sandig humose Erde ausgesät. Zu einer guten Entwicklung brauchen sie regelmäßige Wassergaben und einen sonnigen oder halbschattigen, windgeschützten Platz. Während der Blüte ist eine wöchentliche, niedrig dosierte Düngung angebracht. Der Wurzelballen sollte keinesfalls austrocknen und Verwelktes rasch entfernt werden. Ein idealer Ampelbewohner ist die stecklingsvermehrte *Verbena tenera*. *Verbena rigida*, eine einjährig kultivierte Staude von 60 cm Höhe, blüht violettrot.

Garten-Stiefmütterchen

Viola x wittrockiana

Viola x wittrockiana

Wer kennt diesen kleinen, farbenfrohen Dauerblüher aus der Familie der Veilchengewächse *(Violaceae)* nicht? Gemeinsames Merkmal der zahlreichen Sorten sind die großen Einzelblüten, die aus fünf sich überlappenden Blütenblättern bestehen. Fast jede Farbe ist erhältlich, einfarbige und mehrfarbige Sorten ebenso wie die äußerst beliebten »Gesichter« mit dem dunklen Auge. Sehr beliebt sind auch die zierlichen Horn-Veilchen *(V. cornuta)*. Als Nachbarn haben sich Narzissen, Vergissmeinnicht, Tulpen und Tausendschön bewährt. Da sie im Schatten rasch unansehnlich werden, sorgen Sie für einen möglichst sonnigen Standort. Die Veilchen sind für regelmäßige Wassergaben dankbar, wobei Staunässe zu vermeiden ist. Entfernen Sie Verwelktes bald. Herbstblüher werden im Sommer ausgesät. Bei Winter-Aussaaten im Haus hat man zwei bis drei Monate später blühende Pflanzen. Überwintern die zweijährigen Pflanzen im Freien, decken Sie sie mit Reisig ab.

Standort: ⬤ ☼ – ☼
Pflege: ✿
Vermehrung: ∘°°
Eigenschaften: △ ⊙ / ∞ ✽
Krankheiten: Grauschimmel, Echter
   und Falscher Mehltau
Schädlinge: Blattläuse
Blütezeit: Frühjahr und Herbst

Zimmer-Kalla

Zantedeschia aethiopica

Zantedeschia aethiopica

Blickfang der aus Südafrika stammenden, bis 100 cm hohen Rhizomstaude sind neben den großen, pfeilförmigen Blättern die trichterförmigen Hochblätter (Spatha), die bei der Art rahmweiß sind und bei den Sorten von Gelb bis zu den verschiedensten Rottönen variieren. Die kleinen, cremegelben Blüten sitzen dicht gedrängt an einem fingerähnlichen Kolben (Spadix), wie dies bei Aronstabgewächsen *(Araceae)* üblich ist. Neben der weit verbreiteten Topf-Kalla ist *Z. rehmannii*, die bis 45 cm hohe Rosafarbene Kalla, sehr beliebt. Die Pflanzen benötigen durchlässige, humose Substrate und einen sonnigen, warmen und geschützten Standort. Als Sumpfpflanzen tolerieren sie keine Trockenheit, während des Wachstums muss reichlich gewässert und wöchentlich gedüngt werden. In der Ruhezeit, nach dem Welken der Blätter, wird die Pflanze trockener gehalten. Vermehrt wird über Teilung oder Aussaat. Die frostempfindliche Staude muss im Haus überwintern.

Standort: ⬤ ☼ ✿
Vermehrung: ∘°° ✿✿
Eigenschaften: ✖ ∞ ✽ ❊
Schädlinge: Blattläuse
Blütezeit: Frühjahr – Herbst

Ausdauernde Balkonpflanzen

Gegenüberliegende Seite:
Hedera, Lobelia, Impatiens

Mit den klassischen Balkonpflanzen verbindet man immer noch die ein- und zweijährigen Frühjahrs- und Sommerblüher. Doch die meisten von ihnen blühen nur einmal und dürfen aufgrund ihrer Frostempfindlichkeit erst nach Mitte Mai ins Freie gepflanzt werden.

In letzter Zeit wird diese Gruppe mehr und mehr durch frostharte Gehölze und Stauden erweitert, die in kühleren Klimaten beheimatet sind und die man bisher nur aus dem Garten kannte. Sie erweitern die Saison auf dem Balkon oder der Terrasse erheblich. Einige Arten wie Helleborus blühen schon im Spätwinter, andere wie Aubrieta zeitig im Frühjahr. Wintergrüne Farne wie Dryopteris affinis oder Gräser wie Carex morrowii besitzen auch im Winter noch ein dekoratives Blätterkleid. Durch eine geschickte Pflanzenauswahl grünt und blüht es das ganze Jahr über.

Während Gehölze den Winter überdauern, je nach Pflanze mit oder ohne Laub, sterben die oberirdischen Teile der meisten Stauden ab. Sie überdauern mit unterirdischen Organen wie Wurzeln oder Rhizome, aus denen sie im Frühjahr wieder austreiben.

Ein wichtiger Punkt, den es bei der Kultur in Gefäßen zu beachten gibt, ist die reduzierte Frosthärte. Die Wurzeln sind dem Einfluss der Kälte wesentlich stärker ausgesetzt als im Boden, zudem kann sich nur ein eingeschränktes Wurzelsystem entwickeln. Deshalb sollte man diese Pflanzen, auch wenn sie im Garten frosthart sind, vor längeren Frostperioden schützen. Dies gelingt durch Abdecken der Pflanzen mit Reisig oder indem das Pflanzgefäß mit Noppenfolie oder ähnlich isolierendem Material umwickelt wird. Bedenken Sie auch, dass sich für die Kultur in Gefäßen eher Pflanzen mit flachen als mit tiefgründigen Wurzeln eignen.

Achillea millefolium

ⓘ

Standort: ◌ ☀
Vermehrung: ▥ ✂
Eigenschaften: △ ∞ ✿ ❄
Krankheiten: Echter Mehltau
Schädlinge: Blattläuse
Blütezeit: Sommer – Herbst

Schafgarbe

Achillea millefolium

Eine von 85 Arten der Gattung *Achillea* aus der großen Korbblütler-Familie *(Asteraceae)*. Die in Europa und dem gemäßigten Asien heimische Staude besitzt schmale, federige, dunkelgrüne und aromatische Blätter und trägt vom Sommer bis in den Herbst hinein weiße, creme- und rosafarbene bis rote Scheindolden. Sie ist frosthart, robust und verbreitet sich bereitwillig im Garten. Die Schafgarbe bevorzugt einen sonnigen, trockenen Standort sowie gut durchlässige, nährstoffreiche Erde und eignet sich mit ihrer Höhe von 30–50 cm gut für Steingärten, Rabatten und Wildblumengärten, aber auch für Pflanzgefäße, zum Beispiel auf Dachterrassen. Zudem ist sie eine hübsche Schnitt- und Trockenblume. Sie kann im Spätwinter geteilt oder im Frühsommer durch Stecklinge vermehrt werden. Nach der Blüte oder spätestens im Winter empfiehlt es sich, die Blütenstände abzuschneiden. Dann treibt sie im Frühjahr wieder kräftig aus, erst recht, wenn sie gedüngt wird.

ⓘ

Standort: ♦ ☀ – ☀
Pflege: ⚠ ❄
Vermehrung: ✂
Eigenschaften: ⊟ ∞ ▦
Blütezeit: Sommer

Kalmus

Acorus gramineus

Die Gattung *Acorus* aus der Familie der Kalmusgewächse *(Acoraceae)* umfasst nur zwei Arten grasartiger, mehrjähriger, immergrüner Stauden. Da die Blütenkolben im Frühjahr eher unauffällig sind, wird der Kalmus bevorzugt wegen seiner dicht und fächerförmig wachsenden Blätter gepflanzt, die vor allem nach dem Trocknen sehr aromatisch duften. Je nach Sorte können sie gelb oder weiß gestreift sein. A. gramineus ist eine japanische, etwa 15–30 cm hohe Miniaturversion, die sich zur Pflanzung auf nassem oder sehr feuchtem Boden, zum Beispiel in einem Wasserbecken, eignet. Sorten wie 'Pusillus' empfehlen sich – in einem Pflanzkorb in 10 cm Tiefe – auch zur Bepflanzung von Aquarien, wo sie bei Temperaturen unter 22 °C recht langlebig sind. Die pflegeleichten Pflanzen werden im Spätherbst zurückgeschnitten. Wenn sie den Winter im Freien stehen, müssen sie gut abgedeckt werden. Sicherer ist eine frostfreie Überwinterung im Haus.

Frauenhaarfarn

Adiantum raddianum

Adiantum raddianum

Diese auch Venushaar genannte Art aus der Familie der Frauenhaarfarngewächse *(Adiantaceae)* bildet kräftige, gebogene Farnwedel, die in dichten Büscheln wachsen. Die wärmebedürftige Zimmerpflanze kann im Sommer an einem halbschattigen bis schattigen Platz gut auf dem Balkon oder der Terrasse stehen. Der Farn gedeiht am besten auf durchlässigem, humusreichem Substrat, das stets feucht gehalten wird. Während der Wachstumszeit sollte man zweimal im Monat einen niedrig dosierten Flüssigdünger geben. Im Spätsommer kann man alte Wedel entfernen, um einen dichten Neuaustrieb zu fördern. Wegen der empfindlichen Wurzeln ist beim Umtopfen Vorsicht geboten. Bei einem Wechsel von einem feuchten zu einem trockenen Standort sollte man schrittweise vorgehen, um ein Welken zu vermeiden. Eine Teilung der Rhizome ist im Frühjahr möglich, besser ist eine Aussaat der Sporen. Der Frauenhaarfarn ist frostanfällig und verträgt keine Temperaturen unter 7 °C.

ⓘ

Standort: 💧 ☼ – ☼ ⚠
Pflege: ⬡
Vermehrung: ° ⚘
Eigenschaften: ∞ 🍂
Schädlinge: Schildläuse

Agastache

Agastache mexicana

Die Gattung mit 20 ausdauernden Arten gehört zur Familie der Lippenblütler *(Lamiaceae)*. *A. mexicana*, die Mexikanische Minze, ist eine buschig wachsende, kurzlebige Staude mit graugrünen, duftenden, länglichen Blättern aus Mexiko. Sie wird bis 90 cm hoch und trägt vom Hoch- bis Spätsommer bis zu 30 cm ährenförmige Quirle mit je nach Sorte rosa, roten oder weißen Blüten. Bevorzugt wächst sie an Standorten in voller Sonne mit durchlässiger, fruchtbarer Erde. Eine Nachdüngung ist bei frischer Erde nicht nötig. Sie eignet sich für gemischte Rabatten genauso wie für Kübel und Balkonkästen, ist allerdings nur bis 0 °C frosthart, so dass besonders jüngere Pflanzen bei Frostgefahr geschützt überwintert werden müssen. Die Samen kann man im zeitigen Frühjahr bei Temperaturen von etwa 13–18 °C aussäen. Im Frühsommer lohnt es sich, halbreife Stecklinge zu bewurzeln. In einem trockenen Sommer sollte man auf Befall durch den Echten Mehltau achten.

ⓘ

Standort: 💧 ☼
Pflege: ⚠
Vermehrung: ° 🎴
Eigenschaften: ∞ ✿
Krankheiten: Echter Mehltau
Blütezeit: Sommer

Ajania

Ajania pacifica

Standort: ◊ ☼
Pflege: ⋀
Vermehrung: ▨ ✄
Eigenschaften: ∞ ❀
Blütezeit: Herbst

Eine Gattung mit 30 Arten aus der Familie der Korbblütler *(Asteraceae)*, die aus exponierten, felsigen Regionen Zentral- und Ostasiens stammen. Bei *A. pacifica* handelt es sich um eine niedrige, gleichmäßig verzweigte Staude mit gebuchteten, silbrig umrandeten, mittelgrünen Blättern, die an der Unterseite wollig weiß behaart sind. Im Herbst zeigen sich bezaubernde Schirmrispen aus gelben Blütenköpfchen. Die Pflanze bevorzugt einen sonnigen Standort sowie gut durchlässige, nährstoffreiche Erde. Sie passt in Steingärten und Staudenrabatten, oder zusammen mit anderen Herbstschönheiten, zum Beispiel gelbbunten *Acorus-* oder *Carex-*Sorten, in Balkonkästen und Schalen. In kalten Gegenden empfiehlt sich im Winter ein leichter Schutz. Im Frühjahr kann man die Samen direkt in Töpfe aussäen und frostfrei aufstellen. Dann lassen sich Stecklinge schneiden.

Ajania pacifica

Kriechender Günsel

Ajuga reptans

Ajuga reptans 'Catlius Giant'

Die Staude aus der Familie der Lippenblütler *(Lamiaceae)* stammt aus den kühlen Regionen Europas, Afrikas, Asiens und Australiens. *A. reptans* ist eine kriechende, immergrüne Rhizomstaude, die sich über ihre Ausläufer schnell ausbreitet. Sie trägt vom Frühjahr an Scheinähren mit dunkelblauen Röhrenblüten über den attraktiven Blattrosetten. Die Blätter können je nach Sorte bräunlich rot bis glänzend purpurrot oder auch mehrfarbig sein. Der Kriechende Günsel gilt in der Naturheilkunde als mildes, Schmerz stillendes und adstringierendes Kraut mit abführender Wirkung. Als frosthartes Bodendecker liebt er feuchte, humose Substrate an halbschattigen oder schattigen Standorten. Vor praller Sonne sollte er geschützt werden, ein feuchtes Bodenmilieu erhält man durch eine Mulchdecke, zum Beispiel mit Rindenmulch oder Kompost. Sehr gut passt er zu *Arabis, Lysimachia* oder *Saxifraga*. Vermehrt wird im Frühjahr über Teilung oder Stecklinge.

Standort: 💧 ☀ – ☀
Vermehrung: ⊞ ✿
Eigenschaften: ∞ ❀ ❀ ❄
Krankheiten: Echter Mehltau
Blütezeit: Frühjahr – Sommer

Weicher Frauenmantel

Alchemilla mollis

Die zu den Rosengewächsen *(Rosaceae)* gehörende Gattung *Alchemilla* umfasst etwa 300 Arten ausdauernder, krautiger, frosthartet Pflanzen aus Europa und Asien. Sie werden wegen ihrer schönen, gelbgrünen Blüten im Sommer und den graugrünen, rundlichen, handförmig geteilten oder gelappten und häufig behaarten Blättern geschätzt. Die auch unter *A. vulgaris* bekannte *A. mollis* ist ein idealer Bodendecker, der sich gut als Rabattenbegrenzung, aber auch zur Kübelbepflanzung eignet. Außerdem ergibt sie hübsche Schnittblumen. Die gefalteten und gezähnten Blätter wirken besonders mit Tau- und Regentropfen sehr attraktiv. Die Pflanze benötigt Halbschatten und einen durchlässigen Boden. Sie ist unempfindlich und anspruchslos. Man sollte allerdings die Blüten vor der Samenreife entfernen, da sie sich sonst zu stark ausbreitet. Im Winter sollte sie ebenerdig zurückgeschnitten werden. Im Frühjahr kann sie leicht geteilt werden.

Standort: 💧 ☀ – ☀
Vermehrung: ⸫ ✿
Eigenschaften: ∞ ❀ ❀ ❄
Schädlinge: Schnecken
Blütezeit: Sommer

Steinkraut

Alyssum

ⓘ

Standort: ○ ☀

Vermehrung: ⚬° ▦

Eigenschaften: ∞ ❀ ❅

Krankheiten: Falscher Mehltau,
  Weißrost

Schädlinge: Blattläuse, Erdflöhe

Blütezeit: Frühjahr – Sommer

Die Gattung *Alyssum* aus der Kreuzblütler-Familie *(Brassicaceae)* ist von Europa, Nordafrika bis nach Asien heimisch. Im Frühjahr und Frühsommer tragen sie dichte Trauben aus weißen, cremefarbenen, gelben oder rosa Blüten. Mit ihrem polsterförmigen Wuchs eignen sie sich für Steingärten, Rabatten oder Mauerspalten an sonnigen Standorten. Auf trockenen, sonnigen Balkonen oder Terrassen gedeihen sie sehr gut in Balkonkästen oder als Unterpflanzung in Kübeln. Ein Klassiker ist das Felsen-Steinkraut *A. saxatile*, das in verschiedenen Gelbtönen blüht. Bei *A. murale* handelt es sich um eine größere Art mit graugrünen Blättern und gelben Blüten. *A. spinosum* hat graugrüne bis silbrige Blätter, und die zunächst weißen Blüten verfärben sich später purpurfarben. Das frostharte Steinkraut liebt trockene, wasserdurchlässige Substrate und ist nach der Blüte für eine Düngung dankbar. Dann kann man auch Stecklinge schneiden, ansonsten wird im Frühjahr ausgesät.

Balkan-Anemone

Anemone blanda

ⓘ

Standort: ◗ ☀ – ☀

Pflege: ⚠ ❅

Vermehrung: ⚬°

Eigenschaften: ∞ ❀

Krankheiten: Blattflecken,
  Echter Mehltau

Schädlinge: Raupen, Schnecken

Blütezeit: Frühjahr

Die Gattung gehört zu den Hahnenfußgewächsen *(Ranunculaceae)* und stammt aus den gemäßigten Zonen Asiens. Die Balkan-Anemone ist eine zarte, Knollen bildende Staude mit dichten Büscheln farnartiger Blätter, die sich sehr schnell in großen Horsten ausbreitet. Die auch Vorfrühlings-Anemone genannte Staude ist winterhart, sollte aber bei starkem Frost geschützt werden. Sie trägt im Frühling offene, schalenförmige, weiße, rosafarbene oder blaue, sternförmige Blüten. Sie bevorzugt gut feucht gehaltene, durchlässige, humose Erde und einen sonnigen oder halbschattigen Standort. Lassen Sie keine Staunässe entstehen und geben Sie im Sommer einen Volldünger zu. Das Windröschen verbreitet sich im Garten selbsttätig, man kann es aber auch aussäen oder in der winterlichen Ruhezeit teilen. Nach der Blüte benötigt es eine trockene Ruhephase. Beliebte Sorten sind 'Atrocoerulea' mit tiefblauen oder 'Radar' mit roten Blüten und weißer Mitte.

Akelei

Aquilegia

Die Gattung Aquilegia aus der Familie der Hahnenfußgewächse *(Ranunculaceae)* kommt mit zahlreichen Arten auf Wiesen, in offenen Wäldern und bergigen Regionen der Nordhalbkugel vor. *Aquilegia caerulea* ist eine aufrechte, kurzlebige Staude aus den amerikanischen Rocky Mountains mit tief gelappten Blättchen. Vom Spätfrühling bis in den Hochsommer trägt die Akelei beblätterte Rispen mit großen, gespornten Blüten, je nach Sorte in roten, gelben oder braunen Tönen. Sie bevorzugt eine nährstoffreiche, lockere Erde in sonnigen bis halbschattigen Lagen, ist ansonsten aber anspruchslos. Sie liefert hübsche Schnittblumen. *A. flabellata* stammt aus Ostasien und bildet weiche, gefingerte, bläulich grüne Blätter. Im Frühsommer trägt sie nickende, purpurblaue Blüten mit weißen oder cremeweißen Kronblättern. Von ihr gibt es hübsche, bis 15 cm hohe Zwergsorten, die sehr gut in Balkonkästen passen. Im Frühjahr kann ausgesät oder geteilt werden.

Standort: 💧 ☼ – ☀
Vermehrung: ⚬° 🐝
Eigenschaften: ∞ ❀ ❄
Krankheiten: Echter Mehltau
Schädlinge: Blattläuse, Blattwespen,
 Blattminierer, Raupen
Blütezeit: Frühjahr – Sommer

Aquilegia vulgaris

Kaukasische Gänsekresse

Arabis caucasica

Standort: ◊ ☼
Vermehrung: ⸪ ⚘
Eigenschaften: ∞ ❀ ❊
Krankheiten: Falscher Mehltau,
  Weißrost
Schädlinge: Arabis-Milben,
  Blattläuse
Blütezeit: Frühjahr

Die Gänsekresse ist eine von etwa 120 meist immergrünen, mehrjährigen Staudenarten aus der Familie der Kreuzblütler (Brassicaceae). Sie stammt aus den felsigen Regionen Europas, Asiens und Nordafrikas. Daher sind alle leicht zu kultivieren und eignen sich besonders für Steingärten, Randbepflanzungen von Terrassen oder Mauerspalten, wo sie sich mittels kleiner Rhizome ausbreiten und dichte Blattbüschel bilden. Auch in Balkonkästen oder Trögen machen sie sich gut. *Arabis caucasica* bildet immergrüne Polster mit lockeren Rosetten graugrüner, gezähnter Blätter. Sie trägt im späten Frühjahr lockere Trauben weißer, duftender Blüten. Bevorzugt wird ein gut durchlässiges Substrat an einem sonnigen Standort, wo sie auch heißes, trockenes Wetter erträgt. Da sie dazu neigt, andere Pflanzen zu überwuchern, benötigt sie ausreichend Platz im Pflanzgefäß. Im Winter kann man sie jedoch gut zurückschneiden. Zum Frühjahr lässt sie sich leicht teilen.

Ungarische Gänsekresse

Arabis procurrens

Standort: ◊ ☼
Vermehrung: ⸪ ▱ ⚘
Eigenschaften: ∞ ❀
Krankheiten: Falscher Mehltau,
  Weißrost
Schädlinge: Arabis-Milben,
  Blattläuse
Blütezeit: Frühjahr

Die Schaumkresse, wie die mehrjährige Staude auch genannt wird, zählt zur Familie der Kreuzblütler *(Brassicaceae)* und stammt aus den Felsenregionen Europas, Asiens und Nordafrikas. Sie ist eine mattenartig wachsende, immergrüne Staude mit flachen, dichten Rosetten aus schmalen, glänzend grünen Blättern, die cremefarben gerandet und manchmal rosa panaschiert sind. Im späten Frühjahr ist sie übersät mit lockeren Trauben aus weißen Blüten. Die Schaumkresse sollte nach der Blüte zurückgeschnitten werden, damit sie weiterhin kompakt wächst. Sie bevorzugt nährstoffreiche, gut durchlässige Erde in voller Sonne. Im Frühjahr kann man einen Langzeitdünger oder organischen Dünger zugeben. Zur Vermehrung kann man im Herbst in Töpfe aussäen oder auch im Sommer Grünstecklinge bewurzeln. Am schnellsten bekommt man neue Pflanzen durch Teilung. Da die Schaumkresse dazu neigt, sich auszubreiten, sollte man ihr bei der Pflanzung genügend Platz zugestehen.

Strand-Grasnelke

Armeria maritima

Die Grasnelken sind eine Gattung mit etwa 80 büscheligen, kissenförmigen, immergrünen Stauden, die zur Familie der Bleiwurzgewächse *(Plumbaginaceae)* gehören. Die Strand-Grasnelke stammt aus dem europäischen Küstenbereich und wird aufgrund ihrer Anspruchslosigkeit gerne in Steingärten, Rabatten, Betonpflanzsteinen und großen Gefäßen gepflanzt. Die grasartige Staude mit ihren schmalen, dunkelgrünen Blättern trägt vom Spätfrühling bis zum Sommer weiße, rosafarbene oder purpurne Blütenköpfchen an langen Stielen. Sie bevorzugt eine gut wasserdurchlässige, leicht sandige Erde an einem sonnigen Standort und will besonders in trockenen Sommern regelmäßig gegossen werden. Im Winter sollte sie vor Staunässe geschützt werden. Ansonsten ist sie anspruchslos. Man kann die Blütezeit bis in den Herbst hinein verlängern, indem man Verblühtes direkt entfernt. Denken Sie daran, dass sich die Staude stark ausbreitet.

Armeria maritima 'Düsseldorfer Stolz'

Standort: 💧 ☼
Vermehrung: ✂️
Eigenschaften: ∞ ❀ ❄
Schädlinge: Spinnmilben, Blattläuse
Blütezeit: Frühjahr – Sommer

Beifuß

Artemisia

Die Gattung *Artemisia* aus der Korbblütler-Familie *(Asteraceae)* ist mit ihren 300 Arten immergrüner oder sommergrüner Stauden in der nördlichen Hemisphäre heimisch. Der Beifuß wird weniger wegen seiner zylinderförmigen Blütenrispen, als vielmehr wegen der häufig duftenden, bisweilen Insekten abwehrenden, grauen oder silbrigen Blätter kultiviert. Zudem hat er auch kulinarische Qualitäten, wenn man an den Estragon *(A. dracunculus)* denkt. Die Silberraute *(A. absinthium)* eignet sich sehr gut für Rabatten oder Steingärten, die Japanische Zwerg-Silberraute *(A. schmidtiana)* passt mit ihren 25 cm gut in Pflanzgefäße. Bevorzugt wird eine lockere, nährstoffreiche Erde und ein vollsonniger Standort. *A. lactiflora* mag es gerne etwas feuchter. Alpine Arten wie *A. glacialis* zieht man am besten in Mauerspalten. Die meisten Arten sterben auf schweren, staunassen Böden ab. Nach der Blüte kann man sie teilen, im Frühjahr werden sie stark zurückgeschnitten.

Artemisia 'Oriental Limelight'

Standort: 💧 – 🌑 *je nach Art,* ☼
Vermehrung: ⠂ ✂️
Eigenschaften: ∞ ❀ ❄
Krankheiten: Echter Mehltau
Schädlinge: Blattläuse
Blütezeit: Sommer

Aruncus dioicus

Standort: ◐ ☼ — ☼
Vermehrung: ⚬° ⚶
Eigenschaften: ∞ ❀ ❄
Schädlinge: Schwarze Blattläuse,
    Blattwespenlarven
Blütezeit: Sommer

*W*ald-Geißbart

Aruncus dioicus

Die Gattung *Aruncus* aus den Feuchtwäldern und Gebirgen der nördlichen Hemisphäre gehört zu den Rosengewächsen *(Rosaceae)*. Sie umfasst nur drei Arten Rhizom bildender Stauden, die mit ihren langen Blütenrispen an riesige Astilben erinnern. Der Wald-Geißbart eignet sich sehr gut als Schnittblume, wobei die weiblichen Rispen cremeweiß und die männlichen weiß sind. Sie erscheinen vom Früh- bis zum Hochsommer. Die zweigeschlechtliche Staude ist zudem mit ihren mehrfach gefiederten, mittelgrünen, farnartigen Blättern ein hübscher Blattschmuck. Der Geißbart bevorzugt feuchte, nährstoffreiche Substrate und steht gerne halbschattig bis schattig. Ein feuchtes Bodenmilieu erreicht man durch eine Mulchschicht, die man auf die Substratoberfläche aufträgt. Er ist äußerst anspruchslos, sollte aber im Herbst ganz zurückgeschnitten werden. Mit seiner imposanten Höhe bis 1,8 m ist er eine ideale Kübelpflanze für sonnenarme Balkone und Terrassen.

*B*rauner Streifenfarn

Asplenium trichomanes

Standort: ○ ☼—☼
Vermehrung: ⚬° ⚶
Eigenschaften: △ ∞ ❁ ❄
Krankheiten: Rostpilze (bei Nässe)

Diese auf allen Kontinenten außer der Antarktis heimische Gattung mit ihren über 700 sommer- oder immergrünen Arten gehört zur Familie der Streifenfarngewächse *(Aspleniaceae)*. Sie zeichnen sich durch ihre kurzen, aufrechten bis kriechenden Rhizome aus, die dichte Wedelbüschel bilden. Kleinere Arten eignen sich für Steingärten, alpine Tröge und Mauerritzen, größere für Gehölzgruppen und schattige Rabatten. Der Braune Streifenfarn oder Mauer-Streifenfarn ist einer der robustesten seiner Gattung. Man sieht ihn hin und wieder als dekoratives Element in den Mauerritzen alter Stadt- und Burgmauern. Mit seinen runden, grünen Blättern an den dunklen Stielen ist er sehr dekorativ. Er ist immergrün, frosthart und wird nur 10 cm hoch. Daher eignet er sich auch für kleinste Gefäße. Als typische Steingartenpflanze gedeiht er am besten in sandigen, trockenen Substraten im Halbschatten. Gleiches gilt für den Mauer-Streifenfarn *(A. ruta-muraria)*.

Alpen-Aster

Aster alpinus

Aster alpinus

Aster alpinus ist eine ausladend wachsende Staude, die von Europa bis Asien natürlich vorkommt. Sie gehört den Korbblütlern *(Asteraceae)* an und wird etwa 20 cm hoch. Ihre an Margeriten erinnernden Blüten stehen einzeln auf langen Stielen an meist verzweigten Ästen. Sie erscheinen ab dem Frühsommer, je nach Sorte in verschiedenen Farbtönen, aber immer mit einer Mitte aus gelben Röhrenblüten. Die Sorte 'Dark Beauty', auch 'Dunkle Schöne' genannt, hat dunkel violette Blüten, 'Wargrave Variety', auch 'Wargrave Park', blass rosafarbene und purpur überhauchte, während 'Albus' und 'White Beauty' weiße Zungenblüten bilden. Alpen-Astern bevorzugen kalkhaltige, sandige und gut dränierte Erde. Sie wachsen in der Sonne wie im Halbschatten. Nach dem Rückschnitt im Herbst empfiehlt sich eine Mulchdecke. Durch Teilung im Frühjahr oder nach der Blüte lässt sie sich verjüngen. Die bei Insekten beliebte Pflanze passt gut zu *Achillea* oder *Gypsophila*.

Standort: ○ ☼ – ☀
Pflege: ⚶
Vermehrung: ⚶⚶
Eigenschaften: ∞ ✿
Krankheiten: Fusarium-Welke,
  Blattflecken, Grauschimmel
Schädlinge: Blattläuse, Schnecken,
  Nematoden
Blütezeit: Frühjahr – Sommer

Kissen-Aster

Aster dumosus

Diese Korbblütler sind in Europa und Nordamerika heimisch. Mittlerweile gibt es von den ausdauernden, 25–50 cm hohen Stauden viele Sorten. Ihre an Margeriten erinnernden Blüten stehen in lockeren Blütenständen an aufrechten, meist verzweigten Ästen. *A. dumosus* bildet im Herbst kugelförmige Kissen mit je nach Sorte weißen, rosafarbenen, karminroten, violetten oder blauen Blüten. Die Sorte 'Silberblaukissen' leuchtet in einem silbernen Blau. In der direkten Sonne zeigt die Kissenaster besonders intensive und schöne Farben. Zudem mag sie nährstoffreiche Substrate. Sie sollte nach der Blüte ganz zurückgeschnitten und für den Winter mit Reisig abgedeckt werden. Neue Pflanzen setzt man besser im Frühjahr. Dann empfiehlt sich gleichzeitig ein Langzeitdünger. Im Frühling oder nach der Blüte kann man die Pflanze teilen, im Frühjahr lassen sich auch Grünstecklinge abnehmen. Studentenblumen in der Nähe halten Nematoden fern.

Standort: ○ ☼
Pflege: ⚶
Vermehrung: ▨ ⚶⚶
Eigenschaften: ∞ ✿
Krankheiten: Echter Mehltau
Schädlinge: Blattläuse, Schnecken,
  Nematoden
Blütezeit: Herbst

Aster novi-belgii

Standort: ○ ☼ – ☼
Pflege: ⚠
Vermehrung: ✂
Eigenschaften: ∞ ❀
Krankheiten: *Fusarium-Welke,
 Blattflecken, Grauschimmel,
 Echter Mehltau*
Schädlinge: *Blattläuse, Schnecken,
 Weichhautmilben, Nematoden*
Blütezeit: *Herbst*

Glattblatt-Aster

Aster novi-belgii

Zur Gattung zählen über 250 Arten sommer- oder immergrüner Stauden, die sich gut für Balkon und Terrasse eignen. Die Glattblatt- oder Neubelgische Aster stammt von der Ostküste Nordamerikas, wo sie von Neufundland bis nach Georgia wild wächst. Von Spätsommer bis zur Herbstmitte trägt sie lockere Blütenstände mit violetten Zungenblüten, die eine gelbe Mitte aus Röhrenblüten umgeben. Die Blätter sind länglich und glatt. Aus dieser Wildform sind die verschiedensten Sorten mit unterschiedlich stark gefüllten Blüten gezüchtet worden. Die Farben reichen von Hellrosa bis zu Violett und Blau. Sie liebt feuchte, nährstoffreiche Erde und ein Plätzchen in der Sonne. Das Substrat sollte nicht austrocknen. Hohe Sorten, die auch auf Balkon oder Terrasse Blumen für die Vase liefern, sollten gestützt oder zusammengebunden werden, damit sie nicht auseinanderfallen. Nach dem Rückschnitt im Spätherbst empfiehlt sich eine Mulchdecke.

Prachtspiere

Astilbe

Standort: ◖ ☼ – ☼
Pflege: ⚠
Vermehrung: ⦿ ✂
Eigenschaften: ∞ ❀
Krankheiten: *Echter Mehltau,
 Blattflecken*
Blütezeit: *Sommer*

Die Steinbrechgewächse *(Saxifragaceae)* kommen natürlich auf feuchten Standorten in Südostasien und Nordamerika vor. Blickfang sind ihre federartigen, langen Rispen, die aus roten, rosafarbenen, violetten oder weißen Blüten bestehen. Beim Verblühen nehmen sie einen attraktiven Braunton an und bieten auch im Winter ein hübsches Bild. Sie eignen sich auch als Schnittblumen. Die Hybriden von *A. x arendsii* haben besonders lange Blütenrispen. Sehr hübsch ist die 90 cm hohe 'Bressingham Beauty' mit mittelgrünen, bronzefarben überhauchten Blättern und leuchtend rosa Blütenrispen im Hochsommer. Für den Balkonkasten eignen sich niedrige Sorten wie die feuerrote 'Fanal' oder kompakte, 20–40 cm hohe Sorten von *A. chinensis* besser. Astilben lieben es schattig mit hoher Boden- und Luftfeuchte. Volldüngergaben zum Winterende fördern die Entwicklung. Im Winter kann man die Pflanzen stark zurückschneiden, sollte sie aber mit einer Mulchdecke schützen.

Astilbe 'Europa'

Blaukissen

Aubrieta-Hybriden

Blaukissen sind immergrüne, Polster bildende Gebirgspflanzen, die natürlich vom Mittelmeerraum über den Balkan bis nach Kleinasien vorkommen. Sie gehören zu den Kreuzblütlern *(Brassicaceae)*. Im Frühjahr tragen sie üppige Blütentrauben, je nach Sorte in verschiedenen Blautönen oder Rot. Die bei Bienen beliebten Steingartenpflanzen eignen sich für Trockenmauern und sonnige Böschungen genauso wie für Balkonkästen oder Pflanztröge. Auch dort bilden sie auffällige Farbteppiche. Von *A. deltoidea* gibt es mittlerweile zahlreiche Sorten, die wegen ihrer Blütenvielfalt meist der Art vorgezogen werden. 'Argenteovariegata' hat mittelgrüne, silbrig gezeichnete Blätter und rosafarbene Blüten, während 'Blaumeise' blau leuchtet. Blaukissen bevorzugen eine sandige, kalkhaltige Erde und die volle Sonne. Im Frühjahr lassen sie sich aussäen oder teilen, später lassen sich Grünstecklinge schneiden. Sobald die Blühkraft nachlässt, topft man sie um.

Standort: ○ ☼
Vermehrung: ∘° ▨ ⚒⚘
Eigenschaften: ∞ ❀ ❅
Krankheiten: *Weißrost*
Schädlinge: *Blattläuse, Nematoden, Erdflöhe*
Blütezeit: *Frühjahr*

Bergenie

Bergenia-Hybriden

ⓘ

Standort: 💧 ☀ — ☀
Vermehrung: ⚬ 🐝
Eigenschaften: ∞ ❀ ❄
Krankheiten: Blattflecken,
  Braunfäule
Schädlinge: Schnecken, Raupen,
  Dickmaulrüssler
Blütezeit: Frühjahr

Die immergrünen Bergenien gehören zu den Steinbrechgewächsen (*Saxifragaceae*) und sind im Altai-Gebirge, in der Mongolei und Sibirien zu Hause. Sie bilden kräftige Rhizome und dicht buschige Rosetten aus großen, ledrig glänzenden, spatelförmigen Blättern. Gartensorten zeigen im Winter häufig eine schöne rötliche Blattfärbung und stellen im Frühjahr große Blütentrauben aus trichter- bis glockenförmigen Blüten zur Schau, die auf kräftigen, oftmals roten oder purpurnen Stielen sitzen. Für Töpfe oder Kübel eignet sich zum Beispiel die rosa blühende Sorte 'Morgenröte' (40 cm). Sehr apart ist 'Silberlicht' mit weißen, rosa schimmernden Blüten. Bergenien bevorzugen feuchte, aber dennoch gut dränierte Erde und wachsen in der Sonne wie im Halbschatten, wobei die Winterfärbung bei sparsam ernährten Pflanzen intensiver ausfällt. Durch das Entfernen von Verblühtem lässt sich die Blütezeit verlängern. Im Frühjahr kann man aussäen oder teilen.

Bergenia

Mittleres Zittergras

Briza media

Briza media

Die ein- und mehrjährigen Gräser dieser Gattung sind in den gemäßigten Regionen Europas und Südwestasiens verbreitet. Sie gehören den Süßgräsern *(Poaceae)* an. Briza media ist ein büschelig wachsendes Ziergras mit mittelgrünen, schmalen Blättern, die am Rand fein behaart sind. Es trägt im Sommer etwa 30 nickende, bräunlich violette Blütenährchen, die wiederum in Rispen wie die Rasseln am Schwanz einer Klapperschlange angeordnet sind. Bei Wind zittern und beben sie, was den deutschen Namen Zittergras erklärt. Man kann die Halme als Trockenblumen verwenden, naturbelassen oder nach Lust und Laune eingefärbt. Nach der Blüte trocknen sie in der Regel ab. Das mittlere Zittergras bevorzugt mäßig nährstoffreiches, sandiges und nur leicht feucht gehaltenes Substrat. Ein Standort in der vollen Sonne oder im Halbschatten ist ideal. Es ist äußerst anspruchslos und lässt sich zum Winterende zurückschneiden. Im Frühjahr kann man es teilen.

Standort: ◌ ☼ – ☀
Vermehrung: ✿✿
Eigenschaften: ∞ ❄
Blütezeit: Frühjahr – Sommer

Steinquendel

Calamintha nepeta subsp. glandulosa

Diese Duftstaude aus den gemäßigten Regionen der Nordhalbkugel gehört wie die Minzen zu den Lippenblütlern *(Lamiaceae)*. Sie wächst mit kriechenden Rhizomen. Die Blätter einiger Arten werden in der Naturheilkunde und für Kräutertees verwendet. Der Steinquendel, auch Kleinblütige Bergminze genannt, ist eine aromatische, niedrig aufrecht wachsende Staude mit eiförmigen, oft flach gezähnten, dunkelgrünen Blättern. Im Sommer trägt sie lockere Dolden mit porzellanblauen Blüten, die bei der Sorte 'White Cloud' weiß sind. Ihr Artname bezieht sich auf die Ähnlichkeit mit der Katzenminze *(Nepeta)*. *C. grandiflora* blüht violettrosa. Die anspruchslose Staude eignet sich für Steingärten oder Rabatten genauso wie für Balkonkästen oder als Unterpflanzung in Kübeln. Sie verträgt sonnige Plätze, bevorzugt aber schattige Bereiche. Die Erde sollte humusreich und immer gut feucht sein. Im Frühjahr kann ausgesät oder geteilt werden.

Standort: ◌ ☼ – ☀
Vermehrung: ∴ ✿✿
Eigenschaften: ∞ ❄
Krankheiten: Echter Mehltau
Blütezeit: Sommer

Besenheide

Calluna vulgaris

Standort: ◊ ☼ – ☼
Vermehrung: ▱
Eigenschaften: ∞ ❀ ❄
Krankheiten: Grauschimmel,
*   Phytophtora-Wurzelfäule*
Blütezeit: Sommer – Winter

Dieses immergrüne Heidekrautgewächs *(Ericaceae)* kommt als Strauch in Moor- und Heidelandschaften von Nord- und Westeuropa bis nach Kleinasien vor. Ab Spätsommer erscheinen dichte Trauben glockenförmiger Blüten, je nach Sorte in roten, violetten, rosafarbenen oder weißen Farbtönen. Sie werden gerne von Bienen aufgesucht. Bei den modernen Knospenblühern, deren Blüten sich nicht öffnen, bleibt der Blütenschmuck bis in den Winter erhalten. Die schmalen, dunkelgrünen Blätter verfärben sich im Winter häufig purpurn. Die Besenheide wächst buschig aufrecht 20–80 cm hoch. Sie gedeiht in der Sonne wie im Halbschatten, braucht dazu aber ein saures, nährstoffarmes Substrat, zum Beispiel Rhododendronerde. Ein jährlicher Rückschnitt der verblühten Rispen, der nicht im Herbst oder Winter erfolgen soll, fördert den Blütenansatz. Dabei lassen sich Stecklinge vermehren. Anschließend ist eine organische oder mineralische Düngung empfehlenswert.

Calluna vulgaris

Karpaten-Glockenblume

Campanula carpatica

Dieses ausdauernde Glockenblumengewächs *(Campanulaceae)* stammt, wie der Name schon sagt, aus den Karpaten. Die Staude wächst buschig bis 30 cm hoch und bildet dichte Polster aus grünen, herzförmigen Blättern. Ab dem Frühsommer erscheinen dann Massen weißer oder blauer, glockenförmiger Blüten einzeln an langen, kahlen Stielen. Bekannt sind die Sorten 'Blaue Clips' (himmelblau) und 'Weiße Clips' (rein weiß). Die Art wird etwa 25 cm hoch und wuchert nicht. Daher eignet sie sich hervorragend für die Bepflanzung von Kübeln, Balkonkästen oder Ampeln. Sie bevorzugt sonnige Plätze und humose, eher kalkhaltige Substrate. Als Ampelpflanze mag sie es windgeschützt. Wenn man die Samenstände nicht entfernt, sät sie sich leicht selbst aus. Im Spätwinter kann man sie teilen, nach der Blüte auch Stecklinge schneiden. Nach Frostschäden erholt sie sich rasch. Je nach Standort können Schnecken lästig werden.

Standort: ○ ☀ − ☀ ⛰
Vermehrung: ⋅°° ▦ ✂
Eigenschaften: ∞ ❀ ❄
Krankheiten: Echter Mehltau
Schädlinge: Schnecken
Blütezeit: Frühjahr − Sommer

Campanula glomerata 'Joan Elliott'

Knäuel-Glockenblume

Campanula glomerata

Die Knäuel-Glockenblume kommt von Europa bis zum Kaukasus und Iran natürlich vor. Die bis 50 cm hohe, aufrechte Staude bildet kantige, rötlich überlaufene Stängel, an deren Ende sich im Sommer je nach Sorte blauviolette oder weiße Blüten bilden. Dabei sitzen bis zu 20 Einzelblüten knäuelförmig in den Blattachseln. Die Rhizome bildende Staude breitet sich mit der Zeit stark aus, lässt sich aber nach der Blüte gut teilen. Im Frühjahr kann man sie auch aussäen. Nach der ersten Blüte sollte sie zurückgeschnitten werden, um eine zweite Blüte anzuregen. Dabei kann man gleichzeitig Stecklinge abnehmen. Die Staude ist anspruchslos, mag aber keine Nässe. Am liebsten steht sie im Halbschatten, das Substrat sollte nährstoffreich sein und nur mäßig feucht gehalten werden. Da sie wuchert, ist sie einzeln in einem schönen Gefäß bestens untergebracht. Schöne Sorten sind die weiße 'Schneekrone' und die violette 'Joan Elliott'.

Standort: ○ ☀
Vermehrung: ⋅°° ▦ ✂
Eigenschaften: △ ∞ ❀ ❄
Krankheiten: Echter Mehltau
Schädlinge: Schnecken
Blütezeit: Sommer

Campanula persicifolia

Standort: ○ ☼—☼
Vermehrung: ∘° ▨ ⚒
Eigenschaften: ∞ ❀ ❄
Krankheiten: Echter Mehltau, Rost
Schädlinge: Schnecken
Blütezeit: Sommer

Pfirsichblättrige Glockenblume

Campanula persicifolia

Bei dieser Art handelt es sich um eine weitere Vertreterin der großen Gattung *Campanula* aus der Familie der Glockenblumengewächse, die aus Süd- und Osteuropa sowie den gemäßigten Zonen Asiens stammt. Sie wird bis 80 cm hoch und bildet dichte Rosetten mit 7 cm langen, sehr schmalen Blättern. Im Früh- und Hochsommer erscheinen an langen, unbeblätterten Stielen große, kelchförmige, blaue oder weiße Blüten in lockeren Trauben. Die Staude breitet sich durch Rhizome aus und wird am besten in einem begrenzten Gefäß gehalten, wo sie andere Pflanzen nicht überwuchern kann. Sie braucht viel Sonne und eine lehmige, humose Erde. Astilben oder Taglilien passen sehr gut zu ihr. Außerdem sind sie in der Vase lange haltbar. Schöne Sorten sind 'Grandiflora Alba' in Weiß oder 'Grandiflora Caerulea' in leuchtendem Blau. Man kann sie im Frühjahr direkt in Töpfe säen oder nach der Blüte teilen.

Dalmatiner Glockenblume

Campanula portenschlagiana

Standort: ○ ☼
Vermehrung: ∘° ▨ ⚒
Eigenschaften: ∞ ❀ ❄
Krankheiten: Echter Mehltau
Schädlinge: Schnecken
Blütezeit: Sommer

Diese Glockenblumen-Art aus den Gebirgsregionen Kroatiens ist eine robuste, Polster bildende, immergrüne Zwergstaude, die nur 10–15 cm hoch wird. Dafür breitet sie sich mit Ausläufern stark aus. Sie ist auch unter der Bezeichnung *Campanula muralis* bekannt. Über ihren unregelmäßig gezähnten, mittelgrünen Blättern erscheinen vom Hoch- bis in den Spätsommer hinein aufrechte, locker verzweigte Trauben aus trichterförmigen, blauvioletten Blüten. Sie blüht im Herbst noch einmal nach. Die typische Steingartenpfanze passt hervorragend in Mauernischen und Pflanztröge. Sie ist sehr anspruchslos, bevorzugt einen halbschattigen Standort und sandig lehmige Erde, die nicht austrocknen sollte. Im Herbst kann man sie aussäen oder auch nach der Blüte teilen. Im Frühsommer lassen sich Stecklinge von den Jungtrieben schneiden und bewurzeln. Achten Sie bei feuchter Witterung auf Schnecken und Echten Mehltau.

Hängepolster-Glockenblume

Campanula poscharskyana

Wie die Dalmatiner Glockenblume ist auch die Hängepolster-Glockenblume in Kroatien heimisch. Sie ist allerdings etwas bekannter als ihre Schwester, führt ebenfalls Milchsaft in Stängeln und Blättern und breitet sich mit Ausläufern aus. Ab dem späten Frühjahr bilden sich verzweigte Blütenstände mit sternförmigen, lavendelblauen Blüten über mittelgrünen, herzförmigen Blättern. Sie bildet bis 70 cm lange, überhängende Triebe, was sie als Ampelpflanze ausweist. Ein beschränktes Gefäß hält auch ihren Ausbreitungsdrang im Zaum. In Balkonkästen kann sie Nachbarpflanzen leicht überwuchern. Ein hübscher Anblick ist, wenn sie von Mauern herabhängt. Empfehlenswert sind die violettblauen Sorten 'Blauranke' oder 'Stella'. Die Glockenblume bevorzugt mäßig nährstoffreiche und gut durchlässige Erde sowie einen windgeschützten Standort in der Sonne oder im Halbschatten. Die Vermehrung erfolgt wie üblich.

Standort: ◊ ☼ – ☀ ⋀
Vermehrung: ⋅°° ▣ ✀
Eigenschaften: ∞ ❀ ❄
Krankheiten: Echter Mehltau
Schädlinge: Schnecken
Blütezeit: Sommer

Campanula poscharskyana und
Campanula carpartica

Pyramiden-Glockenblume

Campanula pyramidalis

Die Pyramiden-Glockenblume ist in Norditalien und dem nordwestlichen Balkangebiet heimisch. Die kurzlebige, aufrechte, bis 120 cm hohe Staude wird manchmal auch nur zweijährig gezogen. Sie bildet lockere Rosetten aus gezähnten, mittelgrünen Blättern und hohe Sprosse, an denen ungestielte, lanzettliche Blätter sitzen. Vom späten Frühjahr bis in den Sommer hinein bildet sie in pyramidenförmigen Trauben aromatisch duftende, becherförmige Blüten, je nach Sorte in Mittelblau oder Weiß. Die Pyramiden-Glockenblume ist aufgrund ihrer Ausmaße eine typische Solitärpflanze für den Kübel. Probieren Sie es doch einmal, sie im Balkonkasten an einem Rankgitter hochzuleiten. Das ist ein ebenso hübscher wie praktischer Sichtschutz. Sie sollte nach der ersten Blüte zurückgeschnitten werden, damit sie erneut durchblüht und sich nicht selbst aussät. Sie verträgt volle Sonne, ihre volle Farbpracht erreicht sie aber im Halbschatten.

ⓘ

Standort: ◊ ☼ – ☼ ⚠
Vermehrung: •°° ▭ ✕
Eigenschaften: ∞ ✿ ❄
Krankheiten: Echter Mehltau
Schädlinge: Schnecken
Blütezeit: Sommer

Carex

Fuchsrote Segge

Carex buchananii

Die Seggen bilden eine riesige Gattung ausdauernder, sommer- oder immergrüner Ziergräser. Sie gehören zur Familie der Ried- oder Sauergräser *(Cyperaceae)*. Die meisten Arten gedeihen in Sümpfen, Mooren oder an Gewässern. Sie werden vor allem wegen ihrer häufig farbig gemusterten Blätter gepflanzt, wobei aber auch bei einigen die hübschen, teilweise überhängenden Blütenähren von Interesse sind. Die Fuchsrote Segge ist eine büschelige, bis 40 cm hohe Staude aus Neuseeland. Schmuckwert haben die rotbraunen, langen, an der Spitze überhängenden Blätter. Sie trägt im Sommer kleine, braune Blütenähren und ist bis etwa -5 °C frosthart. Die Pflanze bietet auch im Winter mit Raureif überzogen einen herrlichen Anblick und wird erst zum Winterende zurückgeschnitten. Im späten Frühjahr kann man sie teilen. Sie lässt sich einzeln oder in bunte Mischungen pflanzen. Dabei bevorzugt sie sandige, nicht zu nährstoffreiche Erde und einen sonnigen Platz.

ⓘ

Standort: ☀ ☼
Pflege: ⚠
Vermehrung: ✕
Eigenschaften: ∞ ❧
Schädlinge: Blattläuse
Blütezeit: Sommer

Japan-Segge

Carex morrowii

Die immergrüne Japan-Segge stammt, wie schon zu vermuten ist, aus Japan, wo sie in boden- und luftfeuchten Sumpflandschaften natürlich vorkommt. Sie bildet mit ihren schmalen, spitz zulaufenden, frisch grünen Blättern einen lockeren Horst. Im Frühjahr trägt sie eher unauffällige, gelbliche Blüten. Zu den attraktivsten Sorten zählen 'Variegata' mit dunkelgrünen, weiß gerandeten Blättern oder die nur 25 cm hohe, gelb gestreifte Sorte 'Variegata Aurea'. Sie lockern jeden bunt bepflanzten Balkonkasten auf und passen gut in herbstliche Pflanzschalen. Sehr beliebt ist dafür auch *C. hachijoensis* 'Evergold', deren leuchtend gelbe Blätter grün gerandet sind. Die Japan-Segge bevorzugt mäßig nährstoffreiche, ausreichend feuchte, aber gut durchlässige Erde. Sie wächst lieber an schattigen Plätzen, die buntblättrigen Sorten können mehr Sonne vertragen. Sie ist bis -5 °C gut frosthart.

Standort: ◖ ☼ – ☀
Pflege: ⟨⟨
Vermehrung: ✂ ⚘
Eigenschaften: ∞ ✵
Schädlinge: Blattläuse
Blütezeit: Sommer

Rote Spornblume

Centrathus ruber

Diese zu den Baldriangewächsen *(Valerianaceae)* gehörende Gattung ist mit mehreren Arten im Mittelmeerraum heimisch. Die Rote Spornblume wird vor allem wegen ihrer zahlreichen und langlebigen Blütenstände als Zierpflanze geschätzt. Die Staude bildet 40–100 cm hohe, lockere Horste mit blaugrünen, leicht fleischigen Blättern. Sie trägt vom Frühsommer bis in den Herbst hinein dichte Rispen kleiner, sternförmiger, duftender Blüten, die ja nach Sorte tief rot bis blass rosa sein können. Die Sorte 'Albus' blüht weiß. Spornblumen sind anspruchslos und benötigen eigentlich nur ausreichend Sonne und kalkhaltige, gut durchlässige Erde. Sie wachsen sogar bei langer Trockenheit noch gut und brauchen kaum Dünger. Häufig werden sie von Bienen und anderen Insekten aufgesucht. Man sollte abgeblühte Blütenstände regelmäßig entfernen, denn die Pflanze sät sich leicht selbst aus. Zum Frühjahrsbeginn kann man sie teilen.

Centrathus ruber und Geranium (vioett)

Standort: ○ ☼
Vermehrung: ∙° ✂ ⚘
Eigenschaften: ∞ ✽ ❄
Blütezeit: Sommer – Herbst

Filziges Hornkraut

Cerastium tomentosum

ⓘ

Standort: ◊ ☼ – ☀
Vermehrung: ∘° ❀
Eigenschaften: ∞ ❀ ❄
Krankheiten: Echter Mehltau
Blütezeit: Frühjahr

Die Gattung *Cerastium* aus der Familie der Nelkengewächse *(Caryophyllaceae)* kommt in fast allen gemäßigten Regionen der Nordhalbkugel bis in die Arktis hinein vor. *Cerastium tomentosum*, in den Bergen Süd- und Osteuropas heimisch, ist ein wüchsiger, Polster bildender Bodendecker mit schmalen silbrig grauen Blättern. Die Staude trägt im späten Frühjahr und Sommer zahlreiche lockere Trugdolden mit sternförmigen, weißen Blüten. Dadurch wirkt sie vor einem dunklen Hintergrund besonders attraktiv. An Terrassenrändern ausgepflanzt, unterdrückt das dichte Blattwerk das Aufkommen von Unkraut. Auch in Trögen oder als Unterpflanzung in Kübeln ist es sehr hübsch. Es passt gut zu Nelkenwurz, Lein oder hohen Glockenblumen. Das Hornkraut ist leicht zu ziehen und kann nach der Blüte problemlos durch Teilung vermehrt werden. Es bevorzugt sandige, durchlässige Erde und einen sonnigen Standort, wächst aber auch im Halbschatten noch gut.

Zwerg-Rittersporn

Delphinium grandiflorum

ⓘ

Standort: ♦ ☼ ⚠
Pflege: ⚘
Vermehrung: ∘°
Eigenschaften: ✖ ☉ / ∞ ❀
Krankheiten: Blattflecken, Echter
  Mehltau
Schädlinge: Schnecken,
  Blattminierfliegen
Blütezeit: Sommer

Die Rittersporne gehören zu den Hahnenfußgewächsen *(Ranunculaceae)* und sind wegen ihrer großen, auffälligen Blütenkerzen als Zierpflanzen sehr beliebt. Der von Sibirien bis China und Japan heimische Zwerg-Rittersporn mit dem Synonym *D. chinense* ist eine kurzlebige Staude, die in Gegenden mit kalten Wintern besser einjährig gezogen wird. Ausgesät wird im Frühjahr im Haus. Er trägt im Sommer spitzhutförmige, ungefüllte, blaue, violette, rosa oder weiße Blüten. Kompakte, etwa 25 cm hohe Sorten für den Balkonkasten sind 'Delfy Blau' und 'Blauer Zwerg'. Sie mögen sonnige Standorte, das Substrat sollte sandig und locker sein. Auf keinen Fall darf Staunässe auftreten. Wenn man die Pflanze direkt nach der ersten Blüte zurückschneidet, blüht sie im Herbst ein weiteres Mal. Sobald sie nach der Blüte einzieht, sollte sie trocken stehen. Der Verzehr und Kontakt mit den Blättern kann zu Unwohlsein beziehungsweise Hautreizungen führen.

Delphinium grandiflorum

Feder-Nelke

Dianthus plumarius

Dianthus plumarius

Feder-Nelken stammen aus dem südöstlichen Europa und gehören, wie der Name schon sagt, zu den Nelkengewächsen *(Caryophyllaceae)*. Mittlerweile gibt es von den etwa 20–30 cm hohen, dichte Polster bildenden Stauden zahlreiche Sorten, die sich neben Rabatten und Steingärten auch sehr gut für Balkonkästen oder Tröge eignen. Vom späten Frühjahr an erscheinen über den blaugrünen, grasartigen Blättern zarte, fedrige Blüten, je nach Sorte in Weiß, Rosa oder Rot. Sie bilden einen dichten, duftenden Blütenteppich. Felder-Nelken wachsen an sonnigen bis halbschattigen Plätzen. Ihnen reicht normale Balkonpflanzenerde, die locker und gut wasserdurchlässig sein sollte. Im zeitigen Frühjahr kann man sie aussäen, von Herbst bis zum Fruhjahrsbeginn lassen sie sich teilen. Sehr hübsch sind die gefüllten Sorten wie 'Altrosa' mit zartrosa Blüten, 'Diamant' in Weiß oder 'Heidi' in Rot.

Standort: ○ ☀ — ☀ ⛰
Vermehrung: ∘·° ✄ ❀
Eigenschaften: ∞ ❀ ❄
Krankheiten: Rost, Fusarium-Welke
Schädlinge: Schnecken, Blattläuse
Blütezeit: Frühjahr – Sommer

Dicentra spectabilis

ℹ

Standort: 💧 ☀
Vermehrung: 🖼 ✂
Eigenschaften: ∞ ❀ ❄
Schädlinge: Schnecken
Blütezeit: Frühjahr – Sommer

Tränendes Herz

Dicentra spectabilis

Dicentra spectabilis ist eine verbreitete, frostharte Gartenstaude, deren Blickfang die im späten Frühjahr und Sommer erscheinenden, rot-weißen, herzförmigen Blüten an den bogenförmig herabhängenden Stängeln sind. Sie gehört zur Familie der Erdrauchgewächse *(Fumariaceae)* und ist im östlichen Nordamerika zu Hause. Das Tränende Herz gibt mit seiner Höhe von etwa 80 cm eine hübsche Kübelpflanze ab, während die bis 20 cm hohe Zwerg-Herzblume *(D. eximia)* auch in kleine Gefäße passt. Doch Achtung, sie breiten sich durch kriechende Rhizome rasch aus. Die Pflanzen gedeihen am besten im Halbschatten, wobei das Substrat humos und gut feucht sein sollte. Staunässe darf aber nicht entstehen. Die farnartigen Blätter ziehen nach der Blüte ein, treiben im nächsten Jahr aber rasch wieder aus. Eine Volldüngergabe zum Winterende unterstützt das Wachstum. Zum Winterende lassen sich die Pflanzen gut teilen, im Frühsommer kann man Stecklinge schneiden.

Wurmfarn

Dryopteris

ℹ

Standort: 💧 ☀ – ☀
Pflege: ⚠
Vermehrung: ✂
Eigenschaften: ∞ ❀
Schädlinge: Schnecken

Die Wurm- oder Dornfarne sind mit fast 200 Arten sommer- oder immergrüner Farne in den Waldgebieten der nördlichen Halbkugel heimisch. Sie gehören zur Familie der Wurmfarngewächse *(Dryopteridaceae)*. Viele frostharte Kulturarten besitzen dekorativ gefiederte Wedel und eignen sich sehr gut zur Bepflanzung von Töpfen und Kübeln an halbschattigen bis schattigen, vor Wind geschützten Standorten. Abgestorbene Wedel sollten stets entfernt werden. Der Goldschuppenfarn *(Dryopteris affinis)* bildet bis tief in den Winter hinein grüne, ledrige Wedel. Ähnlich imposant ist der bis 100 cm hohe Gemeine Wurmfarn *(D. filixmas)*, von dem es aber auch kompaktere Sorten gibt. Der Breitwedel-Dornfarn *(C. dilatata)* bleibt mit etwa 30 cm langen Wedeln kleiner und passt auch in Balkonkästen. Sie alle lieben nährstoffreiche, humose, feuchte Böden. Im Frühjahr kann man sie teilen, in kalten Wintern ist ein leichter Schutz ratsam.

Dryopteris

Roter Sonnenhut

Echinacea purpurea

Diese aus der Naturheilkunde bekannte Gattung besteht aus neun Arten, die alle in den USA heimisch sind und zur Familie der Korbblütler *(Asteraceae)* gehören. Ihre dicken Wurzeln sind essbar und werden bei *E. angustifolia* und *E. purpurea* getrocknet zur Stärkung der Abwehrkräfte bei Erkältungen eingesetzt. Der Rote Sonnenhut, auch als *Rudbeckia purpurea* bekannt, ist eine attraktive Blütenstaude mit dunkelgrünen, schmalen Blättern und großen Blütenkörbchen mit einer Mitte aus rotbraunen Röhrenblüten, die je nach Sorte von purpurroten, rosaroten oder weißen Zungenblüten umgeben sind. Die großen Blütenköpfe stehen im Sommer einzeln auf bis zu 90 cm hohen Stängeln und geben schöne Schnittblumen ab. Sie sollten nach dem Verblühen zurückgeschnitten werden, um eine weitere Blüte zu fördern. Als Standort eignen sich alle sonnigen Plätze, die Erde sollte nährstoffreich sein. Vermehrt wird über Aussaat im Frühjahr oder Teilung.

Echinacea purpurea

Standort: 💧 ☀ ⛰
Vermehrung: 🌱 🐝
Eigenschaften: ∞ ❀ ❄
Schädlinge: Schmierläuse
Blütezeit: Sommer

Heide

Erica

ⓘ

Standort: 💧 ☼
Vermehrung: ▨
Eigenschaften: ∞ ✿ ❄ ⟁
Krankheiten: Wurzelfäule- und
  Stängelfäule
Blütezeit: Sommer – Frühjahr,
  je nach Art

Die Gattung Erica umfasst rund 800 Arten kleinblättriger, blühstarker, immergrüner Sträucher und gehört zur Familie der Heidekrautgewächse *(Ericaceae)*. Der überwiegende Teil ist in Südafrika heimisch, einige wenige Arten wachsen auch in Europa und im übrigen Afrika. Die in Europa heimischen Arten besitzen kleine, glockenförmige Blüten in Farbschattierungen von Weiß über Rosa bis Rot. Die frostharte Schnee-Heide *(Erica carnea)* blüht mit ihren vielen attraktiven Sorten den Winter hindurch bis zum Frühjahr mit weißen, rosa oder roten Blütenripsen. Die Grau-Heide *(E. cinerea)* blüht vom Sommer bis in den Herbst und ist für einen leichten Winterschutz dankbar. Damit die Heidepflanzen ihre kompakte Form behalten, müssen sie nach der Blüte zurückgeschnitten werden. Achten Sie darauf, nicht zu tief ins alte Holz zu schneiden. Sie bevorzugen eine durchlässige, kalkarme, saure Erde und einen sonnigen Standort.

Erica

Spanisches Gänseblümchen

Erigeron karvinskianus

Die Gattung gehört zur Familie der Korbblütler (Asteraceae) und kommt in allen gemäßigten Regionen der Erde, aber vor allem in Nordamerika vor. Erigeron karvinskianus ist eine kriechende, Polster bildende, etwas frostempfindliche Staude, die in Mexiko und Mittelamerika heimisch ist. In mildem Klima trägt sie das ganze Jahr hindurch zahlreiche, kleine, weiße Blüten mit rosafarbener oder weinroter Tönung. Dann muss sie häufiger zurückgeschnitten werden, da sie dazu neigt, sich kräftig auszubreiten und benachbarte Pflanzen zu überwuchern. Eine besonders blühwillige Sorte ist 'Profusion' mit rosa oder weißen Zungenblüten, die sich mit ihrem überhängenden Wuchs gut für Ampeln, Balkonkästen und Töpfe eignet. Die Pflanzen mögen sonnige bis halbschattige Standorte und ein sandig durchlässiges Substrat. Die Lichtkeimer werden im zeitigen Frühjahr im Warmen ausgesät und brauchen etwa drei Monate bis zur Blüte.

Standort: ● ☼ – ☼ ⚠
Pflege: ⚠
Vermehrung: ⚬°°
Eigenschaften: ∞ ❀
Blütezeit: Frühjahr – Herbst

Schwingel

Festuca

Diese Gattung aus der Familie der Süßgräser oder Echten Gräser (Poaceae) umfasst 300–400 Arten Polster bildender, mehrjähriger Gräser mit immergrünen, linealischen Blättern. Sie bilden zwischen dem Frühjahr und Hochsommer kleine, flache Blütenähren. Einige Arten werden gerne als Ziergräser gepflanzt, da sie sowohl Trockenperioden als auch starken Frost unbeschadet überstehen und auch in der Wahl des Standorts wenig wählerisch sind. Ein Beispiel hierfür ist Festuca glauca, der Blau-Schwingel, ein immergrünes, etwa 20 cm hohes Gras mit aufrechten bis gebogenen, blaugrünen Blättern und ebenfalls blaugrünen Blütenrispen. Sehr schön sind die Sorten 'Blaufuchs' mit leuchtend blauen Blättern, 'Blauglut' mit silberblauen Blättern und purpurfarbenen Blüten oder 'Silbersee' mit weißen Halmen. Die Gräser bevorzugen neben der vollen Sonne sandige, gut wasserdurchlässige Erden. Zu große Exemplare kann man im Frühjahr teilen.

Festuca

Standort: ○ ☼
Vermehrung: ⚬✂
Eigenschaften: ∞ ❀ ❄
Blütezeit: Sommer

Fragaria

ⓘ

Standort: ◗ ☼ ⚠
Vermehrung: ✂ *Ausläufer*
Eigenschaften: ∞ ❄
Krankheiten: Grauschimmel
Blütezeit: Sommer

Garten-Erdbeere

Fragaria x ananassa

Für Erdbeeren lässt sich auf jedem Balkon und jeder Terrasse ein Plätzchen finden. Sie gehören zur Familie der Rosengewächse *(Rosaceae)* und ihre Wildform kommt natürlich in ganz Europa vor. Mittlerweile gibt es eine Vielzahl von Sorten, die auch gut in Töpfen, Ampeln und Balkonkästen wachsen. Zur Fruchtausbildung brauchen sie reichlich Sonne und eine regelmäßige Wasserversorgung. Am liebsten stehen sie vor Wind und Regen geschützt. Als Substrat eignet sich Balkonpflanzen- oder Kübelpflanzenerde, der man im Frühjahr am besten einen Langzeitdünger zugibt. Das Gefäß sollte den Wurzeln genügend Platz zur Ausbreitung bieten. Wenn Sie die Substratoberfläche wie die Profis mit Stroh abdecken, werden die Früchte vor Fäulnis geschützt. Durch eine geschickte Sortenauswahl lässt sich zudem die Erntezeit ausdehnen. Mehrmalstragende Sorten können Sie vom Sommer bis zum Herbst durchgehend ernten. Im Spätsommer lassen sich die Ausläufer bewurzeln.

Kokardenblume

Gaillardia pulchella

Die etwa 30 *Gaillardia*-Arten aus der Familie der Korbblütler *(Asteraceae)* stammen in der Mehrzahl aus Mittel- und Nordamerika. Sie fühlen sich in gemäßigten Regionen besonders wohl und blühen dort vom Sommer bis zum ersten Frost. Ihre Blütenkörbchen erinnern an eine kleine Sonnenblume, sind aber viel bunter. Die roten Strahlenblüten besitzen eine gelbe Spitze und sind ein attraktiver Blickfang auf Balkon oder Terrasse. Hier eignen sich kompakte Sorten wie der 25 cm hohe 'Kobold' besonders gut. Hohe Sorten liefern hübsche Schnittblumen. *Gaillarda pulchella* ist eine kurzlebige, sonnenliebende Staude, die im Winter mit Reisig vor Frosteinwirkung geschützt werden sollte. Häufig wird sie auch einjährig kultiviert. Wenn man die abgestorbenen Blütenköpfe regelmäßig entfernt, dehnt sich die Blüte bis in den Spätsommer aus. Im Frühjahr kann man aussäen oder Stecklinge schneiden.

ⓘ

Standort: ◊ ☼
Pflege: ⚠
Vermehrung: ⁖ ▥
Eigenschaften: ∞ ❀
Krankheiten: Falscher Mehltau
Schädlinge: Schnecken
Blütezeit: Sommer – Herbst

Enzian

Gentiana

Enziangewächse aus der Familie Gentianaceae sind in allen gemäßigten Regionen, am weitesten in Gebirgen und Waldgebieten, verbreitet. Je nach Art und Sorte erscheinen vom Frühling bis zum Herbst große, trompeten- bis glockenförmige Blüten, die meist leuchtend blau, aber auch weiß und oder rot gefärbt sein können. Zu unterscheiden sind kalkmeidende, stängellose Arten wie *Gentiana clusii*, der im Frühjahr blüht, oder der Herbst-Enzian *G. sino-ornata*. Sie brauchen saure, gut feuchte Substrate und wachsen lieber im Halbschatten. Daher kann man sie gut mit Farnen wie Dryopteris kombinieren. Der Sommer-Enzian *G. septemfida var. lagodechiana* dagegen bildet seine Blüten im Sommer an bis 30 cm hohen Stängeln und wächst auch auf kalkhaltigen Böden in der Sonne. Kleine und robuste Arten eignen sich gut für die Gefäßbepflanzung, im Winter deckt man sie besser ab. Sie lassen sich über Aussaat im Herbst oder Teilung vermehren.

Standort: ☀ ☀—☀ *je nach Art,* 🜨
Pflege: 🜨
Vermehrung: ⚬° 🖊
Eigenschaften: ∞ ✿
Krankheiten: Enzianrost,
　Stängelfäule
Schädlinge: Schnecken
Blütezeit: Frühling, Sommer oder
　Herbst

Geranium

Storchschnabel

Geranium

Storchschnabelgewächse *(Geraniaceae)* kommen mit zahlreichen Arten in allen gemäßigten Klimazonen der Erde vor. Schmuckwert haben die lang gestielten, häufig duftenden Blätter, die rundlich und verschieden stark gelappt sind. Ab dem Frühjahr zeigen sich hübsche, doldenartige Blütenstände mit rosafarbenen, blauen, violetten oder auch weißen Blüten. Für Balkon und Terrasse eignen sich kompakte Arten und Sorten am besten, zum Beispiel *Geranium cinereum*, nur 15 cm hoch. Eine schöne Sorte ist 'Ballerina' mit hellvioletten Blüten und dunkelvioletten Adern. Auch *G. dalmaticum* und *G. sanguineum* wachsen niedrig. Sie eignen sich gut als Unterpflanzung. Zudem sind sie anspruchslos, gedeihen in der Sonne wie im Halbschatten und bevorzugen nährstoffreiche, lockere Erde. Verwelkte Blütenstände und Blätter sollten regelmäßig entfernt werden, das fördert Wachstum und Dauerblüte. Vermehrt wird über Teilung oder Aussaat im Frühjahr.

Standort: ○ ☀—☀
Vermehrung: ⚬° 🖊
Eigenschaften: ∞ ✿ ❀ ✿
Krankheiten: Falscher und Echter
　Mehltau
Schädlinge: Schnecken, Blattwespen-
　larven, Dickmaulrüssler
Blütezeit: Frühjahr – Sommer

Geum

Standort: 💧 ☼ – ☼
Vermehrung: .°° ✂
Eigenschaften: ∞ ❁ ❄
Schädlinge: Blattwespenlarven
Blütezeit: Frühjahr – Sommer

Nelkenwurz

Geum

Die Gattung gehört zu den Rosengewächsen *(Rosaceae)* und ist in den Gebirgsregionen, Flussufern und Waldregionen der arktischen und gemäßigten Regionen der Erde heimisch. Neben der karminrot blühenden Art *Geum chiloense* und der orange leuchtenden *G. coccineum* gibt es zahlreiche Hybriden. Sie bilden ab dem Frühjahr anemonenförmige, einfache oder gefüllte Blüten in orangenen und roten Tönen. Die gefiederten Blätter sind ebenso hübsch und mit einer Höhe von 25–50 cm sind diese Blütenstauden ideal für Balkon und Terrasse. Dort lassen sie sich gut mit anderen Stauden, zum Beispiel hohen Primel-Arten, kombinieren. Sie alle sind gut frosthart und bevorzugen fruchtbare, gut durchlässige Erde an einem sonnigen bis halbschattigen Standort. Im Winter kann man sie bis zur Basis zurückschneiden. Vermehrt werden sie über Aussaat oder Teilung im Frühjahr.

Gewöhnlicher Gundermann

Glechoma hederacea

Standort: 💧 ☼
Vermehrung: 🖼 *Ausläufer*
Eigenschaften: ☉ / ∞ ❁ ❄
Schädlinge: Schnecken
Blütezeit: Frühjahr – Sommer

Diese Gattung aus der Familie der Lippenblütler *(Lamiaceae)* besteht aus zwölf Arten kriechender Stauden, die fast in ganz Europa heimisch sind. Ihre Triebe wurzeln an den Knoten und bilden oft ausgedehnte Matten grob gezähnter, runder bis ovaler, behaarter Blätter. Im Sommer tragen sie in den Blattachseln kleine, duftende, blauviolette Röhrenblüten. Die schnell wachsenden Pflanzen eignen sich gut für Ampeln und Balkonkästen oder als Unterpflanzung in Kübeln. Dabei bevorzugen sie nährstoffreiche, gut feuchte, aber wasserdurchlässige Erde an einem halbschattigen Platz. Die Pflanze sollte nicht austrocknen, denn verbräunte Blätter sind kein schöner Anblick. Die Blätter der Gundelrebe, wie die Staude auch genannt wird, verströmen bei Berührung einen eigenartigen Geruch. Bei der Sorte 'Variegata' sind sie weiß marmoriert. Die Ausläufer lassen sich leicht abtrennen und bewurzeln schnell. Häufig werden die Stauden einjährig kultiviert.

Glechoma hederacea

Gypsophila

Schleierkraut

Gypsophila

Das Schleierkraut gehört mit seinen über 100 Arten zur Nelkenfamilie *(Caryophyllaceae)*, die von Europa, Asien und Nordafrika verbreitet ist. Wegen ihrer zierlichen, weißen oder rosafarbenen Blüten werden sie gerne von Floristen zum Auffüllen von Blumensträußen und Gestecken verwendet. *Gypsophila paniculata* ist eine meist einjährig kultivierte Staude, die im Frühjahr üppige Rispen winziger, weißer Blüten trägt, die frisch oder getrocknet verarbeitet werden können. Es braucht große Pflanzgefäße und gut aufgedüngte, nährstoffreiche Erde. Nach der Blüte empfiehlt sich ein Rückschnitt, um eine zweite Blüte zu fördern. Das Teppich-Schleierkraut *(G. repens)* wird nur 30 cm hoch und blüht mit rosafarbenen Blütenrispen. Es ist ideal für Balkonkästen oder zur Unterpflanzung und steht am liebsten sonnig und trocken. Im Winter kann man es kräftig zurückschneiden. Vermehrt wird über Aussaat im Frühjahr oder Stecklinge im Frühsommer.

Standort: ◗ – ◌ *je nach Art,* ☼
Vermehrung: ⚬° ▥
Eigenschaften: ☉/ ∞ ❀ ❄
Schädlinge: *Sprossfäule*
Blütezeit: *Frühjahr – Sommer*

Hakonechloa macra

Standort: ◗ ☀–☼
Vermehrung: ✦✦
Eigenschaften: ∞ ❀ ❄
Blütezeit: Sommer

Japanwaldgras

Hakonechloa macra

Dieses kleine, mehrjährige Ziergras gehört den Echten Gräsern oder Süßgräsern *(Poaceae)* an. Die Gattung besteht aus nur einer Art, die in Japan heimisch ist. Es wächst rasenartig und wird nur bis 30 cm hoch. Die intensiv grünen Blätter der Art verfärben sich bei kühlerem Klima im Herbst attraktiv bronzefarben. Daneben existieren auch dekorative, panaschierte Formen wie die Sorte 'Aureola', die ihre volle Wirkung im leichten Schatten entfaltet. Sie ist einzeln oder in Gruppen gepflanzt ein garantierter Blickfang auf jedem Balkon und jeder Terrasse. Das frostharte Gras breitet sich nur langsam aus und ist eine gute Wahl für eine dauerhafte Bepflanzung von Töpfen und Kübeln. Es gedeiht am besten in humoser, nährstoffreicher Balkonerde, die gut feucht gehalten werden soll. Staunässe darf aber nicht entstehen. Der Standort kann sonnig oder halbschattig sein. Das Gras lässt sich im Frühjahr rasch durch Teilung vermehren.

Strauchveronika

Hebe

Standort: ○ ☼
Vermehrung: ✂
Eigenschaften: ∞ ❀ ❀
Krankheiten: Blattflecken,
    Wurzelfäule, Falscher Mehltau
Schädlinge: Blattläuse
Blütezeit: Frühjahr, Herbst
    (je nach Art)

Diese strauchartigen, immergrünen Braunwurzgewächse *(Scrophulariaceae)* stammen aus Neuseeland und Chile. In der letzten Zeit hat sich das Sortiment um die buntblättrigen Hebe-Andersonii-Hybriden stark erweitert. Immergrüne, frostharte Arten sind zum Beispiel die im Frühjahr mit zarten, weißen Blüten blühenden *Hebe buchananii* oder *H. pinguifolia. Hebe ochracea* fällt durch ihre schuppenartigen Blätter auf, die einer kleinen Konifere ähneln, ebenso wie *H. cupressoides* 'Boughton Dome'. Diese Arten wachsen langsam und sind ideal für eine dauerhafte Bepflanzung von Balkon und Terrasse. Ein zeitiges Auspflanzen erhöht ihre Frosttoleranz. Sie vertragen Trockenheit besser als zu viel Nässe, für regelmäßige Düngergaben sind sie aber dankbar. Am liebsten stehen sie in der vollen Sonne, die breitblättrigen Arten sollten nach der Blüte zurückgeschnitten werden. Vom Frühjahr bis Herbst lassen sich Stecklinge schneiden.

Nieswurz

Helleborus

Helleborus

Diese in Europa und Westasien heimische Gattung besteht aus 15 Arten mehrjähriger, im Winter und Frühjahr blühender Stauden, die zur Familie der Hahnenfußgewächse *(Ranunculaceae)* gehören. Am bekanntesten ist die Christ- oder Schneerose *(Helleborus niger)*. Sie blüht schon ab Dezember mit weißen, schalenförmigen Blüten, und wird zu Weihnachten gerne als Topfpflanze angeboten. Im Freien empfiehlt es sich, sie bis zur Blüte leicht abzudecken. Die mittelgrünen, tief gelappten Blätter sind immergrün. Helloborus-Hybriden werden etwa 40 cm hoch und blühen im Frühjahr in den schönsten Farbtönen, von tief Purpurrot über Gelb bis zu Weiß mit rosa Punkten. Sie sind sehr robust und gut frosthart. Alle benötigen humusreiche, feucht gehaltene Erde und stehen am liebsten im Halbschatten oder Schatten. Sie passen sehr gut zu Farnen oder Heide. Alle Arten, besonders die Samen, sind giftig, der Pflanzensaft kann zu Hautreizungen führen.

ⓘ

Standort: 🌢 ☀ – ☀
Vermehrung: ⠊
Eigenschaften: ✖ ∞ ❀ ❆
Krankheiten: Blattflecken,
  Schwarzfäule
Schädlinge: Blattläuse, Schnecken
Blütezeit: Winter – Frühjahr

Purpurglöckchen

Heuchera micrantha

Diese Steinbrechgewächse *(Saxifragaceae)* stammen aus den Wald- und Felsenregionen Nordamerikas, wo sie vor allem in den Rocky Mountains vorkommen. *Heuchera micrantha* ist eine buschig wachsende, immergrüne Staude mit herzförmigen, grau marmorierten Blättern, die bei der Sorte 'Palace Purple' glänzend bronzerot sind. Sie trägt im Frühsommer lockere Rispen mit kleinen, röhrenförmigen, rötlich weißen Blüten. Mittlerweile gibt es von der beliebten Blattschmuckstaude viele Hybrid-Sorten. 'Bressingham Bronze' bezaubert mit glänzenden, dunkel purpurroten Blättern, während 'Snowstorm' weiß-grünes Laub und leuchtend rote Blütenrispen aufweist. Je nach Größe wachsen sie in Balkonkästen oder Kübeln, dort am liebsten an sonnigen bis halbschattigen Plätzen. Zum Winterende kann man sie bis zur Basis zurückschneiden. Aus Samen nachgezogene Pflanzen bewahren oftmals nicht die typische Laubfärbung, hier kann man besser teilen.

ⓘ

Standort: 🌢 ☀ – ☀
Vermehrung: ⠊ ✀
Eigenschaften: ∞ ❀ ❁ ❆
Schädlinge: Blattälchen,
  Dickmaulrüssler
Blütezeit: Frühjahr – Sommer

Funkie

Hosta

ℹ️

Standort: 💧 ☀️
Vermehrung: ⚬° 🐝
Eigenschaften: ∞ 🌐 ❄️
Krankheiten: Virosen
Schädlinge: Schnecken, Blattläuse,
  Dickmaulrüssler
Blütezeit: Sommer

Die in Japan und China beheimatete Gattung besteht aus frostharten, mehrjährigen Stauden, die vor allem wegen ihrer dekorativen Blätter geschätzt werden. Einst den Liliengewächsen zugeordnet, haben sie jetzt ihre eigene Familie der Funkiengewächse *(Hostaceae)*. Die breit lanzettlichen Blätter sind je nach Art und Sorte einfarbig grün bis blaugrün, gelb-grün oder weiß-grün marmoriert oder andersfarbig gerandet. Im Sommer erscheinen dazu noch aparte Blütentrauben, meist in violettem Farbton. Blätter und Blüten werden oft in der Floristik verwendet. Funkien eignen sich gut für Töpfe und Kübel auf halbschattigen Balkonen oder Terrassen. Hier wirkt ein kühles Blaugrün sehr hübsch. Sie benötigen nährstoffreiche, gleichmäßig feuchte, aber gut dränierte Erde. In der Wachstumsperiode sollten sie regelmäßig gedüngt werden. Leider werden sie häufig von Schnecken befallen. Man kann sie im Frühjahr sehr leicht durch Teilung oder Aussaat vermehren.

Rechts und gegenüberliegende Seite: Hosta

Porzellansternchen

Houstonia caerulea

Die Gattung kommt mit 50 ausdauernden, ein- oder zweijährigen Kräutern in Nordamerika und Mexiko vor und gehört den Krappgewächsen *(Rubiaceae)* an. Das Porzellansternchen ist eine kurzlebige Staude, die am besten zweijährig kultiviert wird. Das heißt, sie wird im Winter im Haus ausgesät und im Frühjahr als Jungpflanze mit Wurzelballen ausgepflanzt. Sie wird bis 15 cm hoch und ist im Steingarten genauso schmückend wie in Pflanzgefäßen auf Balkon und Terrasse. Im Frühjahr erscheinen ihre zarten, trichterförmigen Blüten in hellem Blauviolett oder Weiß mit gelbem Auge. Wichtig ist ein halbschattiger Platz und humose, saure und gut feucht gehaltene Erde. Sie muss stets mit kalkfreiem Wasser gegossen werden, sonst hat man nicht lange Freude an ihr. Deshalb passt sie gut zu Heidegewächsen oder kalkmeidenden Enzian-Arten. Vermehrt wird über Teilung oder Aussaat.

ⓘ

Standort: 💧 ☀
Vermehrung: ⚬° ✄
Eigenschaften: ∞ ✿ ❄
Blütezeit: Frühjahr

Houttuynie

Houttuynia cordata

Diese Gattung enthält nur eine Staudenart, die in feuchten, schattigen Teilen Ostasiens heimisch ist. Sie gehört zu den Molchschwanzgewächsen *(Saururaceae)* und verbreitet sich mit Hilfe ihrer Rhizome. Blickfang sind die ei- bis herzförmigen, stumpf bläulichen oder graugrünen Blätter mit den roten Rändern. Wenn man sie zerreibt, verströmen sie einen an Orangen erinnernden Duft. Im Frühjahr trägt die Houttuynie dichte Ähren aus winzigen, grünlich gelben Blüten, die von weißen Hochblättern umgeben sind. Eine schöne Sorte ist 'Chamaeleon' mit leuchtend grün-gelb-rot gemusterten Blättern. Sie breitet sich zudem weniger stark aus als die Art und eignet sich daher hervorragend für Pflanzgefäße. Die Pflanzen bevorzugen humose, feuchte Erde und können sogar im flachen Wasser stehen. Die Blattausfärbung ist im Halbschatten am schönsten. Zum Herbstende schneidet man sie kräftig zurück und deckt sie mit Reisig ab. Im Frühjahr kann man sie teilen.

ⓘ

Standort: 💧 ☀
Pflege: ⚠
Vermehrung: ✄
Eigenschaften: ⊟ ∞ ❀
Schädlinge: Schnecken
Blütezeit: Frühjahr – Sommer

Felsen-Schleifenblume

Iberis saxatilis

Diese Gattung aus der Familie der Kreuzblütler *(Brassicaceae)* besteht aus rund 50 Arten einjähriger oder ausdauernder, krautiger Pflanzen sowie immergrüner Halbsträucher, die meist aus Südeuropa, Nordafrika und Westasien stammen. Die Felsen-Schleifenblume stammt aus Süd- und Mitteleuropa und ist mit ihren auffälligen weißen Blütenkissen im Frühjahr äußerst dekorativ. Sie wird etwa 10 cm hoch und verzweigt sich rasch. Sie ist unverzichtbar im Steingarten und füllt in großen Pflanztrögen rasch jede Lücke. Wenn man sie nach der Blüte zurückschneidet, blüht sie im Herbst ein weiteres Mal. Wichtig ist ein sonniger Standort. An einem halbschattigen Platz sollte sie im Winter vor Frost geschützt werden. Die Staude steht lieber zu trocken als zu nass, das Substrat muss nährstoffreich und locker sein. Im Frühsommer kann man Stecklinge schneiden. *I. sempervirens* bildet ebenfalls weiße Blütentrauben.

Iberis

Standort: ○ ☼ ⚠
Pflege: ⚠ *im Halbschatten*
Vermehrung: ₀°° ▭
Eigenschaften: ∞ ❀ ❄
Schädlinge: Schnecken, Raupen
Blütezeit: Frühjahr, Herbst

Sprossende Fransen-Hauswurz

Jovibarba globifera

Jovibarba-Arten sind immergrüne, sukkulente Stauden und mit der Gattung Hauswurz *(Sempervivum)* verwandt und gehören zur Familie der Dickblattgewächse *(Crassulaceae)* und bilden wie diese niedrige, je nach Art hübsch gefärbte Blattrosetten aus. *Jovibarba globifera*, noch als *J. sobolifera* ein Begriff, wird auch als Sprossender Donarsbart bezeichnet. Die Art bildet immergrüne Rosetten mit hellgrünen, am Rande fransigen Blättern, die sich mit zunehmendem Alter an der Spitze rot färben. Im Sommer trägt sie glockenförmige, grünlich gelbe Blüten. Von *J. heuffelii* gibt es mit 'Bronce Ingot' ebenfalls eine Sorte mit bronzefarbenen Blättern. Die Rosetten sterben nach der Blüte ab, hinterlassen aber zahlreiche Ableger, die rasch neue Pflanzen ergeben. Die anspruchslosen Pflanzen sind frosthart und benötigen ein sandiges, Substrat, zum Beispiel Kakteenerde. Wichtig ist ein sonniger, trockener Standort.

Jovibarba globifera

Standort: ○ ☼ ⚠
Vermehrung: ❧ *Tochterrosetten*
Eigenschaften: ∞ ❀ ❄
Blütezeit: Sommer

Wachsglocke

Kirengeshoma palmata

ⓘ

Standort: ◐ ☀
Vermehrung: ⊙° ✿
Eigenschaften: ∞ ✿ ✿ ❄
Schädlinge: Schnecken
Blütezeit: Sommer

Diese elegante Pflanze aus den Wäldern Japans und Koreas ist die einzige Art ihrer Gattung. Sie gehört zu den Hortensiengewächsen (*Hydrangeaceae*). Die aufrecht buschige, bis 60 cm hohe Staude hat überhängende, meist schwarze Stängel mit großen, eingeschnittenen, hellgrünen Blättern und trägt im Spätsommer längliche, cremefarbene, röhrenförmige Blüten. Sie ist vollständig winterhart und sollte in feuchter, nährstoff- und humusreicher, aber kalkfreier Erde an einem leicht schattigen Standort gepflanzt werden. Sie passt gut zu Funkien und Tafelblatt-Arten. Zur Vermehrung kann man die Samen nach der Reife oder im Frühjahr aussäen, wobei dies aber nicht immer von Erfolg gekrönt ist. Zuverlässiger ist eine vorsichtige Teilung im Frühjahr, ohne dabei die jungen Sprossen zu verletzen. Achten Sie auf Schnecken, die sich gerne an jungen Sprossen und Blättern vergreifen.

Fackellilie

Kniphofia

ⓘ

Standort: ◐ ☀ ⚠
Pflege: ⚠
Vermehrung: ✿
Eigenschaften: ∞ ✿
Schädlinge: Thripse
Blütezeit: Sommer – Herbst

Die Gattung ist in Süd- und Ostafrika mit rund 70 Arten ausdauernder, zum Teil immergrüner Pflanzen heimisch. Sie gehört zur Familie der Affodillgewächse (*Asphodelaceae*). Fackellilien bilden büschelige Horste mit überhängenden, riemenförmigen, hell- bis mittelgrünen oder blaugrünen Blättern. Bei sommergrünen Arten sind die Blätter meist grasartig, die Blätter der immergrünen Arten sind dagegen riemenförmig und sehr lang. Die aufrechten, kerzenartigen Ähren bestehen aus zahlreichen röhrenförmigen Blüten, die je nach Sorte rot, orange, gelb oder weiß sein können. Manche Blüten öffnen sich rot, verfärben sich anschließend gelb und erzeugen so attraktive zweifarbige Trauben. Sie locken zudem noch Bienen an. Wichtig ist ein sonniger, geschützter Platz, an dem die Pflanzen auch den Winter gut überdauern. Eine Abdeckung mit Laub oder Reisig ist zu empfehlen. Sie sollten dann nicht zu feucht gehalten werden. Im zeitigen Frühjahr kann man sie teilen.

Kniphofia

Goldnessel

Lamium galeobdolon

Die meist wintergrünen Lippenblütler *(Lamiaceae)* sind von Europa bis nach Nordafrika und Asien weit verbreitet. Die Goldnessel ist eine Ausläufer bildende Rhizomstaude, die schnell einen dichten, bis zu 30 cm hohen Blattteppich bildet. Im Sommer erscheinen dazu in Scheinähren angeordnete, strahlend gelbe bis braun gefleckte, 2 cm große Blüten. Die silbrig gezeichneten Blätter der Sorte 'Florentinum' verfärben sich im Herbst rötlich. Bekannt ist die silbrig grüne Sorte 'Hermann's Pride', die sich ebenso wie die eher kriechende Sorte 'Silver Angel' weniger aggressiv ausbreitet. Den Ausbreitungsdrang kann man durch einen Rückschnitt zum Frühlingsbeginn im Zaum halten. Dann kann man die Pflanzen auch teilen. Achten Sie in gemischten Pflanzungen darauf, dass die Nachbarpflanzen nicht überwuchert werden. Die hübschen Blattschmuckpflanzen wachsen bevorzugt im Schatten und lieben feucht gehaltene Erde.

Standort: 🌢 ☼ — ☀
Vermehrung: 🍱 🌿
Eigenschaften: ∞ 🥀 ❅
Schädlinge: Schnecken
Blütezeit: Sommer

Gefleckte Taubnessel

Lamium maculatum

ℹ️

Standort: 💧 ☀️ – ☀️
Vermehrung: ▨ ✂️
Eigenschaften: ∞ ▨ ❄️
Schädlinge: Schnecken
Blütezeit: Sommer

Die zur selben Familie wie die Goldnessel zählende Wildform der mehrjährigen Gefleckten Taubnessel hat sich von Europa und Westasien aus bis nach Nordamerika verbreitet. Da sie stark wuchert, muss man die niedrig wachsende, Ausläufer bildende Rhizomstaude durch einen Rückschnitt im Wachstum begrenzen. Blickfang sind ihre gezähnten, mittelgrünen Blätter, die je nach Sorte eine unterschiedliche silbrige Musterung aufweisen. Vom Frühjahr bis in den Sommer erscheinen dann Ähren mit weißen, zartrosa oder dunkelrot gefärbten Blüten. Der hervorragende Bodendecker empfiehlt sich zur Terrasseneinfassung oder als Strukturpflanze in Balkonkästen, Kübeln oder Ampeln. Dafür eignen sich die Sorten 'White Nancy' mit weiß gezeichneten Blättern und weißen Blüten oder 'Argenteum' mit grün gerandeten, silbrigen Blättern. 'Chequers' blüht rosalila. Alle wachsen bevorzugt in schattigen Bereichen und brauchen gut feuchte, humusreiche Substrate.

Lewisia cotyledon

Bitterwurz

Lewisia cotyledon

Standort: ○ ☀️
Pflege: ⚘
Vermehrung: ⁖ ▨
Eigenschaften: △ ∞ ❀
Krankheiten: Halsfäule
Schädlinge: Schnecken, Blattläuse
Blütezeit: Frühjahr – Sommer

Die Gattung gehört zu den Portulakgewächsen *(Portulacaceae)* und umfasst etwa 20 Arten Laub abwerfender oder immergrüner Stauden, die in den Rocky Mountains beheimatet sind. *Lewisia cotyledon* ist eine immergrüne Staude mit fleischigen, dunkelgrünen Blättern, die in grundständigen Rosetten angeordnet sind. Vom Frühling bis zum Sommer erscheinen dichte Trauben mit je nach Sorte weißen, gelben, rosa bis purpurroten Blüten. Der Bitterwurz wird bis 30 cm hoch, im Handel werden auch sehr attraktive, kompaktere Sorten angeboten. Die Pflanzen sind anspruchslos und robust, benötigen lediglich ein mäßig feuchtes, nährstoffreiches und sehr durchlässiges Substrat und einen leicht schattigen, trockenen Standort. Bei Staunässe tritt rasch Halsfäule auf. Hier hilft eine Mulchdecke auf der Substratoberfläche. Im Winter ist eine leichte Abdeckung empfehlenswert. Die Vermehrung erfolgt durch Aussaat im Frühjahr oder durch Blattstecklinge im Sommer.

Prachtscharte

Liatris spicata

Die Prachtscharte stammt aus dem mittleren und östlichen Nordamerika. Wegen der ungewöhnlichen Blütenstände ist die Familienzugehörigkeit des Korbblütlers *(Asteraceae)* nicht auf den ersten Blick auszumachen. Die niedrig wachsende *Liatris spicata* bildet bis 40 cm lange, grasartige Blattschöpfe, wobei die Stängelblätter nach oben hin schmaler und kleiner werden. Im Spätsommer zeigen sich rotviolette, weiße oder rosafarbene Ähren, die von oben nach unten aufblühen und sowohl auf Bienen als auch auf Schmetterlinge anziehend wirken. Die robuste Staude gedeiht in jeder nährstoffreichen Erde, eine Düngung im Frühjahr fördert die Entwicklung. Auch wenn ihr eine trockene Umgebung die liebste ist, kann sie sich auch gut feuchten Bedingungen anpassen. Die pflegeleichte Pflanze eignet sich vortrefflich für Terrasseneinfassungen und Pflanzgefäße. Im Winter schneidet man sie kräftig zurück, im Frühjahr lässt sie sich über Aussaat vermehren.

Standort: ○ ☼
Vermehrung: ˙°˙ ✂
Eigenschaften: ∞ ❀ ❄
Schädlinge: Schnecken
Blütezeit: Sommer

Meerlavendel

Limonium tetragonum

Der Meerlavendel ist auch unter dem Namen Widerstoß oder Statice bekannt und gehört zur Familie der Bleiwurzgewächse *(Plumbaginaceae)*. Die ungefähr 150 Arten sind weltweit in Küstenzonen und Wüsten verbreitet. Die in China, Korea und Japan beheimatete *L. tetragonum* ist eine mehrjährige, aufrecht wachsende Staude mit einer grundständigen Rosette länglicher, etwa 15 cm langer Blätter. Im Herbst bilden sich winzige Ähren aus rosafarbenen Blüten und haarigen, weißen Kelchen. Die als Schnittblume beliebte, bis 45 cm hohe Pflanze ist bedingt frosthart und eignet sich bestens für die Gefäßkultur auf Balkon und Terrasse. Sie bevorzugt durchlässiges Substrat und sollte erst nach den letzten Frösten an einen sonnigen Standort ins Freie gestellt werden. Der Meerlavendel braucht nur mäßig gegossen zu werden, während der Blütezeit wird er gering dosiert gedüngt. Die häufig ein- oder zweijährige kultivierte Staude wird im Frühjahr ausgesät.

Standort: ○ ☼
Pflege: ❄
Vermehrung: ˙°˙
Eigenschaften: ∞ ❀
Krankheiten: Echter Mehltau
Blütezeit: Herbst

Leinkraut

Linaria purpurea

Standort: ◊ ☀
Vermehrung: ∘°° ▱
Eigenschaften: ∞ ❀ ❄
Krankheiten: Echter Mehltau
Schädlinge: Blattläuse
Blütezeit: Sommer

Linum

Aus Südeuropa stammt die frostharte, bis 1 m hohe Staude, die zur Familie der Braunwurzgewächse *(Scrophulariaceae)* gehört. Ihre mittelgrünen, bis zu 6 cm langen Blätter sitzen am unteren Sproß in Wirteln, weiter oben sind sie wechselständig angeordnet. Vom Frühsommer bis in den Herbst erscheinen Blütenkerzen mit rosavioletten Blüten. Zahlreiche Sorten erweitern das Farbspektrum des Leinkrauts. Blassrosa Blüten bildet beispielsweise die hoch wachsende Sorte 'Canon Went'; die Sorte 'Springside White' blüht weiß. Das Leinkraut bedankt sich mit einer üppigen Blüte für nährstoffreiches, gut wasserdurchlässiges Substrat und einem Standort in der vollen Sonne. Der Wasserbedarf der Pflanze ist sehr gering. Vermehrt wird im zeitigen Frühjahr über Aussaat oder Stecklinge, die Staude sät sich auch leicht selbst aus. Anfällig ist die ansonsten widerstandsfähige Pflanze für Echten Mehltau und Blattläuse.

Lein

Linum

Standort: ◊ ☀ ⚠
Pflege: ❄ − ⊞ *je nach Art*
Vermehrung: ∘°° ▱
Eigenschaften: ☉/∞ ❀
Schädlinge: Schnecken, Blattläuse
Blütezeit: Sommer

In den gemäßigten Klimazonen der nördlichen Erdhalbkugel ist die Gattung mit ihren 200 Arten weit verbreitet. Die lang blühenden, je nach Sorte gelben, weißen, blauen, roten oder rosafarbenen Blüten machen den großen Reiz der Leingewächse *(Linaceae)* aus, die in Kübeln und Balkonkästen ebenso dekorativ wirken wie in terrassennahen Rabatten oder Einfassungen. Die meisten Arten, zum Beispiel der leuchtend gelbe Gold-Flachs 'Compactum' *(Linum flavum)*, sind frosthart, bei frostempfindlichen, mehrjährigen Arten wie *L. narbonense* empfiehlt sich ein Winterschutz aus Reisig oder eine frostfreie Überwinterung im Haus. Lein bevorzugt sonnige, windgeschützte Standorte und nährstoffreiches, gut durchlässiges Substrat. Nach der Blüte sollten die Stauden kräftig zurückgeschnitten werden. Vermehrt wird durch Aussaat im Frühling oder Herbst; von mehrjährigen Arten lassen sich im Frühsommer Kopfstecklinge schneiden.

Lobelie

Lobelia x speciosa

Die zur Gattung zählenden, über 300 Arten einjähriger Kräuter, Stauden und Sträucher sind in den gemäßigten Regionen der Erde, insbesondere in Amerika und Afrika, weit verbreitet. Lobelien gehören zu den Glockenblumengewächsen *(Campanulaceae)* und werden besonders ihrer hübschen Blüten und reizvollen Blätter wegen geschätzt. Das blaue Männertreu ist ungleich bekannter als die zahlreichen attraktiven Züchtungen hoher Lobelien *(Lobelia x speciosa)*, die je nach Sorte rosafarbene, rotviolette oder feuerrote Blütenrispen bilden, die von unten nach oben aufblühen. Die kurzlebigen Stauden müssen im Winter abgedeckt werden oder frostfrei in heller, kühler Umgebung überwintern. Da die Blüte nach zwei Jahren sowieso deutlich schwächer ausfällt, bietet sich an, sie einjährig zu ziehen. Der Standort sollte sonnig bis halbschattig sein, die Erde nährstoffreich und immer gut feucht. Sorten werden über Aussaat im Frühjahr vermehrt.

Standort: ◖ ☼ – ☼
Pflege: ⟁ ❄
Vermehrung: ⣀°
Eigenschaften: ☉ / ∞ ❀
Krankheiten: Blattflecken
Schädlinge: Schnecken
Blütezeit: Sommer

Lobelia x speciosa

Lupinus

Standort: ◗ ☼
Vermehrung: ▨ ∘˚
Eigenschaften: ✗ ∞ ❀ ❄
Blütezeit: Sommer

Vielblättrige Lupine

Lupinus polyphyllus

Zur Gattung gehören etwa 200 Arten einjähriger Kräuter, Stauden und Sträucher, die in Südeuropa, Nordafrika und Nordamerika beheimatet sind. Die einfach zu kultivierenden Schmetterlingsblütler *(Fabaceae)* bilden sehr reizvolle, farbenprächtige Blütentrauben. Die Vierblättrige Lupine wird auch als Futterpflanze und zur Verbesserung der Bodeneigenschaften als Gründüngungspflanze verwendet. Die vielen Hybrid-Sorten sind mit ihren spektakulären, blauen, roten, rosa, gelben oder weißen Blüten an bis zu 50 cm langen Trauben eine wahre Augenweide und als Kübelpflanze auf Balkon und Terrasse vorzüglich geeignet. Doch Vorsicht ist geboten, da die Pflanze giftig ist. Sie bevorzugt nährstoffreiches Substrat, das feucht gehalten werden sollte, und einen sonnigen Standort. Wird sie sofort nach der Blüte im Sommer zurückgeschnitten, blüht sie im Herbst ein zweites Mal. Vermehrt wird über Aussaat oder Stecklinge.

Lychnis coronaria

Standort: ◌ ☼
Vermehrung: ∘˚ ❦
Eigenschaften: ∞ ❀ ❄
Krankheiten: Schnecken
Blütezeit: Sommer

Kronen-Lichtnelke

Lychnis coronaria

Diese auch »Vexiernelke« genannte, kurzlebige Staude aus der Familie der Nelkengewächse *(Caryophyllaceae)* ist sehr blühfreudig und pflegeleicht. Ihre silbergrauen, flaumigen Blätter und die behaarten, silbrigen Stiele kontrastieren hervorragend mit den im Sommer erscheinenden, farbenfrohen Blüten, die von dunkelrosa über purpur bis scharlachrot erhältlich sind. Die in Südost-Europa, Zentralasien und dem Himalaja beheimatete Kronen-Lichtnelke sollte in mäßig nährstoffreiches, gut durchlässiges Substrat gepflanzt und an einen sonnigen Platz gestellt werden. Düngen oder Wässern der Pflanze ist kaum erforderlich – ihre silbergraue Blattfarbe entwickelt sich in trockener Erde sogar noch besser als in feuchter. Um die Blütezeit der Kronen-Lichtnelke zu verlängern und eine lästige Selbstaussaat zu vermeiden, empfiehlt es sich, verwelkte Blütenstände auszukneifen. Am schnellsten lässt sie sich über Teilung im Frühjahr vermehren.

Gold-Felberich

Lysimachia punctata

Lysimachia punctata

Der in Zentral- und Südeuropa bis in die Türkei hinein beheimatete Gold-Felberich gehört erstaunlicherweise zur Familie der Primelgewächse *(Primulaceae)* und ist auch unter dem Namen »Punktierter Gilbweiderich« bekannt. Die äußerst frostharte, Horst bildende Staude kann bis 1 m hoch werden und trägt breite, am Rand gewellte, hellgrüne Blätter. Vom Hoch- bis Spätsommer erscheinen zahlreiche, leuchtend goldgelbe Blüten, die quirlartig in hohen, endständigen Blütentrauben angeordnet sind. Der Gold-Felberich, der auch als Schnittblume verwendet werden kann, kommt als Rabattenpflanze oder in einem hübschen Gefäß auf Balkon oder Terrasse besonders gut zur Geltung. Er wächst auch noch im Schatten gut. Damit er kräftig wächst, benötigt er nährstoffreiche, stets feuchte, aber gut durchlässige Erde. Bei ausreichender Bewässerung kann er aber auch an einen sonnigen Ort gestellt werden. Das Frühjahr ist der beste Zeitpunkt zum Teilen.

Standort: 💧 ☀
Vermehrung: ✂🌿
Eigenschaften: ∞ ❀ ❄
Schädlinge: Schnecken
Blütezeit: Sommer

Moschus-Malve

Malva moschata

Die Gattung ist mit 30 Arten ein-, zwei- und mehrjähriger Pflanzen in Europa, Nordafrika und Asien heimisch. Sie gehört zu den Malvengewächsen *(Malvaceae)*. Die allseits beliebte Moschus-Malve wächst buschig bis 80 cm hoch, wobei die verzweigten Triebe an der Basis verholzen. Weil ihre Blätter einen zarten Moschus-Duft verströmen, kam diese Malve zu ihrem Namen. Vom Frühsommer bis zum Herbstbeginn entstehen ihre hübschen, blass rosafarbenen Blüten. Gleichermaßen anmutig ist auch die weiß blühende Sorte 'Alba'. Die Moschus-Malve ist äußerst anspruchslos. In Kübel mit gut durchlässiger, nährstoffreicher Erde gepflanzt, gedeiht sie sowohl an sonnigen wie an halbschattigen Plätzen. Mit ihrem natürlichen Charme verleiht sie jedem Ort eine besondere Note. Nach der ersten Blüte empfiehlt es sich, sie zurückzuschneiden. Ansonsten sät sie sich leicht selbst aus. Sie lässt sich durch Aussaat im Frühjahr oder Stecklinge im Frühsommer vermehren.

Standort: 💧 ☀ – ☀
Vermehrung: ∘∘∘ ▨
Eigenschaften: ∞ ❀ ❄
Krankheiten: Rostpilze, Blattflecken
Blütezeit: Sommer

Meconopsis

Standort: ◗ ☀ – ☀ ⚠
Pflege: ❄ – ❄
Vermehrung: ⠐ ⚘
Eigenschaften: ☉/∞ ✿
Krankheiten: Echter Mehltau
Blütezeit: Frühjahr – Sommer

Scheinmohn

Meconopsis

Aus dem Himalaja stammen die ein- und zweijährigen oder als kurzlebige Stauden wachsenden Arten, die der Familie der Mohngewächse *(Papaveraceae)* angehören. Ihre anmutigen Farbkontraste und die fragile Schönheit der schalenförmigen Blüten mit den Blütenblättern wie aus Seide lässt das Herz jedes Pflanzenfreundes höher schlagen. Ob als Terrasseneinfassung oder in Töpfen und Blumenkästen – mit dem Scheinmohn lassen sich mühelos lebhaft farbige Akzente setzen. Himmelblau blüht *Meconopsis x sheldonii* (100 cm hoch), während *M. cambrica* (50 cm) gelb bis orange leuchtet. Die am geeigneten Standort frostharten Pflanzen schätzen nährstoffreiche, lockere Erde, die feucht gehalten werden sollte. Staunässe vertragen sie aber nicht, ebenso wenig wie Trockenheit und Hitze. Deshalb sollte man sie an einen halbschattigen, kühlen Ort stellen. Die Vermehrung des Scheinmohns erfolgt durch Aussaat oder Teilung im Frühjahr.

Ananas-Minze

Mentha suaveolens

ⓘ

Standort: ◗ ☀ – ☀
Vermehrung: ⛏ ⚘
Eigenschaften: ∞ ✿ ❄
Krankheiten: Echter Mehltau,
   Rostpilze
Blütezeit: Sommer

Diese in West- und Südeuropa und im Mittelmeerraum verbreitete, weiß oder rosa blühende Art hat runde Blätter, die gesägt und weich behaart, manchmal am Rand wellig oder eingerollt sind. Daher auch der Name »Rundblättrige Minze«. Die Sorte 'Variegata' besitzt Blätter mit breiten, cremefarbenen Rändern und Flecken, die zudem noch einen kräftigen, fruchtigen Duft verströmen. Sie schmecken ähnlich wie die der Grünen Minze und werden auch in der Küche verwendet; wegen ihrer Behaarung isst man sie selten frisch, dafür lassen sie sich ausgezeichnet kandieren. Wie bei den anderen Minze-Arten können die jungen aromatischen Blätter während der gesamten Wachstumszeit geschnitten und frisch verwendet werden. Sie wird gerne als Blattschmuckpflanze in Balkonkästen und Ampeln eingesetzt. Die Pflege und Vermehrung entspricht der Grünen Minze, nur wächst sie lieber im lichten Schatten als in der prallen Sonne.

Gauklerblume

Mimulus

Die etwa 180 Arten umfassende Gattung gehört zu den Braunwurzgewächsen (*Scrophulariaceae*) und besticht durch ihre Vielfältigkeit. Ihre röhren- bis trichterförmigen Blüten leuchten in mannigfachen Farbnuancen. Zum Teil sind sie auffällig gefleckt oder gesprenkelt. Eine für die Topfbepflanzung geeignete Staudenart ist *Mimulus cardinalis*, die etwa 50 cm hoch wird. Ihre scharlachroten Blüten gedeihen den ganzen Sommer über bis zu den ersten Frösten. Da die zarte Pflanze an windigen oder regnerischen Tagen leicht beschädigt werden kann, wird sie am besten geschützt aufgestellt. Sie liebt sonnige, trockene Plätze ebenso wie die nicht frostharte *M. cupreus*. Diese Einjährige wird etwa 20 cm hoch und ist in zahlreichen Rot- und Gelbtönen erhältlich. Die Erde sollte nährstoffreich und gut feucht sein, in den Sommermonaten wird wöchentlich gedüngt. Ein Winterschutz ist empfehlenswert. Vermehrt wird über Aussaat, Teilung oder Stecklinge im Frühjahr.

Blaues Pfeifengras

Molinia caerulea

Das ausdauernde Süßgras (*Poaceae*) ist mit zwei Arten in Europas und Asiens Heide- und Moorlandschaften zu Hause. Die goldbraune Herbstfärbung und die reizvolle Wuchsform lassen das Gras in gemischten Kübeln sehr dekorativ wirken. Das büschelig wachsende Blaue Pfeifengras bildet bis 50 cm lange, schmale, grüne Blätter. Vom Frühling bis in den Herbst entstehen violett getönte Ähren in schlanken Rispen. Im Gegensatz zu der bis 1,5 m hohen Art eignet sich die nur 60 cm hohe, weiß gestreifte Sorte 'Variegata' auch für kleinere Gefäße. Auch die Sorte 'Moorhexe' ist mit ihren dunkel purpurfarbenen Blütenständen eine gute Wahl. Das frostharte Gras wächst am besten in saurer, gut feucht gehaltener Erde an einem Standort in der vollen Sonne oder im Halbschatten. Es passt sehr gut zu Heidepflanzen. Die Gräser werden ausgesät oder durch Teilung vermehrt, Sämlinge von Sorten variieren stark.

ⓘ

Standort: 💧 ☀ – ☀ ⚠
Vermehrung: ⦂° 🎴 ✄
Eigenschaften: ☉/∞ ✿
Krankheiten: Mehltaupilze
Schädlinge: Schnecken
Blütezeit: Sommer – Herbst

Molinia caerulea

Standort: 💧 ☀ – ☀
Vermehrung: ⦂° ✄
Eigenschaften: ∞ ✿ ❄
Blütezeit: Frühjahr – Herbst

Indianernessel

Monarda-Hybriden

ℹ️

Standort: ○ ☀️ — ☀️
Vermehrung: ⋰° 🖼️
Eigenschaften: ∞ ❀ ❄️
Blütezeit: Sommer

Die aus Nordamerika stammende Gattung gehört zu den Lippenblütlern *(Lamia-ceae)*. Ihre aromatischen, grün oder seltener auch violett gefärbten Blätter werden unter anderem auch zur Aromatisierung von Tees benutzt. Die an Salbei erinnernden, je nach Sorte weißen, roten oder violetten Blüten erscheinen vom Hochsommer bis in den frühen Herbst und wirken anziehend auf Bienen und Schmetterlinge. 'Adam' besticht durch kirschrote Blüten, während 'Beauty of Cobham' lilarosa leuchtet und 'Schneewittchen' weiß blüht. Monarden werden über 1 m hoch und sind imposante Kübelpflanzen auf Terrasse und Balkon. Die pflegeleichten, frostharten Pflanzen wachsen in der Sonne und im Halbschatten. Sie vertragen Trockenheit besser als Nässe, sollten im Sommer aber nicht austrocknen und im Winter nicht zu feucht stehen. Im Winter kann man sie bis zur Basis zurückschneiden, eine Düngung im Frühjahr fördert das Wachstum. Vermehrt wird über Teilung oder Stecklinge.

Monarda 'Squaw'

Blau-Minze

Nepeta x faassenii

Diese zur Familie der Lippenblütler *(Lamiaceae)* gehörende, horstartig wachsende Staude ist über die gesamte Nordhalbkugel der Erde verteilt. Sie bildet den ganzen Sommer hindurch lilablaue Blüten, die quirlartig an den langen Blütentrieben sitzen. Ihre silbergrauen Blätter verströmen beim Zerreiben einen aromatischen Duft. Anders als viele verwandte Arten lockt sie damit jedoch keine Katzen an. Die Blau-Minze wird etwa 50 cm hoch und wächst stark in die Breite. Daher eignet sie sich vor allem als Rabattenpflanze oder für größere Pflanzgefäße. Um gut zu gedeihen, benötigt sie einen vollsonnigen Standort und nährstoffreiche, gut wasserdurchlässige Erde. Heiße und trockene Witterungsverhältnisse übersteht die Staude unbeschadet. Sie sollte jedoch nach der ersten Blüte zurückgeschnitten werden, um ihren kompakten Wuchs zu bewahren und zu einer üppigen zweiten Blüte angeregt zu werden. Vermehrt wird über Aussaat, Teilung oder Stecklinge.

ⓘ

Standort: ◌ ☼
Vermehrung: ⸲° ▱ ⸙
Eigenschaften: ∞ ✿ ❄
Krankheiten: Echter Mehltau
Schädlinge: Schnecken
Blütezeit: Sommer – Herbst

Nachtkerze

Oenothera

Die aus den gemäßigten Klimazonen des amerikanischen Kontinents stammende, über 100 Arten umfassende Gattung gehört zur Familie der Nachtkerzengewächse *(Onagraceae)*. Im Sommer bilden sich bei den meisten Arten leuchtend gelbe Blüten, die bis 30 cm hohe *Oenothera speciosa* blüht dagegen zart rosa. Die in der Regel nur nachts duftenden Nachtkerzen lassen ihre Blüten zum Teil tagsüber geschlossen. Aus den winzigen Samen lässt sich Nachtkerzenöl gewinnen. Die Stauden lieben die Sonne und vertragen auch Trockenheit gut. Sie bevorzugen ein sandiges, gut durchlässiges Substrat. Für die Kultur auf Balkon und Terrasse ist auch *O. tetragona* zu empfehlen, die Sorte 'Fryverkeri' wird 40 cm groß, hat purpurbraune Blätter und leuchtend gelbe Blüten. Sehr dekorativ ist auch 'Rosea' mit ihren weißen, rosa überlaufenden Blüten und gelber Mitte. Die modernen Hybrid-Sorten sind weniger frostverträglich und werden meist ein- oder zweijährig kultiviert.

Standort: ◌ ☼
Pflege: 🏷 *Hybriden*
Vermehrung: ⸲° ▱
Eigenschaften: ☉/∞ ✿ ❄
Blütezeit: Sommer

Schlangenbart

Ophiopogon

Standort: 💧 ☀ – ☀
Pflege: ⚘ *O. planiscapus*
❄ – 🌡 *O. jaburan*
Vermehrung: ⸫ ✂
Eigenschaften: ∞ ❀ 🍃
Schädlinge: Schnecken
Blütezeit: Sommer

Der aus Ostasien stammende Schlangenbart gehört zu den Maiglöckchengewächsen *(Convallariaceae)*, wird aber besonders wegen seiner immergrünen, grasartigen Blätterbüschel geschätzt. Die in Japan beheimatete Art *Ophiopogon jaburan* ist nicht frosthart und wird daher in Mitteleuropa am besten als Topfpflanze kultiviert. *O. planiscapus* verträgt im Freien leichte Fröste. Auf jeden Fall empfiehlt sich ein Winterschutz. Je nach Sorte sind die linealischen, überhängenden Blätter einfach dunkelgrün, weiß gestreift oder wie bei 'Nigrescens' sogar schwarzgrün. Im Sommer erscheinen zudem Blütenschäfte mit weißen, glockenförmigen Blüten. Die bis 20 cm hohe Art ist ideal für bunte Balkonkästen. Der Schlangenbart bevorzugt einen halbschattigen bis schattigen Standort und feuchtes, wasserdurchlässiges, nährstoffreiches Substrat. Im Sommer wird er reichlich gegossen und monatlich gedüngt. Im Frühjahr kann ausgesät oder geteilt werden.

Zier-Oregano

Origanum laevigatum

Standort: ○ ☀
Vermehrung: ⸫ ✂
Eigenschaften: ∞ ❀ ❄
Blütezeit: Sommer – Herbst

Die aus dem Mittelmeerraum und Südwest-Asien stammende Staudengattung ist vor allem durch die als Küchenkräuter gebräuchlichen Arten *Origanum vulgare* (Oregano) und *O. majorana* (Majoran) bekannt. Beliebt sind die Lippenblütler *(Lamiaceae)* nicht nur wegen ihres aromatischen Duftes, sondern auch wegen ihrer kräftig dunkelgrünen, manchmal bläulich oder purpurn schimmernden Blätter und den dekorativen Blütenständen. Die frostharte, mehrjährige Art *O. laevigatum* bildet den ganzen Sommer hindurch über dem dunkelgrünen Laub zahlreiche rosaviolette Blüten, deren Nektar bei Bienen und Schmetterlingen sehr beliebt ist. Die Sorte 'Herrenhausen' wird etwa 40 cm hoch, besitzt dunkelpurpur schimmernde Blätter und tief violette Blüten. Um gut zu gedeihen, benötigt der Dost einen vollsonnigen Standort und eher nährstoffarme, sandige Substrate. Auch im Sommer wird er nur wenig gegossen und gedüngt. Vermehrt wird über Teilung oder Stecklinge im Frühjahr.

Origanum

Königsfarn

Osmunda regalis

Die aus etwa zwölf Arten bestehende Gattung Osmunda ist außer in Australien fast in der gesamten Welt beheimatet. Sie gehört zur Familie der Königsfarngewächse *(Osmundaceae)*. Die größte Art, Osmunda regalis, kann über einen Meter hoch werden, die Sorte 'Gracilis' bleibt mit 60 cm kleiner und passt gut auf schattige Terrassen und Balkone. Im Sommer trägt der Farn hellgrüne Wedel, die dichte Büschel bilden und sich im Herbst gelb bis goldbraun verfärben. Die aufrechten, rötlich braunen Sporenwedel, die sich aus den inneren Wedeln bilden, dienen der Vermehrung. Der Königsfarn sollte vorzugsweise in feuchter, gut durchlässiger, nährstoffreicher Erde angepflanzt und an einem halbschattigen Standort aufgestellt werden. Solange ausreichend Wasser vorhanden ist, verträgt die Pflanze aber auch sonnige Plätze. Vermehrt wird der Königsfarn durch Aussaat der Sporen im Sommer oder Teilung bestehender Pflanzen im Herbst.

Standort: 💧 ☀—☀
Vermehrung: ∘°° ✤
Eigenschaften: ∞ ❀ ❄
Blütezeit: Sommer

Sauerklee

Oxalis

Standort: 💧 ☼ – ☼ ⚠
Pflege: ❄ – ❄ je nach Art
Vermehrung: ∘ ∘ 🖋
Eigenschaften: ∞ ❀
Krankheiten: Rostpilze
Schädlinge: Schnecken
Blütezeit: Frühjahr – Sommer

Die etwa 500 Arten umfassende Gattung Oxalis wird besonders wegen ihrer kleeartigen Blätter und der farbenfrohen, trichterförmigen Blüten geschätzt, die ähnlich wie die Blätter bei Nacht zum Teil geschlossen sind. Sie gehören zur Familie der Sauerkleegewächse *(Oxalidaceae)* und stammen zum Großteil aus dem südlichen Afrika und Südamerika. Neben dem beliebten Glücksklee *(O. deppei)*, der wegen seiner vierteiligen Blätter gerne an Sylvester oder Neujahr verschenkt wird, gibt es auch ausdauernde Arten dieser Knollengewächse, die in Schalen oder Kästen auf Balkon und Terrasse gedeihen. Eine davon ist *O. adenophylla* mit silbrig glänzenden Blättern und rosa Blüten mit weißem Schlund. Sie liebt es sonnig und warm sowie mäßig nährstoffreiche, saure Erde, die stets feucht gehalten und nur mäßig aufgedüngt werden sollte. *O. acetosella* steht lieber an schattigen Plätzen. Vermehrt wird im Frühjahr über Aussaat oder Brutknollen.

Rutenhirse

Panicum virgatum

Standort: 💧 ☼ – ☼ 🖋
Vermehrung: ∘ ∘ 🖋
Eigenschaften: ∞ ❀ 🥀 ❄
Blütezeit: Sommer

Die weltweit über 400 Arten umfassende Gattung ist mit ihren luftig leichten Blütenständen vor allem bei Floristen beliebt. Sie gehört zu den Echten Gräsern *(Poaceae)*. Für die Terrassen- oder Balkonbepflanzung bietet sich die Rutenhirse als Wind- und Sichtschutz an, denn sie bildet über 1 m hohe Horste. Als Einzelpflanze in einem großen Kübel wirkt sie besonders dekorativ. Die Halme und Blätter verfärben sich je nach Sorte im Winter hell- bis rotbraun. Ab dem Spätsommer erscheinen die Blütenstände – breite, lockere, überhängende Rispen, die im Herbst einen roten oder bronzefarbenen Schimmer annehmen. Die Rutenhirse wächst an sonnigen bis halbschattigen Standorten in mäßig fruchtbarer, gut durchlässiger Erde. Obwohl sie auch trockene Böden verträgt, sollte sie regelmäßig gegossen und eher nass als feucht gehalten werden. Eine mäßige Düngung ist zu empfehlen. Nach dem Winter kann man sie zurückschneiden, aussäen oder teilen.

Island-Mohn

Papaver nudicaule

Weltweit existieren rund 70 Mohn-Arten, die in Europa, Asien, Afrika, Nordamerika und selbst in der Arktis heimisch sind. Sie gehören zur Familie der Mohngewächse *(Papaveraceae)*. Die bekanntesten sind der wild wachsende Klatsch-Mohn und der berüchtigte, zur Herstellung von Opiaten verwendete Schlaf-Mohn. Der in Asien und Teilen Nordamerikas beheimatete Island-Mohn wird meist ein- oder zweijährig kultiviert und wächst buschig etwa 30 cm hoch. Er eignet sich hervorragend für die Balkonkastenbepflanzung, zum Beispiel zusammen mit Blau-Schwingel und Steinbrech-Arten. Im Frühjahr erscheinen über dem blassgrünen Laub einzelne, schalenförmige Blüten, die wunderbar duften und in Weiß, Gelb, Orange oder roten Tönen erhältlich sind. Der Island-Mohn, dessen Milchsaft hoch giftig ist, bevorzugt einen sonnigen Standort in leichter, sandiger Erde. Er sollte nicht zu nass gehalten werden. Regelmäßiges Düngen und Ausputzen verlängert die Blüte.

Standort: ○ ☼ ⟁
Vermehrung: ∘°°
Eigenschaften: ✖ ∞ ❀ ❄
Krankheiten: Falscher Mehltau
Blütezeit: Frühjahr – Sommer

Papaver nudicaule

Pennisetum alopecuroides

Standort: ◌ ☼ ⚠
Pflege: ⚘ – ❄
Vermehrung: ⸰° ⚘⚘
Eigenschaften: ∞ ❀
Blütezeit: Sommer – Herbst

Federborstengras

Pennisetum alopecuroides

Das wunderbar büschelig wachsende, immergrüne Federborstengras wird meist wegen seiner eindrucksvollen, bürstenartigen Blütenstände kultiviert, die in der Floristik sehr beliebt sind. Von Sommer bis Herbst entstehen an dem in Asien und Australien beheimateten Ziergras aus der Familie Poaceae hellgrüne bis dunkelviolette Blütenstände, die bis 20 cm lang werden und bei morgendlichem Tauwetter besonders eindrucksvoll wirken. Die satt grünen, bis zu 60 cm langen, flachen Blätter wirken vergleichsweise unscheinbar. Das Federborstengras bevorzugt einen sonnigen Standort in gut durchlässiger, mäßig fruchtbarer Erde und braucht nur mäßig gegossen und gedüngt zu werden. Die Sorten sind häufig nur bedingt frosthart und sollten in den Wintermonaten in das Haus geholt oder abgedeckt werden. Das verwelkte Laub darf erst im Frühjahr zurückgeschnitten werden. Zu dieser Zeit kann auch die Aussaat neuer oder die Teilung alter Pflanzen erfolgen.

Phlox

Phlox

Standort: ♦ – ◌ je nach Art, ☼ – ☼
Pflege: ⚘
Vermehrung: ⸰° ⊠
Eigenschaften: ∞ ❀
Krankheiten: Echter Mehltau,
  Blattflecken
Schädlinge: Blattgallen, Nematoden
Blütezeit: Frühjahr – Sommer

In dieser Gattung sind über 60 Arten einjähriger Kräuter oder immergrüner Stauden versammelt, die zur Familie der Sperrkrautgewächse (Polemoniaceae) gehören. Die meist aus Nordafrika stammenden Pflanzen sind wegen ihrer unzähligen, leuchtenden und duftenden Blüten beliebt. Sie sind ein schöner Blickfang auf Balkon und Terrasse, wobei die höheren Arten wie *Phlox-Paniculata*-Hybriden schöne Kübelpflanzen abgeben, und niedrige, Polster bildene Arten wie *P. douglasii* gut in Balkonkästen gedeihen. Die hohen Arten benötigen im Wachstum viel Wasser, während die niedrigen auch trockener stehen können. Der Standort sollte möglichst sonnig sein. Hohe Flammenblumen blühen wochenlang, wenn man einige Blütentriebe nach der ersten Blüte einkürzt und sie im Frühjahr kräftig düngt. Bei beiden Arten empfiehlt sich in kalten Lagen eine Abdeckung mit Torf oder Reisig. Im Sommer lassen sich von den Sorten Stecklinge schneiden.

Phlox

Ballonblume

Platycodon grandiflorus

Platycodon

Die einzige Art dieser Gattung ist in Ostasien heimisch und gehört zur Familie der Glockenblumengewächse *(Campanulaceae)*. Die Staude wächst buschig aufrecht, je nach Sorte 30–60 cm hoch und bildet rübenartige, verdickte Wurzeln. Im Sommer erscheinen über den lanzettlichen, bläulich grünen Blättern breit glockenförmige Blüten, die weiß, rosa, blau oder violett sein können. Die pflegeleichten Pflanzen bevorzugen lehmige, gut feuchte, aber wasserdurchlässige Substrate und gedeihen in der Sonne wie im Halbschatten. Bei einem sonnigen Standort ist der Wasserbedarf höher. Während der Wachstumszeit sind gelegentliche Düngergaben zu empfehlen. Die Blütenstauden eignen sich für Steingärten genauso wie für Töpfe und Schalen. Rutenhirse, Nachtkerze oder Prachtscharte zum Beispiel sind hübsche Partner. Im Winter kann man sie kräftig zurückschneiden, im Frühjahr wird ausgesät. Die Triebe führen Milchsaft.

Standort: ◖ ☼ – ☀
Vermehrung: ⟡
Eigenschaften: ∞ ❀ ❄
Schädlinge: Schnecken
Blütezeit: Sommer

Polystichum

ℹ

Standort: 💧 ☀ – ☀
Pflege: 🕸
Vermehrung: ✂
Eigenschaften: ∞ 🍃

Schildfarn

Polystichum

Die in Gebirgswäldern von Europa bis Asien gedeihenden Farne gehören zur Familie der Wurmfarngewächse *(Dryopteridaceae)*. Mit ihren teils mehrfach gefiederten, ledrigen Wedeln sind sie beliebte Zierpflanzen für nicht so sonnenverwöhnte Balkone und Terrassen. *Polystichum setiferum* besitzt lange, weiche, auch im Winter noch grüne Wedel. Die Sprossspitzen und die Stiele der Wedel sind mit großen, braunen Schuppen bedeckt. Er wird je nach Sorte 50–100 cm hoch und wächst in Balkonkästen oder einzeln in großen Pflanzgefäßen. Schildfarne lieben Schatten oder Halbschatten und bevorzugen humusreiche, gut feucht gehaltene Substrate, die aber nicht staunass sein dürfen. Eine gute Luftversorgung der Wurzeln muss gewährleistet sein, damit sie nicht faulen. Sie lieben es, ungestört zu wachsen, doch große Exemplare kann man im Frühjahr einfach teilen. In kalten Gegenden sollte man sie vor Frosteinwirkung schützen.

ℹ

Standort: 💧 ☀ – ☀
Vermehrung: ∘ ✂
Eigenschaften: ∞ 🍃 ❄
Krankheiten: Wurzelhalsfäule,
*   Grauschimmel*
Schädlinge: Blattläuse,
*   Dickmaulrüssler, Schnecken*
Blütezeit: Frühjahr

Kugel-Primel

Primula denticulata

Die vielseitige Gattung der Primeln oder Schlüsselblumen ist auf der nördlichen Erdhalbkugel weit verbreitet. Fast die Hälfte aller Primelgewächse *(Primulaceae)* stammt aus dem Himalaja. Die Kugel-Primel stammt aus den feuchten Gebirgsregionen Asiens. Ihre kräftigen Blütentriebe tragen im Frühjahr auffällige, kugelige Dolden, bei der Art mit hell violetten Blüten und gelber Mitte, bei Sorten auch in Weiß oder Karminrot. Erst nach der Blüte bilden sich kräftige Rosetten mit spatelförmigen, mittelgrünen Blättern. Die Art bevorzugt nährstoffreiche, humose Erde, die gut feucht gehalten werden sollte. Ideal sind halbschattige bis schattige Plätze. Nur wenn die Erde dauerhaft feucht gehalten wird, verträgt sie ein paar Sonnenstrahlen mehr. In Balkonkästen oder Schalen kann man ihr gut die Zwerg-Herzblume, Hyazinthen, Vergissmeinnicht, Farne oder Schatten liebende Gräser zugesellen. Im Frühjahr kann man aussäen, nach der Blüte teilen.

Japanische Etagen-Primel

Primula japonica

Primula japonica

Die Japanische Etagen-Primel stammt, wie der Name schon vermuten lässt, aus Japan. Dort wächst sie auf feuchten Weiden und in schattigen, leicht bewaldeten Sumpfgebieten. Zum Teil ist sie noch in Höhen über 4000 m zu finden. Deshalb ist auch auf dem Balkon oder der Terrasse ein halbschattiger bis schattiger Standort Voraussetzung für ein gutes Gedeihen, genauso wie humose, kalkfreie und stets feuchte Erde, die aber eine gute Wasserdurchlässigkeit aufweisen sollte. Die Staude kann auch gut am Teichrand stehen. Die Art wird mit ihren kräftigen Blütenstielen bis 50 cm hoch. Auffällig sind die in Etagen angeordneten Blütenquirle, die bei der Art karmesinrot sind, bei der Sorte 'Alba' auch weiß. Die Kandelaber-Primel *(P. bulleyana)* blüht ebenfalls in Etagen, und zwar mit orangeroten oder gelben, duftenden Blütenquirlen. Sie ist in Pflanzgefäßen ebenso hübsch. Man kann die Pflanzen nach der Blüte teilen oder im Frühjahr aussäen.

Standort: ◖ ☼ — ☼
Vermehrung: ∘°° ✀
Eigenschaften: ∞ ✿ ❄
Krankheiten: Wurzelhalsfäule,
  Grauschimmel
Schädlinge: Blattläuse, Schnecken
Blütezeit: Sommer

Echte Schlüsselblume

Primula veris

Primula veris

Die in Europa und Westasien verbreitete Echte Schlüsselblume, auch Wiesen-Schlüsselblume genannt, kommt am natürlichen Standort auf trockenen, sonnigen Wiesen vor. Im Vergleich zu den bisher beschriebenen Arten wächst sie auch auf kalkhaltigem Boden, der aber nährstoffreich und humos sein sollte. Sie gedeiht in der Sonne wie im Halbschatten. Im Frühjahr erscheinen duftende, gelbe Blüten auf kräftigen Blütenstielen, die im Schlund orangefarben gefleckt sind. In einer Dolde sitzen bis zu 30 Einzelblüten. Die Echte Schlüsselblume passt mit ihrem Wildstauden-Charakter gut in Steingärten und Pflanzgefäße. Ebenfalls sonnenliebende und im Frühjahr blühende Arten sind die bis 10 cm hohe *Primula auricula*, von der es zahlreiche, farbenfrohe Sorten gibt und *P. x pubescens* in Pastelltönen. Die Vermehrung erfolgt wie bereits bei den anderen Primel-Arten beschrieben.

Standort: ◌ ☼ — ☼
Vermehrung: ∘°° ✀
Eigenschaften: ∞ ✿ ❄
Krankheiten: Wurzelhalsfäule,
  Grauschimmel
Schädlinge: Blattläuse,
  Dickmaulrüssler, Schnecken
Blütezeit: Frühjahr

Primula vulgaris

Standort: ◐ ☼ – ☀
Vermehrung: ⚬° ⚒
Eigenschaften: ∞ ✿ ❄
Krankheiten: *Wurzelhalsfäule,*
  Grauschimmel
Schädlinge: *Blattläuse,*
  Dickmaulrüssler, Schnecken
Blütezeit: *Frühjahr*

Kissen-Primel

Primula vulgaris

Die Urform der Kissen-Primel oder Stängellosen Schlüsselblume stammt aus West- und Südeuropa. Sie bildet Rosetten mit spatelförmigen, runzligen, mittelgrünen Blättern, die auf der Unterseite weich behaart sind. Während die Art im zeitigen Frühjahr hellgelb mit dunkler Mitte blüht, erfreuen die zahlreichen Sorten mit fast jeder erdenklichen Blütenfarbe. Die duftenden Einzelblüten bestehen aus fünf Blütenblättern und sitzen in dichten Dolden. Kissen-Primeln bringen zusammen mit Zwiebelblumen Farbe auf den Frühlingsbalkon. Die Blüten sind allerdings frostempfindlich. Sie wachsen an sonnigen bis leicht schattigen Plätzen. Das Substrat sollte nährstoffreich sein, von lockerer Struktur und gut feucht gehalten werden. Die Sorten werden meist über Aussaat vermehrt. Mit früh bis spät blühenden Sorten lässt sich die Blütezeit gut verlängern. Wenn sie im Balkonkasten Platz für Sommerblüher brauchen, kann man die Primeln im Garten auspflanzen.

Alpen-Gämskresse

Pritzelago alpina

Standort: ◌ ☼ – ☀
Vermehrung: ⚬° ⚒
Eigenschaften: ∞ ✿ ❄
Blütezeit: *Frühjahr – Sommer*

Diese Teppich bildende Staude ist in Südeuropa bis zum Balkan zu Hause. Sie gehört zur Familie der Kreuzblütler *(Brassicaceae)* und ist häufig noch unter ihrem früheren botanischen Namen *Hutchinsia alpina* bekannt. Im späten Frühjahr sind die etwa 10 cm hohen Blattpolster über und über mit rein weißen Blütendolden übersät. Die Alpen-Gämskresse ist eine beliebte Staude für den Steingarten, da sie rasch freie Bodenflächen begrünt. Aber auch in Balkonkästen oder Kübeln füllt sie mit ihren dichten Polstern im Nu jede Lücke. In einem passenden Gefäß können Sie sich auch auf dem Balkon oder der Terrasse einen kleinen Steingarten anlegen. Hübsche Nachbarn sind zum Beispiel niedrige Glockenblumen, Blaukissen oder Hungerblümchen *(Draba)*. Bevorzugt wächst sie im lichten Schatten. Das Substrat sollte leicht feucht gehalten werden, aber gut abtrocknen können. Vermehrt wird über Teilung oder Aussaat.

Gewöhnliche Küchenschelle

Pulsatilla vulgaris

Die Küchenschellen oder Kuhschellen stammen ursprünglich von Gebirgswiesen in Eurasien und Nordamerika und gehören zur Familie der Hahnenfußgewächse *(Ranunculaceae)*. Sie werden vor allem wegen der fein geschlitzten, farnartigen Blätter, die erst nach der Blüte erscheinen, und der einzelnen, meist seidig behaarten, glocken- oder becherförmigen Blüten im Frühjahr und Frühsommer kultiviert. Die Gewöhnliche Küchenschelle wächst mit buschigen Horsten und bildet kräftige, dunkle Wurzelstöcke. Ihre Blüten variieren von hell- bis dunkelviolett, rot bis weiß. Sie bevorzugt nährstoffreiche, eher trockene und gut durchlässige Erde und einen vollsonnigen Standort. Nasskaltes Wetter mag sie nicht. Die Wildform steht unter Naturschutz. Am liebsten wächst sie ungestört, große Pflanzen kann man jedoch im Frühjahr teilen. Die Vermehrung gelingt auch über Aussaat oder Wurzelschnittlinge. Der Pflanzensaft kann Hautreizungen auslösen.

Standort: ○ ☀ ⚠
Vermehrung: ⋰ ✂
Eigenschaften: ✖ ∞ ❀ ❄
Blütezeit: Frühjahr

Pulsatilla vulgaris

Feuerdorn

Pyracantha

Standort: ◊ ☼ — ☀
Vermehrung: ∘° ▨
Eigenschaften: ✖ ∞ ❀ ❄
Blütezeit: Frühjahr

Der im Mittelmeerraum und den gemäßigten Zonen Asiens heimische Feuerdorn ist wegen seiner im Herbst und Winter überaus zahlreichen, leuchtend roten, gelben oder orangefarbenen Beeren sehr beliebt. Die Arten gehören zur Familie der Rosengewächse *(Rosaceae)*. Sehr verbreitet ist die äußerst robuste Art Pyracantha coccinea, die zwar über 2 m hoch wird, im Kübel aber immer in die gewünschte Höhe geschnitten werden kann. Zu beachten ist aber, dass erst die zweijährigen Triebe blühen. Die dornigen Triebe tragen im Frühjahr Rispen mit kleinen, weißen Blüten, aus denen sich die bunten Beeren entwickeln, die bis tief in den Winter haften. Der Feuerdorn benötigt nicht viel Nährstoffe und verträgt auch Trockenheit gut. Der Standort kann sonnig bis halbschattig sein. Er kann an einem Spalier hochgezogen oder als Windschutz gepflanzt werden. Vermehrt wird über Stecklinge oder Aussaat. Die Früchte können nach Verzehr leichte Übelkeit verursachen.

Pyracantha

Steppen-Salbei

Salvia nemorosa

Salvia nemorosa

Mit 900 Arten ein- oder mehrjähriger, krautiger Pflanzen sowie Sträuchern und Halbsträuchern ist *Salvia* die größte Gattung innerhalb der Lippenblütler-Familie *(Lamiaceae)*. Außer in tropischen Regenwäldern und sehr kalten Regionen findet man überall auf der Welt Salbeipflanzen. Typisch für alle Arten ist die röhrenförmige, zweilippige Blüte, wobei die untere Lippe meist flach und die obere wie ein Helm geformt ist. Der buschig wachsende, mehrjährige Steppen-Salbei wird je nach Sorte 30–50 cm hoch. Im Sommer trägt er viele schlanke, aufrechte Ähren mit rosafarbenen bis rotvioletten oder auch blauen Blüten. Er mag sonnige Plätze und steht lieber zu trocken als zu nass. Das Substrat sollte nährstoffreich sein, Düngergaben während der Wachstumszeit sind willkommen. Schneidet man ihn gleich nach der Blüte zurück, blüht er ein weiteres Mal. Im Frühjahr kann man Stecklinge schneiden oder die Pflanze teilen. Eine Aussaat ist auch möglich.

Standort: ◊ ☼
Vermehrung: ˙ 🗺 🪒
Eigenschaften: ∞ ❀ ❄
Blütezeit: Sommer

Echter Salbei

Salvia officinalis

Salvia officinalis 'purpurascens'

Dieser dekorative, mehrjährige Halbstrauch stammt aus dem Mittelmeerraum und gehört wie viele Kräuter zur Familie der Lippenblütler *(Lamiaceae)*. Die jungen Triebe und Blätter der stark aromatischen Pflanze können den ganzen Sommer hindurch geerntet und zum Würzen verwendet werden. Für die Teezubereitung erntet man kurz vor der Blüte. Die Blätter lassen sich durch Einfrieren oder Trocknung gut konservieren. Der stark wachsende Muskateller-Salbei duftet noch kräftiger und wird für kosmetische Zwecke und als Zierpflanze angebaut. Salbei schätzt durchlässige, trockene Erde und viel Sonne an einem windgeschützten Standort. Er wird trocken gehalten und nur einmal im Monat gedüngt. Die Anzucht ist durch Aussaat, Stecklinge oder Teilung möglich. Im Frühjahr empfiehlt sich ein starker Rückschnitt. In der Antike galt Salbei als Allheilmittel zur Entzündungs- und Wundheilung – daher der Name: Das lateinische salvere bedeutet »sich wohlfühlen«.

Standort: ◊ ☼ ⚠
Vermehrung: ˙ 🗺 🪒
Eigenschaften: ∞
Krankheiten: Wurzelhalsfäule
Schädlinge: Schnecken, Blattläuse,
   Spinnmilben, Weiße Fliege
Blütezeit: Sommer (Ernte)

Heiligenkraut

Santolina chamaecyparissus

ⓘ

Standort: ◌ ☼ ⛰
Pflege: ⛰
Vermehrung: ▭
Eigenschaften: ∞ ❁ ❧
Blütezeit: Sommer

Das Heiligenkraut ist in trockenen, felsigen Lebensräumen im Mittelmeerraum heimisch. Es gehört zur Familie der Korbblütler *(Asteraceae).* Santolina chamaecyparissus wächst als rundlicher, immergrüner Halbstrauch bis 30 cm hoch. Die Triebe sind dicht mit länglichen, fein gefiederten, grauweiß filzigen Blättern besetzt, die einen angenehmen Duft verströmen. Im Hoch- und Spätsommer trägt das Zypressenkraut, wie es auch genannt wird, leuchtend gelbe Blütenköpfchen. Schöne Sorten sind 'Lambrook Silver' mit silbergrauen Blättern und die gedrungene 'Lemon Queen' mit zitronengelben Blütenköpfchen. Die Pflanze steht gern an sonnigen, trockenen Plätzen, am besten geschützt. Sie ist nur in milden Gegenden frosthart, ein Winterschutz ist anzuraten. Sie wächst in normaler Balkonpflanzenerde und kann zum Winterende in Form geschnitten werden. Vermehrt wird im Frühjahr durch Stecklinge.

Santolina chamaecyparissus

Steinbrech

Saxifraga

Die Gattung besteht aus rund 440 meist immergrünen Arten, die vor allem in den gemäßigten Klimazonen sowie alpinen und subarktischen Regionen der Nordhalbkugel heimisch sind. Sie gehören zu den Steinbrechgewächsen *(Saxifragaceae)*. Im Angebot sind viele Arten und Sorten, die sich auch für Balkon oder Terrasse eignen. *Saxifraga x apiculata* und die *Saxifraga-Arendsii*-Hybriden bilden dichte, immergrüne Polster aus kleinen, lanzettlichen Blättern. Die erstgenannte Art blüht im Frühjahr in gelben Tönen, die Sorten des Moos-Steinbrech leuchten in Rot, Rosa, Gelb und Weiß. Das Porzellanblümchen *(S. umbrosa)* bildet dunkelgrüne Blattrosetten und kleine, weiße, sternförmige Blüten an bis 30 cm hohen, lockeren Blütenrispen. Alle genannten Arten bevorzugen leicht schattige, trockene Plätze und vertragen keine andauernde Nässe. Das Substrat sollte humos sein und stets mäßig feucht gehalten werden. Im Frühjahr lassen sich die Polster leicht teilen.

Standort: ◗ ☀
Vermehrung: ✂
Eigenschaften: ∞ ❀ ❄
Schädlinge: Blattläuse, Spinnmilben, Dickmaulrüssler
Blütezeit: Frühjahr

Skabiose

Scabiosa caucasica

Diese Gattung mit etwa 80 ein-, zwei- oder mehrjährigen Arten ist in den gemäßigten Regionen weit verbreitet. Sie gehört zu den Kardengewächsen *(Dipsacaceae)*. Die als Schnittblume und Rabattenstaude beliebte, ausdauernde *Scabiosa caucasica* bringt im Sommer große Blütenköpfchen mit gekräuselten Blütenblättern hervor. Sie sind je nach Sorte rosa, rot, rotviolett oder blau. Die buschige Pflanze mit ihren mittelgrünen Blättern wird bis 80 cm hoch. Mit ihrem Wildblumencharakter ist sie eine sehr hübsche Topfpflanze für sonnige Balkone und Terrassen. Sie ist gegen Nässe empfindlich und nicht ganz frosthart, deshalb empfiehlt sich ein geschützter Platz und im Winter eine Abdeckung. Zum Winterende kann man die Staude ebenerdig zurückschneiden, dann treibt sie wieder kräftig aus. Vermehrt wird über Teilung, Aussaat oder Stecklinge im Frühjahr.

Scabiosa

Standort: ◌ ☀ ⚠
Pflege: ✿
Vermehrung: ˚ ▱ ✂
Eigenschaften: ∞ ❀
Blütezeit: Sommer

Pflegeleichte Sukkulenten

Gegenüberliegende Seite:
Sempervivum

Gehören Sie auch zu denjenigen, die schon einmal das Gießen vergessen oder aufgrund des vollenTerminkalenders einfach nicht dazu kommen? Das ist nicht weiter schlimm, denn hier stellen wir Ihnen einige Pflanzen vor, die kurze oder längere Trockenperioden ohne Schaden überstehen.

Sukkulente Dickblattgewächse wie Sedum oder Sempervivum sowie Steinbrechgewächse (Saxifraga), die aus sonnigen, trockenen Wüsten- und Gebirgsregionen der Erde stammen, sind wahre Überlebenskünstler. Sie können in ihrem fleischigen Blattgewebe Wasser speichern und einige Zeit von diesem Vorrat zehren. So lassen sich die Wasser- und Nährstoffgaben auf ein Minimum reduzieren. Im Gegenteil, wenn sie zuviel gegossen oder gedüngt werden, wird das Pflanzengewebe weich und anfällig gegenüber Schädlingen und Krankheiten. Sie stehen gern in der vollen Sonne und bevorzugen ein sandiges, gut wasserdurchlässiges Substrat.

Sedum spectabile

Den Sommer über können auch wenig durstige Kakteen, Aeonium- oder Echeveria-Arten, die bei Ihnen auf der Fensterbank stehen, gut im Freien verbringen.

Neben diesen wahren Sukkulenten empfehlen sich noch weitere Pflanzen, die man nicht jeden Tag gießen muss. Dazu gehören einjährige Sommerblumen wie Portulakröschen (Portulaca), Mittagsblumen (Mesembryanthemum, Dorotheanthus), Ruhrkraut (Helichrysum petiolare), Hornklee (Lotus berthelotii), Eis-Begonien (Begonia semperflorens), Efeu-Pelargonien (Pelargonium), Gazanien (Gazania) oder Wolfsmilch (Euphorbia). Bei den Stauden ersparen Ihnen Beifuß (Artemisia), Heiligenkraut (Santolina), Spanisches Gänseblümchen (Erigeron karvinskianus), Kokardenblume (Gaillardia) sowie die Sonnenkräuter Oregano, Thymian und Salbei viel Gießarbeit. Ebenso Agaven, Palmlilien (Yucca), Zwergpalmen (Chamaerops) und Phoenixpalmen (Phoenix).

Scharfer Mauerpfeffer

Sedum acre

🛈

Standort: ◊ ☼
Vermehrung: ∴ ✄
Eigenschaften: ✖ ∞ ❁ ❄
Krankheiten: Wurzelhals- und
    Wurzelfäule
Schädlinge: Schnecken
Blütezeit: Sommer

Die Gattung Sedum umfasst rund 400 Arten meist sukkulenter, immergrüner oder Laub abwerfender Ein- und Zweijähriger, Stauden, Halbsträucher oder Sträucher. Sie wird im Volksmund auch Fetthenne genannt. Die meisten Arten dieser Dickblattgewächse *(Crassulaceae)* kommen in den Gebirgsregionen der Nordhalbkugel vor. Der Mauerpfeffer ist ein Beispiel für die Matten bildenden, immergrünen und frostharten Arten. Die fleischigen Blätter bilden einen etwa 10 cm hohen Rasen und sind im Sommer mit sternförmigen, gelbgrünen Blüten übersät. Die typischen Steingartenpflanzen brauchen sonnige, trockene Standorte und ein sandig durchlässiges Substrat. Trockenheit vertragen sie weit besser als Nässe. Sie säen sich leicht selbst aus und können im zeitigen Frühjahr geteilt werden. Alle Pflanzenteile rufen bei Verzehr leichte Übelkeit hervor. Der Kontakt mit dem Pflanzensaft kann zu Hautreizungen führen.

Sedum acre

Purpur-Fetthenne

Sedum telephium

Die Purpur-Fetthenne, wegen ihrer Blütezeit im Spätsommer und Herbst auch Herbst-Fetthenne genannt, kommt natürlich von Europa bis Sibirien vor. Sie gehört wie der Mauerpfeffer zu den Dickblattgewächsen *(Crassulaceae)*. Die Staude treibt aus ihren Rhizomen buschig mit kräftigen, graugrün beblätterten Stängeln aus. Im Spätsommer erscheinen dann die breiten, flachen, rostroten Blütendolden, die bei Bienen und Hummeln sehr beliebt sind. Die Pflanze hat den ganzen Winter über einen dekorativen Charakter und sollte erst im Frühjahr zurückgeschnitten werden. Kleine Pflanzen passen gut in Balkonkästen, große Exemplare gehören in einen hüschen Topf oder Kübel. Wichtig ist ein vollsonniger Standort. Da die Fetthenne mit ihren fleischigen Trieben und Blättern Wasser speichern kann, braucht sie nicht allzu häufig gegossen zu werden. Wird sie nicht umgetopft, unterstützen Düngergaben Wachstum und Blüte.

Sedum 'Matrona'

Standort: ◌ ☀
Vermehrung: ⚬° ✂
Eigenschaften: ✖ ∞ ❀ ❄
Krankheiten: Wurzelhals- und Wurzelfäule
Schädlinge: Schnecken
Blütezeit: Sommer – Herbst

Hauswurz

Sempervivum

Diese Gattung mit etwa 40 immergrünen, ausdauernden, sukkulenten Arten ist in Europa und Westasien heimisch. Sie gehört zu den Dickblattgewächsen *(Crassulaceae)*. Fast alle Arten bilden kleine, sternförmige Blüten, je nach Art und Sorte in rosa oder roten Farbtönen, in Gelb oder Weiß. Die wirkliche Besonderheit dieser Pflanzen liegt aber in ihren schönen, symmetrischen Blattrosetten, die sich zu dichten Polstern ausbreiten. Die Spinnweb-Hauswurz *(S. arachnoideum)* bezieht ihren Namen von dem Geflecht weißer Härchen, das die grünen Blattrosetten überzieht. Sie bringt den ganzen Sommer hindurch endständige, rosa bis rote Blütenbüschel hervor. Wie alle Sukkulenten kommen die Pflanzen gut mit Trockenheit zurecht. Auch ihr Nährstoffbedarf ist gering. Sie benötigen sandige, gut durchlässige Erde und einen sonnigen Standort. Häufig beginnen sie erst nach einigen Jahren zu blühen. Vom Frühjahr bis Sommer kann man Tochterrosetten abnehmen.

Sempervivum 'Black Prince'

Standort: ◌ ☀
Vermehrung: ✂
Eigenschaften: ∞ ❀ ❁ ❄
Krankheiten: Rostpilze
Blütezeit: Sommer

Woll-Ziest

Stachys byzantina

ⓘ

Standort: ○ ☀
Vermehrung: 🐝❀
Eigenschaften: ∞ 🍂 ❄
Krankheiten: Echter Mehltau
Schädlinge: Schnecken
Blütezeit: Sommer

Diese Gattung aus der Familie der Lippenblütler *(Lamiaceae)* umfasst etwa 300 Arten einjähriger Kräuter, Stauden und immergrüner Sträucher. Sie stammt aus den nördlichen gemäßigten Regionen der Welt. Früher wurden sie in Kräutergärten gezogen, da man vielen Arten eine medizinische Wirkung nachsagte. Mit ihren Blüten ziehen sie zudem Bienen und Schmetterlinge an. Der Woll-Ziest, auch als »Eselsohren« oder »Hasenohren« bekannt, verdankt seinen deutschen Namen den lanzettlichen, weiß beflaumten Blättern, die an die Ohren eines Esels erinnern. Im Sommer trägt er rosarote Blütenähren. Bei kaltem, nassem Wetter werden die Blätter weich und faulen leicht, daher sollte sie Pflanze etwas geschützt stehen, am besten in der vollen Sonne. Die Staude sollte während der Wachstumszeit gedüngt, aber nur mäßig gegossen werden. Zum Winterende kann man sie bis auf den Boden zurückschneiden, im Frühjahr lässt sie sich teilen.

Rechts: Stachys byzantina
Gegenüberliegende Seite: Terrasse mit
Stachys byzantina, Salvia und Lavendel

Federgras

Stipa

Diese weit verbreitete Gattung besteht aus 300 Arten Horst bildender Ziergräser, die im Mittelmeerraum beheimatet sind. Sie gehört zu den Echten Gräsern oder Süßgräsern *(Poaceae)*. Bemerkenswert sind die großen, fiederigen Rispen an langen Halmen. Die einzelen Ährchen entwickeln lange Grannen, die der Gattung ihren speziellen Charakter verleihen und sich beim leisesten Windzug bewegen. Die Blätter sind sehr lang und schmal. Die größeren Arten wie *Stipa tenacissima* (60 cm) oder *S. barbata* (80 cm) zieht man am besten als Einzelexemplare, damit sie andere Pflanzen nicht bedrängen. Das Flausch-Federgras *(S. pennata)* bleibt mit 40 cm etwas kleiner und passt auch in größere Balkonkästen. Alle Arten bevorzugen leichte, sandige, kalkhaltige Erde und einen Standort in der vollen Sonne. Lange Regenperioden mögen sie nicht so gerne. Im Frühjahr sollte man sie zurückschneiden. Im Frühsommer kann man sie teilen, im Herbst aussäen.

Standort: ◊ ☼ ⩍
Pflege: ⩍
Vermehrung: •·°° ⚘
Eigenschaften: ∞ 🍃
Blütezeit: Sommer

Tanacetum parthenium

Mutterkraut

Tanacetum parthenium

In der griechischen Mythologie heißt es, Ganymed erlangte nach einem Trunk aus Rainfarn, der auch zu dieser Gattung zählt, seine Unsterblichkeit. Es handelt sich bei der Gattung *Tanacetum* um Rhizom bildende, ausdauernde Pflanzen aus der Familie der Korbblütler, die früher zur Behandlung von Menstruationsbeschwerden, Hysterie, Hauterkrankungen, Verstauchungen, Quetschungen und Rheuma verwendet wurden, obgleich sie selbst bei nur äußerlicher Anwendung Vergiftungen hervorrufen.
Tanacetum parthenium, das Mutterkraut, zählt zu den aromatischen Pflanzen, die traditionell als Heilkräuter eingesetzt wurden. Es galt als Heilmittel gegen Fieber und Schüttelfrost, aber auch gegen übermäßigen Opiumgenuss. Heute zieht man es eher wegen seine schönen Blütenbüschel aus einfachen oder gefüllten, langlebigen Körbchen mit weißen Scheibenblüten und gelber Mitte. Die winterharten Pflanzen mit ihren gelbgrünen Blättern sind sehr kurzlebig und müssen jedes Frühjahr neu eingesät werden.

Standort: ◊ ☼
Pflege: ⩍
Vermehrung: •·°°
Eigenschaften: ✖ ☉/∞ 🌸
Schädlinge: Blattläuse, Chrysan-
   themen-Älchen, Blattminierer
Blütezeit: Sommer

Zitronen-Thymian

Thymus x citriodorus

Die Gattung umfasst etwa 350 Arten an der Basis verholzender, immergrüner Stauden, Sträucher und Halbsträucher, die aromatisch duften. Sie sind im trockenen Grasland Eurasiens heimisch und gehören zur Familie der Lippenblütler *(Lamiaceae)*. Die meisten Arten sind als niedrige Sträucher oder Polster bildende Pflanzen auch für Balkon und Terrasse geeignet. Sie gedeihen in Balkonkästen oder Tontöpfen. Der Zitronen-Thymian ist ein buschiger, rundlicher Strauch mit schmalen, gelbgrünen Blättern. Bei der Sorte 'Silver King' sind diese silbergrau panaschiert. Er verströmt einen intensiven Zitronenduft und wird gerne als Würzkraut in der Küche verwendet. Im Sommer trägt er hell lavendelrosa Blüten, die reichlich Bienen anlocken. Der Standort sollte sonnig und warm sein, die Erde sandig und nicht zu nährstoffreich. In kalten Wintern empfiehlt sich eine Abdeckung. Zur Vermehrung lassen sich die Pflanzen einfach teilen.

Standort: ◊ ☼
Pflege: ⋀
Vermehrung: ✂
Eigenschaften: ∞ ❀ 🍃
Blütezeit: Sommer

Thymus

Chinesische Trollblume

Trollius chinensis

Standort: 💧 ☀–☀
Vermehrung: ✂
Eigenschaften: ∞ ❀ ❄
Krankheiten: Echter Mehltau
Blütezeit: Sommer

Mit ihren rundlichen, leuchtend gelben Blüten und der Vorliebe für feuchte Plätze haben diese ausdauernden Pflanzen Gemeinsamkeiten mit den verwandten Butterblumen. Sie gehören zur Familie der Hahnenfußgewächse *(Ranunculaceae)* und sind in Europa und den gemäßigten Regionen Asiens heimisch. *Trollius chinensis* wächst dicht buschig bis 100 cm hoch. Im Frühjahr bringt die Staude leuchtend orangefarbene, schalenförmige Blüten über den hübschen, stark zerteilten Blättern hervor. Sie ist anspruchslos, braucht aber für ein gutes Gedeihen ein humoses Substrat, das stets feucht gehalten werden sollte. Die Sorte 'Golden Queen' verträgt auch Trockenheit. Stellen Sie sie sonnig bis halbschattig auf, zum Beispiel zusammen mit Funkien, Prachtspieren oder Elatior-Primeln. Vor oder nach dem Winter kann man sie zurückschneiden, damit sie wieder kräftig durchtreibt. Im Frühjahr lässt sich die Staude teilen.

Trollius chinensis

Kleines Immergrün

Vinca minor

Die Gattung umfasst sieben Arten immergrüner Halbsträucher und Stauden, die in den Wäldern Europas, Nordafrikas und Zentralasiens heimisch sind. Sie gehören zu den Hundsgiftgewächsen *(Apocynaceae)* und sind wegen ihrer ledrig glänzenden, dunkelgrünen oder mehrfarbigen Blätter genauso beliebt wie aufgrund ihrer hellblauen bis blauvioletten Blüten im späten Frühjahr. Das Kleine Immergrün kann als kriechender Bodendecker ebenso verwendet werden wie als dauerhafte Hängepflanze in Balkonkasten oder Ampel. Die Sorte 'Rubra' blüht rotviolett, 'Gertrude Jekyll' weiß, 'Variegata' zeigt weißbunte Blätter. Sie sind die ideale Wahl für halbschattige bis schattige Bereiche und gedeihen am besten in lockerer, humoser Erde. Breitet sich die Pflanze zu stark aus, schneidet man sie einfach in Form. In kalten Gegenden deckt man sie im Winter ab. Bereits bewurzelte Triebe können abgetrennt und neu eingepflanzt werden. Alle Pflanzenteile sind giftig.

Standort: 💧 ☀ – ☀
Pflege: 🖌
Vermehrung: 🌱 🌿
Eigenschaften: ✖ ∞ ❀ ❦
Krankheiten: Rostpilze
Blütezeit: Frühjahr – Sommer

Horn-Veilchen

Viola cornuta

Die große Gattung aus der Familie der Veilchengewächse *(Violaceae)* umfasst etwa 500 Arten Einjähriger, Zweijähriger, immergrüner oder einziehender Stauden, die auf der ganzen Welt in den gemäßigten Breiten vorkommen. Das Horn-Veilchen, auch als Pyrenäen-Stiefmütterchen bekannt, ist eine ausbreitend wachsende, immergrüne Staude mit einem kriechenden Wurzelstock. Über den länglichen, gekerbten Blättern trägt es vom Frühjahr bis in den Spätsommer zahlreiche, schwach duftende Blüten. Diese sind kleiner und zierlicher als bei ihrer großen Schwester, dem Garten-Stiefmütterchen. Das Farbspektrum reicht bei den vielen Sorten von gelben zu blauen und roten Tönen bis hin zu weiß. Sie gedeihen an sonnigen und halbschattigen Standorten in gewöhnlicher Balkonpflanzenerde und vertragen auch Trockenzeiten recht gut. In der Regel werden sie ein- oder zweijährig gezogen und dann im Frühjahr oder Spätsommer im Haus ausgesät.

Viola cornuta

Standort: ○ ☀ – ☀
Pflege: 🖌
Vermehrung: ∴ 🌿
Eigenschaften: ∞ ❀
Krankheiten: Rostpilze, Echter
  Mehltau
Schädlinge: Blattläuse, Spinnmilben,
  Schnecken
Blütezeit: Frühjahr – Sommer

Strukturpflanzen setzen Akzente

Gegenüberliegende Seite (im Uhrzeigersinn von oben links): Federborstengras, Hosta, Hakonechloa macra und Polystichum setiferum

Nicht nur Blütenpflanzen lassen sich herrlich in Szene setzen, auch mit auffälligen Blätterkleidern und Strukturen lassen sich starke Kontraste erzielen – mit wintergrünen Gesellen sogar das ganze Jahr über. Wenn Sie sich umschauen, werden Sie die außergewöhnlichsten Farben und Formen entdecken, die Ihnen zahlreiche interessante Gestaltungsmöglichkeiten auch gerade für schattige Bereiche bieten.

Strukturgeber ist die Wuchsform der Pflanze. Sie kann kugel- oder säulenförmig sein, von aufrechtem oder überhängendem Wuchs und verleiht jeder Bepflanzung Blickpunkte, an denen sich das Auge festhalten kann. Der Begriff Textur bezeichnet die Beschaffenheit der Blätter selbst. Sind sie einfarbig oder bunt panaschiert, haben sie eine glatte oder stumpfe Oberfläche, sind sie behaart oder glatt? Auch die Blattformen sind sehr vielfältig: Runde Funkienblätter, gezacktes Ahornlaub und die vielen gefiederten Farn-Arten sind nur ein Beispiel. Und allein der Blattaustrieb bei Funkie oder Königsfarn sind schon ein Ereignis für sich.

Als Strukturgeber reicht häufig ein Exemplar. Ein feingliedriges Ziergras wie das Federborstengras lässt äußerst feine Kontraste in jeder Pflanzgruppe entstehen. Unterschiedliche Texturen werden nur deutlich hervorgehoben, wenn man sie wiederholt. Eine einzige Pflanze fällt meist nicht auf, und zwar umso weniger, je kleiner sie ist. Damit die Pflanzgruppe nicht zu unruhig erscheint, verwenden Sie lieber weniger unterschiedliche Charaktere, diese dafür aber in größerer Stückzahl. Lebendig wirkt ein Arrangement durch starke Kontraste, zum Beispiel dunkle Bergenienblätter neben der gelbbunten Salbei-Sorte 'Icterina'. Auch gleiche Blattformen in verschiedenen Farben, wie sie Funkien-Sorten bieten, ergeben ein abwechslungsreiches Bild.

Kübelpflanzen

Gegenüberliegende Seite: Anisodontea Stamm, Argyranthemum fructens-Strauch, Viola cornuta und Allium schoenoprasum

Kübelpflanzen sind vielseitig, mit Ihnen kommt keine Langeweile auf. Sie lassen sich nach Lust und Laune umarrangieren, Pflanzen mediterraner oder subtropischer Herkunft rufen Urlaubserinnerungen wach und mit immergrünen Gehölzen haben Sie es das ganze Jahr über grün. Viele klassische Kübelpflanzen stammen aus warmen Klimazonen. In ihrer Heimat sind sie ausdauernde Freilandgewächse, doch in kühleren Regionen müssen sie von Oktober bis Mai in frostfreien, hellen Räumen überwintert werden. Als Faustregel gilt: Je heller das Überwinterungsquartier ist, umso mehr Wasser benötigt die Pflanze. Gießen Sie aber nur, wenn der Ballen trocken ist. Auch auf Schädlinge ist im Winterquartier zu achten. Haben Sie wenig Platz, lassen sich einige Arten vor dem Einräumen zurückschneiden. Bitte beachten Sie dabei die Angaben zur Schnittverträglichkeit in den Pflanzenporträts. Nach den Eisheiligen ab Mitte Mai können sie dann wieder auf die Terrasse oder den Balkon. Nutzen Sie dazu Tage mit bedecktem Himmel, damit die Pflanzen sich langsam an das Licht gewöhnen können und keinen »Sonnenbrand« bekommen.

Mit frostharten Kübelpflanzen schlagen Sie zwei Fliegen mit einer Klappe: Sie haben ganzjährig Sträucher und Bäume um sich und ersparen sich das arbeitsaufwendige Ein- und Ausräumen. Ganz ohne Winterschutz geht es auch hier nicht. Der Wurzelballen im Gefäß ist Frostperioden stärker ausgesetzt als im Boden. Isolieren Sie deshalb die Gefäße gut, damit Minusgrade den Pflanzen nichts anhaben können. Und vergessen Sie nicht, dass immergrüne Pflanzen auch im Winter an frostfreien Tagen gegossen werden müssen.

Abutilon megapotamicum

Standort: 💧 ☼–☼ ⚠
Pflege: 🌡
Vermehrung: ✂
Eigenschaften: △ ∞ ✿
Krankheiten: Grauschimmel
   (im Winter)
Schädlinge: Blattläuse, Weiße Fliege,
   Spinnmilben
Blütezeit: Sommer

Schönmalve

Abutilon megapotamicum

Die Malvengewächse *(Malvaceae)* aus Südamerika werden auch als Samtpappeln bezeichnet. Sie wachsen strauchartig und werden etwa 150 cm hoch. *A. megapotamicum* blüht im Sommer mit gelben Kronblättern und rotem Kelch, die Sorte 'Variegatum' hat gelb gefleckte Blätter. Abutilon-Hybriden gibt es mit vielen weiteren Blütenfarben. Sie mögen es sonnig und warm, nur nicht die pralle Mittagssonne. Den Sommer über muss reichlich gegossen werden, an heißen Tagen kann man den Untersetzer mit Wasser füllen. Während der Wachstumszeit wird wöchentlich ein Volldünger zugegeben. Am leichtesten gelingt die Vermehrung über Kopfstecklinge im Sommer. Überwintert wird die Pflanze hell, bei 10–15 °C; darunter verliert sie die Blätter. Es wird nur wenig gegossen. Große Pflanzen können vor dem Einräumen kräftig zurückgeschnitten werden, besser jedoch im zeitigen Frühjahr. Achten Sie auf Blattläuse und Weiße Fliege, im Winterquartier auch auf Grauschimmel.

Akazie

Acacia

Standort: 💧 ☼ ⚠
Pflege: ❄ 🌡
Vermehrung: ⋰
Eigenschaften: ∞ ✿
Schädlinge: Spinnmilben
Blütezeit: Frühjahr – Winter

Akazien sind Mimosengewächse *(Mimosaceae)*. Sie stammen aus Australien und sind im Mittelmeerraum eingebürgert. Im Kübel werden sie bis 200 cm hoch. Die gelben, duftenden Blüten erscheinen bei der Silber-Akazie *(A. dealbata)* im Frühjahr, bei der »Mimose der vier Jahreszeiten« *(A. retinodes)* fast ganzjährig. Durch ihre fein gefiederten Scheinblätter, die eigentlich Blattstiele sind, sind sie hervorragend an Trockenheit angepasst. Sie blühen nur an sonnigen, warmen Plätzen und brauchen eine kontinuierliche Wasserversorgung sowie leicht saure Substrate. Ballentrockenheit und Staunässe vertragen sie nicht. Während der Wachstumszeit wird wöchentlich gedüngt. Ausgesät wird im Frühjahr oder Sommer, wobei die harte Samenschale vorher leicht angeritzt wird. Ideal ist eine helle, trockene Überwinterung bei 5 °C, im Wintergarten auch wärmer. Der Rückschnitt, leicht oder kräftig, erfolgt nach der Blüte. Sie sind anfällig für Spinnmilben.

Eschen-Ahorn

Acer negundo

Diese aus Nordamerika stammende Art gehört zur Familie der Ahorngewächse *(Aceraceae)*. Auffällig sind im Frühjahr die männlichen Blüten, die in großen Büscheln herabhängen. In der Natur wird der Laub abwerfende Baum bis 20 m hoch, für den Kübel eignen sich eher schwächer wachsende Formen. Dekorative Blattfärbungen zeigt zum Beispiel die Sorte 'Flamingo' mit grün-rosa panaschierten Blättern, die im Austrieb völlig rosa sind. Ideal sind sonnige bis halbschattige Plätze. Obwohl Ahorn feuchte Böden bevorzugt, toleriert er es, wenn der Ballen einmal trocken wird. Düngen Sie im Sommer alle zwei Wochen nach. Im Spätherbst und Winter kann man störende Triebe entfernen. Vermehrt wird über Grünstecklinge im Frühsommer; Sorten werden im Sommer oder Winter veredelt (Kopulation oder Okulation). Ahorne sind frosthart, der Kübel sollte jedoch gut isoliert werden. Neben Mehltau können bei hoher Feuchtigkeit Blattflecken und Blattbräune auftreten.

Standort: 💧 ☀–☀
Vermehrung: ⊡
Eigenschaften: ∞ ❀ ❄ *mit Kübelschutz*
Krankheiten: Mehltau, Blattschäden
Schädlinge: Raupen, Blattläuse, Spinnmilben, Gallmilben
Blütezeit: Frühjahr

Acer palmatum

Fächer-Ahorn

Acer palmatum

Die Art ist in Japan, Korea und China heimisch. Die Bäume sind sehr zierlich, meist mit rundlicher bis schirmartiger Krone, im Kübel bis 2 m hoch. Im Juni erscheinen die purpurnen Blüten in kleinen Trauben. Im Herbst verwandeln sich die grünen Blättern in ein leuchtendes Orange bis Rot. Die Sorte 'Red Pygmy' beispielsweise besticht durch braunrote, tief und fein geschlitzte Blätter; 'Dissectum' ist hellgrün mit orangegelber Herbstfärbung. Ahorn wächst am liebsten im Halbschatten. Er bevorzugt ein hochwertiges, gut durchlässiges Substrat mit niedrigem pH-Wert. Gießen Sie regelmäßig und düngen Sie am besten organisch, denn bei zu hohem Salzgehalt des Bodens oder stark schwankender Bodenfeuchte verbräunen die Blätter vom Blattrand her und sterben ab. Im Spätherbst und Winter kann man störende Triebe entfernen. Zur Vermehrung, Überwinterung und Pflanzenschutz siehe *Acer negundo*. Junge Pflanzen sind vor kalten Winden zu schützen.

Standort: 💧 ☀ ⚠
Vermehrung: ⊡
Eigenschaften: ∞ ❀ ❄
Krankheiten: Blattschäden
Schädlinge: Raupen, Blattläuse, Spinnmilben, Gallmilben
Blütezeit: Frühjahr

Standort: ◊ ☀ – ☀
Vermehrung: ☷
Eigenschaften: ∞ ❀ ❄ mit
    Kübelschutz
Krankheiten: Blattschäden
Schädlinge: Blattläuse, Spinnmilben,
    Gallmilben
Blütezeit: Frühjahr

Agapanthus

Standort: ◆ ☀ – ☀
Pflege: ❀
Vermehrung: ❀❀
Eigenschaften: ∞ ❀
Krankheiten: Rhizomfäule
Schädlinge: Blattläuse, Schnecken
Blütezeit: Sommer

Spitz-Ahorn

Acer platanoides

In Europa und Kleinasien findet man diese Art natürlich in Waldgesellschaften vor. Die hellgelben, duftenden Blüten erscheinen im Frühjahr in dichten Doldentrauben und sind eine beliebte Bienenweide. Die glänzend grünen, zugespitzten Blätter färben sich im Herbst auffällig goldgelb bis rot. Die Sorte 'Globosum' ist mit ihrer kugelförmigen Krone eine besonders attraktive Kübelpflanze. Der Standort kann sonnig bis halbschattig sein, die Erde mäßig trocken bis feucht und eher sauer als zu kalkhaltig. Düngen Sie im Sommer etwa alle 14 Tage nach. Dieser Ahorn ist frostbeständig, industriefest und verträgt Trockenheit ohne größeren Schaden. Im Kübel sollte der Wurzelballen trotzdem im Winter vor dem Durchfrieren geschützt werden. 'Globosum' wird meist auf einen Stamm veredelt und wächst ganz ohne Schnitt in regelmäßiger Form. Neben saugenden Insekten können bei hoher Feuchtigkeit Blattflecken-Erreger auftreten.

Schmucklilie

Agapanthus africanus

Die Kaplilie oder Liebesblume, wie sie auch genannt wird, stammt aus Südafrika. Sie gehört zu den Liliengewächsen *(Liliaceae)* und wird auch im Kübel bis 150 cm hoch. Als immergrüne Kübelpflanze ist auch *A. praecox* sehr verbreitet. Aus den fleischigen Rhizomen entwickeln sich breite, riemenförmige Blätter. Blickfang sind im Sommer die imposanten Blütendolden, je nach Sorte in Blau oder Weiß. Diese sollten nach dem Verblühen entfernt werden. Sie wächst in der Sonne wie im Halbschatten. Im Sommer braucht sie reichlich Wasser und wöchentliche Düngergaben, verträgt aber keine Staunässe. Bei einer hellen, kühlen Überwinterung um 5 °C setzt sie reichlich Knospen an; zur Not reicht auch ein heller Keller. Dann wird sie fast trocken gehalten, damit die Rhizome nicht faulen. Durch die Teilung der Rhizome, am besten im Frühjahr nach der Winterruhe, lässt sie sich leicht vermehren. Umgetopft wird nur, wenn das Gefäß zu platzen droht.

Agave

Agave americana

Das natürliche Verbreitungsgebiet der Agavengewächse *(Agavaceae)* liegt in Mexiko; im Mittelmeerraum gehören sie mittlerweile zum Landschaftsbild. Mit ihren sukkulenten Blättern sind sie hervorragend an Trockenzeiten angepasst, doch brauchen sie mit ihren teilweise meterlangen Rosetten viel Platz. Die spitzen Endstachel der Blätter decken Sie am besten ab, zum Beispiel mit Korken. Agaven blühen erst nach 10–15 Jahren, danach stirbt die Pflanze ab. Sie brauchen viel Sonne und wenig Wasser. Lassen Sie die Erde immer abtrocknen, bevor Sie erneut gießen. Düngen Sie auch in der Wachstumszeit nur wenig, am besten ein- bis zweimal mit Kakteendünger. Agaven können hell oder dunkel, bei etwa 5 °C und niedriger Luftfeuchtigkeit, überwintert werden. Halten Sie sie dann fast trocken. Vermehrt wird über Tochterrosetten (Kindel), die einfach von der Basis abgenommen und eingetopft werden. Agaven sind kaum anfällig für Schädlinge.

Standort: ○ ☼ ⚠
Pflege: ✳
Vermehrung: ✄ *Kindel*
Eigenschaften: △ ∞
Schädlinge: Schild- und Wollläuse (an Jungpflanzen)

Agaven

Seidenbaum

Albizia julibrissin

ⓘ

Standort: 💧 ☀ ⛰
Pflege: ❄
Vermehrung: ⵔ
Eigenschaften: ⛰ ∞ ❀
Krankheiten: Wurzelfäule
Schädlinge: Spinnmilben,
  Weiße Fliege
Blütezeit: Sommer

Das baum- bis strauchförmige Mimosengewächs ist fast überall in den Tropen und Subtropen zu Hause. Die großen Fiederblätter bestehen aus vielen kleinen Einzelblättchen, die sich nachts zusammenfalten. Daher auch der Name »Schlafbaum«: Im Sommer erscheinen die hellrosa, duftenden Blüten. Mit den langen Staubfäden sehen sie wie Pinsel aus. *A. lophanta* bildet gelbe Blütenstände ähnlich dem Zylinderputzer. Im Halbschatten gedeihen Albizien am besten, nur warm muss es sein. Im Sommer brauchen sie viel Wasser, denn bei Trockenheit werfen sie die Blätter ab. Bei Staunässe faulen die Wurzeln leicht. Während der Wachstumszeit wird wöchentlich gedüngt. Vor der Aussaat wird die Samenschale am besten aufgeraut. Die Überwinterung erfolgt hell, bei 5–10 °C und sparsamem Gießen. Die schirmförmige Krone wird regelmäßig in Form geschnitten, ältere Exemplare können kräftig verjüngt werden. Gelegentlich treten Spinnmilben auf.

Zitronenverbene

Aloysia triphylla

ⓘ

Standort: 💧 ☀ – ☀
Pflege: ❄
Vermehrung: ▱
Eigenschaften: ∞ ❀ ❁
Schädlinge: Blattläuse, Weiße Fliege
Blütezeit: Sommer

Die Gattung Aloysia gehört zu den Eisenkrautgewächsen (*Verbenaceae*) und kommt von Kalifornien bis Chile natürlich vor. In der Natur wird der Strauch fast 5 m hoch. Beliebt ist er wegen seines herrlichen Zitronenduftes, der beim Zerreiben der Blätter besonders intensiv ist. Die Blätter werden noch heute als medizinischer Tee und in der kosmetischen Industrie verwendet. Die kleinen, bläulich weißen Blüten erscheinen im Hochsommer in langen Rispen. Optimal ist ein sonniger bis halbschattiger Standort ohne pralle Mittagssonne. Im Sommer muss reichlich gewässert und regelmäßig gedüngt werden. Das ideale Überwinterungsquartier ist 2–5 °C kühl, hell und luftig. Ist es zu dunkel, wirft die Pflanze die Blätter ab. Vor dem Ausräumen kann man sie im Frühjahr auslichten oder kräftig zurückschneiden. Dann lassen sich Kopfstecklinge besonders leicht bewurzeln. Die Pflanze wird leicht von Blattläusen und Weißer Fliege befallen.

Kängurublume

Anigozanthus

Die australische Kängurublume, ein Haemodoraceengewächs *(Haemodoraceae)*, blüht in der Heimat im zeitigen Frühjahr, bei uns eher in den Sommermonaten. Dabei erscheinen am Ende der bis 40 cm langen Stängel gelbgrüne bis rote, röhrenförmige Blüten in Trauben oder Ähren. Neben den Arten *A. flavidus* und *A. manglesii* gibt es eine Reihe von Hybridsorten. Sie alle mögen warme, sonnige Standorte und durchlässige Erde. Gießen Sie im Sommer gleichmäßig, am besten mit kalkarmem Wasser. Staunässe wie Ballentrockenheit verträgt die Pflanze nicht. Nachdüngen ist nur in schwacher Konzentration nötig. Verblühtes wird regelmäßig ausgeschnitten, ältere Pflanzen sollte man gelegentlich auslichten. Vemehrt wird über Aussaat bei Zimmertemperatur, schneller über Teilung der Rhizome. Im Winter brauchen es die immergrünen Stauden hell, luftig und etwa 10–15 °C warm. Sonst können Wurzelfäule und Blattflecken (»Tintenfleckenkrankheit«) auftreten.

Anigozanthus flavidus

Standort: ○ ☼ ⚠
Pflege: 🌡
Vermehrung: ⠐⠁ ✀
Eigenschaften: △ ∞ ✿
Krankheiten: Wurzelfäule, Blattflecken
Schädlinge: Schnecken, Raupen
Blütezeit: Frühjahr, Sommer

Scheinmalve

Anisodontea capensis

Das »Fleißige Lieschen«, ein Malvengewächs *(Malvaceae)* aus Südafrika, wächst strauchartig bis 150 cm hoch und wird häufig als Hochstämmchen gezogen. Damit vom Frühjahr bis zum Herbst unermüdlich die zarten, rosaroten Blüten erscheinen, braucht sie es sonnig und warm, jedoch ohne pralle Mittagssonne. Verblühtes wird regelmäßig entfernt. Der Bedarf an Nährstoffen und Wasser ist im Sommer sehr hoch. Die Erde darf nicht austrocknen, aber Staunässe ist zu vermeiden. Sonst werden die Blätter gelb und fallen ab. Gleichzeitig wird wöchentlich gedüngt. Im Winter werden die Wassergaben reduziert. Je nach Lichtintensität können die Temperaturen dann 5–15 °C betragen. Vor dem Ausräumen kürzt man zu lange Triebe auf drei bis vier Blattpaare ein, große Pflanzen vertragen einen kräftigen Verjüngungsschnitt. Im Frühjahr lassen sich gut Kopfstecklinge schneiden. Die Aussaat bringt uneinheitliche Typen hervor. Achten Sie auf Blattläuse und Weiße Fliege.

Anisodontea capensis

Standort: ○ ☼ – ☼ ⚠
Pflege: ❄ 🌡
Vermehrung: ⠐⠁ ▨
Eigenschaften: ∞ ✿
Krankheiten: Blattfall
Schädlinge: Blattläuse, Weiße Fliege
Blütezeit: Frühjahr – Herbst

Strauchmargerite

Argyranthemum frutescens

Standort: 💧 ☼ ⚠

Pflege: ❄ 🌡

Vermehrung: ▭

Eigenschaften: ∞ ❀

Krankheiten: Blauschimmel

Schädlinge: Weiße Fliege, Blattläuse, Spinnmilben, Minierfliegen

Blütezeit: Frühjahr – Herbst

Dieser buschige Halbstrauch aus der Familie der Asterngewächse *(Asteraceae)* ist auf den Kanarischen Inseln heimisch. Die margeritenähnlichen Blüten sind eigentlich Blütenstände mit gelben Röhrenblüten und, je nach Sorte, weißen, rosa oder gelben Zungenblüten. Sie erscheinen unermüdlich den ganzen Sommer hindurch, im Wintergarten blühen sie sogar weiter. Dazu brauchen sie viel Sonne, Wasser und Nährstoffe. An heißen Tagen muss häufig zweimal gegossen werden. Während der Wachstumszeit wird wöchentlich ein Volldünger gegeben. Stellen Sie die Pflanze windgeschützt auf und entfernen Sie Verblühtes regelmäßig. Große Pflanzen schneidet man im Frühling zurück, bei Platzmangel im Winterquartier schon im Herbst. Überwintert wird je nach Helligkeit zwischen 5–15 °C, um Grauschimmel vorzubeugen vor allem luftig. Am leichtesten gelingt die Vermehrung über Kopfstecklinge im Frühjahr. Achten Sie besonders auf Blattläuse und Minierfliegen.

Argyranthemum frutescens

Seidenpflanze

Asclepias curassavica

Der immergrüne Halbstrauch aus der Familie der Seidenpflanzengewächse *(Asclepiadaceae)* stammt aus dem tropischen Amerika. Er enthält in allen Pflanzenteilen Milchsaft. Die orange- bis dunkelroten Blüten, die vom Frühjahr bis zum Herbst erscheinen, sitzen in Dolden und sind bei Schmetterlingen sehr beliebt. Die langen, aufrechten Fruchtbälge enthalten reichlich Samen, die man ab Januar bei ggf. ca. 20 °C aussäen kann. Der Standort sollte sonnig und warm sein. Während der Blütezeit muss reichlich gegossen werden, ab dem Austrieb im Frühjahr regelmäßig gedüngt. Während der hellen Überwinterung bei 10–12 °C wird nur ab und zu gegossen. Ist es zu dunkel, verzögert die Zwangsruhe den Blühbeginn. Ist es zu nass, treten Wurzel- und Stängelgrundfäulen auf. Achten Sie auf Weiße Fliege und Blattläuse. Stutzen im Jugendstadium führt zur besseren Verzweigung. Auch Hochstämme lassen sich formen. Ansonsten schneidet man im Frühling mäßig zurück.

Asclepias curassavica

Standort: 💧 ☀
Pflege: 🌡
Vermehrung: ⚬°
Eigenschaften: △ ∞ ❀
Krankheiten: Pythium- und
   Phytopathora-Fäulen
Schädlinge: Weiße Fliege, Blattläuse
Blütezeit: Frühjahr – Herbst

Schusterpalme

Aspidistra elatior

Es ist kaum zu glauben, aber die Schuster- oder Metzgerpalme wird seit neuestem wie das Maiglöckchen der Familie *Convallariaceae* zugeordnet. Die immergrüne Staude stammt aus China. Man kennt sie als Zimmerpflanze, doch im Sommer kann sie auch gut im Freien stehen. Während die großen, ledrigen Blätter beeindrucken, sind die Blüten, die sich im Frühling an der Basis entwickeln, eher unscheinbar. Die Schildblume, wie sie auch genannt wird, ist äußerst anspruchslos. Sie gedeiht noch an schattigen Plätzen, verträgt aber keine pralle Sonne. Selbst Zugluft und Temperaturschwankungen machen ihr nichts aus. Im Sommer braucht sie ein stets feuchtes Substrat und wöchentliche Düngergaben. Im Winter sollte sie hell, bei etwa 10 °C stehen und trockener gehalten werden. Wenn sie im Frühjahr umgetopft wird, kann man die Sprossrhizome teilen und jedes Teilstück mit zwei bis drei Blättern neu einpflanzen. Achten Sie auf Spinnmilben und Thripse.

Standort: 💧 ☀ – ☀
Pflege: ❄
Vermehrung: ⚘⚘
Eigenschaften: ∞ ❀
Schädlinge: Spinnmilben, Thripse,
   Schildläuse, Wollläuse
Blütezeit: Frühjahr

Gegenüberliegende Seite: Aucuba japonica

Aukube

Aucuba japonica

Standort: ◐ ☼ – ☀
Pflege: ✱
Vermehrung: ▭
Eigenschaften: △ ✖ ∞ ❀
Krankheiten: Blattfall
Schädlinge: Schildläuse, Spinnmilben
Blütezeit: Frühjahr

Das Hartriegelgewächs *(Cornaceae)* wächst in seiner Heimat China und Korea als immergrüner Strauch bis 5 m hoch. Blickfang sind die, je nach Sorte, grünen oder gelb gemusterten Blätter. »Goldorangen« sind zweihäusig, männliche und weibliche Blüten sitzen auf getrennten Pflanzen. Findet eine Befruchtung statt, bilden sich rote, leicht giftige Früchte. Die Pflanzen sind äußerst robust und stehen am liebsten schattig, wobei buntlaubige Sorten im Dauerschatten vergrünen. Durch die ledrigen Blätter verdunstet die Pflanze weniger, braucht im Sommer aber trotzdem gleichmäßige Wassergaben. Dabei ist eine gute Dränage wichtig. Einmal wöchentlich wird gedüngt. Sie kann an geschützten Stellen den Winter im Freien verbringen. Sicherer ist jedoch ein frostfreier, heller Platz bei etwa 5–10 °C. Ist es zu warm und lufttrocken, fallen die Blätter ab. Im Frühjahr oder Sommer kann man Stecklinge schneiden. Achten Sie auf Schildläuse und Spinnmilben.

Thunbergs Berberitze

Berberis thunbergii

Standort: ◐ ☼ – ☀
Vermehrung: ▭ ✂
Eigenschaften: ✖ ∞ ✱ ❀ ✱ *mit*
  Kübelschutz
Krankheiten: Echter Mehltau
Schädlinge: Blattläuse
Blütezeit: Frühjahr

Aus China und Japan ist dieses sommergrüne Sauerdorngewächs *(Berberidaceae)* zu uns gekommen. Hohe Sorten dieses frostharten, dicht verzweigten Strauches sind auch als »Hecken-Berberitze« bekannt. Niedrige Sorten eignen sich hervorragend für die Kübelkultur, Zwergformen sind ideal zur Unterpflanzung. Sie haben rotbraune, schwarzrote oder grüne Blätter; letztere verfärben sich im Herbst meist rötlich. Im Frühjahr erscheinen gelbe Blüten, aus denen korallenrote Beeren heranreifen, die jedoch giftig sind. Die Berberitze liebt sonnige bis halbschattige Lagen und bevorzugt leicht saure, gut dränierte Substrate. Im Kübel müssen sie regelmäßig gewässert und etwa alle zwei Wochen gedüngt werden. Sie sind sehr schnittverträglich, doch reicht es meist, im Frühjahr abgestorbene Zweige zu entfernen. Zur Verjüngung kann man auch kräftig zurückschneiden. Halbreife Stecklinge im Sommer bewurzeln leicht, buschige Arten kann man auch teilen.

Bambus – Exotik pur

Gegenüberliegende Seite: Bambusa aurea

Kaum eine Kübelpflanze schafft ein so bezauberndes Flair wie der Bambus. Es gibt zahlreiche Gattungen und Arten, die alle zur Familie der Süßgräser (Poaceae) gehören. Bambusa, Thamnocalamus und Fargesia besitzen kurze Rhizome und wachsen streng in Horsten, während Phyllostachys Ausläufer bildet. Die Pflanzen sind alle nach dem gleichen Schema aufgebaut: Sie bestehen aus einem unterirdischen Rhizom, Halmen und Zweigen. Die Halme sind häufig grün, doch es gibt auch gelbe, braune, schwarze, einfarbige, gefleckte oder anderweitig gemusterte. Je nach Art wachsen sie aufrecht oder überhängend. Die jungen, dekorativen Halme kommen dabei besonders gut zur Geltung, wenn man die älteren regelmäßig herausschneidet. Die Blütenähren ähneln denen der Gräser. Auffällig ist, dass Bambusse in sehr großen zeitlichen Abständen blühen, manchmal nur alle 100 Jahre. Da die Blütenbildung viel Energie kostet, sterben die meisten Pflanzen danach ab. Hier hilft nur noch, sich eine neue Pflanze zu kaufen, sofern sie nicht von der gleichen Mutterpflanze abstammt.

Die meisten Arten bevorzugen halbschattige bis schattige, windgeschützte Plätze. Nur Phyllostachys mag es gerne sonnig. Wichtig ist bei allen eine gleichmäßige Wasserversorgung, denn bei Staunässe faulen die Wurzeln leicht und bei Trockenheit rollen sich die Blätter ein. Vom Frühjahr bis zum Spätsommer ist Bambus für wöchentliche Düngergaben dankbar.

Die Pflanzen teilt man am besten, wenn sich die Neutriebe zeigen. Oder man schneidet ein junges Rhizomteil mit mindestens einem Halm ab. Die meisten Arten überstehen den Winter im Freien, wenn der Kübel ausreichend vor Frost geschützt ist. Bambusa überwintert sicherer frostfrei, dann aber ausreichend hell.

Gegenüberliegende Seite: Bougainvillea glabra

Standort: ◗ ☀ ⚠
Pflege: ❄ ⬆
Vermehrung: ▦
Eigenschaften: ∞ ❀
Krankheiten: Blattfall
Schädlinge: Spinnmilben, Weiße
   Fliege, Blattläuse
Blütezeit: Frühjahr – Herbst

Brugmansia

Standort: ◗ ☀ ⚠
Pflege: ❄ ⬆
Vermehrung: ▦
Eigenschaften: △ ✖ ∞ ❀
Krankheiten: Virosen
Schädlinge: Blattwanzen,
   Dickmaulrüssler, saugende Insekten
Blütezeit: Sommer – Herbst

Bougainvillie

Bougainvillea glabra

Den Seefahrern sei Dank, die dieses farbenprächtige Wunderblumengewächs *(Nyctaginaceae)* aus Südamerika in den Mittelmeerraum gebracht haben. Ausgepflanzt ranken die schnittverträglichen Klettersträucher bis 10 m in die Höhe; als Kübelpflanze lassen sie sich buschig, als Hochstamm oder an Gerüsten ziehen. Auffällig sind die bunten Hochblätter in den verschiedensten Farben, die die kleinen, weißen Blüten umhüllen. Wichtig ist ein vollsonniger, warmer Standort. Während der Blüte muss gleichmäßig gegossen werden, bei Trockenheit fallen die Blätter ab. Staunässe ist unbedingt zu vermeiden. Bis zum Herbstbeginn wird wöchentlich gedüngt. Kürzt man im Sommer die Langtriebe ein, bilden sich zahlreiche Seitentriebe mit neuen Knospen. Überwintert wird entweder hell, bei 10–15 °C, oder dunkel, bei 5–10 °C. Dann verliert sie allerdings die Blätter und muss trocken stehen. Krautige Kopf- und Teilstecklinge kann man ganzjährig schneiden.

Engelstrompete

Brugmansia

Die Nachtschattengewächse *(Solanaceae)* stammen aus Südamerika, wo sie als Sträucher oder kleine Bäume wachsen. Ihre großen, trompetenartigen Blüten erscheinen bis in den Herbst hinein und duften in den Abendstunden. Der ideale Standort ist sonnig bis halbschattig, vor Wind und praller Mittagssonne geschützt. Im Sommer muss an warmen Tagen morgens und abends gegossen werden, das Substrat darf nie austrocknen. Die Dosierung der wöchentlichen Volldüngergabe kann bei Bedarf erhöht werden. Krautige Kopf- und Triebstecklinge lassen sich fast ganzjährig schneiden, am besten aus der Blütenregion. Ein Rückschnitt ist im Frühjahr möglich, bei großen Pflanzen vor dem Überwintern. Überwintert wird hell (10–15 °C) oder dunkel (5–10 °C). Am besten wird jedes Jahr in ausreichend große Gefäße umgetopft. Alle Pflanzenteile enthalten giftige Alkaloide, die von Indianern heute noch als Droge verwendet werden. Blattwanzen können lästig werden.

Buchsbaum

Buxus sempervirens

Standort: ◊ ☼–☀
Vermehrung: ⛏
Eigenschaften: ✖ ∞ ❀ ❄ *mit*
Kübelschutz
Krankheiten: Rostpilze
Schädlinge: Buchsbaumfloh,
Gallmücken
Blütezeit: Frühjahr

Immergrüne Buchsbaumgewächse *(Buxaceae)* wachsen im Mittelmeerraum sogar als Bäume. In Kultur werden sie als Hecke, niedrige Einfassungspflanze oder Formgehölz verwendet. Zudem ist der immergrüne, dicht wachsende Strauch ein hervorragender Sichtschutz. Die Blüten im Frühjahr spielen eine untergeordnete Rolle. Buchs wächst in der Sonne wie im Schatten und bevorzugt durchlässige, kalkhaltige Substrate. Wie alle Kübelgehölze ist auch er in der Wachstumszeit auf regelmäßige Wasser- und Nährstoffgaben angewiesen. Aus der robusten Pflanze lassen sich gut Figuren formen, die man jährlich im Sommer nachschneidet. Alte Pflanzen verjüngt man im Frühjahr. Vom Frühsommer bis Herbst können Weichholzstecklinge oder leicht verholzte Stecklinge geschnitten werden. Vorsicht, die Pflanze enthält giftige Alkaloide. Der Kübel wird vor dem Winter gut isoliert. Bei trockener Luft treten Buchsbaumflöhe und Gallmücken auf.

Buxus sempervirens

Zylinderputzer

Callistemon citrinus

Das immergrüne Myrtengewächs *(Myrtaceae)* ist in Australien zu Hause. Dort wird es bis 3 m hoch. Der Strauch verdankt seinen Namen den auffälligen Blütenähren mit den langen roten Staubgefäßen, die vom Frühjahr bis zum Sommer in Schüben erscheinen. Den Beinamen »citrinus« haben ihm seine zerrieben nach Zitrone duftenden Blätter verliehen. Er mag es sonnig, warm und windgeschützt. Im Sommer muss regelmäßig gegossen werden. Trocknen die Wurzelballen aus, kann die Pflanze sogar eingehen. Bei Staunässe treten rasch Bodenpilze auf. Verwenden Sie nur kalkarmes Wasser und geben Sie alle zwei Wochen einen sauer wirkenden Rhododendrondünger zu. Ältere Pflanzen kann man direkt nach der Blüte in Form schneiden oder kräftig verjüngen. Die Vermehrung gelingt am leichtesten über Stecklinge, die man im Spätsommer oder Frühjahr schneidet. Das Winterquartier sollte hell und kühl sein (5–10 °C), das Substrat darf nicht austrocknen.

Standort: 💧 ☼ ⚠
Pflege: ❆
Vermehrung: ▨
Eigenschaften: △ ∞ ❀
Krankheiten: Fäulnis- und
    Welke-Erreger
Schädlinge: Spinnmilben,
    Schildläuse, Wollläuse
Blütezeit: Frühjahr – Herbst

Callistemon citrinus

Camellia japonica

Kamelie

Camellia japonica

Das Teestrauchgewächs *(Theaceae)* stammt aus Japan und Korea, wo es als immergrüner Strauch oder Baum wächst. Die Blütezeit reicht vom Spätherbst bis zum Frühjahr. Neben der Blütenfülle, je nach Sorte in Rot, Rosa oder Weiß, sind auch die glänzend dunkelgrünen Blätter sehr dekorativ. *C. japonica* mag helle bis halbschattige, luftige Standorte ohne pralle Mittagssonne. Gießen Sie regelmäßig mit kalkfreiem Wasser und vermeiden Sie Trockenheit wie Staunässe. Bis zur Knospenbildung besprühen Sie Ihre Kamelien ab und zu. Vom Frühjahr bis zum Spätsommer brauchen die salzempfindlichen Pflanzen wöchentliche Düngergaben, am besten in Form eines Azaleendüngers. Da schon im Sommer die Knospen angelegt werden, muss man sie direkt nach der Blüte in Form schneiden – und zwar auf eine Knospe oder Seitenzweig. Dabei kann man Kopf- und Teilstecklinge abnehmen. Im Winter braucht sie es hell und kühl (5–10 °C), über 15 °C lässt sie die Knospen fallen.

Standort: ◗ ☼ △
Pflege: ❋
Vermehrung: ▦
Eigenschaften: ∞ ❀ ✿
*Krankheiten: Stamm- und Wurzel-
fäule, Blüten-und Knospenfäule*
Schädlinge: Schildläuse, Thripse
Blütezeit: Herbst – Frühjahr

Blumenrohr

Canna indica

Heimat des Blumenrohrgewächses *(Cannaceae)* ist Mittelamerika. Aus den kriechenden Wurzelstöcken entwickelt die Sumpfstaude vom Sommer bis zum Herbst lange, dekorative Blätter und bis 150 cm hohe Blütenstängel. Die Farbvielfalt ist groß. Sie braucht einen sonnigen, warmen, windgeschützen Standort und besonders im Sommer reichlich Wasser. Der Nährstoffbedarf ist ebenfalls hoch, daher wird in diesem Zeitraum wöchentlich gedüngt. Verblühtes wird regelmäßig entfernt. Die Rhizome lassen sich vom Spätwinter bis zum Frühjahr leicht teilen. Dabei sollte jedes Teilstück zwei bis drei Augen besitzen. Verletzungsstellen werden durch Bepudern mit Holzkohle vor Fäulnis geschützt. Im Herbst schneidet man die verwelkten Stängel und Blätter auf 10–20 cm zurück, gräbt die Knollen aus und lagert sie trocken, auch dunkel, bei 5–10 °C. Ist es zu feucht, kann Grauschimmel auftreten. Spinnmilben, Blattläuse und Schnecken sind häufiger anzutreffen.

Standort: ◗ ☼ △
Pflege: ❋
Vermehrung: ✿✿
Eigenschaften: ☐ ∞ ❀
*Krankheiten: Grauschimmel,
Rhizomfäule*
*Schädlinge: Spinnmilben, Blattläuse,
Schnecken*
Blütezeit: Sommer – Herbst

Bartblume

Caryopteris x clandonensis

Wenn Sie Schmetterlinge lieben, sollten Sie auf dieses Eisenkrautgewächs (Verbenaceae), das in Japan und Ostchina heimisch ist, nicht verzichten. Der buschige, sommergrüne Strauch mit den tiefgrünen, duftenden Blättern wird kaum über 1 m groß. Blickfang sind die leuchtend blauen, kurzen Röhrenblüten, die vom Spätsommer bis zum Herbst in Büscheln erscheinen. Die Bartblume braucht sonnige Plätze und liebt humose, gut dränierte Substrate. Sie verträgt Hitze und Trockenheit gut, deshalb wird auch während der Wachstumszeit nur mäßig gegossen. Bevor die ersten Fröste einbrechen, muss der Kübel gut isoliert werden, damit die Wurzeln keinen Schaden nehmen. Sicherer ist eine frostfreie Überwinterung. Im Frühjahr wird die Pflanze bis auf die Basis der diesjährigen Triebe zurückgenommen. Die im Herbst geernteten Samen sät man im Frühjahr aus. Schneller geht es mit Grünstecklingen, die vom Frühjahr bis Sommer geschnitten werden.

Canna indica

Standort: ◊ ☼ ⚠
Pflege: ❋
Vermehrung: ◦◦° ▦
Eigenschaften: ∞ ❋ *bis -15 °C*
Schädlinge: Blindwanzen
Blütezeit: Spätsommer – Herbst

Kassie

Cassia corymbosa

Die Gewürzrinde, einst den Hülsenfrüchtlern zugeordnet, jetzt in der Familie der *Caesalpiniaceae*, stammt aus Südamerika. Der robuste, frostempfindliche Strauch kann bis 3 m hoch werden. Neben den gefiederten Blättern bezaubern vor allem die leuchtend gelben Blüten, die vom Frühjahr bis zum Herbst in Doldentrauben erscheinen. Kassien mögen einen vollsonnigen, warmen und luftigen Standort, zum Beispiel auf Dachterrassen. Im Sommer ist der Wasser- und Nährstoffbedarf hoch, das Substrat darf nicht austrocknen. Es wird wöchentlich gedüngt und Verblühtes regelmäßig entfernt. Frisches Saatgut keimt rasch, am besten vom Spätwinter bis zum zeitigen Frühjahr. Die Pflanze kann hell, bei etwa 10 °C, oder dunkel und kühl (2–5 °C) überwintert werden. Dann verliert sie jedoch die Blätter. Im Winter sparsam gießen, den Ballen aber nicht austrocknen lassen. Bei Nässe treten Fäulnispilze auf. Im Frühjahr schneidet man die einjährigen Triebe zurück.

Standort: ◖ ☼
Pflege: ❋
Vermehrung: ◦◦°
Eigenschaften: ∞ ❋ ❀
Krankheiten: Fäulnispilze
Schädlinge: Blattläuse, Weiße Fliege
Blütezeit: Frühjahr – Herbst

Kassie

Cassia didymobotrya

Standort: 💧 ☀
Pflege: 🌡
Vermehrung: 🝪
Eigenschaften: ∞ ❀ 🌿
Krankheiten: Fäulnispilze
Schädlinge: Blattläuse, Weiße Fliege
Blütezeit: Frühjahr – Herbst

Der Kerzenstrauch verdankt seinen Namen den auffälligen, aufrechten Blütentrauben. Während die geöffneten Blüten gelb sind, sind die Knospen am oberen Ende des Blütenstandes noch dunkel. Sie bieten einen herrlichen Kontrast zu den grünen, gefiederten Blättern, die beim Berühren nach Erdnussbutter duften. Der Strauch stammt ursprünglich aus dem tropischen Afrika und wächst dort auch als kleiner Baum bis 3 m hoch. Alle Kassien lassen sich zudem gut als Hochstämme ziehen. Sie brauchen es sonnig und warm, in der Wachstumszeit reichlich Wasser und Nährstoffe. Werden die abgeblühten Blütenkerzen ständig entfernt, verlängert sich die Blütezeit bis in den Winter. In Kultur setzt diese Art keine Samen an, versuchen Sie es mit Stecklingen. Im Winter brauchen sie es hell und mindestens 10 °C warm. Vermeiden Sie Staunässe und achten Sie auf saugende Insekten. Im Frühjahr kann man die Jahrestriebe etwas zurückschneiden.

Cassia didymobotrya

Hammerstrauch

Cestrum elegans

Cestrum elegans

Heimat des Nachtschattengewächses *(Solanaceae)* ist Mexiko, von wo aus es Anfang des 20. Jahrhunderts in unsere Gärten »entführt« worden ist. Die karminroten Blütentrauben erscheinen den ganzen Sommer über am Ende der überhängenden, purpurfarbenen Zweige. Anschließend bildet der buschige, bis 3 m hohe Strauch kugelige, dunkelrote Beeren. Cestrum verträgt volle Sonne, wegen des hohen Wasserbedarfs im Sommer empfiehlt sich ein halbschattiger Platz. Vom Frühjahr bis Spätsommer wird wöchentlich gedüngt, bei heller Überwinterung alle zwei bis drei Wochen. Verblühtes wird regelmäßig entfernt. Die Überwinterung ist hell, bei 10–15 °C, oder dunkel, bei 5–10 °C, möglich; dann verlieren die Pflanzen allerdings ihre Blätter. Feuchtigkeit begünstigt Grauschimmel. Zur Verjüngung kann man ältere Triebe vor dem Einräumen direkt an der Basis entfernen. Im Frühjahr geschnittene Kopfstecklinge wachsen besonders schnell. Die Pflanze ist giftig.

Standort: ◗ ☼ – ☼ ⚠
Pflege: ❊ 🌡
Vermehrung: ▱
Eigenschaften: ✖ ∞ ✿
Krankheiten: Grauschimmel, Krautfäule
Schädlinge: Blattläuse, Weiße Fliege
Blütezeit: Sommer – Herbst

Lawsons Scheinzypresse

Chamaecyparis lawsoniana

Chamaecyparis lawsoniana 'White Spot'

Das Zypressengewächs *(Cupressaceae)* ist in den pazifischen Küstenregionen Nordamerikas zu Hause. In freier Natur kann es 20–50 m hoch werden, Gartensorten bleiben aber wesentlich kleiner. Sie sind in der Regel säulen- bis kegelförmig, selten kugelig. Durch die dicht fächerförmig angeordneten Triebe eignen sie sich gut als Sichtschutz. Mit den unterschiedlichen Laubfärbungen bieten sie zudem reichlich Abwechslung. Der Standort sollte sonnig bis halbschattig sein. Ansonsten stellt die schnittverträgliche Konifere keine hohen Ansprüche. Denken Sie aber daran, dass sie im Kübel regelmäßig Wasser und gelegentlich einen Koniferendünger braucht. Den Winter kann sie im Freien bleiben mit entsprechend isoliertem Gefäß. Vermehrt wird über Stecklinge diesjähriger Triebe, die am besten vom Spätsommer bis Herbst geschnitten werden. Oder über Samen, den sie im Herbst aus den Zapfen lösen. Die Blätter können Allergien auslösen.

Standort: ◗ ☼ – ☼
Vermehrung: ⦁⦁ ▱
Eigenschaften: ✖ ∞ ❀ ❊
Krankheiten: Zweigsterben
Schädlinge: Nadelholz-Spinnmilbe, Minermotte, Blattläuse, Schildläuse

Chamaecyparis 'Sungold'

Standort: ◗ ☼ — ☼
Vermehrung: ⚬°° ▥
Eigenschaften: ∞ ⬚ ❄
Krankheiten: Zweigsterben
Schädlinge: Nadelholz-Spinnmilbe,
    Miniermotte, Blattläuse, Schildläuse

Chamaerops humilis

Standort: ◌ ☼
Pflege: ❄ 🌡
Vermehrung: ⚬°° ✂
Eigenschaften: ⚠ ∞ ⬚
Krankheiten: Fäulnis-Erreger
Schädlinge: Spinnmilben, Woll- und
    Schmierläuse

Scheinzypresse

Chamaecyparis pisifera

Die natürliche Art dieses Zypressengewächses kommt im japanischen Inselraum vor und kann dort bis 50 m hoch werden. Sie wächst schmal kegelförmig, während die Gartensorten eine enorme Vielfalt in Wuchsform, Höhe und Färbung aufweisen. Zum Beispiel die halb kugelförmige Sorte 'Filifera Nana', die gelblaubige 'Filifera Sungold' oder 'Plumosa Aurea'. Der Standort kann sonnig und halbschattig sein, ansonsten sind sie pflegeleicht und schnittverträglich. Zwergsorten wachsen sehr langsam, was sie für die Kübelkultur besonders hervorhebt. Denken Sie aber daran, dass im Kübel regelmäßige Wasser- und gelegentliche Düngergaben wichtig sind. Den Winter können sie im Freien bleiben mit entsprechend isoliertem Wurzelbereich. Vermehrt wird über Stecklinge diesjähriger Triebe, die am besten vom Spätsommer bis Herbst geschnitten werden. Oder über Samen, den sie im Herbst aus den Zapfen lösen. Sorten werden in der Regel veredelt.

Zwergpalme

Chamaerops humilis

Zwergpalmen *(Palmaceae)* sind im Mittelmeerraum zu Hause. Sie können ein- oder mehrstämmig wachsen und werden im Kübel meist nicht höher als 2 m. Bei guter Pflege blühen sie nach einigen Jahren, auf Früchte wartet man meist vergebens. Der Standort kann nicht sonnig genug sein. Die anspruchslose Palme verträgt Hitze wie Trockenheit und sogar leichte Fröste, bevorzugt aber luftige Plätze. Gegossen wird auch im Sommer nur mäßig, vor allem nicht in den Blattschopf. Sonst fault die Pflanze leicht, ebenso wie bei stauender Nässe. Gedüngt wird auch in der Wachstumszeit nur schwach dosiert. Das Winterquartier kann dunkel und kühl sein (0–5 °C). Dann muss die Pflanze aber vorsichtig wieder an das Licht gewöhnt werden. Steht sie im Zimmer, wird sie ab und zu gegossen. Vermehrt wird über Samen. Falls sich Kindel bilden, können Sie diese vorsichtig abnehmen. Schädlinge sind selten, aber an den dornigen Blattstielen kann man sich leicht verletzen.

Orangenblume

Choisya ternata

Dieser immergrüne, mexikanische Strauch begeistert durch seine weißen, intensiv nach Orange duftenden Blüten, die vom Spätwinter bis Frühsommer in Trugdolden erscheinen. Auch die ledrigen Blätter duften aromatisch. Die Rautengewächse werden bis 1,50 m hoch und fühlen sich im Halbschatten am wohlsten. Im Sommer brauchen sie viel Wasser, das unbedingt kalkarm sein sollte. Damit die Blätter sich kräftig dunkelgrün ausfärben, wird bis zum Herbstbeginn wöchentlich gedüngt. Hält man sie nach dem Durchtrieb im Sommer trockener, blühen sie im Herbst ein weiteres Mal. Stecklinge können das ganze Jahr über geschnitten werden, Sommerstecklinge bewurzeln dabei am leichtesten. Am besten wird in einem hellen, nicht zu warmen Raum überwintert (5 °C bis maximal 15 °C). Ist es zu dunkel, verliert sie die Blätter. Alte, lange Zweige kann man entfernen, ansonsten ist ein Rückschnitt überflüssig. Nur selten treten Spinnmilben oder Blattläuse auf.

ⓘ

Standort: 💧 ☀
Pflege: ❄ 🌡
Vermehrung: ✂
Eigenschaften: △ ∞ ❀ ✿
Schädlinge: Spinnmilben, Blattläuse, Schnecken
Blütezeit: Frühjahr, Herbst

Zistrose

Cistus

Cistus

ⓘ

Standort: 💧 ☀ △
Pflege: ❄
Vermehrung: ⋅°° ✂
Eigenschaften: △ ∞ ❀
Krankheiten: Grauschimmel (im Winter)
Schädlinge: Blattläuse, Weiße Fliege
Blütezeit: Sommer

Zistrosengewächse sind im Mittelmeerraum beheimatet. Die immergrünen, buschigen Sträucher werden auch in der Natur kaum höher als 1,5 m. Die Blüten erscheinen im Frühsommer in Trugdolden an den Zweigenden; bei *C. ladanifer* sind sie weiß, bei *C. x purpureus* rosa und bei *C. laurifolius* duften sie zudem. Sie mögen es sonnig und warm. Im Sommer brauchen sie viel Wasser, vertragen aber keine Staunässe. Gedüngt wird bis zum Sommerende wöchentlich. Große Pflanzen kann man nach der Blüte etwas zurückschneiden, ansonsten lässt man Zistrosen in Ruhe. Sämlinge entwickeln sich schon in wenigen Jahren zu buschigen Pflanzen, im Sommer lassen sich auch Stecklinge schneiden. In wintermilden Gegenden können sie sogar im Freien überwintern. Ansonsten empfiehlt sich eine helle, frostfreie Überwinterung bei 5–10 °C. Dann ist eine gute Lüftung wichtig, um Grauschimmel zu vermeiden. Blattläuse und Weiße Fliege können lästig werden.

Gegenüberliegende Seite: Citrus

Zitruspflanzen richtig pflegen

Der Traum vom Süden – mit Zitruspflanzen wird er auch daheim auf der Terrasse oder dem Balkon war. Ursprünglich stammen sie aus Asien und Australien, wo sie als immergrüne Sträucher oder Bäume wachsen. Sie erfreuen uns fast das ganze Jahr über mit Blüten und leckeren Früchten, die häufig gleichzeitig an der Pflanze erscheinen. Neben der bekannten Orange oder Zitrone steuern Limetten (C. aurantifolia) grüne Früchte bei. Blätter, Blüten und Früchte enthalten stark aromatisches Öl, das für den intensiven Duft und Geschmack verantwortlich ist.

Im Sommer brauchen die Sonnenkinder reichlich Wasser, doch muss überschüssiges stets ablaufen können. Bei Staunässe entsteht sonst leicht Wurzelfäule. Die Erde sollte erst abtrocknen, bevor Sie erneut gießen. Wichtig ist vor allem kalkarmes Wasser, zum Beispiel Regenwasser, dass den Säuregehalt des Bodens, den pH-Wert, nicht erhöht. Sonst würde das für Zitruspflanzen besonders wichtige Eisen im Boden festgelegt. Aus diesem Grund empfiehlt sich spezieller Zitrusdünger.

Der optimale Überwinterungsraum ist hell mit Temperaturen um 10 °C. Limetten mögen es sogar wärmer bei 15-18 °C. Nach einem Rückschnitt blühen die Pflanzen zunächst nicht so stark. Doch bei älteren oder sparrigen Pflanzen kann man abgeblühte Triebe entfernen. Man schneidet entweder den ganzen Ast heraus oder bis zum Ansatz des Seitenzweiges zurück.

Zitruspflanzen werden in der Regel über Veredlung vermehrt. Sämlinge fallen oft unterschiedlich aus und kommen frühestens nach 10 Jahren zur Blüte. Stecklinge sind häufig nicht so wüchsig wie Veredlungen, aber einen Versuch wert.

Bedenken Sie schon bei der Pflanzung, dass Zitruspflanzen nicht gerne umgetopft werden. Wählen Sie den Kübel besser etwas größer.

Gegenüberliegende Seite: Citrus Hybrid

Citrus limon

ℹ

Standort: ○ ☼ ⚠
Pflege: 🌡
Vermehrung: 🎚
Eigenschaften: △ ✖ ∞ ✿
Krankheiten: Grauschimmel
Schädlinge: Blattläuse, Wollläuse,
   Schildläuse, Spinnmilben
Blütezeit: Frühjahr – Winter

ℹ

Standort: ○ ☼ ⚠
Pflege: 🌡
Vermehrung: 🎚
Eigenschaften: △ ✖ ∞ ✿
Krankheiten: Grauschimmel
Schädlinge: Blattläuse, Wollläuse,
   Schildläuse, Spinnmilben
Blütezeit: Frühjahr – Winter

Zitrone

Citrus limon

Zitronen, auch als Limonen oder Sauerzitronen bekannt, stammen eigentlich aus Indien, werden aber heute in großem Umfang im Mittelmeerraum angebaut. Sie gehören zur gleichen Familie wie die Orange und sind als Fruchtlieferant genauso beliebt wie als immergrüne Kübelpflanze. Blätter und Blüten duften gleichermaßen aromatisch, die ätherischen Öle können aber zu Hautreizungen führen. Die Rautengewächse brauchen einen sonnigen, warmen Platz. Gepflegt werden Zitronen genauso wie Orangenbäume. Gönnen Sie den Starkzehrern wöchentlich einen speziellen Zitrusdünger. Gelbe Blätter sind Warnzeichen für Staunässe und einsetzende Wurzelfäule, Stickstoffmangel oder »kalte Füße«, vor allem wenn es nachts viel kälter ist als tagsüber. Ein Tipp: Wenn die Pflanze einmal nicht blüht, halten Sie sie für etwa eine Woche fast trocken. Dann blüht sie ein weiteres Mal. Schild- und Wollläuse können vor allem im Winterquartier eine Plage sein.

Orange

Citrus sinensis

Orangen gehören wie alle subtropischen Zitruspflanzen zu den Rautengewächsen (*Rutaceae*). Die Blütezeite mit einer Hauptblüte im Frühjahr kann sich über das ganze Jahr erstrecken. Dabei duften die weißen Blüten wie die Blätter sehr aromatisch. Die immergrünen Pflanzen brauchen es sonnig und warm. Gießen Sie nur mit kalkarmem Wasser und erst wieder, wenn das Substrat abgetrocknet ist. Topfen Sie nicht zu häufig um, sondern arbeiten Sie im Frühjahr lieber organischen Dünger in die Erdoberfläche ein. Bis zum Sommerende wird wöchentlich mit speziellem Zitrusdünger gedüngt, einmal monatlich zusätzlich mit Eisendünger. Im Winter brauchen sie es hell und luftig, um 10–15 °C und nur wenig Wasser. Vor dem Ausräumen kann man die Pflanze in Form schneiden und verblühte Triebe ganz entfernen. Vermehrt wird im Sommer durch Okulation wie bei den Rosen, denn Stecklinge sind häufig nicht so wuchsfreudig. Schild- und Wollläuse können hartnäckig sein.

Sperrstrauch

Cleyera japonica

Die Art stammt aus der Familie der Teestrauchgewächse *(Theaceae)* und ist im asiatischen Raum von Japan bis China heimisch. Der immergrüne, kahle Strauch wächst sehr langsam, im Kübel bis 150 cm hoch. Die Sorte 'Tricolor' gibt mit ihren fast 10 cm langen, gelb bis cremefarben gerandeten Blättern eine hübsche Blattschmuckpflanze ab. Die duftenden, weiß-gelblichen Blüten erscheinen im Sommer. Ideal sind halbschattige Plätze, volle Sonne mag der Sperrstrauch nicht. Das Substrat sollte stets feucht sein, am besten gießt man mit kalkarmem Wasser. Bis zum Herbstanfang wird wöchentlich gedüngt. Bei einer hellen Überwinterung mit Temperaturen um 10 °C und niedriger Luftfeuchtigkeit treibt der Strauch im Frühjahr schnell wieder aus. Sortenecht kann nur über Stecklinge vermehrt werden, die man im Frühjahr schneidet. Jungpflanzen werden regelmäßig gestutzt, dann lässt man die Pflanze ungestört wachsen. Achten Sie auf Woll- und Schildläuse.

Standort: 💧 ☀
Pflege: 🌡
Vermehrung: ▱
Eigenschaften: ∞ ❀ ▧
Schädlinge: Wollläuse, Schildläuse, Spinnmilben
Blütezeit: Sommer

Keulenlilie

Cordyline australis

Das Agavengewächs *(Agavaceae)* wird in seiner Heimat Neuseeland als ein- oder mehrstämmiger Baum bis 12 m hoch. Blickfang sind die großen, lanzettlichen Blätter, die schopfartig auf dem Stamm sitzen. Je nach Sorte sind sie gelb gestreift oder rötlich bis purpurn getönt. An den beeindruckenden, bis 100 cm langen Blütenrispen sitzen zahlreiche weiße, herrlich duftende Blüten. Große Kübelpflanzen kann man einfach auf die gewünschte Höhe stutzen. Verbleibende Kopf- und Stammstücke lassen sich wie Stecklinge vermehren, eine Aussaat ist langwieriger. Sie bevorzugen die Sonne, wachsen aber auch im Halbschatten noch gut. Wichtig ist ein gleichmäßig feuchtes Substrat. Steht die Pflanze längere Zeit im Trockenen, werden die Blattspitzen braun; bei Staunässe faulen die Wurzeln leicht. Während der Wachstumszeit wird wöchentlich gedüngt. Optimal ist ein lichtreicher Überwinterungsraum bei 5–10 °C, helle Keller tun es aber auch.

Standort: 💧 ☀ – ☀
Pflege: ❄
Vermehrung: ∘° ▱
Eigenschaften: ∞ ▧
Schädlinge: Spinnmilben, Schildläuse
Blütezeit: Sommer

Cordyline

Weißer Hartriegel

Cornus alba

Von Osteuropa bis nach Nordkorea kann man dieses sommergrüne Hartriegel-gewächs *(Cornaceae)* in freier Natur finden. Dort wächst der aufrechte Strauch sehr ausladend. Im Frühjahr erscheinen gelbliche bis cremeweiße Blüten, auf die runde, weißliche Früchte folgen. Besonders dekorativ sind die Sorten 'Argenteomarginata' mit weiß gerandeten Blättern und 'Späthii' mit gelben Blatträndern. Bei *C. alba* 'Sibirica' ist die Rinde leuchtend korallenrot. Die anspruchslosen, frostharten Hart-riegel wachsen an sonnigen bis schattigen Plätzen. Im Sommer sind sie für ein stets feuchtes Substrat bei gleichzeitig guter Dränage sehr dankbar. Ein Rückschnitt zum Winterende lässt sie nicht zu wuchtig werden, zudem ist die Rindenfärbung junger Zweige besonders intensiv. Tipp: Schneiden Sie nur einen Teil der Zweige zurück, damit die Blüte nicht zu stark beeinträchtigt wird. Vermehrt wird über Weich-holzstecklinge im Sommer oder Steckhölzer im Herbst.

ⓘ

Standort: ○ ☼ – ☀
Vermehrung: 🔲
Eigenschaften: ∞ 🕸 ❄
Blütezeit: Frühjahr

Corokia

ⓘ

Standort: ◌ ☀ – ☀
Pflege: ✳
Vermehrung: ▨
Eigenschaften: △ ∞ ✿
Schädlinge: Schildläuse, Wollläuse
Blütezeit: Frühjahr

Zickzackstrauch

Corokia cotoneaster

Der Zickzackstrauch verdankt seinen Namen den wild durcheinander wachsenden Trieben, die nach jedem Knoten die Richtung ändern. Er wächst relativ langsam und wird auch im Kübel kaum höher als 2 m. Einst den Steinbrechgewächsen zugeordnet, gehört er jetzt zur Familie *Escalloniaceae*. Die rundlichen, dunkelgrünen Blätter bilden einen hübschen Kontrast zu den gelben, sternförmigen, zart duftenden Blüten, die im Frühjahr erscheinen. Aus ihnen bilden sich später kugelige, rot bis orangefarbene Früchte. Der robuste Strauch wächst auch noch im Schatten, bevorzugt aber halbschattige Plätze. Gießen sollte man mäßig, aber regelmäßig. Stauende Nässe ist unbedingt zu vermeiden. Vom Frühjahr bis Herbst wird wöchentlich gedüngt. Im Frühjahr geschnittene Grünstecklinge bewurzeln rasch. Am besten überwintert die Pflanze hell, bei 5–10 °C. Junge Pflanzen werden mehrmals gestutzt, ältere regelmäßig ausgelichtet.

ⓘ

Standort: ◌ ☀
Vermehrung: ⋄° ▨
Eigenschaften: △ ∞ ✿ ❁ ✳
Krankheiten: Mehltau,
Verticillium-Welke
Blütezeit: Frühjahr

Perückenstrauch

Cotinus coggyria

Der sommergrüne Strauch gehört zu den Sumachgewächsen (*Anacardiaceae*) und kommt vom Mittelmeerraum bis nach Ostasien vor. Er wächst ausladend und kann über 3 m hoch werden. Die grünen Blätter der Art färben sich im Herbst leuchtend orange bis tief rot. Die Blätter von 'Royal Purple' sind ganzjährig schwarzrot. Die gelblichen Blüten erscheinen im Frühjahr an bis 20 cm langen Rispen. Namengebend sind die auffälligen, fedrig behaarten Fruchtstände, die im Spätsommer folgen. Die frostharten Pflanzen können in der prallen Sonne stehen und vertragen Hitze wie Trockenheit. Am schönsten sind die Federbüsche an einem regengeschützten Standort. Die Erde sollte mäßig nährstoffreich und gut wasserdurchlässig sein. Einzig vertrocknete Triebe werden entfernt. Im Frühjahr lassen sich weiche Kopfstecklinge mit einem Bewurzelungshormon leicht bewurzeln. Reife Samen keimen jetzt am schnellsten. Rotblättrige Sorten sind anfällig für Mehltau.

Zwergmispel

Cotoneaster

Die vielseitigen Rosengewächse *(Rosaceae)* sind ursprünglich in China zu Hause. Je nach Wuchstyp – von kriechend bis buschig aufrecht – eignen sie sich zur Unterpflanzung oder als Solitärgehölz. *C. dammeri* 'Coral Beauty' wird als Stämmchen angeboten. Beliebt sind sie nicht zuletzt wegen der lang anhaftenden roten, jedoch giftigen Beeren. *C. franchettii* wird bis 2 m hoch und bezaubert neben dem Fruchtschmuck mit seinen weißen bis rosafarbenen Blüten. Sie alle tolerieren Trockenheit und wachsen in der Sonne wie im Halbschatten. Für regelmäßige Wassergaben im Sommer und eine zusätzliche Düngung etwa alle 4 Wochen sind sie dankbar. Die meisten von ihnen sind frosthart, *C. franchetii* ist etwas empfindlicher. Es empfiehlt sich, den Wurzelbereich gut zu isolieren. Man kann sie im Spätwinter in Form schneiden, bei Bedarf auch recht kurz. Vom Frühjahr bis Spätsommer lassen sich Kopf- und Teilstecklinge abnehmen. Sorten werden meist veredelt.

Cotoneaster

Standort: ◌ ☼–☼
Vermehrung: ⊡
Eigenschaften: ✖ ∞ ❄
Krankheiten: Feuerbrand
Schädlinge: Blattläuse, Wollläuse, Spinnmilben, Gespinstmotten
Blütezeit: Frühjahr

Monterey-Zypresse

Cupressus macrocarpa

Das Zypressengewächs *(Cupressaceae)* stammt aus dem sonnigen Kalifornien, daher auch der Zweitname »Kalifornische Zypresse«. Die Pflanze wächst schnell – als junge Pflanze kegelförmig, im Alter bildet sie häufig eine breite Krone. Die in der Jugend hellgelben Nadelblätter verdunkeln mit der Zeit. Sehr bekannt ist die Sorte 'Goldcrest'. Die Echte Zypresse *(C. sempervirens)* ist als Kübelpflanze ebenfalls sehr beliebt. Ideal ist ein heller, sonniger Standort. Es muss regelmäßig gegossen und wöchentlich gedüngt werden. Ist der Ballen längere Zeit trocken, verbräunen die Blätter. Die schnittverträglichen, robusten Pflanzen bleiben im Kübel auch ohne Schnitt in Form. Sie vertragen leichte Fröste, sollten den Winter über aber in einem hellen, gut belüfteten Raum bei knapp über 0 °C verbringen. Frische Samen keimen rasch, Sorten werden besser durch Kopfstecklinge vermehrt. Bei Befall mit Coryneum-Krebs kann der ganze Baum absterben.

Standort: ◌ ☼
Pflege: ❋
Vermehrung: ∘°° ⊡
Eigenschaften: ∞ ❧
Krankheiten: Coryneum-Krebs

Cycas revoluta

ⓘ

Standort: ◌ ☼
Pflege: 🌡
Vermehrung: ⸰°°
Eigenschaften: △ ✖ ∞ ▧
Schädlinge: Schildläuse, Wollläuse,
  Spinnmilben

Sagopalme

Cycas revoluta

Die Sagopalme stammt aus der Familie der Palmfarngewächse *(Cycadaceae).* Obwohl sie der Inbegriff mediterranen Flairs ist, ist sie eigentlich in Japan und Südostasien zu Hause. Der kurze, dicke Stamm kann bei älteren Pflanzen bis 3 m hoch werden kann. An der Spitze bilden die großen Fiederblätter, die wiederum aus vielen kleinen, ledrigen Blättchen bestehen, einen wedelartigen Schopf. Ideal ist ein großzügiger Standort im Halbschatten. Das Substrat sollte besonders zur Wachstumszeit immer leicht feucht sein, doch werden längere Trockenzeiten eher toleriert als stauende Nässe. Dann wird auch wöchentlich niedrig dosiert gedüngt. Die Überwinterung erfolgt hell, bei 10–15 °C. Nach dem Ausräumen im Frühjahr sind die Pflanzen sehr lichtempfindlich. Vermehrt wird über Aussaat im Frühjahr bei etwa 30 °C. Eigene Samen lassen sich in Kultur jedoch selten ernten. Woll- und Schildläuse können auftreten. Die Pflanzenteile sind bei Verzehr giftig.

ⓘ

Standort: ◌ ☼
Vermehrung: ▱
Eigenschaften: ✖ ∞ ✿ ❄
Krankheiten: Blattflecken-Erreger,
  Falscher Mehltau
Schädlinge: Spinnmilben, Blattläuse,
  Gallmilben
Blütezeit: Frühjahr

Niederliegender Geißklee

Cytisus decumbens

In dieser Gattung aus der Familie der Schmetterlingsblütler *(Fabaceae)* gibt es neben mediterranen, nicht frostharten Vertretern viele weitere Arten, die von Europa bis zum Balkan heimisch und auch in kühleren Klimaten winterhart sind. Für die Kübelbepflanzung eignen sich Zwergsträucher wie *C. decumbens* hervorragend. Sie sind dicht verzweigt und werden kaum höher als 50 cm. Die leuchtend gelben Blüten erscheinen vom Spätfrühling bis Frühsommer und bilden einen hübschen Kontrast zu den kräftig grünen Blättern. Geißklee mag es sonnig und warm. Er braucht während der Wachstumszeit zusätzliche Wasser- und Nährstoffgaben bei einem gut wasserdurchlässigen Substrat. Trockenheit wird eher vertragen als stauende Nässe. Im Winter muss der Kübel ausreichend vor Frost geschützt werden. Vermehrt wird über halbreife Stecklinge, die man im Sommer nach der Blüte abnimmt, wenn man die Pflanze in Form schneidet. Die Pflanzenteile sind giftig.

Geißklee

Cytisus x racemosus

Der im Mittelmeerraum heimische Geißklee gehört zu den Schmetterlingsblütlern (*Fabaceae*). *C. x racemosus* ist ein dicht verzweigter, immergrüner Strauch, der im Kübel bis 2 m hoch wird. Die leuchtend gelben Blütentrauben erscheinen zeitig im Frühjahr und verströmen einen herrlichen Duft. Anschließend folgen die charakteristischen Hülsenfrüchte. Neben dieser Kreuzung sind *C. canarensis, C. maderensis* und *C. monspessulanus* beliebte Kübelpflanzen. Sie mögen es hell, im Sommer mit regelmäßigen Wassergaben. Bei Trockenheit verlieren sie die Blätter, doch bei Staunässe faulen die Wurzeln leicht. Der hohe Nährstoffbedarf wird durch wöchentliche Düngergaben gedeckt. Im Winter müssen sie hell stehen, am besten bei 5–10 °C. Für eine gute Verzweigung kann man nach der Blüte kräftig zurückschneiden. Im Sommer geschnittene, weiche Kopfstecklinge aus der Spitzenregion bewurzeln am schnellsten. Achten Sie auf Blattläuse und Spinnmilben.

Cytisus x racemosus

Standort: ◌ ☼
Pflege: ❄
Vermehrung: ▭
Eigenschaften: ∞ ✿
Schädlinge: Blattläuse, Spinnmilben, Gallmilben
Blütezeit: Frühjahr

Drachenbaum

Dracaena draco

Das Drachenbaumgewächs (*Dracaenaceae*), früher der Agaven-Famiie zugeordnet, ist auf den Kanarischen Inseln und Madagaskar zu Hause. Dort wächst der teilweise stark verzweigte Baum bis 20 m hoch. Neben dem dicken Stamm ist der Schopf aus langen, graugrünen Blättern sehr attraktiv. Die weißlichen Blüten erscheinen den Sommer über in dichten Rispen. Im Kübel brauchen die Pflanzen allerdings lange, bis sie eine stattliche Größe erreichen. Die Sukkulenten wachsen bei Sonne und Wärme besonders gut. Im Sommer müssen sie trotzdem gleichmäßig gegossen werden, Staunässe vertragen sie aber nicht. Dann können die Wurzeln leicht faulen. In der Wachstumszeit wird wöchentlich gedüngt. Den Winter über müssen sie hell stehen. Dabei sollte es nicht kälter als 10 °C werden. Zu groß gewordene Pflanzen kann man kürzen, sie treiben erneut aus. Eine Aussaat ist langwierig, versuchen Sie es dennoch im Frühjahr bei 20–25 °C.

Standort: ◌ ☼ ⚠
Pflege: ⬇ ❄
Vermehrung: ⁖
Eigenschaften: ∞ ⬚
Krankheiten: Wurzelfäule
Schädlinge: Spinnmilben
Blütezeit: Frühjahr, Sommer

Natternkopf

Echium wildpretii

Standort: 💧 ☀
Pflege: ❋
Vermehrung: ⸰°
Eigenschaften: △ ∞ ❀
Krankheiten: *Wurzelfäule,*
  Grauschimmel
Schädlinge: *Schnecken, Spinnmilben,*
  Weiße Fliege
Blütezeit: *Sommer*

Echium-Arten gehören zur Familie der Borretschgewächse *(Boraginaceae)*, deren Heimat die Kanarischen Inseln sind. Blickfang des bis 2 m hohen Strauches ist der große, kegelförmige Blütenstand mit seinen zahlreichen roten Blüten. Er wird zweijährig gezogen, das heißt im Jahr der Aussaat bildet sich die Blattrosette und im darauf folgenden Sommer schiebt sich der Blütenstand empor. Nach der Samenbildung stirbt die Pflanze ab. Sie bildet jedoch reichlich Samen, aus denen rasch neue Pflanzen heranwachsen. Der Standort sollte sonnig sein, in den Mittagsstunden leicht schattiert. Im Sommer muss reichlich gegossen werden, doch nur von unten und nicht in die Blattrosette hinein. Sonst faulen die Pflanzen leicht. Vergessen Sie nicht, wöchentlich und ruhig höher dosiert zu düngen. Überwintert wird frostfrei bei maximal 10 °C. Fehlt die Kühlperiode, bilden sich im Folgejahr die Blütenstände nicht aus. Im Winter nur wenig gießen.

Baum-Heide

Erica arborea

Standort: 💧 ☀
Pflege: ❋
Vermehrung: ✂
Eigenschaften: ∞ ❀
Krankheiten: *Erikensterben,*
  Grauschimmel, Mehltau
Schädlinge: *Schildläuse*
Blütezeit: *Frühjahr*

Die Baum-Heide gehört zu den immergrünen Heidekrautgewächsen *(Ericaceae)* und kommt von Südeuropa bis Ostafrika natürlich vor. Dort wächst sie baumförmig mehrere Meter in die Höhe. Im Frühjahr erscheinen ihre grauweißen, duftenden Blüten in dichten Rispen. Durch die kleinen, nadelförmigen Blätter verdunstet die Pflanze weniger und verträgt so Trockenzeiten ohne Schaden. Sie steht am liebsten in der Sonne und braucht während der Wachstums- und Blütezeit reichlich Wasser, am besten kalkarmes. Staunässe verträgt sie nicht. Obwohl die Baum-Heide kalkverträglicher ist als ihre Verwandten, empfiehlt sich ein torfhaltiges Substrat. Sie verträgt zwar leichte Minusgrade, sollte aber besser bei 5–10 °C an einem hellen, luftigen Platz überwintern. Auch hier wird regelmäßig gegossen. Vom Frühjahr bis zum Sommer lassen sich von nicht blühenden Trieben halbreife Kopfstecklinge schneiden. Ältere Pflanzen nur bei Bedarf in Form schneiden.

Korallenbaum

Erythrina crista-galli

Der pflegeleichte Schmetterlingsblütler *(Fabaceae)* stammt aus Südamerika. Er wächst als Strauch oder kleiner Baum mehrere Meter hoch. Imposant sind die tief scharlachroten Blüten, die im Sommer in langen Trauben an den überhängenden Zweigspitzen erscheinen – ein schöner Kontrast zu den großen, blaugrünen Blättern. Die Pflanze hat es gerne sonnig und warm, ideal sind Südseiten. Im Sommer muss man sie reichlich gießen. Das Wasser sollte gut abfließen können, der Wurzelballen darf jedoch nicht austrocknen. Bis zum Spätsommer wird wöchentlich gedüngt. Im Herbst oder Winter entfernt man verblühte und vertrocknete Jahrestriebe. Im Winter verliert der Strauch sein Laub und kann daher dunkel, bei maximal 10 °C, überwintern. In dieser Ruhephase hält man ältere Pflanzen bis zum Frühjahr völlig trocken, jüngere werden ab und zu gegossen. Stecklinge von jungen Trieben wachsen rascher heran als Sämlinge. Die Pflanze enthält giftige Alkaloide.

Standort: 💧 ☀ ⛰
Pflege: ❊
Vermehrung: ⚬°° 🎴
Eigenschaften: ✖ ∞ ❀
Schädlinge: Spinnmilben, Wollläuse
Blütezeit: Sommer

Erythrina crista-galli

Eucalyptus

ⓘ

Standort: ◗ ☼
Vermehrung: ⚬°°
Eigenschaften: ∞ ▒ ❄
Krankheiten: Grauschimmel
Schädlinge: Blattläuse, Blattflöhe
Blütezeit: Sommer, Winter

Eukalyptus

Eucalyptus

Die immergrünen Myrtengewächse *(Myrtaceae)* stammen aus Tasmanien und Australien. Dort wachsen sie fast überall, von den feuchten Küsten bis zu den trockenen Savannen, als Riesenbäume oder kleine Sträucher. In gemäßigten Klimazonen ist *E. gunnii* sehr beliebt, da er sogar Temperaturen bis –15 °C aushält. Er wächst zwar schnell, ist aber sehr schnittverträglich. Auffällig sind seine blaugrünen Jugendblätter, während die gelblich weißen Blütendolden im Winter eher unscheinbar sind. Eukalyptus liebt Sonne und Wärme. Als Kübelpflanze muss er gleichmäßig und reichlich mit Wasser versorgt werden. Trocknet er einmal aus, erholt er sich meist nicht mehr. Verwenden Sie nur kalkfreies Gießwasser und Substrate und düngen Sie nur niedrig dosiert. In wintermilden Gegenden können die Pflanzen im Freien bleiben, ansonsten kommen sie in ein helles, luftiges Quartier mit Temperaturen zwischen 5–15 °C. Im Frühjahr ausgesäte Samen keimen meist rasch.

ⓘ

Standort: ◌ ☼
Pflege: ❊
Vermehrung: ⚬°° ✄❀
Eigenschaften: △ ∞ ❊
Schädlinge: Schnecken, Spinnmilben
Blütezeit: Sommer

Schopflilie

Eucomis bicolor

Schopflilien zählen zu den Hyazinthengewächsen *(Hyacinthaceae)* und sind in Südafrika heimisch. Am bekanntesten dürfte *E. bicolor* sein, auch Ananasblume genannt. Sie bildet bis 30 cm lange, breit ovale Blätter mit einem krausen Rand. Der Blütenschaft wird etwa 60 cm hoch und trägt in einer langen Traube zahlreiche grünlich gelbe, purpurfarben gesäumte Blüten, die je nach Sorte auch cremeweiß oder rötlich sein können. An der Spitze sitzt der für die Art charakteristische grüne Schopf kleiner grüner Blätter. Die Zwiebelblumen werden an einem sonnigen und warmen Platz aufgestellt. Sobald die Blätter austreiben, wird verstärkt gegossen und wöchentlich schwach gedüngt. Außerhalb der Wachstumszeit hält man die Pflanze trockener. Sie werden im Topf oder als Zwiebel dunkel, bei 5–10 °C, überwintert. Vor dem Ein- oder Umpflanzen im Frühjahr lassen sich Brutzwiebeln abnehmen. Die Aussaat verlangt mehr Geduld. Schnecken können lästig werden.

Flügel-Spindelstrauch

Euonymus alatus

Heimat dieses sommergrünen Spindelbaumgewächses *(Celastraceae)* ist der ostasiatische Raum. Der Strauch wächst unregelmäßig bis 3 m hoch und breit. Während sich die grünen Blätter im Herbst auffallend rot färben, sind die grünlich gelben Blüten im Frühjahr eher unscheinbar. Das Pfaffenhütchen *(E. europaeus)* ist neben der Herbstfärbung auch wegen seiner rötlichen Früchte sehr beliebt. Euonymus wächst gut im Halbschatten. Die Pflanze ist zwar äußerst anspruchslos, braucht aber wie alle Gehölze mit begrenztem Wurzelraum vor allem im Sommer regelmäßig Wasser und etwa alle 14 Tage einen Dünger. Das Substrat sollte leicht sauer sein. Störende Triebe schneidet man heraus, außer Form geratene Pflanzen vertragen einen kräftigen Rückschnitt. Im späten Frühjahr geschnittene Grünholzstecklinge bewurzeln mithilfe eines Bewurzelungshormons leicht. Als Stämmchen gezogene Sorten von E. fortunei werden auch veredelt. Den Kübel vor Frost isolieren.

Japanischer Spindelstrauch

Euonymus japonicus

Der immergrüne Strauch gehört den Spindelbaumgewächsen *(Celastraceae)* an und kann in seiner Heimat Japan und Korea bis 8 m hoch werden. Den grünlichen Blüten im Frühjahr folgen auffällige rosafarbene Früchte in einer orangefarbenen Fruchthülle. Die Blätter sind derb ledrig und dunkelgrün, je nach Sorte auch weiß oder gelb gezeichnet. Spindelsträucher bevorzugen halbschattige bis schattige Bereiche, wobei die panaschierten Formen mehr Licht brauchen. Im Sommer hält man die Pflanze mäßig feucht, im Winter trockener. Bei Ballentrockenheit verlieren sie allerdings die Blätter. Gedüngt wird nur niedrig dosiert. *E. japonicus* verträgt kurzfristig leichte Minusgrade, überwintert aber besser frostfrei und hell bei maximal 10 °C. Größere Pflanzen kann man je nach Bedarf zurückschneiden. Halbreife Stecklinge lassen sich ganzjährig schneiden. Achten Sie auf Spinnmilben und Schildläuse, im Winterquartier auf Mehltaupilze und Wurzelfäule.

Standort: ○ ☀
Vermehrung: ▥
Eigenschaften: ∞ ⊞ ❄
Krankheiten: Echter Mehltau
Schädlinge: Blattläuse, Spinnmilben,
   Gespinstmotte
Blütezeit: Frühjahr

Euonymus japonicus 'Elegantissima Aurea'

Standort: ○ ☀ – ☀
Pflege: ❋
Vermehrung: ▥
Eigenschaften: ∞ ⊞
Krankheiten: Echter und Falscher
   Mehltau, Wurzelfäule
Schädlinge: Spinnmilben, Schildläuse
Blütezeit: Frühjahr

Gelbe Strauch-Margerite

Euryops

ℹ

Standort: 💧 ☀ ⚠
Pflege: ❄ 🌡
Vermehrung: 📺
Eigenschaften: ∞ ❀
Krankheiten: Grauschimmel
Schädlinge: Saugende Insekten,
  Minierfliegen
Blütezeit: Frühjahr – Sommer

Die Kap-Margerite, wie dieses Asterngewächs *(Asteraceae)* nach seiner Heimat Südafrika benannt wird, wächst als immergrüner kleiner Strauch oder Halbstrauch. Im Gegensatz zu ihrer Verwandten, der Strauchmargerite *(Argyranthemum)*, erscheinen vom Frühjahr bis zum Sommerende gelbe Blütenköpfchen. Damit reichlich Blüten erscheinen, braucht *Euryops* einen warmen, sonnigen, Standort, am besten vor Wind geschützt. Im Sommer ist der Wasserbedarf besonders hoch, an heißen Tagen muss sogar zweimal gegossen werden. Gedüngt wird während dieser Zeit wöchentlich, Verblühtes wird regelmäßig entfernt. Große Pflanzen schneidet man im Frühling zurück, bei Platzmangel im Winterquartier schon im Herbst. Überwintert wird je nach Helligkeit zwischen 5–15 °C, um Grauschimmel vorzubeugen vor allem luftig. Am leichtesten gelingt die Vermehrung über Kopfstecklinge im Frühjahr. Achten Sie auf Blattläuse, Weiße Fliege, Spinnmilben und Minierfliegen.

Euryops

Radspiere

Exochorda x macrantha

Die bekannteste Sorte dieses sommergrünen Rosengewächses *(Rosaceae)* ist 'The Bride'. Sie wächst breit aufrecht mit locker überhängenden Zweigen und wird kaum über 2 m hoch und breit. Ihr begrenztes Wachstum und der Blütenreichtum bereits in jungen Jahren machen den Strauch zu einer beliebten Kübelpflanze. Die hellgrünen Blätter bilden einen schönen Kontrast zu den rein weißen Einzelblüten, die im Frühjahr in langen Trauben erscheinen. Die Pflanze kann in der Sonne wie im Halbschatten stehen und bevorzugt saure bis neutrale Substrate, die gut wasserdurchlässig sein sollten. In der Wachstumszeit sind regelmäßige Wasser- und Düngergaben wichtig. Nach der Blüte werden abgeblühte Triebe jährlich bis auf kräftige Neutriebe oder Knospen gekürzt. Im Frühjahr kann man weiche Stecklinge schneiden, während eine Aussaat im Herbst möglich ist. Schädlinge treten kaum auf. In Gebieten mit kalten Wintern den Kübel gut vor Frost schützen.

ⓘ

Standort: 💧 ☀ – ☀
Vermehrung: ∘° ⊞
Eigenschaften: ∞ ❀ ❄
Blütezeit: Frühjahr

Zimmeraralie

Fatsia japonica

Das Araliengewächs *(Araliaceae)* ist von Japan bis Korea als immergrüner Strauch heimisch. Dort wird er bis 5 m hoch. Als Kübelpflanzen werden langsam wachsende Sorten angeboten, zum Beispiel 'Variegata' mit weißbunten Blättern. Blickfang sind die glänzenden, ledrigen, tief gelappten Blätter, die bis 40 cm lang werden können. Im Herbst erscheinen kleine, weiße Blüten in Doldenrispen, bei älteren Pflanzen auch schwarze, kugelige Früchte. Zimmeraralien gedeihen gut im Schatten, am besten an einem windgeschützten Platz. Der Wasserbedarf ist sehr hoch. Gießen Sie lieber zweimal täglich, denn bei Staunässe faulen die Wurzeln leicht. In der Wachstumszeit wird wöchentlich gedüngt. Sie vertragen leichte Fröste, in kälteren Regionen werden sie besser hell, bei 5–10 °C, überwintert. Große Pflanzen vertragen einen kräftigen Rückschnitt. Vom Spätwinter bis Frühjahr kann ausgesat werden, Sorten werden durch Kopf- oder Teilstecklinge vermehrt.

ⓘ

Standort: 💧 ☀ – ☀ ⚠
Pflege: ❄
Vermehrung: ∘° ⊞
Eigenschaften: ∞ ❧
Krankheiten: Wurzelfäule
Schädlinge: Spinnmilben, Wollläuse
Blütezeit: Herbst

Ficus carica

ⓘ

Standort: ✿ ☼ ⋏
Pflege: ✳
Vermehrung: ⊌
Eigenschaften: ∞ ✿ ❄
Krankheiten: Verticillium-Welke,
   Rotpustelkrankheit
Schädlinge: Spinnmilben, Blattläuse
Blütezeit: Frühjahr

Echter Feigenbaum

Ficus carica

Der mediterrane Feigenbaum gehört zur Familie der Maulbeerbaumgewächse *(Moraceae)* und ist ein wahrer Allroundkünstler. Mit seinen großen, handförmig gelappten Blätter ist er eine dekorative Blattschmuckpflanze, zudem bildet er Früchte und ist dabei äußerst pflegeleicht. Die Blüte im Frühjahr ist eher unscheinbar. Ursprünglich dienten Gallwespen zur Befruchtung, heute werden meist selbstfruchtbare Sorten verwendet. Wichtig ist ein sonniger, warmer Standort, am besten in einer geschützten Ecke. Im Sommer ist der Wasser- und Nährstoffbedarf sehr hoch, stauende Nässe wird nicht toleriert. In Gebieten mit milden Wintern überwintern Feigen sogar geschützt im Freien; im Haus können die Laub abwerfenden Pflanzen sogar dunkel und kühl (0 bis maximal 10 °C) stehen. Junge Pflanzen stutzt man regelmäßig, ältere werden nur bei Bedarf zurückgeschnitten. Vermehrt wird über Steckhölzer zum Winterende oder über reife Grünstecklinge im Sommer.

Fuchsie

Fuchsia-Hybriden

ⓘ

Standort: ✿ ☼ – ☼ ⋏
Pflege: ✳
Vermehrung: ⊌
Eigenschaften: ⋏ ∞ ❄
Krankheiten: Rostpilze,
   Grauschimmel
Schädlinge: Weiße Fliege,
   Spinnmilben, Blattläuse
Blütezeit: Sommer

In Südamerika wachsen die Nachtkerzengewächse *(Onagraceae)* mehrjährig als Halbsträucher, Sträucher oder sogar kleine Bäume. Die einfachen bis gefüllten Blüten der Gartensorten sitzen achselständig in Trauben oder Rispen. Häufig haben die vier Kelchblätter (Sepalen) eine andere Farbe als die vier Blütenblätter (Petalen). Fuchsia-Triphylla-Hybriden bezaubern durch traubenförmige Blüten, während die Scharlach-Fuchsie *(F. magellanica)* der Wildform ähnelt und in milden Gegenden als winterhart gilt. Fuchsien bereichern jedes schattige Plätzchen. Wichtig ist gleichmäßig zu gießen, denn Ballentrockenheit und Staunässe vertragen sie nicht. Da sie salzempfindlich sind, düngen Sie lieber häufiger, dafür niedrig dosiert. Verblühtes und Früchtstände werden regelmäßig entfernt. Überwintert werden kann hell oder dunkel, dann aber nicht über 10 °C. Im Frühjahr ist ein Rückschnitt angebracht. Dann lassen sich gleichzeitig Kopfstecklinge schneiden.

Gardenie

Gardenia augusta

Das immergrüne Krappgewächs *(Rubiaceae)*, häufig noch als *G. jasminoides* bekannt, wächst in China und Japan als Strauch bis 1,5 m hoch. Die glänzend dunkelgrünen Blätter sind ebenso dekorativ wie die großen, weißen, meist gefüllten Blüten, die im Sommer erscheinen und einen herrlichen Duft verströmen. Die wärmebedürftige Zimmerpflanze kann den Sommer über an einem hellen Plätzen im Freien stehen. Direkte Sonne ist aber zu meiden. Sie gedeiht wie Heidegewächse nur in sauren, torfhaltigen Spezialerden. Gießen Sie deshalb mit kalkfreiem Wasser – im Sommer mäßig, im Winter nur, um das Austrocknen zu verhindern. Düngen Sie wöchentlich mit sauer wirkendem Spezialdünger. Im Winter braucht sie viel Licht, Temperaturen um 10–15 °C und hohe Luftfeuchtigkeit. Kälte und Nässe verursachen Wurzelfäule. Im Sommer oder Frühjahr kann man reife Kopfstecklinge schneiden. Jungpflanzen werden mehrmals gestutzt, ansonsten wird nur nach Bedarf ausgelichtet.

Ginster

Genista maderensis

Ginster gehört zu den Schmetterlingsblütlern *(Fabaceae)*, wobei *G. maderensis* dieser Familie neu zugeordnet worden ist. Die aus Madeira stammende Art ist noch unter *Cytisus maderensis* bekannt. Dort wächst sie als immergrüner Strauch bis 7 m hoch. Bezaubernd sind die goldgelben, duftenden Blüten, die in endständigen Trauben vom Spätfrühling bis zum Frühsommer erscheinen. Ginster mögen es hell, aber keine pralle Mittagssonne. Im Sommer müssen sie reichlich, vor allem aber gleichmäßig gegossen werden. Bei Trockenheit verlieren sie die Blätter und bei Staunässe können die Wurzeln faulen. Der hohe Nährstoffbedarf wird durch wöchentliche Düngergaben gedeckt. Überwintert werden sie hell, am besten bei 5–10 °C. Für eine gute Verzweigung kann man nach der Blüte kräftig zurückschneiden. Im Sommer geschnittene, weiche Kopfstecklinge aus der Spitzenregion bewurzeln am schnellsten. Achten Sie auf Blattläuse und Spinnmilben.

Gardenia jasminoides

Standort: ○ ☀ ⚠
Pflege: ⬆
Vermehrung: ▨
Eigenschaften: △ ∞ ▨
Krankheiten: Wurzelfäule
Schädlinge: Spinnmilben, Schild-
 und Wollläusc
Blütezeit: Sommer

Standort: ◗ ☀
Pflege: ❄
Vermehrung: ▨
Eigenschaften: ∞ ✿
Schädlinge: Blattläuse, Spinnmilben
Blütezeit: Frühjahr

Färber-Ginster

Genista tinctoria

Standort: ◊ ☼
Vermehrung: ▨
Eigenschaften: ✖ ∞ ❀ ❄
Schädlinge: Blattläuse
Blütezeit: Sommer

Der sommergrüne Färber- oder Eiblatt-Ginster ist von Mitteleuropa bis ins westliche Asien heimisch. Der langsam wachsende Kleinstrauch gehört zu den Schmetterlingsblütlern *(Fabaceae)* und wird kaum höher als 80 cm. Seine glänzend grünen Blätter sind im Frühsommer übersät mit leuchtend gelben Blütentrauben, denen anschließend die charakteristischen braunen Hülsenfrüchte folgen. Die Zwergsorte 'Plena' blüht gefüllt. Ginster bevorzugt sonnige Standorte, verträgt Hitze und Trockenheit gut. Daher eignet er sich hervorragend für exponierte Plätze wie Dachterrassen. Das Substrat sollte gut wasserdurchlässig und nicht zu nährstoffreich sein. Man hält die Pflanze in Form, wenn man sie jährlich nach der Blüte um ein Drittel zurückschneidet. Im Sommer kann man gleichzeitig weiche oder grüne Kopfstecklinge schneiden, die schnell bewurzeln. Der Kübel muss im Winter ausreichend isoliert werden. Achtung, alle Pflanzenteile sind giftig.

Ginkgo

Ginkgo biloba

Ginkgo biloba

Standort: ◊ ☼ – ☀
Vermehrung: ∘° ▨
Eigenschaften: ∞ ❀ ❄ mit Kübelschutz
Blütezeit: Frühjahr

Ginkgo biloba gehört als einzige Art der Gattung zu den Ginkgogewächsen *(Ginkgoaceae).* Heimat des sommergrünes Baumes ist China, wo er in freier Natur über 30 m hoch wird. Als jüngere Pflanze wächst er kegelförmig, später lockert sich die Krone auf. Charakteristisch sind die fächerförmigen, parallel genervten Blätter, die sich im Herbst von Grün in ein leuchtendes Goldgelb färben. Der unempfindliche Ginkgo gedeiht an sonnigen bis halbschattigen Plätzen. Er ist frosthart, verträgt Stadtklima und wächst an windexponierten Stellen. Vom Spätwinter bis Frühling lassen sich störende Zweige herausschneiden. Zur Samenbildung braucht man männliche und weibliche Pflanzen, wobei sich aus den weiblichen Blüten mirabellenähnliche Früchte entwickeln. Diese kann man zur Herbstmitte ernten, vom Fruchtfleisch säubern und bis zur Aussaat im Frühjahr im Kühlschrank lagern. Ansonsten wird über Weichholzstecklinge von Frühjahr bis Frühsommer vermehrt.

Silbereiche

Grevillea

Wie alle Proteengewächse *(Proteaceae)* stammt auch die Silbereiche mit ihren Arten von der Südhalbkugel unserer Erde, wo sie als Strauch oder Baum wächst. Da sie in Kultur meist nicht blühen, sind Arten wie *G. banksii* oder *G. robusta* als dekorative Blattschmuckpflanzen im Einsatz. Ältere Exemplare von *G. rosmarinifolia* bestechen dagegen mit hübschen orangeroten Blüten. Während *G. robusta* lieber im Halbschatten steht, mag *G. rosmarinifolia* die volle Sonne. Sie alle sind jedoch sehr regenempfindlich. Das Substrat sollte nie austrocknen oder zu nass sein. Wichtig ist kalkarmes Gießwasser, damit kein Eisenmangel entsteht. Bis zum Spätsommer wird wöchentlich schwach gedüngt. Überwintert werden sie hell und luftig, bei 5–15 °C; *G. robusta* auch dunkler, verliert dann aber die Blätter. Ältere Pflanzen kann man leicht oder kräftig zurückschneiden. Eine Aussaat ist fast ganzjährig möglich, Sommerstecklinge bewurzeln nur langsam.

Standort: 💧 ☼–☼ *je nach Art,* ⛰
Pflege: ❄ 🌡
Vermehrung: ⚬° ⎌
Eigenschaften: △ ∞ ❀ *je nach Art,* ▨
Blütezeit: Sommer

Kranzblume

Hedychium gardnerianum

Die meisten Arten der Schmetterlingsblume, wie dieses Ingwergewächs *(Zyngiberaceae)* auch genannt wird, sind in Indonesien und China beheimatet. Die krautigen Rhizompflanzen werden als Gewürze, Farb- und Duftstoffe sowie Heilmittel verarbeitet. Einzig *H. gardnerianum* wird als Kübelpflanze angeboten. Sie wird bis 2 m hoch, die länglich ovalen Blätter bis 40 cm lang. Die goldgelben, süßlich duftenden Blüten erscheinen im Spätsommer in endständigen Ähren. Auffällig sind die weit herausragenden Narben. Warme, sonnige Standorte, vor Regen und Wind geschützt, sind Voraussetzung für die Blütenbildung. Während des Wachstums und der Blüte ist eine regelmäßige Wasserversorgung wichtig. Kurzzeitige Trockenheit wird eher toleriert als zuviel Nässe. In dieser Zeit wird auch wöchentlich gedüngt. Optimal sind humose, mit Kompost angereicherte Substrate. Überwintert wird hell und trocken, bei 10–15 °C. Im Frühjahr teilt man die Rhizome.

Hedychium gardnerianum

Standort: 💧 ☼ ⛰
Pflege: 🌡
Vermehrung: ⚒ ❀
Eigenschaften: △ ∞ ❀
Schädlinge: Blattläuse, Spinnmilben
Blütezeit: Sommer

Taglilie

Hemerocallis-Hybriden

ⓘ

Standort: 💧 ☀ – ☀ ⚠
Pflege: ⚠ ❄
Vermehrung: ✿
Eigenschaften: △ ∞ ❀
Krankheiten: Rostpilze, Stängel-
und Blattfäule
Schädlinge: Gallmücken, Schnecken,
saugende Insekten
Blütezeit: Sommer

Die Urformen der meist immergrünen Tagliliengewächse (*Hemerocallidaceae*) stammen aus dem asiatischen Raum. Im Gegensatz zu den Wildarten wachsen viele Hybridsorten weniger auswuchernd und sind als Kübelpflanze zunehmend beliebt. Aus dem fleischigen Wurzelstock entwickeln sich riemenförmige, dunkelgrüne Blätter in dichten Horsten. Im Sommer folgen dann die großen, farbenfrohen Blüten. Taglilien gedeihen an sonnigen bis halbschattigen Plätzen. Zur Knospenbildung brauchen sie reichlich Wasser und alle zwei bis drei Wochen eine Volldüngergabe. Humose, nährstoffreiche Erde ist ideal. Staunässe vertragen sie nicht. Am liebsten wachsen sie ungestört. Große Pflanzen kann man aber alle zwei bis drei Jahre teilen, entweder nach der Blüte oder im zeitigen Frühjahr. Im Winter empfiehlt es sich, den Kübel vor dem Durchfrieren zu schützen. Beim häufigen Wechseln von Frost- und Auftauperioden können Stängel- und Blattfäulen auftreten.

Chinesischer Rosen-Eibisch

Hibiscus rosa-sinensis

ⓘ

Standort: 💧 ☀ ⚠
Pflege: 🌡 ❄
Vermehrung: ✂
Eigenschaften: △ ∞ ❀
Krankheiten: Wurzelfäule
Schädlinge: Blattläuse, Wollläuse,
Spinnmilben, Weiße Fliege
Blütezeit: Frühjahr – Herbst

Das im tropischen Asien beheimatete Malvengewächs (*Malvaceae*) wird auch im Kübel bis 3 m hoch. Die glänzend dunkelgrünen Blätter stehen in einem schönen Kontrast zu den großen Einzelblüten, die bis zum Herbst in den verschiedensten Farbtönen leuchten. Der Strauch steht am liebsten ohne Störungen an einem sonnigen, geschützten Platz. Im Sommer braucht er viel, am besten kalkarmes Wasser und mindestens einmal die Woche einen Volldünger. Trocknet er aus, lässt er die Knospen fallen. Räumen Sie die wärmebedürftige Pflanze zeitig in das Winterquartier ein. Sie kann hell, bei 10–15 °C, überwintern; im Wintergarten bei maximal 20 °C blüht sie weiter. Gießen Sie nur wenig und geben alle vier Wochen einen Dünger zu. Vom Frühjahr bis zum Sommer lassen sich Kopf- und Triebstecklinge schneiden. Junge Pflanzen werden regelmäßig entspitzt, ältere kann man jedes Frühjahr auslichten oder in Form schneiden. Achten Sie auf Blattläuse.

Hibiscus rosa-sinensis

Strauch-Eibisch

Hibiscus syriacus

Das sommergrüne Malvengewächs *(Malvaceae)* mit dem mediterranen Flair stammt aus China und Japan. Auch im Kübel wächst der buschig aufrechte Strauch bis 2 m hoch. Blickfang sind im Sommer die achselständigen Einzelblüten. Die Farbvielfalt der Sorten ist groß – neben Rosa ('Woodbridge') und Weiß ('Red Heart', weiß mit roter Mitte) gibt es auch rote oder purpurfarbene Sorten. Wichtig für eine reiche Blüte ist ein sonniger Standort sowie regelmäßige Wasser- und Düngergaben. Das Substrat muss wasserdurchlässig und nährstoffreich sein. Am besten topft man jedes Frühjahr um. Dabei sollten die Seitentriebe ganz entfernt und die Haupttriebe um ein Drittel gekürzt werden. Im Winter ist ein geschützter Standort und eine gute Isolierung des Kübels nicht nur bei jungen Pflanzen empfehlenswert. Frostschäden lassen sich aber gut herausschneiden. Vom Frühjahr bis zum Sommer geschnittene, weiche oder leicht verholzte Stecklinge bewurzeln rasch.

Standort: ◗ ☼ ⚠
Vermehrung: ⊟
Eigenschaften: ∞ ❄
Krankheiten: Echter Mehltau
Schädlinge: Blattläuse, Wollläuse,
*   Spinnmilben, Weiße Fliege*
Blütezeit: Sommer

Kentiapalme

Howea

Aus der Südsee ist diese Palmengattung aus der Familie *Areaceae* zu uns gekommen. Mit ihren großen Fiederblättern sind die zwei Arten als Kübelpflanzen genauso beliebt wie als Zimmerpflanzen. Während sie in der Natur einstämmig wachsen, werden sie in Kultur meist mehrstämmig gezogen. Neben *H. belmoreana* ist *H. forsteriana* die bekanntere Art. Der Stamm ist kräftiger und die großen Blattwedel hängen im Gegensatz zu ihrer Schwester nicht über. Beide bevorzugen einen halbschattigen Standort, volle Sonne mögen sie nicht. Vor allem warm muss es sein, junge Pflanzen brauchen sogar ganzjährig 20 °C. Es sollte stets gleichmäßig gegossen werden, am besten mit kalkarmem Gießwasser. Sonst treten leicht braune Blattflecken auf. In der Wachstumszeit wird wöchentlich gedüngt. Überwintert wird hell, am besten bei 10–15 °C. Die Vermehrung erfolgt durch Aussaat im Frühjahr, wobei die Keimung mehrere Monate dauern kann.

Standort: 💧 ☀ ⚠
Pflege: 🌡 ✿
Vermehrung: ⁰°
Eigenschaften: ∞ ✿
Krankheiten: Exosporium-
Blattfleckenkrankheit
Schädlinge: Spinnmilben, Schild-
läuse, Wollläuse, Thripse

Hortensie

Hydrangea macrophylla

Die sommergrünen, bis 150 cm hohen Sträucher aus der Familie der *Hydrangeaceae* sind in Ostasien heimisch. Es gibt Sorten mit ballförmigen Blütenständen, flache Teller-Hortensien sowie Flieder-Hortensien mit länglichen Blütenrispen. Alle mögen Halbschatten ohne direkte Sonne. Gießen Sie nur mit kalkfreiem Wasser. Dies ist neben einem saurem Substrat wie Azaleen- oder Rhododronerde besonders wichtig, damit das für die Blaufärbung unentbehrliche Aluminium freigelegt wird. Neben einer 14-tägigen Düngung bekommen blaue Sorten zusätzlich einmal im Monat Ammoniakalaun. Da die Knospen sehr frostempfindlich sind, überwintern Hortensien besser hell oder dunkel bei 0–5 °C. Dann wird nur wenig gegossen. Ab Februar brauchen sie wieder mehr Licht. Verblühtes schneidet man bis zum neuen Trieb zurück, ältere Pflanzen können nach der Blüte verjüngt werden. Vermehrt wird über Kopfstecklinge im Sommer. Blattkontakt kann Hautallergien hervorrufen.

Standort: 💧 ☀
Pflege: ❄
Vermehrung: ▭
Eigenschaften: ✘ ∞ ✿
Krankheiten: Grauschimmel
Schädlinge: Spinnmilben,
Blattwanzen
Blütezeit: Sommer

Hydrangea macrophylla

Stechpalme

Ilex

Stechpalmengewächse *(Aquifoliaceae)* kommen in tropischen wie in gemäßigten Klimazonen vor. Die meist immergrünen Sträucher oder kleinen Bäume besitzen sehr dekorative Blätter, je nach Sorte einfarbig grün, weiß oder gelb gemustert, ganzrandig oder stachelig. Den kleinen, weißen Blüten mit zartem Duft folgen die roten oder schwarzen, giftigen Steinfrüchte. Als Kübelpflanzen eignen sich kompakt und langsam wachsende Sorten von *I. crenata* oder *I. x meservae*. Neben ihrem natürlichen Charakter sind sie sehr trockenheitsverträglich und frosthart. Vergessen Sie trotzdem das Gießen nicht. Die Pflanzen wachsen an sonnigen wie halbschattigen Standorten und bevorzugen kalkarme, humose und gut wasserdurchlässige Substrate. Bei Bedarf kann man die schnittverträglichlichen Pflanzen im Sommer in Form schneiden. Im Spätsommer gewinnt man halbreife Stecklinge, im Herbst und Winter verholzte. Schützen Sie den Wurzelballen vor starken Frösten.

Ilex

Standort: ○ ☀
Vermehrung: ▨
Eigenschaften: ✖ ∞ ▨ ❄
Krankheiten: *Phytophthora-Wurzelfäule*
Schädlinge: *Minierfliegen, Blattläuse, Schildläuse*
Blütezeit: *Frühjahr*

Jasminum mesnyi

ⓘ

Standort: 💧 ☼–☀
Pflege: ❄ ☐
Vermehrung: ⌷
Eigenschaften: ∞ ❀
Schädlinge: Blattläuse, Wollläuse
Blütezeit: Sommer

Jasmin

Jasminum

Die zahlreichen Jasmin-Arten, die zu den Ölbaumgewächsen *(Oleaceae)* gehören, sind fast auf der ganzen Welt zu Hause. Gemeinsames Merkmal der sommer- oder immergrünen Kletttersträucher sind die intensiv duftenden Blüten – beim Echten Jasmin *(J. officinale)* in Weiß, bei *J. mesnyi* und *J. odoratissimum* in Gelb. Eine Besonderheit ist der Arabische Jasmin *(J. sambac)* mit gefüllten, gardenienartigen Blüten. Jasmin mag es sonnig und warm. Im Sommer muss reichlich gegossen und wöchentlich gedüngt werden. Ein Klettergerüst oder eine Stütze geben den Pflanzen Halt. Bis auf *J. sambac*, der auch im Winter mindestens 15 °C braucht, überwintern die anderen Arten hell, luftig und kühler (5–10 °C). Einige vertragen sogar kurzzeitige Fröste. Bei großen Sträuchern schneidet man entweder nur die verblühten Triebe ab oder kräftig zurück. *J. sambac* lässt sich leicht formen. Von Frühjahr bis Spätsommer kann man Kopf- und Teilstecklinge schneiden.

ⓘ

Standort: 〇 ☼–☀
Vermehrung: ⌷
Eigenschaften: ✖ ∞ ▧ ❄
Krankheiten: Zweigsterben
Schädlinge: Spinnmilben, Miniermotten, Blattläuse, Schildläuse

Kriech-Wacholder

Juniperus horizontalis

Heimat des immergrünen Zypressengewächses *(Cupressaceae)* mit seinem typisch mattenartigen Wuchs ist Nordamerika. Viele Sorten haben blau getönte Nadeln, die sich wie bei 'Bar Harbor' im Winter rötlich färben können. Teilweise wachsen sie mehr als 2 m in die Breite, werden aber kaum höher als 50 cm. Die Sorte 'Winter Blue' ist dabei weniger ausladend. Langsam wachsende Sorten des Chinesischen Wacholders *(J. chinensis)*, zum Beispiel 'Old Gold', eignen sich ebenfalls für Pflanzgefäße. Sie passen gut in Heidepflanzungen, die sich auch in großen Kübeln arrangieren lassen. Die pflegeleichten, frostharten Sträucher bevorzugen die Sonne und vertragen sogar Trockenzeiten. Sie gedeihen noch in nährstoffarmen Substraten, die eher sauer als kalkhaltig sein können. Geben Sie jedoch gelegentlich einen Koniferendünger zu. Im Spätsommer kann man halbreife Stecklinge schneiden. Die Blätter können Hautausschläge verursachen.

Schuppen-Wacholder

Juniperus squamata

Die immergrünen Sträucher kommen in Gebirgen von Afghanistan bis nach China natürlich vor. Sie wachsen flach und breit ausladend oder aufrecht und buschig. Sogar kleine Bäume kommen vor. Die Nadeln sind dekorativ gefärbt, von graugrün bis silbrig blaugrün. Für Pflanzgefäße eignen sich kompakte Sorten wie die breit runde 'Blue Star' mit silbrig blauen Nadeln oder der mattenartig wachsende 'Blue Carpet'. 'Loderi' mit blaugrünen Nadeln wird etwa 150 cm hoch und breit. Sie bevorzugen sonnige Standorte, sind sehr trockenheitsverträglich und frosthart und daher ideale Bewohner von Dachterrassen. Optimal ist eine sandig humose Erde, die sogar kalkhaltig sein kann. Geben Sie etwa alle 4 Wochen einen Koniferendünger zu. Im Spätsommer kann man halbreife Stecklinge schneiden. Die Pilze Kabatina und Phomopsis verursachen das sogenannte Zweigsterben. Gelbe und abgestorbene Triebe müssen sofort herausgeschnitten und vernichtet werden.

Standort: ◌ ☼ – ☀
Vermehrung: ▱
Eigenschaften: ✖ ∞ ▨ ❄
Krankheiten: Zweigsterben
Schädlinge: Spinnmilben, Miniermotten, Blattläuse, Schildläuse

Lorbeerrose

Kalmia angustifolia

Das Heidekrautgewächs *(Ericaceae)*, auch als Schmalblättriger Berglorbeer bekannt, stammt aus den feuchten Wäldern und Sümpfen Nordamerikas. Der kleine, immergrüne Strauch wird etwa 1 m hoch und fast genauso breit. Seinen Namen verdankt er den lanzettlichen, ledrigen, bläulich grünen Blättern. Im Sommer erscheinen glockenförmige rosarote Blüten in dichten Büscheln, die bei der Sorte 'Rubra' bläulich rosa sind. Ideal ist ein halbschattiger Platz, der bei ausreichend Feuchtigkeit auch sonnig sein kann. Das Substrat sollte im sauren Milieu angesiedelt sein, im Sommer dazu stets feucht. Im Frühjahr empfiehlt sich eine Mulchschicht oder Zugabe von Langzeitdünger. Vertrocknete Zweige werden regelmäßig entfernt, bei Bedarf kann kräftig zurückgeschnitten werden. Im Sommer lassen sich grüne, im Winter verholzte Stecklinge schneiden. Oder säen Sie im Fruhjahr aus. Der Verzehr von Pflanzenteilen verursacht Übelkeit.

Standort: ♦ ☼ – ☀
Vermehrung: ˳ᵒ ▱
Eigenschaften: ✖ ∞ ❀ ❄
Blütezeit: Sommer

Gegenüberliegende Seite: Lantana

Kreppmyrte

Lagerstroemia indica

Das sommergrüne Weiderichgewächs *(Lythraceae)* ist in China und Korea weit verbreitet. Dort wächst es als Strauch oder Baum bis 10 m hoch. Die langen Blütenrispen erscheinen bis zum Herbst, wobei die wie Krepppapier gekrausten Einzelblüten je nach Sorte rosa, weiß oder purpurn sind. Ältere Blüten verblassen nach und nach. Zur Blütenbildung brauchen die Pflanzen viel Sonne und Wärme. In kühleren Regenperioden blühen sie erst spät oder kaum. Da die jungen Triebe leicht brechen, stehen sie am besten windgeschützt. Wichtig sind gleichmäßige Wassergaben, damit die Knospen nicht abfallen. Gedüngt wird in dieser Zeit wöchentlich. Ältere Bäume können in wintermilden Gegenden im Freien überwintern. Besser ist eine helle Überwinterung um 15 °C. Im Frühjahr kann man abgeblühte, vorjährige Triebe entfernen und gleichzeitig Kopfstecklinge schneiden. Aussäen ist auch möglich. Echter Mehltau kann Knospen und Blüten befallen.

ⓘ

Standort: 💧 ☀ ⌂
Pflege: 🌡 ❄
Vermehrung: ⦂° 📧
Eigenschaften: ∞ ❁
Krankheiten: Echter Mehltau
Schädlinge: Weiße Fliege,
  Spinnmilben
Blütezeit: Sommer

Wandelröschen

Lantana-Camara-Hybriden

Diese immergrünen Sträucher aus dem tropischen Amerika gehören zu den Verbenen- oder Eisenkrautgewächsen *(Verbenaceae)*. Als Strauch oder Stämmchen gezogen werden sie bis 1 m hoch. Ihren Namen verdanken sie den runden Blütenbüscheln, die ihre Farbe während der Blütezeit deutlich ändern. Sie stehen gern in der vollen Sonne, nach dem Ausräumen aus dem Winterquartier zunächst besser im lichten Schatten. Im Sommer darf das Substrat der Tiefwurzler nicht austrocknen, sonst verbräunen die runzeligen Blätter leicht und erholen sich nicht mehr. Bis September wird wöchentlich gedüngt. Die beste Zeit für die Stecklingsvermehrung ist vom Frühjahr bis zum Sommer. Überwintert wird in einem hellen, luftigen Raum bei 5–10 °C. Im Frühjahr kann man lange Vorjahrestriebe entfernen oder die Pflanze im Ganzen kräftig zurückschneiden. Wird vor dem Einräumen zurückgeschnitten, kann sie dunkel und kühl, um 5 °C, stehen. Die Pflanze ist in allen Teilen giftig.

ⓘ

Standort: 💧 ☀
Pflege: ❄
Vermehrung: 📧
Eigenschaften: ✖ ∞ ❁
Krankheiten: Grauschimmel
Schädlinge: Weiße Fliege,
  Spinnmilben, Blattläuse
Blütezeit: Sommer – Herbst

Laurus nobilis

ⓘ

Standort: ◌ ☼ – ☀ ⚠
Vermehrung: ▨
Eigenschaften: ∞ ❀ ❄
Krankheiten: Echter Mehltau
Schädlinge: Schildläuse, Wollläuse
Blütezeit: Frühjahr

Lavandula

ⓘ

Standort: ◌ ☼
Pflege: ⚠ ❄ ❄
Vermehrung: ∘° ▨
Eigenschaften: ∞ ❀
Krankheiten: Grauschimmel
Schädlinge: Blattläuse
Blütezeit: Sommer

Lorbeer

Laurus nobilis

Das mediterrane, immergrüne Lorbeergewächs *(Lauraceae)* wächst in freier Natur als meterhoher Strauch oder Baum. Als Kübelpflanze ist es wegen seiner ledrigen, dunkelgrün glänzenden und herrlich duftenden Blätter sehr beliebt. In Kultur blüht und fruchtet Lorbeer selten, da dazu eine weibliche und männliche Pflanze notwendig sind. Blätter und Beeren dienen als Gewürz, Duftstoffe und Heilmittel. Mit seinem dichten Laub eignet er sich hervorragend als ganzjähriger Sichtschutz. Der Standort kann sonnig bis halbschattig sein. Im Sommer muss man ihn regelmäßig gießen; im Gegensatz zu stauender Nässe toleriert er kurzzeitige Trockenheit. Eine wöchentliche Volldüngergabe ist bei humoser, nährstoffreicher Erde nur im Frühsommer nötig. Der schnittverträgliche Lorbeer lässt sich leicht formen, die beste Zeit dafür ist das Frühjahr. Stecklinge können das ganze Jahr über geschnitten werden. Überwintert wird er hell und kühl, bei etwa 1–5 °C.

Lavendel

Lavandula

Die Lippenblütler *(Lamiaceae)* mit dem mediterranen Flair wachsen je nach Art als Stauden, immergrüne Halbsträucher oder Sträucher. Ihre länglichen, weißfilzigen Blätter verströmen den typischen Lavendelduft, im Sommer bezaubern die violettblauen, rosa oder weißen Blüten. Der Echte Lavendel (*L. angustifolia*) ist eine beliebte, auch im gemäßigten Klima winterharte Kübelpflanze und liefert zudem das Lavendelöl. *L. stoechas* und *L. dentata* blühen mit purpurroten Ähren. Alle lieben es sonnig und warm, denn nur so entwickeln sie ihr volles Aroma. Sie vertragen zwar Trockenzeiten, doch sollte das gut wasserdurchlässige Substrat im Sommer gleichmäßig feucht sein. Der Nährstoffbedarf ist nicht sehr hoch, bis zum Sommerende wird, wenn überhaupt, nur schwach dosiert gedüngt. Sie werden am sichersten hell, bei maximal 10 °C, überwintert. Ältere Pflanzen kann man jährlich auslichten. Vermehrt wird über Aussaat im Frühjahr oder über Kopfstecklinge.

Baum-Malve

Lavatera arborea

Baum-Malven *(L. arborea)* oder Strauch-Malven *(L. olbia)* findet man vom Mittelmeerraum bis nach Australien. Die sommergrünen Malvengewächse *(Malvaceae)* wachsen als weichholzige Sträucher in freier Natur 2–3 m hoch. Die Baum-Malve blüht im Sommer mit großen, purpurroten, dunkel geaderten Blüten, während die kleineren Blüten der Strauch-Malve rosa bis purpurfarben sind. Ideal sind sonnige, warme und vor Wind geschützte Plätze, damit die Malven nicht so stark austrocknen. Im Sommer brauchen sie reichlich Wasser. Stehen sie zu trocken, lassen sie die Knospen fallen. Der Nährstoffbedarf ist ebenfalls hoch, deshalb wird bis zum Sommerende wöchentlich gedüngt. Schnittmaßnahmen sind nicht notwendig. Zu große Pflanzen kann man im Frühjahr auslichten oder stark zurücknehmen. Vermehrt wird über Stecklinge im Frühjahr oder Herbst. Überwintert wird in einem hellen, luftigen Raum bei 5–10 °C. Saugende Insekten können lästig werden.

Standort: ◗ ☼ ⚠
Pflege: ❋
Vermehrung: 📺
Eigenschaften: ∞ ❀
Krankheiten: Stängelfäule, Rostpilze
Schädlinge: Blattläuse, Spinnmilben,
  Weiße Fliege
Blütezeit: Sommer

Lavatera

Strauchpappel

Lavatera thuringiaca

ℹ️

Standort: 💧 ☼ ⚠️
Vermehrung: ∘° ⊞
Eigenschaften: ∞ ❀ ❄️
Krankheiten: Stängelfäule, Rostpilze
Schädlinge: Blattläuse, Spinnmilben,
  Weiße Fliege
Blütezeit: Sommer

Die Thüringer Strauchpappel oder »Busch-Malve« aus der Familie der Malvengewächse *(Malvaceae)* ist in Mittel- und Südeuropa heimisch. Nicht nur dort ist sie als Heilpflanze bekannt. Die buschige Staude kann 2 m hoch und fast genauso breit werden. Blickfang sind im Sommer die großen, trichterförmigen Blüten, je nach Sorte von rosa bis weiß. Die grünen Blätter sind fünffach gelappt. Die Strauchpappel ist sehr anspruchslos. Sie steht am liebsten in voller Sonne, das optimale Substrat ist gut wasserdurchlässig und nur mäßig nährstoffreich. Im Sommer braucht sie reichlich Wasser, doch bei Staunässe kann leicht der Spross faulen. Auch Rostpilze können auftreten. Ein geschützter Platz an der Hauswand hält nicht nur im Winter kalte Winde von ihr fern. Im Frühjahr ist Zeit zum Aussäen oder Grünstecklinge scheiden. Zur Verjüngung kann man die Pflanze im zeitigen Frühjahr ebenerdig zurücknehmen. Den Wurzelballen gut vor Frost schützen.

Zaubermyrte

Leptospermum scoparium

ℹ️

Standort: 💧 ☼ ⚠️
Pflege: ❄️
Vermehrung: ⊞
Eigenschaften: ∞ ❀
Schädlinge: Spinnmilben, Blattläuse
Blütezeit: Winter, Frühjahr

Das Myrtengewächs *(Myrtaceae)* aus Australien wächst als immergrüner Strauch oder kleiner Baum. Die kleinen nadelartigen Blätter duften aromatisch und dienen den Ureinwohnern als Tee. Die Blütezeit erstreckt sich über die Frühlingsmonate, im Wintergarten beginnt sie schon im Spätwinter. Die Sortenvielfalt ist groß: Neben der weißen Art gibt es rosa und rote Sorten, von einfach bis gefüllt blühend. Ebenso wichtig wie ein sonniger, warmer Standort ist eine gleichmäßige Wasserversorgung. Das Substrat darf weder austrocknen noch vernässt sein. Verwenden Sie nur kalkarmes Gießwasser und saure Erden. Alle 14 Tage wird ein Rhododendrondünger zugegeben. Zu groß gewordene Pflanzen lassen sich nach der Blüte zurückschneiden. Überwintert wird in einem hellen, luftigen Raum bei maximal 10 °C, damit sich reichlich Knospen bilden. Dann wird nur wenig gegossen. Vermehrt wird über Stecklinge, wobei man die Jungpflanzen mehrmals stutzt.

Leptospermum scoparium

Rainweide

Ligustrum

Die meisten Arten dieser Ölbaumgewächse *(Oleaceae)* sind von Ostasien bis Ostindien verbreitet. In Europa ist einzig der Gewöhnliche Liguster (*Ligustrum vulgare*) heimisch. Als immergrüne Kübelpflanze ist der Glänzende Liguster (*L. lucidum*) mit seinen großen, glänzenden Blätter sehr beliebt. Je nach Sorte sind sie dunkelgrün oder gelbbunt. Im Spätsommer erscheinen große Rispen mit kleinen weißen, duftenden Blüten. *L. indicum* blüht bereits im Spätfrühling. Der Blüte folgen schwarze, schwach giftige Beeren. Liguster wachsen in der Sonne wie im Halbschatten. Im Sommer brauchen sie viel Wasser und reichlich Nährstoffe. *L. lucidum* wird baumförmig gezogen, die anderen Arten lassen sich leicht als Figur formen. Während der Wachstumszeit wird daher regelmäßig nachgeschnitten. Dabei lassen sich gleichzeitig Stecklinge bewurzeln. Überwintert wird am besten hell, bei 5–10 °C. Stehen die Pflanzen dunkel, werfen sie alle Blätter ab.

Standort: ◗ ☼–☀
Pflege: ✳
Vermehrung: 🎞
Eigenschaften: ✖ ∞ ❀ ▨
Krankheiten: Blattflecken, Welke
Schädlinge: Blattläuse, Schildläuse, Wollläuse
Blütezeit: Frühjahr, Sommer

Lilie

Lilium-Hybriden

ⓘ

Standort: 💧 ☀ — ☀ ⛰
Pflege: ⛰ ❄
Vermehrung: ∘° ⚘
Eigenschaften: ∞ ✿
Krankheiten: Grauschimmel
Schädlinge: Lilienhähnchen,
   Schnecken, Blattläuse
Blütezeit: Frühjahr, Sommer

Liliengewächse *(Liliaceae)* sind mit ihren fast 100 Arten über alle gemäßigten Klimagebiete der Erde verteilt. Als Kübelpflanzen eignen sich generell niedrige Sorten gut, zum Beispiel Orientalische Hybriden oder botanische Arten. Je nach Sorte und Pflanzzeit erstreckt sich die Blütezeit vom Frühjahr bis zum Sommer. Die großen, trichterförmigen Blüten erscheinen in allen erdenklichen Farbtönen außer Blau. Lilien stehen gerne hell, nur nicht in der prallen Sonne. Sie brauchen im Sommer viel Wasser. Der nährstoffreichen, gut wasserdurchlässigen Erde geben Sie im Frühjahr einen Depotdünger zu. Die Zwiebeln werden im Herbst oder Frühjahr etwa 10 cm tief gepflanzt, bei 5–10 °C aufgestellt und mäßig feucht gehalten. Sobald die Triebe erscheinen, stellt man die Töpfe an einen helleren und wärmeren Ort. Vermehrt wird im Spätsommer über Aussaat, Schuppen oder Brutzwiebeln. Entweder wird frostfrei überwintert oder der Kübel gut abgedeckt.

Lilium-Hybriden

Blauer Kartoffelstrauch

Lycianthes rantonnettii

Das Nachtschattengewächs *(Solanaceae)* ist vielen Gärtnern noch unter seinem früheren Namen *Solanum rantonnettii* bekannt. Es stammt aus Südamerika und wächst als Strauch oder Hochstamm mit bogig überhängenden Zweigen. Blickfang sind die violettblauen Blüten mit gelbem Zentrum, denen rötliche, giftige Früchte folgen. Der kletternde Jasminblütige Nachtschatten *(Solanum jasminoides)* bildet weiße bis bläuliche Blütenbüschel. Beide mögen sonnige, *S. jasminoides* auch halbschattige Plätze, die windgeschützt sein sollten. Im Sommer sind regelmäßige Wasser- und Düngergaben wichtig, sonst werden die Blätter rasch gelb und fallen ab. Überwintert wird hell und luftig, um 10 °C, oder dunkel, bei etwa 5 °C. Dann verlieren die Pflanzen allerdings die Blätter. Kletterpflanzen oder große Exemplare kann man vor dem Einräumen zurückschneiden, bester Zeitpunkt ist jedoch das Frühjahr. Vom Frühjahr bis zum Herbstbeginn lassen sich Stecklinge schneiden.

Lycianthes rantonnettii

Standort: ◦ ☼ — ☼ ⟁
Vermehrung: ▨
Eigenschaften: ✖ ∞ ❀
Krankheiten: Grauschimmel,
   Bronzeflecken
Schädlinge: Blattläuse, Weiße Fliege
Blütezeit: Frühjahr – Herbst

Immergrüne Magnolie

Magnolia grandiflora

Der immergrüne Baum aus der Familie der Magnoliengewächse *(Magnoliaceae)* ist in Nordamerika zu Hause. Dort kann er bis 25 m hoch werden. Die großen, glänzend dunkelgrünen Blättern sind auf der Unterseite rostbraun. Sie bilden einen schönen Kontrast zu den bis 30 cm breiten, rahmweißen Blüten, die zudem intensiv duften. Der Standort sollte sonnig sein, doch sind die Pflanzen nach dem Ausräumen im Frühjahr sehr lichtempfindlich. Während des Wachstums brauchen sie viel kalkarmes Wasser, gedüngt wird bis zum Sommerende wöchentlich. Bei hohen Kalkgehalten des Substrates verbräunen die Blätter leicht. *Magnolia* lässt sich gut in Form schneiden, ältere Pflanzen vertragen einen Auslichtungsschnitt gut. Im Winter sind 5 °C ausreichend, nur hell mus es sein. Nach Frosteinwirkung verlieren die Pflanzen meist die Blätter. Vermehrt wird über Samen, Stecklinge und Veredlung. Von der Aussaat bis zur Blüte können 10 Jahre vergehen.

Magnolia

Standort: ◦ ☼ — ☼ ⟁
Pflege: ❊
Vermehrung: ◦ ▨ ❀
Eigenschaften: ∞ ❀
Schädlinge: Schildläuse
Blütezeit: Spätsommer – Herbst

Eisenholzbaum

Metrosideros excelsa

Das aus Neuseeland stammende Myrtengewächs (*Myrtaceae*) blüht in seiner Heimat im Dezember, was ihm den Beinamen »Neuseeländischer Weihnachtsbaum« eingebracht hat. Er wächst als Strauch und Baum, im Kübel bis 2 m hoch. Farbgeber sind weniger die Blüten als die vielen langen, leuchtend roten Staubfäden, die in dichten Trugdolden stehen. Die robuste Art gedeiht an sonnigen wie halbschattigen Plätzen. Gießen Sie die kalkempfindliche Pflanze gleichmäßig mit enthärtetem Wasser und geben Sie dem Gießwasser vom Frühjahr bis zum Sommerende wöchentlich einen Rhododendrondünger zu. Tipp: Trockenzeiten im Frühsommer fördern die Blütenbildung. Da er sehr frostempfindlich ist, kommt er früh ins Winterquartier (hell, 5–10 °C) und spät wieder heraus. Große Pflanzen vertragen einen Rückschnitt direkt nach der Blüte. Vom Spätwinter bis Sommer können leicht verholzte Stecklinge geschnitten werden. Sie ergeben rascher buschige Pflanzen als Sämlinge.

Echte Myrte

Myrtus communis

Braut-Myrten verdanken ihren Namen den Myrtenkränzchen, die schon jahrhundertelang als Hochzeitsschmuck dienen. Das Mytengewächs (*Myrtaceae*) ist im Mittelmeergebiet weit verbreitet. Es wächst dort als kleiner, immergrüner Strauch, im Kübel wird es etwa 2 m hoch. Zerreibt man die länglichen Blätter, verströmen sie einen kräftigen Duft. Aus ihnen wird Myrtenöl gewonnen, das als Heilmittel dient. Die weißen Blüten, die bis zum Herbst erscheinen, duften ebenfalls. Myrten gedeihen in der Sonne wie im leichten Schatten. Gießen Sie gleichmäßig, denn die Pflanzen vertrocknen bzw. faulen leicht. Da sie keinen Kalk mögen, verwenden Sie enthärtetes Wasser oder Regenwasser. Die schnittverträglichen Pflanzen lassen sich in jede erwünschte Form schneiden. Während der Wachstumszeit wird wöchentlich Rhododendrondünger zugegeben. Ein helles Winterquartier bei 5–10 °C ist ideal. Im Frühjahr geschnittene, leicht verholzte Stecklinge bewurzeln leicht.

ℹ

Standort: ◊ ☼ — ☼
Pflege: ❋
Vermehrung: ∘° ⊻⊻
Eigenschaften: ∞ ❀
Schädlinge: Schildläuse
Blütezeit: Frühjahr – Sommer

Myrtus communis

ℹ

Standort: ◊ ☼ — ☼
Pflege: ❋
Vermehrung: ⊻⊻
Eigenschaften: ∞ ❀
Krankheiten: Wurzelfäule
Schädlinge: Weiße Fliege, Schildläuse
Blütezeit: Sommer – Herbst

Oleander

Nerium oleander

Oleander ist der Inbegriff mediterranen Flairs. Wen wundert es da, dass dieses Hundsgiftgewächs *(Apocynaceae)* so beliebt ist. Der immergrüne, buschige Strauch wird bis 3 m hoch. Die ledrigen, schmal länglichen Blätter sind ebenso elegant wie die rosenähnlichen Blüten. Die zahlreichen, teilweise duftenden Sorten blühen bis in den Herbst, allerdings nur in sonnigen, warmen Sommern üppig. Deshalb gehört Oleander an den hellsten und wärmsten, vor Regen geschützten Platz. Im Sommer wird reichlich gegossen, am besten in den Untersetzer. Zudem wird wöchentlich gedüngt. Verwelkte Blütenstände werden nicht entfernt, sie bilden im Frühjahr erneut Knospen. Ältere Zweige kann man jedoch im Frühjahr herausschneiden. Überwintert wird hell und luftig bei 5–10 °C. Sorten werden über Stecklinge vermehrt, die man im Sommer schneidet und im Wasserglas bewurzeln lässt. Eine Aussaat frischer Samen sorgt für Neuheiten. Alle Pflanzenteile sind giftig.

ⓘ

Standort: 💧 ☼ ⚠
Pflege: ❄
Vermehrung: ⦙° ⊞
Eigenschaften: △ ✖ ∞ ❀
Krankheiten: Rußtaupilze
Schädlinge: Schildläuse
Blütezeit: Herbst

Nerium oleander

Ölbaum

Olea europaea

Standort: ◊ ☀
Pflege: ❄
Vermehrung: 🌱
Eigenschaften: △ ∞ ❀ 🍃
Schädlinge: Schildläuse, Blattläuse
Blütezeit: Sommer

Das immergrüne Ölbaumgewächs *(Oleaceae)* hat seine Wurzeln im östlichen Mittelmeerraum. In Kultur wächst der knorrige Baum mit den weidenartigen Blättern bis 12 m hoch. Im Kübel kann man ihn durch Schnittmaßnahmen im Frühjahr in gewünschter Größe und Form halten. Den Sommer über erscheinen gelblich weiße, duftende Blüten, aus denen sich anschließend die beliebten Oliven entwickeln. Als Kübelpflanzen wählen Sie am besten selbstfruchtbare Sorten. Der Standort sollte so sonnig und warm wie möglich sein. Ölbaume vertragen zwar Trockenzeiten, sind im Sommer aber für regelmäßige Wassergaben dankbar. Wichtig ist eine gute Dränage. Vom Frühjahr bis Sommer wird alle zwei Wochen gedüngt. Den Winter über stehen sie hell, bei 5–10 °C. Am schnellsten erhält man neue Pflanzen, wenn man im späten Frühjahr Teilstecklinge von einjährigen Trieben schneidet. Jungpflanzen müssen mehrmals gestutzt werden, damit sie sich gut verzweigen.

Duftblüte

Osmanthus

Standort: 💧 ☀
Pflege: ❄
Vermehrung: 🌱
Eigenschaften: △ ∞ ❀
Blütezeit: Frühjahr – Herbst

Die Mehrzahl dieser Ölbaumgewächse *(Oleaceae)* ist in Süd- und Ostasien zu Hause. Dort wachsen sie als immergrüne Sträucher oder Bäume 2–4 m hoch. Ihren Namen verdanken sie den je nach Art weißen oder gelblichen, duftenden Blüten. Die nachfolgenden, blauschwarzen Steinfrüchte sind ebenfalls sehr hübsch, genauso wie die dunkelgrünen, derb ledrigen Blätter. Während *O. delavayi* im Frühjahr blüht, blüht die Stachelblättrige Duftblüte (*O. heterophyllus*) im Herbst. In milden Klimaten ist sie sogar winterhart. Im Sommer erscheinen die stark duftenden Blüten von *O. fragans.* Optimal ist ein halbschattiger Platz. Während der Wachstumszeit muss gleichmäßig gegossen werden, Staunässe wird nicht toleriert. Gedüngt wird bis zum Sommerende wöchentlich. Überwintert wird hell und luftig, ideal sind 5 °C. Im Spätsommer lassen sich verholzte Stecklinge schneiden. Jungpflanzen werden mehrmals gestutzt, ansonsten ist kein Schnitt nötig.

Passionsblume

Passiflora

Dieser tropische Kletterstrauch gehört zur Familie der Passionsblumengewächse (*Passifloraceae*). Unverwechselbar sind die exotischen, leicht duftenden Blüten mit dem gestielten Fruchtknoten und auffälligen Staubfäden, die wiederum von einem Kranz teilweise mehrfarbiger Fäden umgeben sind. Die meist gelblichen Früchte sind essbar. Bekannte Zierpflanzen sind *P. caerulea* mit weißen bis rosa Blütenblättern und die leuchtend rote *R. racemosa*. Sie alle mögen es hell und warm mit Schutz vor direkter Mittagssonne. Die Wassermenge wird der Temperatur angepasst, denn Austrocknen wird ebenso wenig toleriert wie Staunässe. Bis zum Herbstbeginn wird wöchentlich gedüngt. In milden Klimaten können sie mit Schutz im Freien bleiben. Sicherer ist eine helle, luftige Überwinterung bei 5–10 °C. Pflanzen am Spalier kann man vor dem Einräumen zurückschneiden. Im Frühling wird ausgesät, im Sommer lassen sich Teilstecklinge von Seitentrieben schneiden.

Standort: 💧 ☀ ⛰
Pflege: ❋
Vermehrung: ⁖ ⊟
Eigenschaften: ∞ ✿
Krankheiten: Viruskrankheiten
Schädlinge: Läuse u.a. saugende
  Insekten
Blütezeit: Sommer

Passiflora

Dattelpalme

Phoenix

ⓘ

Standort: 🌢 ☀
Pflege: ❄ 🌡
Vermehrung: ⸰°
Eigenschaften: ∞ 🌿
Krankheiten: Blattschwielen,
  Blattflecken
Schädlinge: Schildläuse,
  Spinnmilben, Thripse

Die immergrünen Fiederpalmen wachsen in den tropischen und subtropischen Regionen von Afrika bis Asien. Als Kübelpflanzen sind die Kanarische Dattelpalme (*P. canariensis*), die zierliche und wärmebedürftigere *P. roebelinii* und die Echte Dattelpalme (*P. dactylifera*) bekannt. Die Palmengewächse (*Arecaceae*) sind sehr pflegeleicht, brauchen aber ausreichend Platz und viel Sonne. Der Wurzelballen muss immer feucht sein, stauende Nässe darf nicht aufkommen. Bei zu kaltem oder hartem Gießwasser entstehen schnell Blattflecken. Gedüngt wird bis zum Herbstanfang alle 14 Tage. Im Handel werden meist Samen angeboten, die man im Frühjahr aussäen kann. Samen aus Dattelfrüchten lässt man vor der Aussaat einige Tage in warmem Wasser quellen. Ein mäßig heller Platz bei 5–10 °C reicht im Winter, wobei *P. roebelinii* 10–15 °C benötigt. Beim Umtopfen lassen sich große Ballen mit einem Messer verkleinern. Achten Sie auf Schildläuse.

Neuseeländer Flachs

Phormium

ⓘ

Standort: 🌢 ☀–☀
Pflege: ❄
Vermehrung: ✂
Eigenschaften: ∞ 🌿
Schädlinge: Spinnmilben
Blütezeit: Sommer

Die immergrünen Stauden aus der Familie der *Phormiaceae* sind in Neuseeland zu Hause. Sie wachsen horstig mit festen, schwertförmigen Blättern. Im Sommer erscheinen auf unbeblätterten Stängeln die teilweise meterlangen Blütenrispen. Ursprünglich als Flechtwerk verwendet, gibt es mittlerweile zahlreiche Sorten mit weiß oder gelb gestreiften Blättern. *P. cookianum* blüht gelb bis rötlich braun und ist mit seinen bis 150 cm langen Blättern etwas kleiner als *P. tenax* mit rotbraunen Blüten. Die panaschierten Sorten stehen gern in der vollen Sonne, grüne Formen wachsen auch noch im Schatten. Im Sommer muss das Substrat gleichmäßig feucht sein, zudem wird wöchentlich gedüngt. *Phormium* kann hell und dunkel, bei maximal 10 °C, überwintern. Dann wird sparsamer gegossen. Er verträgt sogar leichte Minusgrade, so dass er in wintermilden Gebieten mit Schutz auch im Freien bleiben kann. Beim Umtopfen lassen sich die Rhizompflanzen gut teilen.

Schwarzer Bambus

Phyllostachys nigra

Der aus China stammende Schwarze Bambus gehört zu den Süßgräsern *(Poaceae)* und wird im Kübel etwa 3 m hoch. Er besticht durch das interessante Farbspiel seiner Halme, die beim Austrieb zunächst grün sind, dann bräunlich und schließlich glänzend schwarz. Die hellgrünen Blätter bilden dazu einen starken Kontrast. Die pflegeleichten Sträucher stehen gerne sonnig und warm an einem windgeschützten Platz. Im Sommer brauchen sie viel Wasser. Halten Sie den Wurzelballen immer gleichmäßig feucht, aber vermeiden Sie Staunässe. Eine Mulchschicht schützt vor starker Austrocknung. Geben Sie bis zum Spätsommer wöchentlich einen Volldünger zu. Die jungen, dekorativen Halme kommen besonders gut zur Geltung, wenn man die älteren regelmäßig herausschneidet. Sobald sich die Neutriebe zeigen, lassen sich die Pflanzen teilen. Den Winter können sie mit Schutz im Freien oder in einem hellen Raum bei 5–10 °C und hoher Luftfeuchtigkeit verbringen.

Fichte

Picea

Die Kieferngewächse *(Pinaceae)* verteilen sich mit ihren vielen Arten über die gemäßigten Breiten der Nordhalbkugel. Für die Kultur im Kübel eignen sich schwach wachsende Formen, die keinen Rückschnitt brauchen. Beispiele sind die etwa 1 m hohe Blau-Fichte *Picea pungens* 'Glauca Globosa' mit silbrig blauen Nadeln. Die Kaukasus-Fichte *P. orientalis* ist mit ihrer dichten Benadelung ein guter Sichtschutz. *P. abies* 'Acrocona' trägt außerordentlich viele Zapfen, während die Zwergform 'Pumila Glauca' kissenartig wächst. Sie passt gut zu Stauden und Gräsern, ebenso wie die kugelförmige *P. omorika* 'Nana'. Alle bevorzugen sonnige Standorte sowie sandig humose, leicht saure Substrate. Ausgepflanzt sind sie trockenheitsverträglich, im Kübel brauchen sie zusätzliche Wassergaben und alle 4 Wochen einen Koniferendünger. Vermehrt wird über Aussaat im Frühjahr oder nicht zu weiche Stecklinge im Sommer. Den Wurzelbereich gut vor Frost schützen.

Standort: 💧 ☀ ⛰
Pflege: ❋
Vermehrung: ✂
Eigenschaften: ∞ 🌿 ❄
Schädlinge: Schnecken

Picea

Standort: 💧 ☀
Vermehrung: ∴ 📧
Eigenschaften: ∞ 🌿 ❄
Schädlinge: Fichtengallläuse,
   Blattläuse, Spinnmilben
Blütezeit: Frühjahr, Sommer

Japanische Lavendelheide

Pieris japonica

Standort: 🌢 ☀ – ☀
Vermehrung: ∴ 🎴
Eigenschaften: ✖ ∞ ❀ 🍃 ❄ *mit*
  Kübelschutz
Krankheiten: Blattflecken,
  Phytophthora-Wurzelfäule
Blütezeit: Frühjahr

Die Heidekrautgewächse *(Ericaceae)* sind von China bis Japan heimisch. Dort wachsen die immergrünen Sträucher locker aufrecht bis 3 m hoch. Die schmal länglichen Blätter sitzen quirlartig an den Triebenden und sind im Austrieb häufig rötlich gefärbt. Im Frühjahr erscheinen die weißen, glockenförmigen Blüten in bis 20 cm langen, überhängenden Rispen. Die Sorte 'Forest Flame', etwa 150 cm hoch, besticht durch einen kräftig roten Austrieb; 'Variegata' hat dekorative, weiß-gelb gerandete Blätter. »Schattenglöckchen« lockern lichtarme Bereiche auf. Wichtig sind gut feuchte, aber wasserdurchlässige Substrate im sauren Milieu. Gießen Sie deshalb mit enthärtetem Wasser. Trockene Äste werden entfernt, sonst ist kein Schnitt nötig. Die Wurzelballen der frostharten Pflanzen müssen im Winter geschützt werden. Vom Frühjahr bis Herbst kann man weiche und leicht verholzte Stecklinge schneiden. Die Blätter verursachen bei Verzehr Übelkeit.

Pieris japonica

Zwerg-Kiefer

Pinus mugo subsp. pumilio

Die im mittleren und südlichen Europa heimischen Kieferngewächse *(Pinaceae)* wachsen als vielstämmige Sträucher oder kleine Bäume, ausgewachsen bis 1,5 m hoch und 3 m breit. Für Kübel eignen sich schwach wachsende Sorten am besten, zum Beispiel: *P. mugo* 'Gnom', flach rundlich, im Alter bis 3 m hoch und breit oder die dicht verzweigte, kugelförmige 'Mops', die bis 2 m hoch und breit wird. Sie geben wie *P. contorta* oder *P. leucodermis* einen guten Sichtschutz ab. Ideal sind sonnige bis leicht schattige Standorte. Das Substrat sollte sandig und nicht zu nährstoffreich sein. Ein Koniferendünger alle 4 Wochen reicht aus. Werden sie zu groß, bricht man die jungen Mitteltriebe aus und lässt nur die schwächeren Seitentriebe weiterwachsen. Vor der Aussaat im Frühling sollten die Samen drei Wochen im Kühlschrank gelagert werden. Sorten werden im Spätwinter gepfropft. Achten Sie auf Fichtenläuse, Blattläuse und Gespinstmotten.

Standort: ◌ ☼ – ☀
Vermehrung: ₀°₀
Eigenschaften: ∞ 🥀 ❄
Schädlinge: Fichtenläuse, Blattläuse, Gespinstmotten
Blütezeit: Frühjahr

Mädchen-Kiefer

Pinus parviflora

Der immergrüne Baum kommt auf den japanischen Inselgruppen natürlich vor. Meist sind jedoch Sorten dieser Kieferngewächse *(Pinaceae)* in unseren Gärten zu finden, zum Beispiel die Sorte 'Glauca'. Sie ist mit ihrer unregelmäßigen Wuchsform und teils bläulich grünen Nadeln sehr dekorativ, ebenso wie die japanische Sorte 'Negishii' mit dem breit kegelförmigen Wuchs. Ähnlich langsam wächst 'Adock's Dwarf'. Ideal sind sonnige Standorte. Das Substrat sollte nicht zu kalkhaltig, nur mäßig feucht und gut wasserdurchlässig sein. Wie die meisten Kiefern-Arten vertragen sie Trockenzeiten ohne nennenswerten Schaden. Sie sind frosthart und schnittverträglich. Werden sie zu groß, bricht man die jungen Mitteltriebe aus und lässt nur die schwächeren Seitentriebe weiterwachsen. Vor der Aussaat im Frühling sollten die Samen drei Wochen im Kühlschrank gelagert werden. Tipp: Reife Zapfen sind hellbraun. Sorten werden im Spätwinter gepfropft.

Standort: ◖ ☼
Vermehrung: ₀°₀
Eigenschaften: ∞ 🥀 ❄
Schädlinge: Fichtenläuse, Blattläuse, Gespinstmotten
Blütezeit: Frühjahr

Klebsame

Pittosporum

ⓘ

Standort: ◗ ☼ – ☼
Pflege: ❆
Vermehrung: ∘° ▨
Eigenschaften: ∞ ❀ ❦
Schädlinge: Blattläuse, Schildläuse, Wollläuse
Blütezeit: Frühjahr – Sommer

Klebsamengewächse *(Pittosporaceae)* wachsen mit fast 150 Arten von Neusee-land und Australien bis Japan und China. Ihren Namen verdanken die immergrü-nen Sträucher oder Bäume dem klebrigen Fruchtfleisch, das die Samen umhüllt. *P. tobira* blüht im Sommer mit cremeweißen bis gelblichen, zart duftenden Blüten über grünem, ledrigem Laub. Die Sorte 'Variegatum' hat weißbunte Blätter, wäh-rend *P. undulata* durch lorbeerähnliches Laub besticht. Bei *P. tenuifolium* erschei-nen im Frühjahr rotbraune Blüten. Der Standort kann sonnig bis halbschattig sein, sogar Wind und Trockenzeiten werden vertragen. Ideal ist ein humoses, nährstoff-reiches und während der Wachstumszeit gleichmäßig feuchtes Substrat. Dann wird auch wöchentlich gedüngt. Die Pflanzen lassen sich gut formen, blühen dann aber weniger. Im Sommer kann man Stecklinge schneiden, Samen keimen ungleichmäßig. Überwintert wird hell, bei 5–10 °C. Läuse aller Art können lästig werden.

Pittosporum tobira 'Variegatum'

Plumbago auriculata

Bleiwurz

Plumbago auriculata

Das Bleiwurzgewächs *(Plumbaginaceae)* ist in Südafrika zu Hause. Der bis 2 m hohe Strauch wächst anfangs aufrecht, später kletternd oder überhängend. Fast bis in den Herbst hinein bildet er zahlreiche Ähren mit zartblauen Blüten. Die Sorte 'Alba' blüht weiß. Optimal ist ein sonniger bis halbschattiger, warmer Standort. Bleiwurz verträgt zwar kurzfristige Trockenzeiten, dennoch sollte im Sommer gleichmäßig gegossen werden. Bis zum Sommerende sind wöchentliche Düngergaben wichtig. Verblühtes wird regelmäßig entfernt. Die frostempfindlichen Pflanzen gehören früh ins Winterquartier und spät wieder hinaus. Am besten stehen sie hell, bei 5–10 °C. Bei einem dunklen Quartier empfiehlt sich zuvor ein Rückschnitt, der sonst nur bei Bedarf im Frühjahr vorgenommen wird. Im Frühjahr wird ausgesät, ab Anfang Juni schneidet man weiche Stecklinge. Bei einem Befall von Gallmilben verkrümmen die Triebspitzen und sterben ab.

Standort: ◖ ☼ – ☼ ⚠
Pflege: ✳
Vermehrung: ·°° ☷
Eigenschaften: ∞ ✿
Schädlinge: Gallmilben, Blattläuse, Spinnmilben
Blütezeit: Sommer

Fingerstrauch

Potentilla fruticosa

ⓘ

Standort: 💧 ☼ – ☼
Vermehrung: 🗌
Eigenschaften: ∞ ❀ ❊
Blütezeit: Sommer

Der buschige, bis 120 cm hohe Kleinstrauch stammt aus der Familie der Rosengewächse *(Rosaceae)* und ist über die gesamte nördliche Hemisphäre verbreitet. Vom Frühjahr bis zum Herbst ist er übersät mit großen, schalenförmigen Blüten, je nach Sorte in Gelb ('Goldteppich', 'Klondike'), Rot ('Red Ace'), Orange ('Sunset', 'Tangerine') oder Weiß ('Abbotswood'). Ein sonniger bis leicht schattiger Standort ist ideal. Der frostharte, robuste Blütenstrauch eignet sich gut als Unterpflanzung. Längere Trockenzeiten verträgt er genauso wenig wie kalkhaltige Substrate, deshalb wird im Sommer regelmäßig mit enthärtetem Wasser gegossen. Wichtig ist ein gut wasserdurchlässiges Substrat. Es reicht, alle vier Wochen einen Volldünger zuzugeben. Je nach Bedarf kann man die Pflanze alle paar Jahre im Frühjahr um ein Drittel, ältere Exemplare auch bis zur Basis zurückschneiden. Bis zum Spätsommer lassen sich weiche und halbreife Stecklinge schneiden.

Potentilla fruticosa 'New Dawn'

Kirschlorbeer

Prunus lauroceraus

Die immergrüne Lorbeer-Kirsche aus der Familie der Rosengewächse *(Rosaceae)* ist von Osteuropa bis nach Asien heimisch. Besonderen Zierwert haben die bis 15 cm langen, glänzend dunkelgrünen Blätter. Im Frühling erscheinen dichte Trauben mit becherförmigen, duftenden Blüten. Die giftigen Steinfrüchte sind zunächst rot, ausgereift schwarz. Die kompakte, bis 150 cm hohe Sorte 'Otto Luyken' ist ein hervorragender Sichtschutz. Sie blüht wie die breit ausladende 'Zabeliana' im Herbst ein zweites Mal. Bevorzugt werden sonnige bis halbschattige Plätze sowie nährstoffreiche, nicht zu kalkhaltige Substrate. Hohe Kalkgehalte führen zu Chlorosen. Halten Sie den Wurzelballen gut feucht und sorgen Sie für eine gute Dränage. Verblühtes und abgestorbene Zweige werden regelmäßig herausgeschnitten. Im Hochsommer lassen sich leicht verholzte Stecklinge schneiden, Sorten werden veredelt. Im Winter ist ein guter Schutz des Wurzelbereiches wichtig.

Japanische Blüten-Kirsche

Prunus serrulata

Die Wildform dieses Rosengewächses *(Rosaceae)* stammt aus Japan, wo die Sträucher oder Bäume meterhoch werden. Die zahlreichen Sorten der Grannen-Kirsche wachsen je nach Sorte säulenförmig ('Amanogawa', weißlich rosa), breit ausladend ('Shiro-fugen', weiß) oder überhängend ('Kiku-shidare-zakura', rosa). Die zart duftenden, meist gefüllten Blüten erscheinen im Frühling. Neben rosa und weiß blühen sie auch in Gelb. Einige Sorten wie 'Kanzan' besitzen eine auffällige Herbstfärbung der Blätter, wie auch die schwach wachsende, weiß blühende P. x cistena. Wichtig ist ein vollsonniger Standort und ein gut wasserdurchlässiges Substrat. Im Sommer wird gleichmäßig gegossen, zur Blütezeit gedüngt. Vom Spätwinter bis zum zeitigen Frühjahr kann man störende oder vertrocknete Triebe entfernen. Im Hochsommer lassen sich leicht verholzte Stecklinge schneiden, Sorten werden veredelt. Im Winter ist ein guter Schutz des Wurzelbereiches wichtig.

Standort: ☀ – ☼
Vermehrung: ✦ ▨
Eigenschaften: ✖ ∞ ❀ ▧ ❄
Krankheiten: Hexenbesen, Monilia-Spitzendürre
Schädlinge: Blattläuse, Raupen
Blütezeit: Frühjahr, Herbst

Prunus serrulata

Standort: ☀
Vermehrung: ▨
Eigenschaften: ∞ ❀ ❄
Krankheiten: Monilia-Spitzendürre
Schädlinge: Blattläuse, Raupen
Blütezeit: Frühjahr

Mandelbäumchen

Prunus triloba

Standort: ◦ ☼ – ☀
Vermehrung: ⊡
Eigenschaften: ✖ ∞ ❀ ❄
Krankheiten: *Monilia-Spitzendürre*
Schädlinge: *Blattläuse, Raupen*
Blütezeit: *Frühjahr*

Das sommergrüne Rosengewächs *(Rosaceae)* ist aus China zu uns gekommen und bildet im Frühling den Höhepunkt im Kübelgarten. Dann erscheinen entlang der vorjährigen Triebe die hellrosa, gefüllten Blüten. Der buschige, reich verzweigte Strauch wächst bis 2 m hoch und breit. Häufig wird er als Stämmchen angeboten. Die rosa blühende Zwerg-Mandel *(P. tenella)* wächst dagegen schmal aufrecht. Optimal sind sonnige bis leicht schattige Plätze. Im Sommer sollte der Wurzelballen stets feucht sein. Humose, gut dränierte Substrate sind wichtig, ebenso wie regelmäßige Düngergaben zur Blütezeit. Die Triebe schneidet man jährlich nach der Blüte auf kräftige Knospen oder junge Triebe zurück; rundliche Kronen hält man ebenso in Form. Im Hochsommer lassen sich leicht verholzte Stecklinge schneiden, Stämmchen werden veredelt. Von Monilia-Spitzendürre befallene Zweige schneidet man heraus. Im Winter ist ein guter Schutz des Wurzelbereiches wichtig.

Granatapfelbaum

Punica granatum

Standort: ◦ ☼ ⚠
Pflege: ❄
Vermehrung: ◦◦ ⊡
Eigenschaften: ∞ ❀
Krankheiten: *Wurzelfäule*
Schädlinge: *Blattläuse, Spinnmilben*
Blütezeit: *Sommer*

Die asiatischen Granatapfelgewächse *(Punicaceae)* haben im Mittelmeerraum als Fruchtlieferanten eine lange Tradition. Im Kübel werden die dicht verzweigten Sträucher mit den knorrigen Ästen bis 2 m hoch. Die hellgrünen, ledrigen Blätter sind im Austrieb kupferfarben. Ins Auge fallen die je nach Sorte scharlachroten, orangenen, gelben oder weißen, einfach bis gefüllten Blüten. Ihnen folgen rötliche bis braune, essbare Früchte. Die Zwergsorte 'Nana' blüht besonders reich. Die Pflanzen stehen gern sonnig und warm. Im Sommer brauchen sie reichlich Wasser und alle 14 Tage eine Düngergabe. Kurzzeitige Trockenperioden werden im Gegensatz zu Staunässe vertragen. Ab August wird wenig gegossen, zu große Pflanzen kann man im Herbst leicht oder kräftig zurückschneiden. Da die Pflanze ihr Laub verliert, überwintert man sie dunkel, bei 5–10 °C oder kühler. Die Samen können ganzjährig ausgesät werden, Stecklinge schneidet man im Frühjahr.

Punica granatum

Korkeiche

Quercus suber

Das immergrüne Buchengewächs *(Fagaceae)* stammt aus dem Mittelmeerraum. Nicht nur dort, auch in vielen weiteren Ländern wird es aufgrund der Kork liefernden Rinde angebaut. Die dicke, knorrige Rinde macht den Baum auch als Kübelpflanze sehr attraktiv. Die männlichen Blüten erscheinen im späten Frühjahr als hängende Kätzchen, die weiblichen einzeln oder in Ähren. Diese reifen zu eiförmigen Eicheln heran. Korkeichen wachsen gut an warmen, vollsonnigen Standorten. Halbschatten wird auch vertragen. Obwohl sie im Sommer viel Wasser brauchen, sollte das Substrat zwischen den Wassergaben abtrocknen. Staunässe darf nicht auftreten. Empfehlenswert ist entkalktes Gießwasser oder Regenwasser. Vom Frühjahr bis Hochsommer wird wöchentlich gedüngt. Den Winter müssen sie an einem frostfreien, hellen Raum bei etwa 5 °C verbringen. Zurückgeschnitten oder ausgelichtet wird nur bei Bedarf, am besten im Frühjahr. Vermehrt wird über Aussaat.

Standort: ◗ ☼
Pflege: ✳
Vermehrung: ₀°°
Eigenschaften: △ ∞ ⬚
Krankheiten: Wurzelfäule
Schädlinge: Schildläuse, Wollläuse
Blütezeit: Frühjahr

Steckenpalme

Rhapis

ⓘ

Standort: 💧 ☀ – ☀ ⚠
Pflege: ❄ – ☀ ✂
Vermehrung: ✿
Eigenschaften: ⚠ ∞ ❀
Krankheiten: Braune Blattspitzen
Schädlinge: Schildläuse, Wollläuse

China ist die Heimat dieser dekorativen Palmengewächse (*Arecaceae*), die auch als Ruten- oder Ladypalmen bekannt sind. Die Gattung umfasst zwei Arten: *Rhapis excelsa* und *R. humilis*. Die kräftig grünen Blätter sind bis zur Blattbasis eingeschnitten, bei der kleiner bleibenden *R. humilis* sind die Fächerstrahlen dichter und schmaler als bei ihrer Schwester. Durch die Wurzelausläufer bilden sich mehrere Stämme, was sehr an Bambus erinnert. Der ideale Sommerstandort im Freien ist halbschattig und warm, ohne pralle Sonne, dazu vor Wind und Regen geschützt. Der Wurzelballen sollte das ganze Jahr über feucht sein, stauende Nässe darf nicht aufkommen. Vom Frühjahr bis zum Sommerende wird wöchentlich gedüngt, im Winter nur alle vier bis sechs Wochen. Je heller das Winterquartier ist, um so wärmer können sie stehen (5–20 °C). Bei trockener Luft verbräunen die Blattspitzen. Beim Umtopfen kann man die Ausläufer leicht voneinander trennen.

Alpenrose

Rhododendron

ⓘ

Standort: 💧 ☀ ⚠
Pflege: ❄
Vermehrung: ⚬ 🗹
Eigenschaften: ∞ ❀ ❄
Krankheiten: Phytophthora-Fäule,
   Knospensterben
Schädlinge: Dickmaulrüssler,
   Rhododendronwanze, Zikaden
Blütezeit: Frühjahr – Sommer

Die Heidekrautgewächse *(Ericaceae)* sind rund um den Erdball zu Hause. Für Kübel eignen sich neben immergrünen Großblumigen Hybriden und Yakushimanum-Sorten auch sommergrüne Japanische Azaleen. Allen gemeinsam sind die beeindruckenden, teilweise stark duftenden Blüten im Frühjahr. Bevorzugt werden halbschattige Plätze, Knap-Hill-Sorten wie 'Gibraltar' und 'Klondyke' wachsen auch in der Sonne. Wichtig ist ein gut wasserdurchlässiges, saures Substrat, das stets feucht sein sollte. Empfehlenswert ist spezielle Rhododendron-Erde, denn bei zu hohen Kalkgehalten treten Chlorosen auf. Geben Sie im Frühjahr am besten einen Depotdünger zu oder düngen Sie mit Rhododendrondünger nach. Entfernen Sie verwelkte Blüten vorsichtig. Kälte- und windgeschützte Standorte beugen Frostschäden vor. Frostempfindliche Arten kann man im Kalthaus überwintern. Im Spätsommer schneidet man leicht verholzte Stecklinge, Sorten werden meist veredelt.

Rhododendron

Ricinus communis

Wunderbaum

Ricinus communis

Das Wolfsmilchgewächs *(Euphorbiaceae)* kommt vom Mittelmeerraum bis in die Tropen als Halbstrauch, Strauch oder Baum vor. In Kultur wird er meist einjährig gezogen, da er in einem Jahr bis 3 m hoch wird. Neben seiner Wuchskraft beeindrucken vor allem die prachtvollen, handförmigen Blätter, die je nach Sorte hellgrün bis dunkel braunrot sein können. Ebenso hübsch sind die stacheligen, roten Fruchtkapseln. Aus den äußerst giftigen Samen wird das bekannte Rizinusöl gewonnen. Ein sonniger, warmer, vor Wind geschützter Standort ist optimal. Der Wasser- und Nährstoffbedarf ist im Sommer sehr hoch. Deshalb wird reichlich gewässert und wöchentlich höher dosiert gedüngt. Durch die einjährige Kultur erübrigen sich Überwinterung und Rückschnitt. Ausgesät wird im Frühjahr, wobei die Keimung beschleunigt wird, wenn man die Samen anfeilt. Schädlinge treten nicht auf. Alle Pflanzenteile, besonders die Samen, sind sehr giftig.

Standort: 💧 ☼ ⚠
Pflege: ❋
Vermehrung: ˳°˳
Eigenschaften: ✖ ⊙ ∞ ▨
Schädlinge: Spinnmilben
Blütezeit: Sommer

Rosmarinus officinalis

Rosmarin

Rosmarinus officinalis

Der immergrüne Strauch mit den nadelartigen, aromatischen Blättern ist im Mittelmeergebiet weit verbreitet. Nicht nur dort ist der bis 2 m hohe Lippenblütler *(Lamiaceae)* als Heil-, Gewürz- und Parfümpflanze beliebt. Im Frühjahr erscheinen dazu weiße bis blaue Blüten traubenartig an den Triebenden. Rosmarin ist ein Sonnenkind und an warme Standorte angepasst. Deshalb braucht er es auch in der Wachstumszeit nur mäßig feucht. Trockenzeiten verträgt er gut, Staunässe ist unbedingt zu vermeiden. Optimal ist ein sandig humoses, wasserdurchlässiges Substrat sowie wöchentliche Düngergaben bis zum Sommerende. Leicht verholzte Kopfstecklinge, im Sommer geschnitten, bewurzeln rasch. Aussäen ist ebenfalls möglich. Da er Minusgrade nur kurzzeitig verträgt, steht er im Winter hell und kühl, bei 5–10 °C. Gegossen wird dann nur wenig. Junge Pflanzen werden mehrmals gestutzt, ältere erneuern sich nach einem Rückschnitt im Frühjahr rasch.

ℹ

Standort: ◌ ☼
Pflege: ❋
Vermehrung: ⦂° ▱
Eigenschaften: ∞ ❀ ⚘
Schädlinge: Blattläuse
Blütezeit: Frühjahr, Frühsommer

Mäusedorn

Ruscus aculeatus

Heimisch ist das immergrüne Mäusedorngewächs *(Ruscaceae)* von Madeira über den Mittelmeerraum bis in den Iran. Seinen Namen verdankt es weniger den unscheinbaren Blättern als den stechenden, blattähnlichen Kurztrieben *(Phyllokladien)*, auf deren Unterseite im Frühjahr die grünlich weißen Blüten sitzen. Die roten, kugeligen Früchte sind giftig und haften bis zum Winter. Dazu braucht es aber eine weibliche und eine männliche Pflanze. Der bis 1 m hohe, sparrig verzweigte Strauch ist sehr anspruchslos und wächst in der Sonne wie im Schatten. Der Wasserbedarf ist auch im Sommer nicht hoch, und die Erde sollte erst abtrocknen, bevor man erneut gießt. Das Wachstum wird durch wöchentliche Düngergaben unterstützt. Die Rhizom bildenden Pflanzen lassen sich leicht teilen, die Keimzeit der Samen dagegen ist langwierig. Überwintert wird hell und luftig bei etwa 5 °C. Es reicht aus, alte und störende Triebe im Frühjahr an der Basis zu entfernen.

ℹ

Standort: ◌ ☼ – ☀
Pflege: ❋
Vermehrung: ⦂° ✂❀
Eigenschaften: ✖ ∞ ❀
Blütezeit: Frühjahr

Weide

Salix

Sommergrüne Weidengewächse *(Salicaceae)* kommen von Europa bis nach Asien vor. Für den Kübel eignen sich zierliche Formen wie die auf einen Stamm veredelte Hänge-Kätzchen-Weide *Salix caprea* 'Pendula'. Die Kätzchen erscheinen im Frühjahr vor dem Laub und schimmern zunächst silbrig, später goldgelb. Die graulaubige *S. helvetica* eignet sich mit ihrer Höhe von etwa 1 m ebenfalls gut für Pflanzgefäße. Die robusten Weiden bevorzugen sonnige bis leicht schattige Plätze. Stämmchen stellt man am besten windgeschützt auf. Ideal ist ein humoses, nährstoffreiches Substrat, das besonders zur Wachstumszeit stets feucht sein sollte. Dann wird auch zusätzlich gedüngt. Die schnittverträglichen Pflanzen lassen sich jederzeit in Form schneiden, buschige sogar bis zur Basis verjüngen. Vermehrt wird vom Frühjahr bis zum Sommer über weiche und halb verholzte Stecklinge, im Winter über Steckhölzer. Den Wurzelbereich im Winter gut schützen.

ⓘ

Standort: ◗ ☼–☀ ⚠
Vermehrung: 🎴
Eigenschaften: ∞ ❄
Krankheiten: Rostpilze, Weidenschorf
Schädlinge: Blattläuse, Raupen
Blütezeit: Frühjahr

Skimmia japonica

Skimmie

Skimmia japonica

Die Japanische Skimmie gehört zu den Rautengewächsen *(Rutaceae)* und stammt, wie der Name schon vermuten lässt, aus den Bergwäldern Japans. Der buschige, bis 150 cm hohe Strauch erinnert mit seinen lanzettlichen, dunkelgrünen Blättern an Lorbeer. Im Frühling sitzen die kleinen, duftenden Blüte in langen, endständigen Rispen. Sie sind in der Regel weiß, manchmal auch rosa oder rot überhaucht. Aus ihnen bilden sich kugelige, hellrote Steinfrüchte, die bis zum Winter haften. Die männliche Sorte 'Rubella' bildet keine Früchte aus, dafür aber braunrote Blüten. Skimmien lieben schattige Bereiche. Eine saure bis neutrale Erde, die im Sommer stets feucht gehalten wird, ist für ein optimales Wachstum Voraussetzung. Ebenso regelmäßige Düngergaben vom Frühjahr bis zum Sommer. Ein Rückschnitt ist nicht notwendig. Vom Sommer bis zum Herbst lassen sich grüne und verholzte Stecklinge schneiden. Im Herbst kann man zusätzlich aussäen.

ⓘ

Standort: ◗ ☼
Vermehrung: ∘° 🎴
Eigenschaften: ∞ ❀ ❄
Schädlinge: Schildläuse
Blütezeit: Sommer

Spierstrauch

Spiraea japonica

ⓘ

Standort: 💧 ☀
Vermehrung: ✂
Eigenschaften: ∞ ❀ ❄
Blütezeit: Sommer

Heimat dieser sommergrünen Rosengewächse *(Rosaceae)* sind China und Japan. In unseren Gärten und Kübeln haben sich die reich blühenden und kompakt wachsenden Sorten durchgesetzt. 'Little Princess' wird etwa 60 cm hoch und 100 cm breit. Ihre flachen, zartrosa Doldentrauben erscheinen im Frühsommer sehr zahlreich. Daneben gibt es auch weiß blühende Sorten oder karminrote wie 'Anthony Waterer'. Voraussetzung für eine reiche Blüte ist ein sonniger Standort, ein nährstoffreiches Substrat und vor allem im Sommer ausreichende Wassergaben. Der Strauch ist wenig anfällig für Schädlinge und gut frosthart. Dennoch sollte der Wurzelbereich im Winter vor dem Durchfrieren geschützt werde. Im Frühjahr schneidet man die sommerblühenden Arten stark zurück. So bleiben sie in Form und buntblättrige Sorten wie 'Goldflame' bilden ständig ihr gelb bis kupfer getöntes Jugendlaub aus. Bis zum Spätsommer lassen sich Grünstecklinge schneiden.

Spiraea japonica

Paradiesvogelblume

Strelitzia reginae

Das Strelitziengewächs *(Strelitziaceae)* aus Südafrika wächst als immergrüne Staude bis 2 m hoch. Ihren Namen verdankt sie den pfeilförmigen, orangeroten Einzelblüten, die bis zum Sommer nacheinander aus den rot bis blauvioletten Tragblättern erscheinen. Die großen, ledrigen Blätter erinnern an Bananen. Als Schnittblume und Kübelpflanze ist *S. reginae* sehr bekannt. Die licht- und wärmeliebenden Pflanzen stehen am liebsten an Südseiten. Während der Wachstumszeit brauchen sie reichlich Wasser, bis zum Sommerende wird wöchentlich gedüngt. Ein wasserdurchlässiges, nährstoffreiches Substrat ist wichtig. Im Winter stehen sie hell, bei etwa 10–15 °C und trocken. Im Frühjahr nach der Winterruhe kann man die Pflanzen in nicht zu kleine Teilstücke teilen. Eine Aussaat ist auch möglich, aber langwieriger. Ältere Blätter werden entfernt, damit die Pflanze ausreichend Licht und Luft erhält. Blattflecken deuten auf den Pilz Septoria hin.

ⓘ

Standort: 💧 ☀ ⌂
Pflege: ▯
Vermehrung: ⦿ ✿✿
Eigenschaften: ∞ ✿
Krankheiten: Septoria-Blattflecken
Schädlinge: Schildläuse, Spinnmilben
Blütezeit: Frühjahr – Sommer

Kleinblättriger Flieder

Syringa microphylla

Das Ölbaumgewächs *(Oleaceae)* ist im Norden Chinas zu Hause. Für Pflanzgefäße eignet sich die Sorte 'Superba', ein bis 1,5 m hoher Strauch mit überhängenden Zweigen, am besten. Im Frühsommer erscheinen die duftenden, rosaroten Rispen das erste Mal, und im Spätsommer blüht der »Herbst-Flieder« erneut. Der robuste, frostharte Kleinstrauch liebt warme, geschützte Plätze in der vollen Sonne. Das Substrat sollte nährstoffreich und nicht zu kalkhaltig sein. Sorgen Sie während der Wachstumszeit für eine gleichmäßige Feuchtigkeit des Wurzelballens, ohne dass Staunässe entsteht. Bis August wird einmal im Monat gedüngt. Verwelkte Blütenstände werden abgeschnitten, doch verletzen Sie dabei die neuen Triebe, die sich darunter gebildet haben, nicht. Im Frühsommer lassen sich Weichholzstecklinge schneiden, Profis veredeln. Bei der Fliederseuche *(Pseudomonas syringae)* sind befallene, verfaulte Pflanzenteile sofort zu vernichten.

Standort: 💧 ☀
Vermehrung: ⦿ ▭
Eigenschaften: ∞ ✿ ❄
Krankheiten: Fliederseuche,
  Blattflecken, Echter Mehltau
Schädlinge: Frostspanner,
  Fliedermotte
Blütezeit: Sommer, Herbst

Kirschmyrte

Syzygium paniculatum

ℹ

Standort: 💧 ☀
Pflege: ❄
Vermehrung: ⸪ 🗺
Eigenschaften: ∞ ❀ 🍂
Schädlinge: Schildläuse, Spinnmilben
Blütezeit: Sommer

Der Rosenapfel, wie das australische Myrtengewächs *(Myrtaceae)* wegen seiner purpurroten Beeren auch genannt wird, wächst am Naturstandort als meterhoher Baum oder Strauch. Allein schon die länglichen, tiefgrün glänzenden Blätter machen die Kirschmyrte zu einer dekorativen Kübelpflanze. Eine Augenweide sind jedoch die rahmweißen Myrtenblüten, die im Sommer in dichten Rispen erscheinen, gefolgt von den bereits erwähnten Beeren. Die Pflanzen brauchen es sonnig und warm. Bei Temperaturen unter 20 °C wachsen sie deutlich schwächer. Der Wasserbedarf ist im Sommer sehr hoch, Düngergaben sollten wöchentlich, aber niedrig dosiert erfolgen. Das Winterquartier ist hell und frostfrei, maximal 10 °C warm. Im Sommer kann man leicht verholzte Kopf- oder Teilstecklinge schneiden, im Frühjahr aussäen. Die schnittverträglichen Pflanzen lassen sich gut formen oder bei Bedarf kräftig zurückschneiden. Achten Sie auf Schildläuse und Spinnmilben.

Gewöhnliche Eibe

Taxus baccata

Standort: ○ ☀ – ☀ ⚠
Vermehrung: ⸪ 🗺
Eigenschaften: ✘ ∞ 🍂 ❄
Krankheiten: Phythophthora-
   Wurzelfäule
Schädlinge: Dickmaulrüssler,
   Wicklerraupen
Blütezeit: Frühjahr

Das immergrüne Eibengewächs *(Taxaceae)* ist von Europa bis Kleinasien zu Hause. Als Baum oder großer Strauch kann es in freier Natur über 10 m hoch und breit werden. Für den Kübel eignen sich zierlichere Sorten wie die dunkelgrüne 'Fastigiata'. Sie wächst geschlossen säulenförmig und eignet sich gut als Sichtschutz. Eiben gedeihen in der Sonne wie im Halbschatten, ideal sind geschützte Ecken mit hoher Luftfeuchtigkeit. Das Substrat sollte gut wasserdurchlässig und nährstoffreich sein. Sie stehen lieber etwas trockener als zu nass, denn sonst treten schnell Phytophthora-Pilze auf. Da sie sehr schnittverträglich sind, lassen sie sich gut formieren. Die fleischigen, scharlachroten Fruchtmäntel *(Arillus)* umhüllen die Samen, eine Aussaat ist jedoch sehr langwierig. Mit Stecklingen, die man im Herbst von jungen Trieben schneidet, mit Bewurzelungshormon behandelt und warm aufstellt, geht es schneller. Alle Pflanzenteile sind giftig.

Taxus baccata

Abendländischer Lebensbaum

Thuja occidentalis

Zypressengewächse *(Cupressaceae)* begrünen Balkone und Terrassen das ganze Jahr über. Mittlerweile gibt es von der aus Nordamerika stammenden Art zahlreiche Sorten. Zum Beispiel die breit kegelförmige, bis 1 m hohe Sorte 'Smaragd', deren Nadeln auch im Winter noch frischgrün sind, während 'Rheingold' und 'Sunkist' goldgelb leuchten. 'Globosa' oder 'Little Champion' wachsen breit rundlich. Der Standort kann sonnig bis halbschattig sein. Bevorzugt werden lockere, nährstoffreiche Substrate. Während der Wachstumszeit wird zusätzlich gewässert und alle vier Wochen ein Koniferendünger zugegeben. Das frostharte Nadelgehölz lässt sich gut in die gewünschten Ausmaße schneiden. Halbreife Stecklinge bewurzeln im Sommer bei etwa 18 °C. Die aufrechten, weiblichen Zapfen enthalten die Samen, die im Frühjahr ausgesät werden. Das Kabatina-Zweigsterben ist besonders bei Jungpflanzen gefürchtet. Die Blätter können Allergien auslösen.

Standort: 💧 ☀ — ☀
Vermehrung: ⋅°° 🖸
Eigenschaften: ✖ ∞ ❄
Krankheiten: Kabatina-Triebsterben
Schädlinge: Schildläuse, Blattläuse

Tibouchina urvilleana

ⓘ

Standort: 💧 ☀ ⚠
Pflege: ❄
Vermehrung: 📺
Eigenschaften: ∞ ❀ 🌿
Krankheiten: Grauschimmel
Schädlinge: Spinnmilben,
　Weiße Fliege, Blattläuse
Blütezeit: Sommer – Herbst

Prinzessinnenblume

Tibouchina urvilleana

Der kletternde Strauch aus der Familie der Schwarzmundgewächse *(Melastomataceae)* ist im tropischen Amerika zu Hause. Neben den großen, violettblauen Blüten sind die ovalen, tief grünen und samtig behaarten Blätter mit ihrer ausgeprägten Aderung nicht weniger attraktiv. Die Blüten halten im Sommer meist nur einen Tag, erscheinen dafür unermüdlich bis zum Herbst. Voraussetzung ist ein sonniger, warmer Standort. Im Sommer sollte das Substrat stets feucht sein. Bei hohen Kalkgehalten treten Chlorosen auf, deshalb ist unbedingt enthärtetes Wasser zu verwenden. Vom Frühjahr bis Sommerende sind wöchentliche Düngergaben wichtig. Überwintert wird hell, bei mindestens 5–10 °C. Ist es zu feucht, kann Grauschimmel auftreten. Vermehrt wird über leicht verholzte Kopf- oder Stammstecklinge. Jungpflanzen werden regelmäßig gestutzt, bei älteren Pflanzen entfernt man bei Bedarf abgeblühte Triebe im Frühjahr bis zur nächsten Knospe.

Hanfpalme

Trachycarpus fortunei

Das immergrüne Palmengewächs *(Arecaceae)* wächst am Naturstandort von China bis Japan mit seinem schlanken Stamm bis 12 m hoch. Dekorativ sind vor allem die tief eingeschnittenen, fächerförmigen Blätter. Wenn Sie mehrere Exemplare besitzen, die sich gegenseitig befruchten, erscheinen im Frühsommer lange Rispen mit kleinen, gelben Blüten, denen blauschwarze Beeren folgen. An einem vollsonnigen Standort bilden sich wesentlich mehr neue Blätter als im Halbschatten. Wichtig ist ein windgeschützer Platz, damit die Palme nicht umfällt. Der Wurzelballen muss im Sommer stets feucht ein, im Winter fast trocken. Staunässe wird im Gegensatz zu Trockenheit nicht vertragen. Während der Wachstumszeit wird wöchentlich niedrig dosiert gedüngt. Die robuste Palme verträgt im Wurzelbereich Minusgrade bis –5 °C. In kälteren Regionen wird sie trocken und nicht zu dunkel, bei 5–10 °C, überwintert. Im Frühjahr und Herbst kann ausgesät werden.

ⓘ

Standort: 💧 ☀–☀ ⚠
Pflege: ❄
Vermehrung: ⋅°°
Eigenschaften: ∞ 🌿
Schädlinge: Schildläuse
Blütezeit: Sommer

Holländische Ulme

Ulmus x hollandica

Die Familie der Ulmengewächse *(Ulmaceae)* umfasst zahlreiche Arten und Sorten. Viele sind wegen ihrer goldgelben Herbstfärbung sehr beliebt ist. Im Frühjahr erscheinen dichte Büschel mit kleinen, glockenförmigen Blüten, aus denen kugelige Nüsschen heranreifen. Die Gruppe der Holländischen Ulmen umfasst zahlreiche Hybriden wie 'Elegantissima' oder 'Jacqueline Hillier'. Letztere wächst als verzweigter Strauch mit schirmförmiger Krone und wird in 10 Jahren nur etwa 2 m hoch. Ulmen wachsen in der Sonne wie im Halbschatten. Wichtig ist ein gut dräniertes, nährstoffreiches Substrat sowie eine reichliche Wasserversorgung im Sommer. Dann lassen sich auch Grünstecklinge schneiden. Im späten Winter oder zeitigen Frühjahr kann man störende oder vertrocknete Triebe herausnehmen, ansonsten ist kein Formschnitt nötig. Im Winter wird der Kübel vor Frost geschützt. Einige Hybriden sollen weniger anfällig gegen das Ulmensterben sein.

Lorbeer-Schneeball

Viburnum tinus

Der immergrüne, bis 2,50 m hohe Strauch aus der Familie der Geißblattgewächse *(Caprifoliaceae)* ist in den subtropischen Regionen der Erde verbreitet. Die bis 10 cm langen, lorbeerähnlichen Blätter haben ihm den Namen »Laurustinus« verliehen. Vom Herbst bis zum Frühjahr erscheinen die je nach Sorte weißen bis rosa überhauchten, duftenden Blüten in endständigen Trugdolden. Ihnen folgen schwarze Beeren. Im Sommer ist ein heller, luftiger Platz mit Schutz vor direkter Mittagssonne optimal. Während der Wachstumszeit brauchen die Pflanzen sehr viel Wasser und auch im Winter dürfen sie nicht austrocknen. Damit die Blüten zeitig ausreifen, wird nur bis Ende Juli gedüngt. *V. tinus* verbringt den Winter in einem hellen, luftigen Raum bei etwa 5 °C, *V. x burkwoodii* kann sogar im Freien überwintern. Im Frühjahr geschnittene, weiche Stecklinge bewurzeln am schnellsten. Große Pflanzen kann man nach der Blüte kräftig zurückschneiden.

Trachycarpus fortunei

Standort: 💧 ☼ – ☀
Vermehrung: ▥
Eigenschaften: ∞ 🌿 ❄
Krankheiten: Ulmensterben
Schädlinge: Blattläuse, Zikaden, Gallmücken
Blütezeit: Frühjahr

Standort: 💧 ☼ – ☀
Pflege: ❋
Vermehrung: ▥
Eigenschaften: ∞ 🌿 🌿
Schädlinge: Blattkäfer, Läuse aller Art, Weiße Fliege
Blütezeit: Herbst, Frühjahr

Gegenüberliegende Seite: Viburnum

Priesterpalme

Washingtonia filifera

Heimat dieser immergrünen Fächerpalme aus der Familie *Arecaceae* ist das südliche Kalifornien. Die fast kreisrunden Blattwedel sitzen an graugrünen, bedornten Stielen, an denen man sich leicht verletzen kann. Auffällig sind die weißlichen Bastfäden, die die einzelnen Blattsegmente umgeben. Ihre Verwandte *W. robusta* unterscheidet sich durch bräunliche Blattstiele und deutlich weniger Fasern. Priesterpalmen brauchen viel Platz, der sonnig, luftig und windgeschützt sein sollte. Das wasserdurchlässige, humose Substrat muss im Sommer immer gut feucht sein, im Winter wird je nach Temperatur gegossen. Geben Sie im Frühjahr entweder einen organischen Dünger zu oder düngen Sie bis zum Sommerende wöchentlich, aber niedrig dosiert. Überwintert wird hell oder dunkel bei 0–10 °C. Ausgesät wird im Frühjahr, wobei die Keimdauer bei 25–30 °C zwischen vier Wochen und vier Monaten liegen kann. Achten Sie auf Spinnmilben, Schild- und Wollläuse.

Standort: 🌢 ☼ ⚠
Pflege: ❄
Vermehrung: ॰°
Eigenschaften: ∞ ❧
Schädlinge: Spinnmilben, Schild- und Wollläuse

Weigelie

Weigela florida

Im Frühling sollten Sie auf diesen frostharten Strauch mit den zahlreichen glockenförmigen Blüten an den überhängenden Zweigen nicht verzichten. Heimat des Geißblattgewächses (*Caprifoliaceae*) sind die sommerwarmen Wälder Ostasiens, wo es frei wachsend bis drei Meter hoch und breit wird. In Kultur sind fast ausschließlich Sorten, zum Beispiel: 'Bristol Ruby' mit rubinroten Blüten, 'Styriaca' in Karminrosa oder 'Bouquet Rose', karminrosa mit hellem Rand. Als Standort kommen sonnige bis halbschattige Plätze in Frage. Eine gute Wasser- und Nährstoffversorgung ist ebenso wichtig wie ein gut dräniertes Substrat. Am besten schneidet man die Triebe jedes Jahr sofort nach der Blüte um ein Drittel auf kräftige Knospen oder Jungtriebe zurück. Hat man dies versäumt, verträgt die Pflanze einen kräftigen Verjüngungsschnitt. Die Vermehrung über weiche oder leicht verholzte Stecklinge vom späten Frühjahr bis Hochsommer gelingt rasch.

Standort: 🌢 ☼ – ☼
Vermehrung: ✄
Eigenschaften: ∞ ❀ ❄
Krankheiten: Blatt- und Knospenälchen
Blütezeit: Frühjahr

Rosen

Gegenüberliegende Seite:
Rosa 'Eden 85'

Rosen haben unsere Gärten schon vor langer Zeit erobert, jetzt machen sie auch vor Terrassen und Balkonen keinen Halt mehr. Mittlerweile gibt es viele Sorten, die sich für Kübel, Balkonkästen und große Ampeln eignen. Egal, ob sie remontieren, also mehrmals pro Saison blühen soll oder nur einmal, und das über einen längeren Zeitraum hinweg – für jeden Anspruch ist eine Rose dabei. Romantiker werden sich sicherlich für duftende Englische Rosen entscheiden, die von Mai bis zum ersten Frost blühen. Hochstämme sind Blickfänge, egal wo sie stehen, und tragen den herrlichen Duft direkt in Nasennähe. Sie lassen sich gut mit Sommerblumen unterpflanzen. Eine Besonderheit sind Hochstämme von Kletterrosen, sogenannte Kaskaden-Rosen. Kletterrosen schließlich verschönern jede Hauswand, sie brauchen jedoch immer eine Kletterhilfe, an denen sie festgebunden werden müssen.

Rosen sind Tiefwurzler. Für eine mehrjährige Kultur im Gefäß empfehlen sich spezielle Rosenkübel, die den Wurzeln genug Platz bieten. Für Zwerg-Rosen in Kästen gelten 25 cm Tiefe als Mindestwert. Beim Eintopfen sollte die Veredlungsstelle etwa 2 cm in der Erde sitzen. Als Substrat eignet sich Kübelpflanzenerde. Sie ist locker und ausreichend aufgedüngt, so dass sich eine Nachdüngung erübrigt. Überdüngte Pflanzen mit weichem Gewebe sind sehr frostanfällig. Apropros Winter: Rosen können im Freien überwintern, doch schützen Sie den Kübel mit einer geeigneten Isolierung vor dem Durchfrieren. Zusätzlich sollten Sie die frostempfindlichen Veredlungstellen abdecken.

Entfernen Sie bei Rosen im Kübel nur Verblühtes. Haben Sie doch einmal stärker zurückgeschnitten, weil Sie vielleicht ein Sträußchen geerntet haben, stellen Sie die Pflanzen möglichst nicht in die volle Sonne.

Gegenüberliegende Seite:
Rosa 'Sommerwind'

Rosenfeinde erkennen und abwehren

Trotz guter Pflege können Schädlinge und Krankheiten auftreten. Rechtzeitig bekämpft, werden sie erst gar nicht zur Plage. Hinweise zu Diagnose und Bekämpfung finden Sie im Kapitel »Krankheiten und Schädlinge« (S. 394 ff.).

Große Rosenblattlaus: Die Blätter und Triebe verkrüppeln, durch den Honigtau folgen meist Rußtaupilze. Die schwarzen Eier lassen sich schon im Winter erkennen und mit einer Seifenlösung und Bürste von den Trieben abreiben, spätestens beim Frühjahrsschnitt mitsamt den Trieben entfernen.

Rosenblattrollwespe: Nach der Eiablage Anfang Mai bis Juni schlüpfen etwa zwei Wochen später die Larven, die die Blattunterseiten abknabbern. Durch diesen »Schabefraß« rollen sich die Blätter ein, sie vergilben und sterben ab. Schneiden Sie befallene Blätter ab und werfen diese nicht auf den Kompost.

Spinnmilben, Zikaden: Sie kommen häufig zusammen vor. Ihre Saugstellen sind als kleine weiße Aufhellungen im Blatt zu erkennen, bei Spinnmilben sind die Blätter noch mit einem Gespinst überzogen. Die gelbgrünen Zikaden springen bei Berührung sofort weg. Als hilfreich hat sich ein Kaltauszug aus Brennesseln erwiesen.

Echter Mehltau: Erst zeigt sich weißer Belag auf der Blattoberseite, die Blätter verbräunen und sterben ab, bei starkem Befall sogar die gesamte Pflanze.

Rosenrost: Auf der Blattoberseite zeigen sich kleine, gelbe bis rötliche Flecken, während auf der Unterseite die schwarzen Sporenlager sitzen. Die Blätter verbräunen und sterben ab.

Sternrußtau: Auf den Blättern zeigen sich dunkle, meist ausgefranste Flecken. Sie vergilben und fallen vorzeitig ab. Vernichten Sie sie rasch, damit der Pilz nicht überdauern kann.

Kleinstrauchrose

Rosa 'Alba Meidiland'

Standort: ◊ ☼
Pflege: ⚠
Vermehrung: 🗵
Eigenschaften: △ ∞ ❀
Blütezeit: Sommer – Herbst

Die breit buschige Kleinstrauchrose, die sich mit einem kompakten Wuchs von etwa 60–70 cm Höhe und Breite sehr gut für die Kübelbepflanzung auf Balkon und Terrasse eignet, wurde 1987 erstmals von der Baumschule Meilland gezüchtet. Ihre kleinen, dicht wachsenden Blätter sind glänzend grün. An den bogenförmig überhängenden Trieben erscheinen von Sommer bis Herbst große Dolden mit bis zu 20 Blüten. Sie sind etwa 3 cm groß, gefüllt und von reinweißer Farbe. Wie viele Rosensorten ist auch 'Alba Meidiland' anfällig für Schädlinge wie Blattläuse und Spinnmilben und Krankheiten wie Echtem Mehltau und Rosenrost. Um Pilzerkrankungen vorzubeugen, sollten beim Gießen die Blätter möglichst nicht benetzt werden. Um sie in Form zu halten, kann die Pflanze auf nach außen weisende Knospen zurückgeschnitten werden. Zu dichte Seitentriebe sollten gekürzt werden. Die Vermehrung erfolgt im Allgemeinen über Steckreiser, die im Herbst bewurzelt werden.

Beetrose

Rosa 'Anabell'

Standort: ◊ ☼
Pflege: ⚠
Vermehrung: 🗵
Eigenschaften: △ ∞ ❀
Blütezeit: Sommer – Herbst

Diese 1972 entstandene Rosenzüchtung der Baumschule Kordes wächst buschig verzweigt und erreicht eine Höhe von etwa 50 cm. Die Blätter sind im Austrieb bronzefarben, später moosgrün. Von Sommer bis Herbst entstehen aus kugelig spitzen Knospen klassisch gerundete, locker gefüllte, lachsorange Blüten, die zu mehreren auf kräftigen Stielen sitzen. Die leicht duftenden Blüten sind auch gut als Schnittblumen geeignet. Die Pflanze kann im Freien überwintern, sollte aber durch lockeres Einbinden mit Fichtenreisig vor zu starkem Frost geschützt werden. Sie bevorzugt einen sonnigen Standort. Damit die Blätter nach Niederschlägen wieder schnell abtrocknen können, sollte die Rose nicht im Bereich von Tropfwasser durch andere Pflanzen oder Dachrinnen stehen. Um einen besonderen Blickfang zu schaffen, können sie die Rose auch mit anderen Pflanzen kombinieren. Einen besonders reizvollen Farb- und Formenkontrast bietet die Verbindung mit Lavendel.

Kletterrose

Rosa 'Blaze Superior'

Die bereits 1954 durch die Züchter Jackson & Perkins eingeführte Hybride gehört zur Gruppe der Kletterrosen. Sie erreicht eine Höhe bis zu 4 m und muss durch Rankgerüste gestützt werden. Mit ihren karminroten, mittelgroßen Blüten, die in kleinen Büscheln erscheinen, ist sie ein attraktiver Blickfang an Terrassenwänden und Mauern. Die einzelnen, dicht gefüllten Blüten bestehen aus 25–30 Blütenblättern. Die schwach glänzenden Blätter sind hellgrün. Die Sorte bevorzugt wie alle Rosen einen sonnigen, aber geschützten Platz. Während der Wachstumsperiode braucht sie ausreichend Wasser und alle drei Wochen einen Volldünger. In den ersten zwei Jahren sollte nur totes oder krankes Holz entfernt werden. Danach können die Haupttriebe auf die gewünschte Länge gekürzt und Seitentriebe auf drei oder vier Knospen zurückgeschnitten werden. Vermehrt wird über Steckreiser.

Standort: ○ ☼
Pflege: ⚘
Vermehrung: 🎴
Eigenschaften: △ ∞ ❀ 🗡
Blütezeit: Sommer – Herbst

Rosa 'Blaze Superior'

Zwergrose

Rosa 'Daydream'

Die auch unter den Sortennamen 'Len Turner' und 'Dicjeep' bekannte Züchtung entstand 1984 in Nordirland. Sie gehört zur Gruppe der Floribunda-Rosen, blüht also in dichten Büscheln. Die robuste, wetterfeste Rose hat einen kompakten Wuchs und erreicht Ausmaße von 50 x 50 cm. Ihre hübschen, zart rosafarbenen Blüten mit rötlichen Rändern erscheinen von Sommer bis Herbst. Sie sind meist gewellt und gleichen dann in entfaltetem Zustand der Blüte einer Pompon-Dalie. Die Rose bevorzugt einen sonnigen, geschützten Standort in fruchtbarer, feuchter, aber gut wasserdurchlässiger Erde. Abgestorbene, kranke und wilde Triebe sollten stets entfernt werden. Wilde Triebe entspringen unterhalb der Veredlungsstelle aus dem Wurzelstock. Im späten Winter bis zeitigem Frühjahr benötigt sie im Beet einen Rückschnitt auf 8–15 cm, im Kübel wird nur Verblühtes entfernt. Bei Frost sollte nicht geschnitten werden.

ⓘ

Standort: ◊ ☼
Pflege: ⚠
Vermehrung: ▥
Eigenschaften: △ ∞ ✿
Blütezeit: Sommer – Herbst

Zwergrose

Rosa 'Dresden Doll'

Diese 1975 entstandene Züchtung zählt zu den Zwerg- oder Miniaturrosen, die sich mit einer Höhe von 30–45 cm besonders gut zur Bepflanzung von Kästen und Kübeln für Balkon und Terrasse eignen. Als erste Miniatur-Moosrose ist 'Dresden Doll' einzigartig. Aus ihren zahlreichen, wie mit Moos bedeckten Knospen entwickeln sich gefüllte, muschelrosafarbene Blüten, die ihre Staubgefäße deutlich sichtbar freigeben. Die Zwergrose benötigt einen nicht ständig besonnten Standort, um ein zu rasches Verblühen zu verhindern. Außerdem muss die Pflanze ständig von abgeblühten Blüten befreit werden. Im Frühjahr sollten vertrocknete, dünne oder auch zu dicht stehende Triebe weggeschnitten werden. Nur so kann die Rose sich verjüngen und reichlich neue Blüten ansetzen. Beim Überwintern im Freien ist ein Winterschutz aus Fichtenreisig erforderlich. In einem frostfreien, aber kühlen Raum übersteht die Pflanze die kalte Jahreszeit unbeschadet.

ⓘ

Standort: ◊ ☼
Pflege: ⚠
Vermehrung: ▥
Eigenschaften: △ ∞ ✿
Blütezeit: Sommer – Herbst

Strauchrose

Rosa 'Eden Rose 85'

Diese öfterblühende, duftende Rosensorte aus dem Jahr 1985 gehört zur Gruppe der Strauchrosen und spricht besonders Liebhaber nostalgischer Blütenformen an. Die buschig wachsende, duftende Pflanze mit glänzend grünen, ledrigen Blättern wird etwa 150 cm hoch und eignet sich damit gut als Solitärpflanze für den Balkon und die Terrasse. Aus dicken, runden, gelblichen Knospen entwickeln sich von Sommer bis Herbst etwa 10 cm große, rosettenförmige, stark gefüllte Blüten, die aus bis zu 70 Blütenblättern bestehen. Sie erscheinen einzeln auf kräftigen Stielen und sind in der Blütenmitte kräftig, zum Rand hin blassrosa gefärbt. Als Standort eignet sich ein sonniger, geschützter, aber dennoch luftiger Platz. Da die Sorte zu den mehrfach blühenden Rosen gehört, sollte Verblühtes zusammen mit einem kurzen Stück Stiel regelmäßig entfernt werden, um eine erneute Nachblüte zu erleichtern.

Standort: ○ ☼
Pflege: ⚕
Vermehrung: ✂
Eigenschaften: △ ∞ ❀
Blütezeit: Sommer – Herbst

Rosa 'Eden Rose 85'

Strauchrose

Rosa 'Elveshörn'

Im Jahre 1985 brachte die Baumschule Kordes diese öfterblühende Strauchrose auf den Markt. Sie eignet sich zur Gruppenpflanzung in Beeten oder Hecken, macht aber auch in Pflanzgefäßen auf Balkon und Terrasse eine gute Figur. Sie wächst breit buschig bis 1 m hoch und eignet sich somit zur Einzelstellung im Kübel, der gleich zu Anfang groß genug gewählt werden sollte. Über den leicht glänzenden, grünen Blättern erscheinen bis zum Herbst hellrote Blüten mit einem leicht silbrigen Glanz, die einen Duft nach Wildrosen verströmen. Die Blüten sind rundlich und dicht gefüllt, mit einem Durchmesser von etwa 8 cm sehr groß. Sie sitzen zahlreich in großen Dolden, die Sie am besten entfernen, sobald sie abgeblüht sind. Die Sorte ist äußerst robust und wetterfest. Den Winter übersteht sie mit einem entsprechenden Schutz auch im Freien gut. Im Frühjahr wird umgetopt, zumindest aber die obere Substratschicht erneuert.

Strauchrose

Rosa 'English Garden'

Die auch als 'Ausbuff' geführte Rosensorte aus der Gruppe der Strauchrosen wurde erstmals 1987 von der britischen Baumschule Austin gezüchtet. Die zierliche, aufrechte Pflanze wächst etwa 90 cm hoch und ist gut als Kübelpflanze geeignet. Ihre Blätter sind hellgrün. Von Sommer bis Herbst erscheinen große, rosettenförmige Blüten, die im Stil Alter Rosen mit gefalteten, geviertelten Petalen gefüllt sind und sich weit öffnen. Sie sind zart gelb mit einem zu den Rändern hin blasserem Farbton und duften schwach. Die Pflanze ist wetterfest, im Winter sollte sie jedoch abgedeckt werden. Die besten Blühergebnisse kann man erzielen, wenn man im Frühjahr und Sommer einen Langzeitdünger zugibt oder nach einer Grunddüngung im Frühjahr während der Wachstumszeit regelmäßig flüssig nachgedüngt. Verblühtes wird regelmäßig entfernt.

ⓘ

Standort: ◊ ☼
Pflege: ⚠
Vermehrung: ⊞
Eigenschaften: ⚠ ∞ ✿
Blütezeit: Sommer – Herbst

Rosa 'English Garden'

ⓘ

Standort: ◊ ☼
Pflege: ⚠
Vermehrung: ⊞
Eigenschaften: ⚠ ∞ ✿
Blütezeit: Sommer – Herbst

Englische Rose

Rosa 'Gertrude Jekyll'

Die auch unter dem Sortennamen 'Ausbord' bekannte Teehybride gehört zur Gruppe der Englischen Rosen. Die kräftig aufrecht wachsende Pflanze eignet sich mit einer Wuchshöhe von 1,5 m gut als Kübelpflanze für Balkon und Terrasse. Dort fällt sie vor allem durch ihre bis zu 10 cm großen, becherförmigen, gefüllten Blüten auf, die in einem kräftigen Dunkelrosa leuchten. Sie haben nach innen gefaltete Kronblätter und duften intensiv. 'Gertrude Jekyll' zählt zu den Sorten, die remontieren, also mehrmals im Jahr blühen. Im Sommer zeigt sich die Hauptblüte, im Herbst erscheint die schwächere Nachblüte. Die Pflanze kann im Freien überwintern, benötigt allerdings einen Winterschutz, zum Beispiel aus Fichtenreisig oder Jutesäcken. Als Standort sagt ihr ein sonniger, luftiger Platz zu, der aber vor starkem, kaltem Wind geschützt sein sollte. Vermehrt wird wie bei allen Rosen über Stecklinge im Sommer oder Steckreiser im Herbst.

ⓘ

Standort: ◌ ☼
Pflege: ⟋⁂
Vermehrung: ▽▽
Eigenschaften: △ ∞ ❀
Blütezeit: Sommer – Herbst

Rosa 'Gertrude Jekyll'

Englische Rose

Rosa 'Graham Thomas'

ⓘ

Standort: ⬤ ☀
Pflege: ⚗
Vermehrung: ⊡
Eigenschaften: △ ∞ ❀
Blütezeit: Sommer – Herbst

Die schnell wachsende Strauchrose, auch unter dem Synonym 'Ausmas' bekannt, ist nach der führenden Persönlichkeit auf dem Gebiet der Alten Rosen benannt. Sie ähnelt in ihrer Form den großblütigen Remontant-Rosen des 19. Jahrhunderts, nur dass diese damals ausschließlich in den Farben Rot, Rosa und in Pastelltönen blühten. Die 1983 in Großbritannien von der Baumschule Austin gezüchtete Sorte hat gelbe Blüten, die sich von Sommer bis Herbst öffnen. Sie sind geviertelt bis becherförmig und duften angenehm. Die langen Triebe, mit hellgrünen Blättern bestückt, biegen sich besonders nach Regen unter dem Gewicht der Blüten Richtung Boden. Die Rose wird bis 1,2 m hoch, eignet sich also noch gut als Kübelpflanze für Balkon und Terrasse. Achten Sie darauf, dass das Pflanzgefäß tief genug ist, um den Wurzeln Raum zu geben. Durch Steckreiser, die im Herbst bewurzelt werden, lässt sich die Rose vermehren.

Rosa 'Graham Thomas'

Zwergrose

Rosa 'Guletta'

Die gelb blühende und herrlich duftende 'Guletta' ist ein Züchtungserfolg der Baumschule de Ruiter aus dem Jahre 1976. Sie ist auch als 'Rugul' oder 'Tapis Jaune' bekannt. Während die dicken, runden Knospen noch dunkelgelb sind, hellen die Blüten im Verblühen deutlich auf. Sie sind schalenförmig und halb gefüllt, mit einem Durchmesser von etwa 4 bis 5 cm mittelgroß. Die dichten Blütenbüschel erscheinen unermüdlich den ganzen Sommer hindurch. Die Zwergrose wächst buschig verzweigt und wird etwa 35 cm hoch. In Gruppen gepflanzt, wird ihr leuchtendes Gelb deutlich verstärkt. Ebenso dekorativ ist sie als Einfassungspflanze oder in Pflanzgefäßen. Als Pflanzabstand sind 35 cm ein guter Richtwert. Auf einen Stamm veredelt, gibt sie eine hübsche Kübelpflanze ab. Zwergrosen werden meist auf 40 bis 60 cm hohe Unterlagen veredelt. Sie nehmen nicht allzu viel Platz ein und sind für jeden Balkon- und Terrassenbesitzer ein ideales Geschenk.

ⓘ

Standort: ◊ ☼
Pflege: ⚐
Vermehrung: ▨
Eigenschaften: △ ∞ ❀
Blütezeit: Sommer – Herbst

Beetrose

Rosa 'Heidelinde'

Die Züchtung der deutschen Baumschule Kordes stammt aus dem Jahr 1991. Sie wächst breit buschig und überhängend und eignet sich mit einer Wuchshöhe von 70 cm sehr gut zur Bepflanzung von Kästen und Kübeln für Balkon und Terrasse. Die kleinen Blätter sind glänzend dunkelgrün. Die kräftig altrosa gefärbten, leicht duftenden Blüten erscheinen sehr zahlreich in dichten Büscheln. Sie erblühen schalenförmig und weit geöffnet mit gewellten Blütenblättern. Während der Wachstumsperiode sollte die Pflanze ausreichend mit Wasser versorgt und regelmäßig gedüngt werden. Im Winter legen Rosen eine Ruhepause ein. Sie können im Freien überwintern, benötigen in unseren Breiten aber einen Winterschutz. Der Kübel sollte zum Beispiel mit Noppenfolie isoliert, die Veredlungsstelle mit Torf, Rinde, Stroh oder Reisig geschützt. Beim Überwintern im Haus sollte die Pflanze kühl, aber frostfrei stehen. Die Vermehrung gelingt gut über Steckreiser.

ⓘ

Standort: ◊ ☼
Pflege: ⚐
Vermehrung: ▨
Eigenschaften: △ ∞ ❀
Blütezeit: Sommer – Herbst

Kleinstrauchrose

Rosa 'Heidetraum'

ⓘ

Standort: ◌ ☼
Pflege: ⚠
Vermehrung: ⛏
Eigenschaften: △ ∞ ✽
Blütezeit: Sommer – Herbst

Der aparte Züchtungserfolg der Baumschule Noack hat 1988 das Rosensortiment erweitert. Da sie sehr pflegeleicht ist, hat sich die breit buschige Sorte als Flächenrose bewährt. Aber auch in Pflanzgefäßen für Balkon und Terrasse macht sie sich mit ihren überhängenden Zweigen sehr gut. Sie wird etwa 80 cm hoch und bis 120 cm breit. Die kräftig wachsende 'Heidetraum' ist dicht mit glänzenden, hellgrünen Blättern besetzt. Vom Sommer bis zum Herbst erscheinen becherförmige, gefüllte, rosarote Blüten, wobei eine Dolde bis zu 25 Blüten trägt. Wie alle tief wurzelnden Rosen benötigt auch diese Sorte ein möglichst tiefes Pflanzgefäß, in dem sie ausreichend Platz für ihr Wurzelsystem hat. Außerdem bevorzugt sie einen vollsonnigen und luftigen Standort, der gleichzeitig Schutz vor Regen und Staunässe bietet. Nach einer Grunddüngung im Frühjahr empfiehlt sich während der Wachstumszeit eine wöchentliche, aber niedrig dosierte Düngung.

Englische Rose

Rosa 'Heritage'

ⓘ

Standort: ◌ ☼
Pflege: ⚠
Vermehrung: ⛏
Eigenschaften: △ ∞ ✽
Blütezeit: Sommer – Herbst

Die auch als 'Ausblush' bekannte, 1984 vom britischen Züchter David Austin vorgestellte Sorte trägt dunkles, leicht glänzendes Laub. Ihre nostalgisch anmutenden, muschelrosa gefärbten Blüten bilden dazu einen herrlichen Kontrast. Die einzelnen, ballförmigen Blüten sind dicht gefüllt und mit einem Durchmesser von etwa 10 cm sehr groß. Sie bestehen aus bis zu 40 gewellten Blütenblättern und duften intensiv. Die öfterblühende Rose wächst strauchförmig und kann bis 120 cm hoch werden. Daher ist sie eine ideale Kübelpflanze für Balkon und Terrasse. Sie sollte auf jeden Fall einen besonderen Platz erhalten, der ihre Schönheit betont. Dieser sollte sonnig, luftig und vor Regen geschützt sein. Wenn Sie Verblühtes regelmäßig herausschneiden, wird eine erneute Blüte angeregt. Die Rose kann mit Winterschutz im Freien, in sehr kalten Gegenden auch frostfrei in einem hellen, kühlen Raum überwintern.

Beetrose

Rosa 'Leonardo da Vinci'

Diese 1993 entstandene, öfterblühende Rosensorte gehört zur Gruppe der Beetrosen und eignet sich mit ihrer kompakt verzweigten Form und dem eher niedrigen Wuchs von etwa 60 cm besonders gut als Kübelpflanze für Balkon und Terrasse. Die Rose hat dunkelgrünes, ledrig derbes, dichtes Blattwerk. Das Besondere an ihr sind jedoch die dunkel rosafarbenen, stark gefüllten Blüten und ihre nostalgische Form. Sie sind rosettenförmig geviertelt und bestehen aus mehr als 60 Blütenblättern. Sie erscheinen zahlreich in Dolden zu 3–5 Blüten und duften leicht. In der Nachbarschaft von blau blühenden Stauden entfaltet sich ihre Wirkung besonders vorteilhaft. Die Pflanze benötigt einen sonnigen, luftigen und geschützten Platz und während der Wachstumsperiode regelmäßige Düngergaben. Das kann ein Langzeitdünger im Frühjahr und Sommer oder eine flüssige Düngung alle zwei bis drei Wochen sein. Achten Sie auf eine angemessene Tiefe der Gefäße.

ⓘ

Standort: ◊ ☼
Pflege: ⚠
Vermehrung: ✂
Eigenschaften: △ ∞ ✿
Blütezeit: Sommer – Herbst

Englische Rose

Rosa 'Little Flirt'

Diese kleine Rose stammt aus dem Jahre 1961. Sie wächst kräftig buschig, erreicht aber lediglich eine Höhe von etwa 30 cm. Als Topfpflanze verschönert sie Balkon und Terrasse. Die kleinen, gefüllten, schwach duftenden Blüten sind orangerot, am Grunde und auf der Rückseite der Blütenblätter goldfarben. Wie alle Rosen ist auch diese Sorte anfällig für Pilzerkrankungen wie dem Echtem Mehltau. Der gräulich weiße, pelzige Belag tritt häufig auf jungen Trieben, Blütenstielen und Blättern auf. Achten Sie auf einen luftigen, nicht zu trockenen Standort, um einem Pilzbefall vorzubeugen. Die Pflanzen sollten nach Regen immer rasch abtrocknen können. Auch ein regelmäßiger Auslichtungsschnitt ist in diesem Zusammenhang wichtig. Wird der Mehltau im Frühling oder Sommer festgestellt, sollten die erkrankten Triebe entfernt werden. Im Herbst dagegen kann der Mehltau nicht mehr so viel Schaden anrichten, weil die Rose bald ihre Ruhephase beginnt.

ⓘ

Standort: ◊ ☼
Pflege: ⚠
Vermehrung: ✂
Eigenschaften: △ ∞ ✿
Blütezeit: Sommer – Herbst

Zwergrose

Rosa 'Louise Odier'

ℹ

Standort: ○ ☀
Pflege: ⚠
Vermehrung: ▱
Eigenschaften: △ ∞ ❀
Blütezeit: Sommer – Herbst

Diese aus dem Jahr 1851 vom Züchter Margottin entwickelte Bourbon-Rose ist wirklich ein Juwel. Als Kübelpflanze verleiht sie jedem Balkon und jeder Terrasse ein romantisches Flair. Sie ist ein wahrer Augen- und Nasenschmaus, denn ihre rosettenförmigen, rosafarbenen Blüten duften sehr intensiv. Sie sind stark gefüllt und mit einem Durchmesser von etwa 5 cm eher zierlich. 'Louise Odier' wächst strauchförmig bis 150 cm hoch, fällt aber leicht auseinander. Daher ist es ratsam, die Triebe zusammenzubinden, das gibt der Pflanze Halt. Die Größe der Rose sollten Sie bei der Gefäßauswahl beachten. Wählen Sie es groß genug, damit der Tiefwurzler ausreichend Platz hat. Geben Sie bei der Pflanzung gleich einen Langzeitdünger zu, das erspart Ihnen im ersten Jahr die Nachdüngung. An einem sonnigen, warmen und regengeschützten Platz gedeiht sie besonders gut.

Rosa 'Louise Odier'

Zwergrose

Rosa 'Maidy'

Diese breit buschig wachsende Züchtung der Baumschule Kordes aus dem Jahre 1984 eignet sich mit einer kompakten Höhe von etwa 30 cm hervorragend zur Bepflanzung von Kästen und Töpfen. Der Pflanzabstand sollte 25–30 cm betragen, im Beet sollten pro Quadratmeter nicht mehr als 10 Pflanzen Platz finden. Von Sommer bis Herbst entfalten sich aus tropfenförmigen, rosafarbenen Knospen schalenförmige, gefüllte, etwa 6 cm große Blüten, deren äußere Blätter zurückgerollt sind. Sie sind innen blutrot, außen silbrigweiß gefärbt. Die dichten, moosgrünen Blätter sind schwach glänzend. Die Pflanze bevorzugt als Standort offene, luftige Bereiche mit viel Sonne. Allerdings sollte sie vor zu greller Mittagssonne geschützt werden. Auch zu starker Regen kann die Blüten schädigen. Die Erde sollte feucht gehalten werden, wobei Staunässe unbedingt zu vermeiden ist. Wird Verblühtes regelmäßig entfernt, bilden sich stets neue Blüten.

Standort: ○ ☼
Pflege: ⚐
Vermehrung: ▭
Eigenschaften: △ ∞ ❀
Blütezeit: Sommer – Herbst

Kleinstrauchrose

Rosa 'Mainaufeuer'

Die 1990 entstandene Züchtung aus der Baumschule Kordes gehört mit ihrem gedrungenen Wuchs zur Gruppe der Kleinstrauchrosen. Sie wächst breit buschig mit überhängenden Zweigen und wird etwa 50 cm hoch. Die satt grünen Blätter glänzen stark. Aus tropfenförmigen, roten Knospen entwickeln sich von Sommer bis Herbst schalenförmige, halb gefüllte Blüten mit gewellten Blütenblättern. Sie stehen zu mehreren in Dolden und sind blutrot gefärbt. Auffällig sind die goldgelben Staubgefäße. Die Pflanze liebt es sonnig und luftig. Sie sollte auf Balkon und Terrasse jedoch vor Tropfwasser und zu greller Sonne geschützt werden. Während der Wachstumszeit muss die Erde feucht, aber keinesfalls staunass sein. Regelmäßige Volldüngergaben alle drei Wochen oder zweimal ein Langzeitdünger pro Saison fördern Wachstum und Blüte. Nach der Blütezeit können bei Bedarf der Haupttrieb leicht, die Seitentriebe stärker gekürzt werden.

Standort: ○ ☼
Pflege: ⚐
Vermehrung: ▭
Eigenschaften: △ ∞ ❀
Blütezeit: Sommer – Herbst

Rosa 'Mandarin'

Standort: ◊ ☀
Pflege: ⚠
Vermehrung: ▭
Eigenschaften: △ ∞ ❀
Blütezeit: Sommer – Herbst

Zwergrose

Rosa 'Mandarin'

Diese von der Baumschule Kordes 1987 gezüchtete Zwergrose erreicht eine Höhe von etwa 25 cm. Daher ist sie mit ihrem hübschen, buschig kompakten Wuchs für die Topfkultur auf Balkon und Terrasse besonders gut geeignet. Ihre kleinen, grünen Blätter glänzen schwach. Die deutlich zweifarbigen, lachsrosa nach orangegelb verlaufenden Blüten erscheinen zu mehreren in lockeren Dolden. Sie sind leicht gefüllt und etwa 10 cm groß. Zwischen der üblichen Kastenbepflanzung mit Sommerblumen bieten die Rosenzwerge einen besonderen Blickfang. Sie harmonieren zum Beispiel gut mit Lavendel, Glockenblumen, Schleifenblume oder Duftsteinrich. Achten Sie jedoch darauf, dass die Pflanzen nicht ganztägig der Sonne ausgesetzt sind und die Erde nicht austrocknet. Im Winter sollten sie im Freien zusammengerückt und mit einem Winterschutz aus Fichtenreisig oder ähnlichem abgedeckt werden.

Rosa 'Orange Meidiland'

ⓘ

Standort: ◊ ☀
Pflege: ⚠
Vermehrung: ▭
Eigenschaften: △ ∞ ❀
Blütezeit: Sommer – Herbst

Kleinstrauchrose

Rosa 'Meidiland'

Diese Sortengruppe gehört zu den Kleinstrauchrosen, die als Flächenrosen im Beet oder auch zur Gefäßbepflanzung für Balkon und Terrasse Verwendung findet. Sie wächst je nach Sorte breit buschig und überhängend oder strauchförmig mit langen Trieben und erreicht eine Höhe von etwa 50 cm. Die Blüten sind schalenförmig geöffnet, einfach bis gefüllt und erscheinen meist zu vielen in lockeren Schirmrispen. Die Sorte 'Red Meidiland' blüht einfach, karminrot mit weißer Mitte und gelben Staubgefäßen; 'Magic Meidiland', 1995 mit dem ADR-Siegel (All-Deutsche Rosenneuheiten-Prüfung) ausgezeichnet, zeichnet sich durch gefüllte, dunkel rosafarbene Blüten aus. 'Pink Meidiland' blüht einfach rosa. Blüten und Blätter dieser robusten Sorten sind weniger regenempfindlich als manch andere, zudem haben sie sich als relativ frosthart erwiesen. Zur regelmäßigen Pflege zählt das Entfernen von Verblühtem.

Beetrose

Rosa 'Muttertag'

Die Sorte 'Muttertag' wurde im Jahre 1950 »geboren«. Sie ist im englisch sprachigen Raum als 'Mothersday', in Frankreich als 'Fête des Mères' bekannt. Der buschig verzweigte Strauch wächst aufrecht und wird etwa 40 cm hoch. Da er sehr langsam wächst, ist er die ideale Wahl für Pflanzgefäße und Balkonkästen. Aber auch als Rabattenpflanze macht sich die Sorte gut, wenn man einen Pflanzabstand von etwa 30 cm einhält. Die Blätter sind im Austrieb dekorativ rötlich gefärbt und verwandeln sich dann in ein glänzendes Hellgrün. Eine wahre Augenweide sind die leuchtend himbeerroten, kugeligen und locker gefüllten Blüten, die zahlreich in großen Dolden sitzen. Mit einem Durchmesser von 3 cm sind sie recht klein. Auffällig ist, dass sie beim Verblühen aufhellen. Die Sorte remontiert gut, das heißt sie blüht mehrmals im Jahr, wobei der erste Flor mit bis zu 20 Blüten pro Blütenbüschel üppiger ausfällt als der zweite.

Rosa 'Muttertag'

Standort: ○ ☼
Pflege: ⚘
Vermehrung: ▨
Eigenschaften: △ ∞ ❀
Blütezeit: Sommer – Herbst

Kletterrose

Rosa 'New Dawn'

Diese kräftig wachsende, bis 4 m hohe Kletterrose wurde 1930 von der Somerset Rose Baumschule eingeführt. Die frostharte Sorte zeichnet sich durch äußerst biegsame, je nach Standort überhängede Triebe aus, so dass sie sich für viele Gelegenheiten anbietet. Sie begrünt Klettergerüste jeder Art, ob Spaliere an Hauswänden, Torbögen oder Pergolen. Dabei lässt sie sich gut mit Clematis kombinieren. Als Hochstamm ergibt sie eine dekorative Trauerrose. Die glänzend dunkelgrünen Blätter sind im Austrieb hellgrün. Die großen, gefüllten Blüten erscheinen in einem zarten Hellrosa und wirken sehr elegant. Sie verströmen einen leichten Duft und wenn sie verblühen, sind sie fast weiß und nur noch zart rosa überhaucht. Sie erscheinen unermüdlich bis zum ersten Frost. Wenn Sie Kletterrosen nicht direkt an die Hauswand auspflanzen können, verwenden Sie unbedingt ein tiefes, ausreichend großes Pflanzgefäß, das Sie im Winter gut isolieren können.

Rosa 'New Dawn'

Standort: ○ ☼
Pflege: ⚘
Vermehrung: ▨
Eigenschaften: △ ∞ ❀
Blütezeit: Sommer – Herbst

Kletterrose

Rosa 'Parade'

🛈

Standort: ◌ ☼
Pflege: ⚘
Vermehrung: ☒
Eigenschaften: △ ∞ ✿
Blütezeit: Sommer – Herbst

Diese noch junge, robuste Kletterrose blüht zuverlässig das ganze Jahr über, wobei sie mit ihren großen, dunkel rosaroten und vielblättrigen Blüten ein nostalgisches Flair verströmt. Die stark duftenden Blüten stehen dabei in dichten Büscheln. Mit ihrem nicht allzu kräftigen Wuchs eignet sie sich hervorragend für Klettergerüste. Zu ihrem altmodischen Charme passen Rosenbögen, Obelisken oder Pyramiden aus verzinktem Stahl besonders gut. Haben Sie etwas Geduld, denn häufig wird das Klettergerüst oder die Hauswand erst nach zwei bis drei Jahren dicht begrünt. Kletterrosen brauchen wenig Pflege. Es reicht, wenn Sie abgestorbene Triebe entfernen oder die Pflanzen bei Bedarf auslichten. Mehrmals blühende Sorten schneidet man im Frühjahr, einmal blühende direkt nach der Blüte. Verwenden Sie ein ausreichend tiefes Gefäß und geben Sie dem humosen Substrat einen organischen Dünger zu, der Ihnen im Jahr der Pflanzung eine Nachdüngung erspart.

Rosa 'Parade'

Zwergrose

Rosa 'Pink Symphonie'

Seit 1987 bereichert die rosa blühende 'Pink Symphonie' das Rosensortiment. Während die Knospen rot erscheinen, sind die runden, gefüllten Blüten rosa und hellen im Verblühen etwas auf. Auffällig sind die zurückgebogenen, äußeren Blütenblätter. Sie wächst dicht buschig etwa 40 cm hoch und eignet sich für geräumige Pflanzgefäße ebenso wie zur Gruppenpflanzung im Beet. Als Hochstamm ist sie im Kübel besonders dekorativ. Zwergrosen werden meist auf 40 cm hohe Fußstämme, also Wildlingsunterlagen, veredelt. Eine gute Idee ist es, Hochstämme im Kübel mit Stauden oder Sommerblumen zu unterpflanzen. Gute Partner sind zum Beispiel Glockenblumen, Katzenminze, Herbst- und Berg-Astern, Frauenmantel, Schleifenblume oder Männertreu. Das hat auch gleichzeitig den Vorteil, dass die Verdunstung reduziert wird. Weidenkörbe passen ganz besonders gut zu Rosen. Achten Sie aber darauf, dass Sie ihn mit Folie auslegen, die Azugslöcher enthält.

Standort: ◌ ☼
Pflege: ⚠
Vermehrung: ▦
Eigenschaften: △ ∞ ❀
Blütezeit: Sommer – Herbst

Wildrose

Rosa 'Pur Caprice'

Rosa 'Pur Caprice'

Die elegante Wildrose stammt vom französichen Züchter Delbard. Sie bildet bezaubernde, halb gefüllte Blüten mit unregelmäßig gefransten Blütenblättern. Wenn sie erblühen, sind sie zunächst gelb, verfärben sich dann rosa und schließlich zartgrün. In der Blütenmitte sind die Staubgefäße deutlich zu erkennen. Auf die hübschen Blüten folgen – wenn sie möchten und abgeblühte Blüten an der Pflanze lassen – nicht weniger zierende Hagebutten. 'Pur Caprice' wächst kräftig buschig und wird bis 80 cm hoch. Sie dient hauptsächlich als Rabattenpflanze oder als Bodendecker. Im Kübel auf dem Balkon oder der Terrasse ist sie mit ihrem natürlichen Charme schon etwas Besonderes, nicht nur, weil sie reichlich Insekten anlockt. Für eine schnelle Blütenpracht auf Balkon oder Terrasse sind Rosen in Containern ideal. Sie können fast ganzjährig, außer in Frostperioden, gepflanzt werden und sind schon an die Kultur in Topfen gewohnt.

Standort: ◌ ☼
Pflege: ⚠
Vermehrung: ▦
Eigenschaften: △ ∞ ❀
Blütezeit: Sommer – Herbst

Strauchrose

Rosa 'Romanze'

Der deutschen Baumschule Rosen Tantau ist diese öfterblühende Strauchrose zu verdanken, die seit 1984 auf dem Markt ist. Sie braucht mit einer Höhe bis 120 cm und einer Breite von etwa 80 cm etwas mehr Platz als die zierlichen Zwergrosen und steht am besten in Einzelstellung. Die prächtige Blütenfülle zieht alle Blicke an, denn bis zum Frost erscheinen unermüdlich die leuchtend rosa, gefüllten, schalenförmigen Blüten mit den leicht gewellten Blütenblättern. Mit einem Durchmesser von 10 bis 12 cm sind sie sehr groß. Rosen lieben sonnige Standorte, doch einige, dazu gehört auch 'Romanze', blühen auch im Halbschatten noch gut. Achten Sie aber darauf, dass sie auch in halbschattigen Lagen für einige Stunden am Tag Sonnenlicht mitbekommen. Zudem sollten Rosen nicht direkt unter Bäume gepflanzt werden, denn wenn von ihnen nach Regenschauern Tropfwasser auf die Rosen fällt, folgen rasch Pilzkrankheiten.

ⓘ

Standort: ◊ ☼
Pflege: ⚕
Vermehrung: ▣
Eigenschaften: △ ∞ ✿
Blütezeit: Sommer – Herbst

Kletterrose

Rosa 'Rosarium Uetersen'

Aus der Züchtungsarbeit der Baumschule Kordes ist 1977 diese langsam wachsende, bis 250 cm hohe Kletterrose hervorgegangen. Sie ist dicht verzweigt und eignet sich zur Begrünung von Wänden ebenso wie für die unterschiedlichsten Rankgerüste. Auf einen Stamm veredelt, ergibt sie eine dekorative Kaskadenrose. Die rosettenförmigen, stark gefüllten Blüten erscheinen unermüdlich in einem kräftigen, silbrig schimmernden Rosa. Sie duften leicht, sind wetterfest und mit einem Durchmesser von 6 bis 8 cm relativ groß. Beim Verblühen hellen sie stark auf. Die glänzend grünen, im Austrieb rötlichen Blätter bilden einen schönen Farbkontrast. Obwohl die Sorte als frosthart gilt, empfiehlt sich gerade bei der Kultur in Kübeln ein Winterschutz. Das Gefäß wird gut isoliert, damit die Wurzeln keinen Schaden nehmen. Die Triebe an Spalieren oder Rankgerüsten sind zusätzlich geschützt, wenn sie mit Nadelreisig umwickelt werden.

ⓘ

Standort: ◊ ☼
Pflege: ⚕
Vermehrung: ▣
Eigenschaften: △ ∞ ✿
Blütezeit: Sommer – Herbst

Gegenüberliegende Seite:
Rosa 'Rosarium Uetersen'

Zwergrose

Rosa 'Rosmarin 89'

ⓘ

Standort: ○ ☀
Pflege: ⚠
Vermehrung: ▤
Eigenschaften: △ ∞ ❀
Blütezeit: Sommer – Herbst

Die Vorfahren der Zwergrosen stammen aus China, wo sie sich mit ihrem gedrungenen Wuchs gut an den Standort angepasst haben. Sie sind zudem frosthart und mit ihren gestauchten Trieben und kurzen Blattabständen dicht begrünt. 'Rosmarin 89' stammt wie 'Rosarium Uetersen' aus der Baumschule Kordes und kam 1989 auf den Markt. Ihre mittelgroßen, rosettenförmigen Blüten sind stark gefüllt und kräftig rosa. Sie sitzen in dichten Dolden. Die dunkelgrünen Blätter sind sehr zierlich. Mit einer Wuchshöhe von 20 cm ist sie äußerst kompakt, zudem wächst sie breit verzweigt und ist daher die ideale Besetzung für einen Balkonkasten. Auch als Bepflanzung von Wegrändern ist sie sehr hübsch. Gute Gesellschafter von Zwergrosen sind schwach wachsende, Polster bildende Steingartenstauden oder Sommerblumen. Stark wachsende Nachbarn nehmen ihnen Licht und Nährstoffe weg. Halten sie bei gemischten Pflanzungen einen Abstand von etwa 20 cm ein.

Rosa 'Rosmarin 89'

Rosa 'Schneewittchen'

Strauchrose

Rosa 'Schneewittchen'

Wie soll es anders sein, 'Schneewittchen' blüht mit mittelgroßen, gefüllten Blüten in einem blendenden Schneeweiß – und das bis zum ersten Frost. Die edlen, leicht duftenden Blüten sitzen in großen Büscheln, vollständig aufgeblüht nehmen sie eine schalenförmige Gestalt an. Die schmalen Blätter sind glänzend mittelgrün. Der robuste Dauerblüher wächst schmal aufrecht bis 150 cm hoch und 80 cm breit. Die locker überhängenden Blütentriebe verleihen der Rose einen romantischen Charme. 1983 wurde die Züchtung der Baumschule Kordes als schönste weiße Sorte sogar zur »Weltrose« gekürt. Als weißer Farbtupfer lockert 'Schneewittchen' Stauden- oder Beetrosengruppen auf. In einem ausreichend großen Kübel gibt sie ein attraktives Solitärgehölz her. Sie ist sehr widerstandsfähig gegen Blattkrankheiten. In Gegenden mit kalten Wintern kann die Rose Frostschäden bekommen, daher ist ein guter Winterschutz sehr wichtig.

Standort: ○ ☼
Pflege: ⚐
Vermehrung: ▱
Eigenschaften: △ ∞ ✾
Blütezeit: Sommer – Herbst

Rosa 'Sea Foam'

Standort: ◌ ☼
Pflege: ⚠
Vermehrung: ▥
Eigenschaften: △ ∞ ✿
Blütezeit: Sommer – Herbst

Kleinstrauchrose

Rosa 'Sea Foam'

Diese attraktive Rosensorte wächst breit buschig bis 50 cm hoch. Die bogenförmigen, später niederliegenden Triebe werden bis 150 cm lang. Als Flächenrose eingesetzt, bildet sie rasch einen blühenden Rosenteppich, sie passt aber auch hervorragend in Ampeln. Die kleinen, glänzend grünen Blätter betonen die weißen, zartrosa überhauchten, runden Blüten dezent. Sie sitzen zu mehreren in Büscheln und verströmen einen leichten Duft. Die Sorte ist frosthart, im Gefäß braucht sie aber einen ausreichenden Winterschutz, damit die Wurzeln nicht erfrieren. Sie vertragen es am besten, wenn sie wie in der Natur langsam einfrieren und wieder »auftauen« können. Frostschäden äußern sich in gewellten Blättern mit beschädigten, verbräunten Blatträndern und Blattzonen. Diese werden im Frühjahr entfernt, die Rose treibt generell schnell wieder aus. Beim Gießen achten Sie darauf, die Blätter nicht zu befeuchten, um Pilzkrankheiten zu vermeiden.

Zwergrose

Rosa 'Sonnenkind'

Diese Sorte ist wie alle Zwergrosen ideal für die Bepflanzung von Kübeln und Balkonkästen. Sie passt auch gut in Steingärten oder dient als Einfassung von Beeten. 'Sonnenkind' wächst buschig und reich verzweigt, bleibt mit ihrer Höhe von 35 cm jedoch sehr kompakt. Ihren Namen verdankt sie den goldgelben, mittelgroßen, stark gefüllten Blüten, die beinahe die ganze Pflanze bedecken. Die Blütenblätter sind spitz zusammengerafft, die zierlichen, glänzend dunkelgrünen Blätter verschwinden fast unter der Blütenfülle. Zwergrosen sind nicht immer die robustesten, deshalb ist hier ein rosengerechter, das heißt ein sonniger und luftiger Standort besonders wichtig. Der Wurzelbereich muss rechtzeitig vor Frost geschützt werden, damit die Wurzeln nicht plötzlich einfrieren. Entweder isoliert man das Gefäß gut und deckt die oberirdischen Pflanzenteile mit Reisig ab, oder man überwintert die Pflanze in kalten Gegenden in einemhellen, kühlen Raum.

Standort: ◌ ☼
Pflege: ⚠
Vermehrung: ▥
Eigenschaften: △ ∞ ✿
Blütezeit: Sommer – Herbst

Zwergrose

Rosa 'Stars'n Stripes'

Für den, der Besonderes liebt, ist diese ausgefallene Miniaturrose mit den rot-weiß gestreiften, schalenförmigen Blüten genau das richtige. Sie wird bis 40 cm groß und empfiehlt sich für kleine Gärten ebenso wie für Balkonkästen und Kübel. Je größer das Pflanzgefäß ist, umso wohler fühlt sich die tief wurzelnde Rose. Balkonkästen sollten für Miniaturrosen mindestens 25 cm tief sein. Wenn Sie eine bunte Gesellschaft zusammenstellen möchten, nehmen Sie sich genügend Zeit, um passende Nachbarn auszuwählen. Ideal sind schwach wachsende, Polster bildende Steingartenstauden oder Sommerblumen, die die Rosen nicht überwuchern und ihnen kein Licht wegnehmen. Glockenblumen oder Schleifenkraut, Duftsteinrich oder Männertreu sind ebenso gute Partner wie Salbei oder Lavendel. Zwergsorten von Kiefer, Wacholder oder Zypressen, die für Balkonkästen geeignet sind, harmonieren wie Ziergräser mit Rosen.

Kletterrose

Rosa 'Super Dorothy'

Zur raschen Begrünung von tristen Hauswänden oder Pergolen ist die Sorte 'Super Dorothy' genau die richtige Wahl. Die Sorte zeichnet sich wie alle Ramblerrosen durch bis 300 cm lange, weiche und dünne Treibe aus, die leicht an Klettergerüsten hochgebunden werden können. Sie eignet sich auch gut für Ampeln; auf einen hohen Stamm veredelt, gibt sie als Kaskaden- oder Trauerrose eine dekorative Kübelpflanze ab. Wird sie nicht aufgebunden, kann sie als Bodendecker rasch Hänge befestigen und so vor Erosion schützen. Aus den dicken, rötlichen Knospen entwickeln sich rosafarbene, stark gefüllte, pomponartige Blüten. Nach der Hauptblüte im Sommer, bei der bis zu 20 Blüten in einem Büschel sitzen, blüht die Sorte bis zum Herbst nach. Die Tiefwurzler sind im Kübel besonders an warmen Tagen auf eine zusätzliche Wasserversorgung angewiesen. Benetzen Sie beim Gießen die Blätter möglichst nicht, damit keine Pilzkrankheiten folgen.

Standort: ○ ☀
Pflege: ⚘
Vermehrung: ▨
Eigenschaften: △ ∞ ✿
Blütezeit: Sommer – Herbst

Rosa 'Super Dorothy'

Standort: ○ ☀
Pflege: ⚘
Vermehrung: ▨
Eigenschaften: △ ∞ ✿
Blütezeit: Sommer – Herbst

Kletterrose

Rosa 'Super Exelsa'

Standort: ◌ ☼
Pflege: ⚠
Vermehrung: ⬚
Eigenschaften: △ ∞ ✿
Blütezeit: Sommer – Herbst

Diese ebenfalls vom Züchter Hetzel 1986 auf den Markt gebrachte Kletterrose ist das farbliche Gegenstück zu ihrer Schwester 'Super Dorothy'. Sie blüht karminrot mit einem weißen Mittelstreifen und geht im Verblühen in einen Violettton über. Die kleinen, dicht gefüllten Blüten sitzen in dichten Rispen und erscheinen unermüdlich bis zum Herbst. 'Super Exelsa' wächst ebenfalls rasch an Spalieren und Pergolen hoch, rankt aus Blumenampeln herab oder wächst als Hochstamm im Kübel. Als Flächenrose begrünt sie Böschungen und Hänge rasch. Rosen haben einen hohen Nährstoffbedarf. Geben Sie deshalb im Frühjahr und Sommer einen Langzeitdünger zu, damit sie üppig blühen. Das erspart Ihnen häufiges flüssiges Nachdüngen. Im Jahr der Pflanzung erübrigt sich eine Nachdüngung, sofern Sie direkt einen Depotdünger oder organischen Dünger eingearbeitet haben.

Kleinstrauchrose

Rosa 'Swany'

Standort: ◌ ☼
Pflege: ⚠
Vermehrung: ⬚
Eigenschaften: △ ∞ ✿
Blütezeit: Sommer – Herbst

Gegenüberliegende Seite:
Rosa 'Super Exelsa'

Die ausladend wachsende 'Swany' wird bis 50 cm hoch und etwa 80 cm breit. Sie wächst kräftig und bildet rasch eine dichte Bodendecke. Doch ist die Flächenrose vielseitig einsetzbar. Mit ihren teilweise niederliegenden Trieben ist sie ideal für Ampeln oder große Kübel. Als mittelhohes Rosenstämmchen mit einer Stammhöhe von 60 cm ist sie ein wahrer Blickfang. Hier empfiehlt sich eine Unterpflanzung, wobei blau blühende Pflanzennachbarn wie Lavendel, Salbei oder Glockenblumen besonders kontrastreich wirken. Ebenso hübsch ist eine Komposition aus Weiß, Hellblau und Hellrosa. Hellrosa blühen zum Beispiel Schleierkraut oder Elfenspiegel. Die kleinen, feingliedrigen Blätter haben im Austrieb einen Kupferton, später werden sie glänzend dunkelgrün. Sie heben sich stark von den weißen, rosettenartigen, stark gefüllten Blüten ab, die in dichten, breiten Dolden sitzen. Entfernen Sie nur Verblühtes und erhalten Sie soviel Blattmasse wie möglich.

Rosa 'Sweet Dream'

Standort: ◌ ☀
Pflege: ⚹
Vermehrung: ▱
Eigenschaften: △ ∞ ❀
Blütezeit: Sommer – Herbst

Zwergrose

Rosa 'Sweet Dream'

Die buschig aufrechte Patio-Rose ist wirklich ein Traum. Sie ist größer und robuster als viele Miniaturrosen und dabei relativ frosthart. Über den glänzend grünen Blättern erscheinen unermüdlich bis zum Herbst stark gefüllte, aprikotfarbene Blüten mit zartem Duft. Sie passt gut in Töpfe und Balkonkästen, als Substrat empfiehlt sich – wie generell bei der Kultur in Kübeln – spezielle Kübelpflanzenerde. Diese ist schon aufgedüngt, so dass sich im Jahr der Pflanzung eine mineralische Düngung erübrigt. Generell heißt es bei der Nährstoffversorgung, dass weniger mehr ist. Denn überdüngte Rosen bekommen weiche Triebe, die ein leichtes Opfer für Blattläuse und andere Schädlinge sind. Die Triebe sollten vor dem Winter noch gut ausreifen, das heißt verholzen können, damit sie Frostperioden ohne großen Schaden überstehen. Depotdünger oder organische Dünger geben die Nährstoffe allmählich frei, so dass die empfindlichen Wurzeln nicht verbrennen.

Rosa 'The Fairy'

Standort: ◌ ☀
Pflege: ⚹
Vermehrung: ▱
Eigenschaften: △ ∞ ❀
Blütezeit: Sommer – Herbst

Kleinstrauchrose

Rosa 'The Fairy'

Diese alte Rosensorte hat eine wahre Renaissance erlebt. Sie stammt aus dem Jahre 1932, ist aber heute wieder so beliebt wie früher. Sie wächst strauchartig und breit buschig, aber dennoch kompakt, mit niederliegenden bis überhängenden Trieben. Dabei wird sie etwa 90 cm hoch und 70 cm breit. Sie findet Verwendung als rasch wachsende Flächenrose, in Hecken, als Ampelpflanze oder als Hochstamm im Kübel. Die rosafarbenen, dicht gefüllten, rosettenförmigen Blüten, die geöffnet schalenförmig sind, wirken sehr anmutig. Mit einem Durchmesser von 2 bis 2,5 cm sind sie klein, dafür erscheinen sie den ganzen Sommer über in dichten Büscheln. Die Blätter sind klein und glänzend grün. Ihren romantischen Charakter entfaltet 'The Fairy' besonders in Kombination mit Stauden. Sie harmoniert zum Beispiel sehr gut mit Lavendel. Dieser spendet dann auch den Duft, der der Rose fehlt. 'The Fairy' ist äußerst robust und widerstandsfähig.

Zwergrose

Rosa 'Yellow Doll'

Bei dieser Miniaturrose handelt es sich um eine kräftige, buschige Pflanze, die etwa 30 cm hoch wird. Ihre kleinen, gefüllten, zartgelben Blüten duften leicht und sind wirklich bezaubernd. 'Yellow Doll' bringt den Zauber der Rosenblüte auf kleinste Terrassen oder Balkone, wenn sie nur sonnig und luftig sind. Sie gedeihen in Töpfen oder im Balkonkasten, wobei Terrakotta-Töpfe besonders dekorativ wirken. Sie versprühen nicht nur mediterranes Flair, sondern bieten den Pflanzen zudem einen optimalen Wasserhaushalt. Das Substrat trocknet schnell ab und Staunässe, auf die Rosen sehr empfindlich reagieren, wird so weniger zur Gefahr. Verblühtes wird ständig entfernt, um die Nachblüte zu fördern. Rosen lassen sich vom Hobbygärtner am leichtesten über Grünstecklinge im Sommer oder Steckhölzer im späten Herbst vermehren. Wie das genau funktioniert, finden Sie im Kapitel »Vermehrung«.

Standort: ◊ ☼
Pflege: ⚠
Vermehrung: ▭
Eigenschaften: △ ∞ ❀
Blütezeit: Sommer – Herbst

Zwergrose

Rosa 'Zwergkönig 78'

Der leuchtend rot blühende 'Zwergkönig 78' stammt aus dem Jahre 1978. So erklärt sich auch die Zahl in seinem Namen. Die mittelgroßen Blüten sind locker gefüllt, lange haltbar und wetterfest. Selbst im Verblühen sehen sie noch sauber und gepflegt aus. Die dunkelgrünen Blätter stehen zu der knalligen Blütenfarbe in einem herrlichen Kontrast. Die Pflanze wächst buschig und dennoch kompakt. Mit ihrer Höhe bis 50 cm ist sie ideal für große Pflanzgefäße. Aber auch in niedrigen Hecken, Einfassungen oder Beeten macht sie eine gute Figur. In Gefäßen ist ein Abstand von etwa 30 cm anzuraten, ausgepflanzt rechnet man 8 bis 11 Stück pro Quadratmeter. Die Sorte zeichnet sich durch eine gute Frosthärte aus, im Kübel ist jedoch ein Winterschutz anzuraten. Das Pendant ist die vier Jahre später erschienene 'Zwergkönigin 82' mit rein rosa Blüten. Sie ist genauso robust und wetterfest wie ihr Bruder, hinzugekommen ist ein zarter Duft.

Standort: ◊ ☼
Pflege: ⚠
Vermehrung: ▭
Eigenschaften: △ ∞ ❀
Blütezeit: Sommer – Herbst

Kletterpflanzen

Gegenüberliegende Seite: Lathyrus

Kletterpflanzen sind Alleskönner. Während einjährige Vertreter jeden Sommer für neue Überraschungen sorgen, schützen mehrjährige Arten dauerhaft vor neugierigen Blicken. Weinreben, Feuerbohnen oder Zierkürbisse bringen sogar Früchte hervor. Pflanzen aus kühleren Regionen wie Klematis oder Blauregen bleiben im Freien, während die exotische Mandevilla frostfrei überwintert werden muss.

Selbstklimmer wie Wilder Wein, Efeu oder Kletter-Hortensien brauchen keine Kletterhilfe, da sie sich mit Haftscheiben oder Haftwurzeln festhalten. Mauerwerk und Putz dürfen keine Risse aufweisen, damit sie nicht mit ihren Wurzeln in die Fassade eindringen können. Wenn sie die gewünschte Höhe erreicht haben, müssen die Pflanzen jährlich gestutzt werden. Rankpflanzen wie Klematis oder Jasmin bilden Greifranken aus, mit denen sie sich an Gittern oder Spalieren hochhangeln, während Schlingpflanzen, zum Beispiel Knöterich oder Geißblatt, sich spiralförmig um die Kletterhilfe winden. Ihnen reicht schon ein Stab oder senkrecht gespannter Draht. Kletterrosen und Bougainvilleen sind Spreizklimmer, die ihre Triebe in der Natur auf andere Pflanzen auflegen. Sie brauchen eine Stütze, deshalb müssen sie am Gerüst festgebunden werden. Wichtig ist, dass das Klettergerüst einen Abstand von 5-10 cm zur Hauswand hat. Bei Kletterhilfen für Kübel ist es ratsam, ein ausreichendes großes und stabiles zu verwenden, da es sich später kaum mehr austauschen lässt. Solche aus imprägniertem Holz oder Metall faulen nicht.

Bedenken Sie bereits bei der Standortauswahl, dass besonders Arten mit großen, zarten Blättern windgeschützte Plätze bevorzugen. Wählen Sie das Gefäß ausreichend groß, damit die Pflanzen einige Jahre ungestört darin wachsen können. Geben Sie gleich bei der Pflanzung einen Langzeitdünger zu.

Actinidia kolomikta

Buntblättriger Strahlengriffel

Actinidia kolomikta

Das sommergrüne Strahlengriffelgewächs *(Actinidiaceae)* ist in Japan, Korea und China zu Hause. Der Kletterstrauch wächst bis 3 m hoch und wesentlich langsamer als seine Verwandten *A. arguta* und *A. chinensis*, die Kiwipflanze. Niedrige Kletterhilfen an Hauswänden oder im Kübel stützen ihn ausreichend. Im Frühsommer erscheinen weiße, duftende Blüten, aus denen bei weiblichen Pflanzen stachelbeerartige, essbare Früchte heranreifen. Dafür sind aber eine männliche und weibliche Pflanze nötig. Blickfang sind die Blätter der männlichen Pflanzen, die sich, beginnend von der Blattspitze, zunächst weißlich und dann rosa bis rotviolett färben. Wichtig ist ein sonniger, warmer, geschützter Platz, vor allem im Winter. Während des Wachstums wird reichlich gegossen und monatlich flüssig gedüngt. Vermehrt wird über Grünholzstecklinge im Sommer oder Aussaat direkt nach der Samenreife. Im zeitigen Frühjahr kann man die Pflanzen in Form schneiden.

Standort: ◗ ☼ ⌂
Vermehrung: ⚬° ▥
Eigenschaften: ∞ ❀ ❦ ❄
Blütezeit: Frühjahr – Sommer

Akebie

Akebia quinata

Standort: ○ ☼—☼ ⌂
Vermehrung: ⚬° ▥
Eigenschaften: ∞ ❀ ❄
Blütezeit: Frühjahr

Die sommergrüne Kletterpflanze, die zu den Lardizabalagewächsen *(Lardizabalaceae)* gehört, stammt aus dem ostasiatischen Raum. Die 5-fingrigen, tief grünen Blätter ergeben schon bald ein dichtes Blätterkleid. Im zeitigen Frühjahr entwickeln sich Trauben mit nach Vanille duftenden, eingeschlechtlichen, bräunlich purpurnen Blüten. Nach warmen Sommern reifen im September auffallend große, bräunlich purpurne Balgfrüchte. Die Akebie eignet sich sowohl für sonnige als auch halbschattige Standorte und wächst in jeder nährstoffreichen, gut wasserdurchlässigen Erde. Sie verträgt Temperaturen bis –15 °C, nur späte Fröste können die Blüten gelegentlich schädigen. Die bis 8 m hoch werdende Pflanze sollte an die Haus- oder Terrassenwand an ein Klettergerüst gepflanzt werden. Damit sie nicht verkahlt, ist ein Rückschnitt nach der Blüte hilfreich. Die Vermehrung erfolgt über Aussaat im Frühjahr, Stecklinge im Sommer oder Absenker im Winter.

Scheinrebe

Ampelopsis brevipedunculata

Diese Laub abwerfende Kletterpflanze aus der Familie der Weinrebengewächse *(Vitaceae)* stammt aus China, Japan und Korea. Die glatten, dunkelgrünen Blätter sind 3- bis 5-lappig. Im Sommer erscheinen grüne, eher unscheinbare Blüten, die im Herbst zu attraktiven kleinen, zunächst rosapurpurnen, später leuchtend blauen Beeren reifen. Die kräftig rankende, bis zu 5 m hoch wachsende Scheinrebe lässt sich gut an der Terrassenwand ziehen, braucht dort aber ein Rankgerüst oder Spalier als Kletterhilfe. Durch einen Rückschnitt im Frühjahr kann sie an den jeweiligen Standort angepasst werden Die Pflanze gedeiht auch im Halbschatten; um reich zu fruchten, ist jedoch ein sonniger Platz nötig. Sie bevorzugt eine leicht lehmige, gut mit Wasser versorgte Erde und während der Wachstumsphase monatlich einen Volldünger. Vermehrt wird sie über Aussaat im Frühjahr oder durch Grünstecklinge im Sommer. Im Winter sollte sie frostfrei stehen.

Standort: ◗ ☼—☼ ⚠
Pflege: ✳
Vermehrung: ･°° ⊡
Eigenschaften:∞ ☙
Blütezeit: Sommer

Pfeifenwinde

Aristolochia macrophylla

Die auch als *Aristolochia durior* und *A. sipho* bekannte, Laub abwerfende Winde gehört zur Familie der Osterluzeigewächse *(Aristolochiaceae)* und stammt aus Nordamerika. Die herzförmigen, bis zu 30 cm langen Blätter sind auf der Oberseite dunkelgrün, auf der Unterseite heller gefärbt und überlappen sich dachziegelartig. Unter dem Laub versteckt erscheinen im Sommer einzelne, rundlich lappige Blüten, die innen purpurn bis braun und außen gelbgrün gefärbt sind. Die Pfeifenwinde lässt sich auf der Terrasse mit einer entsprechenden Kletterhilfe hervorragend als Sicht- oder Sonnenschutz einsetzen. Ein gezieltes Aufleiten der Triebe oder auch das Abkneifen der Triebspitzen während der Wachstumszeit fördert die Verzweigung. Sie bevorzugt halbschattige Plätze und braucht im Sommer zusätzliche Wasser- und Düngergaben. Im Winter empfiehlt sich ein leichter Frostschutz. Die Vermehrung erfolgt über Aussaat oder Grunstecklinge im Fruhjahr.

Aristolochia macrophylla

Standort: ◗ ☼—☼ ⚠
Pflege: ⚠
Vermehrung: ･°° ⊡
Eigenschaften:∞ ❀ ☙
Blütezeit: Sommer

Maurandie

Asarina barclaiana

Standort: ◑ ☼ ⌂
Pflege: ❄
Vermehrung: ⌁
Eigenschaften: ⊙ ❀
Blütezeit: Sommer–Herbst

Das kletternde Braunwurzgewächs *(Scrophulariaceae)* ist ursprünglich in Mexiko beheimatet. Es besitzt herzförmige, etwa 4 cm lange Blätter und trägt von Sommer bis Herbst seidig behaarte, 4–7 cm lange Röhrenblüten mit weiß- oder grünstichigem Schlund und je nach Sorte purpurroten, rosaroten, lilafarbenen oder weißen Kronblattzipfeln. Mit einer Wuchshöhe bis zu 3 m eignet sich die Maurandie gut als Kübelpflanze für Terrasse und Balkon. Sie klettert mit Hilfe ihrer langen Blatt- und Blütenstiele und sollte durch Spanndrähte oder Schnüre gestützt werden. Als Standort bevorzugt sie einen sonnigen und windgeschützten Platz sowie nährstoffreiche, wasserdurchlässige Erde. Die von Natur aus mehrjährige Pflanze wird wegen ihrer Frostempfindlichkeit meist nur einjährig kultiviert. Wird sie im Herbst ins Haus geholt, lässt sich die Blüte um einige Wochen verlängern. Vermehrt wird am besten durch Aussaat oder Stecklinge im Frühling.

Kreuzrebe

Bignonia capreolata

Standort: ◑ ☼ ⌂
Pflege: ❄
Vermehrung: ▦
Eigenschaften: ∞ ❀
Schädlinge: Spinnmilben, Blattläuse
Blütezeit: Frühjahr–Sommer

Die zur Familie der Trompetenbaumgewächse *(Bignoniaceae)* gehörende Kletterpflanze stammt aus den Feuchtwäldern der südöstlichen USA und ist in unseren Breiten als Kulturpflanze für Garten, Terrasse und Balkon nur bedingt frosthart. Die immergrünen, bis 18 cm langen Blätter sind gegenständig und meist mit schmal länglichen, dunkelgrünen Blättchen versehen. Im Sommer erscheinen trichterförmige, orangerote Blüten, aus denen sich im Herbst Hülsen entwickeln. Der wüchsige, bis zu 10 m hohe Blattranker benötigt fruchtbare, feuchte, aber wasserdurchlässige Erde und volles Sonnenlicht. Während des Wachstums wird wöchentlich gedüngt. Überwintert wird möglichst hell bei 5–10 °C. Nach der Blüte kann die Pflanze zurückgeschnitten werden. Im Frühjahr wird umgetopft oder die obere Substratschicht ausgetauscht. Die Vermehrung erfolgt durch Triebstecklinge von Sommer bis Herbst oder durch Absenker im Winter.

Trompetenblume

Campsis radicans

Diese mehrjährige Kletterpflanze, die zur Familie der *Bignoniaceae* gehört, stammt ursprünglich aus Nordamerika. Ihr deutscher Name bezieht sich auf die von Spätsommer bis Herbst erscheinenden, auffälligen Trichterblüten, die orange bis rot gefärbt sind. Die hellgrünen Fiederblätter werden bis 25 cm lang. Die mit Haftwurzeln bis zu 10 m hoch kletternde Trompetenblume entwickelt leicht bogenförmig überhängende Blütentriebe. Ist auf der Terrasse genügend Platz vorhanden, eignet sich die weitestgehend frostharte Pflanze hervorragend zur Begrünung von Fassaden und Wänden. Auf glatter Fläche sind leichte Kletterhilfen zu empfehlen. Sie braucht einen sonnigen, warmen und windgeschützten Platz. Der Wurzelbereich sollte beschattet sein. Im Sommer wird sie reichlich gewässert und gedüngt. Im Spätwinter oder zeitigen Frühjahr werden die vorjährigen Triebe zurückgeschnitten. Die Vermehrung kann durch Steckhölzer oder Absenker erfolgen.

Campsis radicans

Standort: 💧 ☼ ⛰
Vermehrung: 🖾
Eigenschaften: ∞ ❁ ❄
Krankheiten: Blattflecken
Schädlinge: Echter Mehltau, Schild-
    läuse, Schmierläuse, Weiße Fliege
Blütezeit: Sommer–Herbst

Ballonpflanze

Cardiospermum halicacabum

Die im tropischen Afrika, Indien und Nord- bis Südamerika beheimatete, immergrüne Kletterpflanze gehört zur Familie der Seifenblumengewächse *(Sapindaceae)*. In unseren Breiten wird sie wegen ihrer attraktiven farnartigen Blätter und den ballonartigen Früchten kultiviert. Von Sommer bis Herbst erscheinen winzige, grünlich weiße Blüten, die zu eiförmigen, etwa 3 cm langen, zunächst hellgrün, dann rehbraun gefärbten Kapseln reifen. Die basal verholzte, bis zu 4 m hohe Herzsame, wie sie auch genannt wird, wird als Ein- oder Zweijährige angeboten. Sie ist frostempfindlich und sollte bei zweijähriger Kultur im Haus überwintern. Im Freien bevorzugt sie einen Standort in voller Sonne und während der Wachstumsperiode reichlich Wasser sowie monatlich einen flüssigen Volldünger. Im zeitigen Frühjahr werden die eingetrockneten Pflanzenteile entfernt. Vermehrt wird über Aussaat im Frühling oder Grünstecklinge im Sommer.

Standort: 💧 ☼ ⛰
Pflege: 🌡
Vermehrung: ⠐ 🖾
Eigenschaften: ☉ / ∞ ❁
Schädlinge: Blattläuse, Weiße Fliege
Blütezeit: Sommer–Herbst

Klematis – die kletternden Stars

Waldreben verdienen stets einen besonderen Platz, zum Beispiel in der Nähe einer Sitzecke oder als Willkommensgruß an der Haustür. Als Waldpflanzen brauchen sie humusreiche und feuchte Erde. Ihr Wurzelbereich sollte immer geschützt im Schatten sein, ob im Kübel oder ausgepflanzt. Im Kübel ist eine Unterpflanzung hilfreich. Hier passen Lavendel, Nelken oder Glockenblumen.

Durch eine geschickte Auswahl lässt sich die Blütezeit weit ausdehnen: Die kleinblumigen Berg-Waldreben (C. montana) mit ihren teils intensiv duftenden Sorten wie 'Pink Perfection' oder 'Elisabeth' eröffnen zusammen mit der Großblütigen Alpen-Waldrebe C. macropetala die Blühsaison im Frühling. Clematis-Hybriden wie 'Nelly Moser' und die Alpen-Waldrebe C. alpina folgen ab Mai mit einer Nachblüte im Sommer. Die Italienische Waldrebe (C. viticella) taucht ab Juli mit zahlreichen, kleinen Blüten in Blauviolett auf. Großblumige Hybriden wie 'Jackmanii' in Dunkelviolett oder 'Ernest Markham' in Weinrot blühen ununterbrochen vom Frühsommer bis Herbst. Es lassen sich die herrlichsten Farben kombinieren, die sich in ihrer Wirkung noch unterstützen. Oder Sie pflanzen Ton in Ton.

Rosen und Klematis mögen sich sehr. Achten Sie aber darauf, dass die Wuchsstärken der Pflanzen etwa gleich sind. Dann halten sie es ohne weiteres einige Jahren zusammen im Kübel aus. Als Partner empfehlen sich öfterblühende Rosen wie die Sorten 'Super Dorothy' oder 'New Dawn'und sommerblühende Klematis wie C. viticella.

Damit sich Jungpflanzen gut verzweigen, schneiden Sie die Triebe auf gut 10 cm zurück. Bei frühlingsblühenden Arten warten Sie mit dem Pflanzschnitt bis nach der Blüte. Größere Exemplare werden nach der Blüte ausgelichtet, während sommerblühende Arten im späten Herbst kräftig zurückgeschnitten werden.

Alpen-Waldrebe

Clematis alpina

ℹ️

Standort: 💧 ☀️ ⛰️
Vermehrung: ∘°᷄ 🎴
Eigenschaften: ∞ ❀ ❄️
Krankheiten: Klematis-Welke
Schädlinge: Blattläuse
Blütezeit: Frühjahr–Frühsommer

Die früh blühende Alpen-Waldrebe aus der Familie der Hahnenfußgewächse (*Ranunculaceae*) ist von den Alpen bis Sibirien verbreitet. Sie rankt langsam bis etwa 2 m hoch. Ihre 3-zähligen Blätter sind mittelgrün. An den Blütentrieben erscheinen von Frühling bis Frühsommer etwa 4 cm lange, laternenförmige Blüten. Neben der ursprünglichen Färbung blau mit weißem Zentrum werden auch rosa und mittelblau blühende Sorten angeboten. Im Spätsommer bis Herbst bilden sich flauschige Balgfrüchte. Die robuste und anspruchslose Alpen-Waldrebe eignet sich hervorragend zur Begrünung von Klettergerüsten und Spalieren auf Balkon und Terrasse. Die winterharte Pflanze gedeiht am besten bei Sonne oder Halbschatten, wobei der Wurzelbereich schattiert werden sollte. Eine ausreichende Wasser- und Nährstoffversorgung ist während des Wachstums wichtig. Ein leichter Auslichtungsschnitt reicht meist aus. Die Vermehrung erfolgt durch Stecklinge oder Aussaat.

Clematis x jackmanii

ℹ️

Standort: 💧 ☀️—☀️ ⛰️
Vermehrung: ∘°᷄ 🎴
Eigenschaften: ∞ ❀ ❄️
Krankheiten: Klematis-Welke
Schädlinge: Blattläuse
Blütezeit: Sommer

Großblumige Waldrebe

Clematis x jackmanii

Diese Clematis-Hybride aus der Familie der *Ranunculaceae* kommt mit ihrer reichen Blütenpracht auf Balkon und Terrasse besonders gut zur Geltung. Die spät blühende, großblütige Kletterpflanze rankt bis 3 m hoch. Ihre einfachen, 8–10 cm breiten, zunächst tiefpurpurnen, dann violetten Blüten erscheinen im Sommer. Die Pflanze gedeiht sowohl an sonnigen als auch schattigen Standorten und ist voll frosthart. Um den Wurzelbereich, im Gegensatz zu den Sonne liebenden Blättern und Blüten, kühl und schattig zu halten, können niedrig wachsende Stauden untergepflanzt werden. Als Kletterhilfe eignen sich Spanndrähte oder Rankgitter. Ein regelmäßiger Rückschnitt der vorjährigen Triebe im zeitigen Frühjahr bis auf die Basis fördert Austrieb und Blühkraft. Waldreben sind anfällig für die Klematis-Welke, die sich im plötzlichen Absterben von scheinbar gesunden Trieben innerhalb weniger Tage äußert.

Berg-Waldrebe

Clematis montana 'Rubens'

Die ebenfalls zu den Clematis-Wildarten zählende Berg-Waldrebe aus der Familie der *Ranunculaceae* stammt ursprünglich aus China. Die früh blühende Kletterpflanze hat 3-zählige, purpurn überhauchte Blätter mit langen, grob gesägten Blättchen. Die intensiv rosa gefärbten, ungefüllten Blüten mit cremefarbenen Staubbeuteln erscheinen im Frühsommer. Einzelne Nachblüten zeigen sich sogar bis in den Herbst. Im Sommer entwickeln sich Balgfrüchte. Die extrem wüchsige Berg-Waldrebe erreicht eine Höhe von etwa 8 m und eignet sich daher besonders zur Begrünung von Fassaden und Terrassenwänden. Sie bevorzugt einen sonnigen bis halbschattigen Standort, besonders der Wurzelbereich sollte beschattet sein. Ist aus Platzgründen ein Rückschnitt erforderlich, sollte er sofort nach der Hauptblüte, also im Sommer, erfolgen. Vermehrt wird die Pflanze im Allgemeinen durch Stecklinge. In kalten Gegenden ist ein Winterschutz zu empfehlen.

ⓘ

Standort: ☀—☀
Vermehrung:
Eigenschaften: ∞
Krankheiten: Klematis-Welke
Schädlinge: Blattläuse
Blütezeit: Frühsommer

Clematis-Hybride 'Multiblue'

Großblumige Waldrebe

Clematis-Hybride 'Multiblue'

Diese ungewöhnliche Sorte gehört zu den großblumigen Züchtungen, die mit ihren Aufsehen erregenden Blütenformen und -farben auf Balkon und Terrasse einen besonderen Blickfang bieten. Das Besondere an 'Multiblue' sind die dunkelblauen, dicht gefüllten Blüten, die einer Dahlie zum Verwechseln ähnlich sehen. Sie sind 8–12 cm groß, mit einer Hauptblüte im Frühsommer und einer Nachblüte im Spätsommer/Herbst. Gestützt von leichten Kletterhilfen rankt die Pflanze an Wänden, Mauern und Pergolen bis 2,5 m hoch. Die frostharte Pflanze, die im Freien überwintern kann, bevorzugt einen hellen, sonnigen bis halbschattigen Standort und während des Wachstums ausreichend Wasser. Die Wurzeln dürfen aber nicht in stauende Nässe geraten. Die Blütenbildung erfolgt am neuen Holz, deshalb wird im Herbst auf 20 cm zurückgeschnitten. Nach der ersten Blüte werden die Triebe leicht gestutzt. Vermehrt wird über Stecklinge oder Aussaat.

ⓘ

Standort: ☀—☀
Vermehrung:
Eigenschaften: ∞
Krankheiten: Klematis-Welke
Schädlinge: Blattläuse
Blütezeit: Frühsommer, Herbst

Großblumige Waldrebe

Clematis-Hybride 'Nelly Moser'

ⓘ

Standort: ◗ ☼—☼ ⚠
Vermehrung: ∘° ✉
Eigenschaften: ∞ ❀ ❄
Krankheiten: Klematis-Welke
Schädlinge: Blattläuse
Blütezeit: Frühsommer, Herbst

Die sommergrüne Rankpflanze aus der Familie der Hahnenfußgewächse *(Ranunculaceae)* gehört zu den großblumigen Clematis-Hybriden. Sie erreicht eine Höhe von etwa 3 m, wächst eher kompakt und ist als Kübelpflanze auf Terrasse oder Balkon eine wahre Augenweide. Ihre ungefüllten, bis zu 16 cm breiten, rosafarbenen Blüten mit dem roten Streifen in der Mitte und den auffälligen, dunkelroten Staubbeuteln zeigen sich bereits im Frühsommer. Die Sorte bevorzugt einen hellen bis halbschattigen Standort, wobei die Blüten im Licht, der Wurzelbereich jedoch im Schatten liegen sollte. In der Wachstumszeit sollte reichlich gegossen werden. Staunässe verträgt die Pflanze aber nicht, denn sie ist anfällig für die Klematis-Welke. Im zeitigen Frühjahr sollten schwache und abgestorbene Triebe sowie altes Laub entfernt werden, bei Bedarf werden die Triebe auf 40–60 cm zurückgeschnitten. Die Vermehrung erfolgt über Aussaat oder Stecklinge.

Großblumige Waldrebe

Clematis-Hybride 'Ville de Lyon'

ⓘ

Standort: ◗ ☼—☼ ⚠
Vermehrung: ∘° ✉
Eigenschaften: ∞ ❀ ❄
Krankheiten: Klematis-Welke
Schädlinge: Blattläuse
Blütezeit: Sommer, Herbst

Die großblütige Sorte aus der Familie *Ranunculaceae* ist ein attraktiver Blickfang und überall dort am Platz, wo ihre Blütenpracht gut zur Geltung kommt. Ausgerüstet mit einem Rankgitter oder Spanndrähten erreicht sie auf dem Balkon, dem Dachgarten oder der Terrasse eine Höhe von etwa 3 m. Sie ist regenempfindlich und sollte nicht in den Traufbereich von Dachrinnen gesetzt werden. Die leuchtend karminroten, etwa 10 cm breiten Blüten mit dem dunklen Rändern und gelben Staubbeuteln zeigen sich ab Sommer. In der Wachstumszeit benötigt sie ausreichend Wasser und einmal pro Monat einen Volldünger. Der Pflanzkübel sollte tief genug sein, so dass der Wurzelballen mindestens 10 cm unter der Erde liegt. Das Überwintern gelingt im Freien, nur junge Pflanzen sollten abgedeckt werden. Vorjährige Triebe werden zeitig im Frühjahr kräftig zurückgeschnitten. Vermehrt wird durch Aussaat oder Stecklinge.

*I*talienische Waldrebe

Clematis viticella

Die feintriebige, spät blühende Italienische Waldrebe aus der Familie der Hahnenfußgewächse *(Ranunculaceae)* zählt zu den alten Gartenpflanzen, die schon im 16. Jahrhundert kultiviert wurden. Neben der Wildart, die aus dem zentralen Südeuropa stammt, gibt es mittlerweile eine ganze Reihe von Sorten. Mit ihrem zierlichen Wuchs bis zu 4 m hoch eignet sich die wärmeliebende Pflanze besonders gut zur Begrünung von Wänden, Gittern und Mauern auf Terrasse und Balkon. Wer es eilig hat, sollte bis zu drei Exemplare in einen Kübel mit etwa 50 cm Durchmesser setzen. Außerdem ist eine Kletterhilfe nötig. Die Wildform der Italienischen Waldrebe hat violette, glockenförmige Einzelbüten, die aus vier Blütenblättern bestehen. Sie erscheinen von Juli bis September, neue Sorten blühen auch in Blautönen, Purpurrot oder Rosa. Die frostharte Pflanze kann im Freien überwintern. Sie benötigt einen kräftigen Rückschnitt im zeitigen Frühjahr.

Standort: ◐ ☼ — ☼ ⚠
Vermehrung: ∘°° ▱
Eigenschaften: ∞ ❀ ❄
Krankheiten: Klematis-Welke
Schädlinge: Blattläuse
Blütezeit: Sommer

Clematis viticella 'Kermesina'

Cobaea

ⓘ

Standort: 💧 ☀–☀ △
Pflege: 🌡
Vermehrung: ˙°° ▱
Eigenschaften: ☉ ❀
Schädlinge: Blattläuse
Blütezeit: Sommer–Herbst

Glocken-Rebe

Cobaea scandens

Diese immergrüne, halb verholzte Kletterpflanze aus der Familie der Glockenrebengewächse *(Cobaeaceae)* stammt aus dem mexikanischen Gebirge. In unseren Breiten wird sie einjährig gezogen und erreicht eine Höhe von etwa 5 m. Die sattgrünen Blätter besitzen 4 bis 6 länglich elliptische Blättchen. Die Glockenrebe klettert mit Hilfe von Ranken, die sich am Ende der Blätter ausbilden. Die großen, zunächst gelblich grünen, später purpurnen, duftenden, glockenförmigen Blüten erscheinen von Sommer bis Herbst. Die Pflanze kann ab Mai im Kübel auf den Balkon oder die Terrasse gesetzt werden, wo sie einen sonnigen Standort bevorzugt. Während des Wachstums wird sie reichlich gegossen und wöchentlich gedüngt. Aufgrund ihrer Wüchsigkeit eignet sie sich sehr gut als Wind-, Sicht- und Sonnenschutz. Spanndrähte oder Rankgitter als Kletterhilfen unterstützen die Pflanze. Die Vermehrung erfolgt bei einjähriger Kultur durch Aussaat im Frühling.

Standort: 💧 ☀ △
Pflege: ❄
Vermehrung: ˙°°
Eigenschaften: △ ☉/∞ ❀
Schädlinge: Spinnmilben
Blütezeit: Sommer–Herbst

Schönranke

Eccremocarpus scaber

Das schnell wachsende, immergrüne Trompetenbaumgewächs *(Bignoniaceae)* stammt aus den Hochanden in Chile. Bei uns wird die Kletterpflanze ein- oder zweijährig gezogen und erreicht eine Höhe von etwa 3 m. Die Schönranke entwickelt ein reich verzweigtes System von Trieben, an denen doppelt gefiederte Blätter sitzen. Die vom späten Frühjahr bis Herbst erscheinenden, röhrenförmigen, orangeroten Blüten stehen in 10–15 cm langen Trauben. Die Früchte sind etwa 3,5 cm groß und blasig aufgetrieben. Als Topf- oder Kübelpflanze für Balkon und Terrasse bevorzugt die Schönranke einen geschützten, sonnigen Platz und Draht- oder Gitterkonstruktionen als Rankhilfe. Regen und niedrige Temperaturen können Wuchs und Blüte stark beeinträchtigen. Während des Wachstums wird reichlich gegossen und wöchentlich gedüngt. Nur in milden Gebieten gelingt das Überwintern im Freien. Ideal ist ein heller Raum bei 5–10 °C. Vermehrt wird durch Aussaat im Frühjahr.

Schling-Flügelknöterich

Fallopia baldschuanica

Das ursprünglich aus Südost-Russland stammende Knöterichgewächs aus der Familie *Polygonaceae* zählt heute zu den beliebtesten Kletterpflanzen. Bekannt ist er auch unter den Namen *Bilderdykia baldschuanica* und *Polygonum baldschuanica*. Die Laub abwerfende Pflanze hat herzförmige, dunkelgrüne Blätter. Von Sommer bis Herbst erscheinen – angeordnet in hängenden Rispen – winzige weiße, rosa überhauchte, duftende Trichterblüten, die wie eine Schaumwolke wirken. Die millimetergroßen Früchte sind dreikantig und blass rosa. Der anspruchslose, in jeder Lage gedeihende Schlinger bewuchert schnell Mauern, Pergolen und Hauswände. Als Begrünung von Balkon oder Terrasse sollte er mehrmals im Jahr zurückgeschnitten werden, um im Zaum gehalten zu werden. Das fördert zudem die Wuchskraft. Er benötigt auf jeden Fall eine stabile Kletterhilfe. Über Stecklinge oder Steckhölzer kann der Schling-Knöterich sehr einfach vermehrt werden.

Standort: ◗ ☼ – ☼
Vermehrung: ▦
Eigenschaften: ⊟ ∞ ❀ ❇
Schädlinge: Blattminierer
Blütezeit: Sommer–Herbst

Fallopia baldschuanica

Gemeiner Efeu

Hedera helix

Standort: ◗ ☼—☀
Vermehrung: 🝙 ⚘
Eigenschaften: ⊔ ✖ ∞ 🦋 ❄
Krankheiten: Blattflecken
Schädlinge: Spinnmilben,
  Schildläuse, Blattläuse
Blütezeit: Herbst

Diese zu den Araliengewächsen *(Araliaceae)* gehörende Efeuart ist in Europa heimisch und kommt mit zahlreichen, auch mehrfarbigen Sorten vor. Der wüchsige, immergrüne, frostharte Kletterer, der eine Höhe von 10 m erreichen kann, bewächst jede Art von Klettergerüst und lässt sich problemlos in Kübeln und Kästen auf Balkon und Terrasse ziehen. Dort bietet er auch im Winter einen grünen Blickfang. Seine Blätter sind je nach Art und Sorte 3- bis 5-lappig, eiförmig bis dreieckig. Frühestens ab dem zehnten Standjahr erscheinen im Herbst Dolden von kleinen, grünen Blüten. Die erbsengroßen, schwarzen Beerenfrüchte werden gern von Vögeln gefressen. Der schnittverträgliche, anspruchslose Efeu bevorzugt schattige Lagen. Junge Pflanzen sind etwas frostempfindlich. Die Vermehrung gelingt leicht über Aussaat oder Stecklinge, wobei die Sämlinge besser klettern sollen. Der Verzehr von Pflanzenteilen kann starke Übelkeit hervorrufen.

Hedera helix

Japanischer Hopfen

Humulus japonicus

Die windende Staude aus der Familie der Hanfgewächse *(Cannabaceae)* wird außerhalb ihrer asiatischen Heimat wegen der Frostempfindlichkeit meist als einjährige Pflanze kultiviert. Sie kann eine Höhe von 6 m erreichen und begrünt mit der reichen Blattmasse schnell das Balkongitter oder die Terrassenwand. Die 5- bis 7-lappigen, handförmigen, rau behaarten, dunkelgrünen Blätter bieten einen dekorativen Blickfang. Der Hopfen kommt als weibliches oder männliches Exemplar vor, ist also zweihäusig. Bei den weiblichen Pflanzen entwickeln sich im Hoch- und Spätsommer eiförmige Scheinähren mit kleinen, grünen Blüten. Als Standort eignet sich ein sonniger oder halbschattiger Platz. Die Erde sollte feucht, jedoch gut wasserdurchlässig sein. Die Vermehrung kann durch Aussaat erfolgen. Die Sämlinge sollten aber erst im späten Frühjahr nach dem Frost ausgepflanzt werden.

ⓘ

Standort: 💧 ☼—☀ ⛰
Vermehrung: ⚬°
Eigenschaften: ☉ ❀
Krankheiten: Verticillium-Welke
Blütezeit: Sommer

Kletter-Hortensie

Hydrangea anomala supsp. petiolaris

Das wie der Efeu mit Haftwurzeln kletternde Hortensiengewächs *(Hydrangeaceae)* stammt aus Japan, Korea und Taiwan. Bei uns erreicht es rasch eine Höhe von 10 m. Die verholzte, Laub abwerfende Pflanze hat dunkelgrüne, im Herbst intensiv gelb gefärbte, herzförmige Blätter. Die Hauptattraktion sind jedoch die im Frühsommer erscheinenden, duftenden Blüten in offenen Schirmrispen. Sie sind cremeweiß gefärbt und bis zu 25 cm groß. Mit ihrem dichten und buschigen Wuchs eignet sich die Hortensie auch zur Begrünung von Balkon- oder Terrassenwänden. Hier sollte sie einen geschützten Platz im Schatten oder Halbschatten erhalten und mit ausreichend Wasser und Nährstoffen versorgt werden. Das Substrat sollte kalkarm und gut wasserdurchlässig sein. Überwintert wird im Freien. Durch Absenker oder Stecklinge kann die Kletter-Hortensie vermehrt werden. Bei dem Verzehr von Pflanzenteilen können leichte Magenverstimmungen auftreten.

ⓘ

Standort: 💧 ☼—☀ ⛰
Vermehrung: ▭
Eigenschaften: ✖ ∞ ❀ ❆
Krankheiten: Hydrangea-Virus,
  Echter Mehltau, Blattflecken,
  Grauschimmel
Schädlinge: Blattläuse, Spinnmilben,
  Schildläuse, Dickmaulrüssler,
  Blindwanzen
Blütezeit: Sommer

Gegenüberliegende Seite: Ipomea

Rote Sternwinde

Ipomoea coccinea

ⓘ

Standort: ☀ ⚠
Vermehrung: ◦°
Eigenschaften: ✖ ☉ ✿
Krankheiten: Echter Mehltau, Viren
Schädlinge: Spinnmilben
Blütezeit: Sommer–Herbst

Die einjährige Kletterpflanze aus der Familie der Windengewächse *(Convolvulaceae)* stammt aus dem Südosten der USA und ist auch unter dem Namen *Quamoclit coccinea* bekannt. Sie klimmt – gestützt von Kletterhilfen – bis zu 4 m in die Höhe und verschönert mit ihrer Blütenpracht jeden Sitzplatz auf Balkon und Terrasse. Ihre eiförmigen, mittel- bis tiefgrünen Blätter werden bis 14 cm lang. Im Sommer erscheinen Trauben von 3 bis 8 kleinen Blüten, die scharlachrot gefärbt sind und einen gelben Schlund haben. Die Pflanze benötigt einen vollsonnigen und windgeschützten Platz. Damit sie sich gut entwickelt, braucht sie reichlich Wasser und wöchentliche Düngergaben. Staunässe verträgt sie nicht. Im Frühjahr wird im Haus ausgesät, am besten legt man mehrere Samenkörner pro Topf aus. Die frostempfindlichen Jungpflanzen müssen allmählich an kühlere Temperaturen gewöhnt werden. Die Samen sind bei Verzehr giftig.

Sternwinde

Ipomoea lobata

ⓘ

Standort: ☀–☀ ⚠
Vermehrung: ◦°
Eigenschaften: ✖ ☉ ✿
Krankheiten: Echter Mehltau, Viren
Schädlinge: Spinnmilben
Blütezeit: Sommer–Herbst

Die auch als *Ipomoea versicolor, Mina lobata* und *Quamoclit lobata* bekannte Kletterpflanze aus der Familie der Windengewächse *(Convolvulaceae)* wächst in ihrer Heimat Mexiko als ausdauernde Staude. Wegen ihrer Frostempfindlichkeit wird sie bei uns einjährig gezogen. Die Sternwinde hat karminrot überlaufene Sprosse und Blattstiele. Die gezähnten, mittelgrünen Blätter sind meist 3-lappig. In einseitswendigen Trauben erscheinen von Sommer bis Herbst kurzlebige, röhrenförmige, zunächst scharlachrote Blüten, die sich später orange und gelb, dann weiß färben. Es empfiehlt sich, mehrere Exemplare zusammenzupflanzen und eine Kletterhilfe vorzusehen. Die Pflanze benötigt einen sonnigen bis halbschattigen, geschützten Standort. Während der Wachstumszeit braucht sie reichlich Wasser und wöchentliche Düngergaben. Das Substrat sollte sandig und gut wasserdurchlässig sein. Die Vermehrung erfolgt durch Aussaat im Frühjahr. Die Samen sind sehr giftig.

Purpur-Trichterwinde

Ipomoea purpurea

Die Wildform der auch als *Convolvulus purpureus* und *Pharbitis purpurea* bekannten Kletterpflanze stammt vermutlich aus Mexiko. Das bei uns einjährige Windengewächs *(Convolvulaceae)* hat schlanke, behaarte und borstige Sprosse. Die herzförmigen, großen Blätter sind mittelgrün. Im Sommer entwickeln sich weit geöffnete, trompetenförmige Blüten. Sie blühen je nach Sorte in Rosa, Rot, Purpurblau oder Weiß und können gestreift, dreifarbig oder gefüllt sein. Die Trichterwinde erreicht eine Höhe von etwa 3 m und überrankt schnell Spaliere, Gitter, Geländer und Pyramiden auf Balkon und Terrasse. Sie liebt die volle Sonne, auf kalte und nasse Witterung sowie auf Windzug reagiert die Pflanze sehr empfindlich. Damit sie üppig blüht, sollte reichlich gewässert und wöchentlich gedüngt werden. Ausgesät wird im Frühling, entweder zeitig mit Vorkultur unter Glas oder ab Mai direkt in Kästen und Kübel. Die Samen sind sehr giftig.

ⓘ

Standort: ◑ ☼ ⚠
Vermehrung: ⊙°
Eigenschaften: ✖ ⊙ ✿
Krankheiten: Echter Mehltau, Viren
Schädlinge: Spinnmilben
Blütezeit: Sommer

Prunkwinde

Ipomoea tricolor

Das Windengewächs *(Convolvulaceae)* ist im tropischen Amerika schon seit Jahrhunderten als Gartenpflanze verbreitet. Bei uns wird die blühfreudige Schlingpflanze als Einjährige gezogen. Unterstützt von einer Kletterhilfe schlingt sie sich schnell bis zu 3 m hoch. Mit ihren zahlreichen, herzförmigen Blättern und den auffallenden, trichterförmigen Blüten, die im Sommer erscheinen, eignet sich die Trichterwinde besonders gut zur Begrünung von Sitzplätzen auf Balkon und Terrasse. In Töpfe und Kübel sollten jeweils mehrere Exemplare zusammengepflanzt werden. Ihren botanischen Artnamen *tricolor* erhielt die Pflanze wegen ihrer Blüten, die beim Aufblühen zunächst einen purpurnen, in himmelblau übergehenden Kronsaum mit weißem Schlund zeigen. Der Standort sollte sonnig und windgeschützt sein. Im Sommer wird regelmäßig gegossen und wöchentlich gedüngt. Ausgesät wird im Frühjahr. Die Samen der Pflanze sind bei Verzehr extrem giftig.

ⓘ

Standort: ◑ ☼ ⚠
Vermehrung: ⊙°
Eigenschaften: ✖ ⊙ ✿
Krankheiten: Echter Mehltau, Viren
Schädlinge: Spinnmilben
Blütezeit: Sommer

Winter-Jasmin

Jasminum nudiflorum

Der breit wachsende Strauch aus der Familie der Ölbaumgewächse *(Oleaceae)* stammt aus Westchina. Der Spreizklimmer, der an einer Kletterhilfe bis zu 3 m hoch werden kann, eignet sich hervorragend als Kübelpflanze für Balkon und Terrasse. Dort entwickelt er an einem sonnig bis halbschattigen, geschützten Standort bereits im zeitigen Frühjahr seine Blütenpracht. Dies wird unterstützt durch monatliche Volldüngergaben. Die hellgelben, 2–3 cm breiten Blüten stehen einzeln oder zu zweit entlang der vorjährigen Triebe. Die 3-zählig gefiederten Blätter sind nur 3 cm lang. Die schwarzen Früchte entwickeln sich in unseren Breiten nur sehr selten. Abgeblühte Triebe sollten direkt nach der Blüte entfernt werden, damit die Pflanze nicht zu dicht wird und erneut Blüten ansetzt. Der Winter-Jasmin kann im Freien überwintern, nur in extrem kalten Lagen ist ein Winterschutz erforderlich. Die Vermehrung erfolgt über Stecklinge im Sommer.

Standort: ⬤ ☼–☼ /⚠\
Vermehrung: ▭
Eigenschaften: ∞ ✿ ❆
Schädlinge: *Blattläuse, Schmierläuse*
Blütezeit: *Frühjahr*

Immergrünes Geißblatt

Lonicera henryi

Die ursprüngliche Heimat der holzigen, immergrünen Pflanze aus der Familie der Geißblattgewächse *(Caprifoliaceae)* liegt in Westchina. Sie wird Geißblatt genannt, da sie schnell und behende wie eine Ziege klettern kann. Mit ihrem dichten Wuchs, den schön geformten, lanzettlichen Blättern und den duftenden Blüten eignet sich der Kletterer im Kübel hervorragend als Wind- und Sichtschutz für Balkon und Terrasse. Er sollte jedoch durch eine Kletterhilfe gestützt werden. Aus den gelbroten Blüten entwickeln sich im Herbst kugelige, schwarzblaue Beeren, die für den Menschen ungenießbar sind. Das Geißblatt bevorzugt einen sonnigen bis halbschattigen Standort und sollte in der Wachstumszeit reichlich gegossen und einmal monatlich gedüngt werden. Nach der Blüte wird zurückgeschnitten, damit die Pflanze von unten nicht verkahlt. Für das Überwintern im Freien ist ein Winterschutz nötig. Vermehrt wird durch Stecklinge im Frühsommer.

Lonicera

Standort: ⬤ ☼
Pflege: /⚠\
Vermehrung: ▭
Eigenschaften: ⬚ ✖ ∞ ✿
Schädlinge: *Blattläuse*
Blütezeit: *Sommer*

Lathyrus odoratus

Standort: ◐ ☼ ⚠
Vermehrung: ⸱°⸱°
Eigenschaften: ✖ ☉ ❀
Krankheiten: *Echter Mehltau,*
Stamm- und Wurzelfäule,
Fusafium-Welke, Viren
Schädlinge: *Blattläuse, Schnecken,*
Thripse
Blütezeit: *Sommer–Herbst*

Duftwicke

Lathyrus odoratus

Der aus Süditalien stammende, einjährige Schmetterlingsblütler *(Fabaceae)* lässt sich auf Balkon und Terrasse, mit Hilfe von gespannten Drähten oder Schnüren, gut zur Berankung von Gittern und Wänden verwenden. Für die Bepflanzung von Kästen und Kübeln, die ausreichend groß sein sollten, sind buschige oder Zwergsorten zu empfehlen, die etwa 50 cm hoch werden. Die Duftwicke hat kantig geflügelte Stängel und elliptische, fiederteilige, kleine Blätter. Von Sommer bis Frühherbst erscheinen Trauben von duftenden, etwa 3 cm großen Blüten, die je nach Sorte in Weiß, Rosa, Violett und Blau leuchten. Ihnen folgen schotenartige, längliche Hülsen. Die anspruchsvolle Pflanze benötigt einen warmen, vor Wind und der starken Mittagssonne geschützten Platz. Sie hat einen hohen Nährstoffbedarf und sollte gleichmäßig feucht gehalten werden. Verblühte Teile müssen entfernt werden, um eine anhaltende Blüte zu erreichen.

Duftende Mandevilla

Mandevilla laxa

Standort: ◐ ☼ ⚠
Pflege: 🌡
Vermehrung: ⸱°⸱° ✂
Eigenschaften: ⚠ ∞ ❀
Schädlinge: *Blattläuse, Spinnmilben,*
Schmierläuse, Weiße Fliege
Blütezeit: *Sommer–Herbst*

Die windende Kletterpflanze aus der Familie der Hundsgiftgewächse *(Apocynaceae)* ist als Wildform in Peru, Bolivien und Argentinien beheimatet. An einem geeigneten Klettergerüst wächst sie auch im Kübel in der Sonne auf Balkon oder Terrasse bis 5 m hoch. Dazu braucht sie im Sommer reichlich Wasser und Nährstoffe. Die glänzenden, frisch grünen, länglichen, an der Basis herzförmigen Blätter werden im Winter abgeworfen. Von Sommer bis Herbst werden in großen lockeren Trauben weiße Röhrenblüten gebildet, die sich nacheinander öffnen. Sie verströmen einen starken Duft, der bei empfindlichen Menschen Kopfschmerzen hervorrufen kann. Alle Pflanzenteile können nach Verzehr Übelkeit verursachen. Der Milchsaft kann die Haut reizen. Die Pflanze sollte bei 5–10 °C überwintern. Bei einer dunklen Überwinterung verliert sie das Laub und wird vorher kräftig zurückgeschnitten. Die Vermehrung erfolgt am besten durch Stecklinge im Spätsommer.

Jungfernrebe

Parthenocissus

Das mit mehreren Arten in Nordamerika und Ostasien beheimatete, mit Haftscheiben kletternde, sommergrüne Weinrebengewächs *(Vitaceae)* gehört in unseren Breiten zu den beliebtesten Kletterpflanzen. Die gelappten oder gefingerten Blätter färben sich im Herbst oft leuchtend rot und bringen Farbe auf Balkon oder Terrasse. Im Sommer erscheinen, versteckt zwischen den Blättern, unauffällige, weiß-grünliche Blüten, die im Herbst zu dunkelblauen oder schwarzen, bei Vögeln sehr beliebten Beeren heranreifen. Der anspruchslose Wilde Wein, der frei ausgepflanzt bis 12 m hoch werden kann, bevorzugt einen sonnigen bis halbschattigen Standort. Bei der Kultur in Kübeln sollte das Gefäß ausreichend groß sein. Jungpflanzen werden zunächst durch ein Rankgerüst gestützt. Der Rückschnitt des schnell ausufernden Kletteres sollte im zeitigen Winter, wenn nötig auch im Sommer erfolgen. Vermehrt wird durch Stecklinge oder Steckhölzer.

Feuer-Bohne

Phaseolus coccineus

Der schnell wachsende Schmetterlingsblütler *(Fabaceae)* stammt aus Südamerika und ist eng mit der Garten-Bohne verwandt. Mit seinem dichten Blattwerk eignet sich der bis 3 m hoch wachsende Schlinger, der selbst in kühlen und regnerischen Sommern gedeiht, hervorragend als Sicht-, Wind- und Sonnenschutz für Balkon und Terrasse. Von Juni bis September erscheinen in lang gestielten Trauben zahlreiche kleine, rote Blüten, die der Pflanze ihren deutschen Namen gaben. Sorten wie 'Desiree', 'Weiße Riesen' und 'Bicolor' blühen weiß oder weiß-rot. Die kräftigen, hülsenförmigen Bohnenfrüchte ergeben gekocht ein wohlschmeckendes Gemüse. Der Verzehr von rohen Bohnen ist allerdings giftig. Die einjährige Feuer-Bohne stellt wenig Ansprüche. Sie sollte nicht austrocknen und nicht zu warm stehen. Während der Wachstumszeit braucht sie eine wöchentliche Düngung. Die Samen können ab Mai mit einem Abstand von 6 cm direkt ins Gefäß ausgesat werden.

Standort: ◗ ☼—☼
Vermehrung: ▭
Eigenschaften: ⊟ ∞ ⬚ ❄
Blütezeit: Sommer

Phaseolus coccineus

Standort: ◗ ☼—☼
Vermehrung: ∙°°
Eigenschaften: △ ⊙ ❀
Krankheiten: Pilzkrankheiten
Schädlinge: Schwarze Bohnenlaus
Blütezeit: Sommer–Herbst

Purpurglocke

Rhodochiton atrosanguineus

ℹ️

Standort: 💧 ☀️ ⚠️
Vermehrung: ⚬°
Eigenschaften: ☉ ❀
Schädlinge: Spinnmilben, Weiße Fliege
Blütezeit: Sommer-Herbst

Der kletternde Halbstrauch aus Mexiko, der zu den Braunwurzgewächsen *(Scrophulariaceae)* gehört und auch als Rosenkleid bekannt ist, wird in unseren Breiten einjährig kultiviert. Er erreicht, gestützt von Rankhilfen, eine Höhe von etwa 3 m und eignet sich mit seinen herzförmigen Blättern und der reichen Blüte auch gut als Ampelpflanze für Balkon und Terrasse. Von Sommer bis Herbst zeigen sich an langen Blütenstielen hängende, röhrenförmige, schwarze bis rötlich purpurne Blüten mit becherförmigen Kelchen. Das Rosenkleid benötigt nährstoff- und humusreiche Erde, die gut wasserdurchlässig sein sollte, und einen sonnigen, geschützten Standort. Während des Wachstums sollte reichlich gegossen und wöchentlich gedüngt werden. Die Vermehrung kann durch Aussaat direkt nach der Samenreife oder im Frühjahr erfolgen. Die ersten Blüten zeigen sich jedoch erst fünf Monate danach. Die Pflanze ist anfällig für Spinnmilben und Weiße Fliege.

Rhodochiton atrosanguineus

Trompetenwinde

Tecomaria capensis

Der immergrüne, klimmende Strauch aus der Familie der Trompetenbaumgewächse *(Bignoniaceae)* kommt als Wildform im südlichen Afrika vor. Durch
ihren lockeren, buschigen Wuchs bis zu 7 m Höhe eignet sich die Trompeten-
winde besonders gut zur Begrünung von Fassaden, Terrassenwänden und Balkon-
mauern. Sie kann aber auch hervorragend an einem Bogen gezogen werden. Ihre
mittel- bis dunkelgrünen, etwa 15 cm langen Blätter bestehen aus 5 bis 7 Fiedern.
Die orangenen bis roten, röhrigen Blüten stehen in endständigen Trauben. Die
Pflanze liebt einen warmen, vollsonnigen, aber windgeschützten Standort.
Während der Wachstumszeit benötigt sie ausreichend Wasser und monatlich
einen Volldünger. Sie verträgt Temperaturen bis –5 °C, sollte im Winter aber frostfrei stehen; entweder hell bei mindestens 10 °C oder dunkel und kühler. Im zeitigen Frühjahr kann ein Rückschnitt erfolgen. Vermehrt wird am besten über Stecklinge oder Absenker.

Standort: 💧 ☀ ⚠
Pflege: ❄ 🌡
Vermehrung: ˳°˳ 🖼
Eigenschaften: ∞ ❁
Schädlinge: Spinnmilben,
　　Weiße Fliege
Blütezeit: Sommer

Thunbergia alata

Schwarzäugige Susanne

Thunbergia alata

Diese weit verbreitete, kletternde Staude aus der Familie der Akanthusgewächse
(Acanthaceae) stammt aus dem tropischen Afrika. Weil sie frostempfindlich ist,
aber leicht aus Samen gezogen werden kann und bereits im ersten Jahr blüht, wird
sie in unseren Breiten einjährig kultiviert. An einer Kletterhilfe wächst sie auf eine
Höhe von 1–2 m empor und ist gut als Unterpflanzung für große Kübelpflanzen,
aber auch für Blumenkästen und Ampeln geeignet. Blickfang sind die leuchtend
orangegelben, manchmal auch cremeweißen Blüten, meist mit einem schwarz-
braunen Zentrum, die sich von Sommer bis Herbst zeigen. Der Standort sollte
warm, sonnig und windgeschützt sein. Bei Kälte und Regen blühen sie kaum. Die
Pflanze braucht ausreichend Wasser, verträgt aber keine Staunässe. Während der
Wachstumszeit wird wöchentlich gedüngt. Vermehrt wird durch Aussaat im
Frühling bei 18–20 °C. Die Sämlinge müssen pikiert und zeitig gestäbt werden.

Standort: 💧 ☀ ⚠
Vermehrung: ˳°˳
Eigenschaften: ☉ ❁
Schädlinge: Blattläuse, Spinnmilben,
　　Weiße Fliege
Blütezeit: Sommer–Herbst

Blaue Thunbergie

Thunbergia grandiflora

Standort: ◗ ☼ ⚠
Vermehrung: ॰°॰
Eigenschaften: ☉ ❀
Schädlinge: Blattläuse, Spinnmilben, Weiße Fliege
Blütezeit: Sommer–Herbst

Die verholzende Kletterpflanze aus der Familie der Akanthusgewächse *(Acanthaceae)* stammt aus Nordindien. Im Gegensatz zur Schwarzäugigen Susanne, ihrer weitaus bekannteren Verwandten, windet sie sich bis 10 m hoch. Ihre gesägten oder gelappten, behaarten, dunkelgrünen Blätter sind mit 10–20 cm deutlich länger. Im Sommer erscheinen einzeln oder in hängenden Trauben trompetenförmige, etwa 8 cm lange Blüten. Sie sind lavendel- bis violettblau, gelegentlich weiß gefärbt und haben einen gelben Schlund. Auch diese Art wird in unseren Breiten als einjährige Pflanze kultiviert. Die Vermehrung erfolgt durch Aussaat im Haus im zeitigen Frühjahr. Die Jungpflanzen werden erst ohne Frostgefahr ins Freie gesetzt. Um kräftige Jungpflanzen zu bekommen, werden mehrere Sämlinge in einen Topf pikiert und entspitzt. Die Kletterpflanze braucht viel Sonne und Wärme. Wind und Staunässe verträgt sie nicht.

Kanarische Kapuzinerkresse

Tropaeolum peregrinum

Standort: ◗ ☼–☼ ⚠
Vermehrung: ॰°॰
Eigenschaften: ☉ ❀
Schädlinge: Erdflöhe, Blattläuse, Raupen
Blütezeit: Sommer–Herbst

Die auch unter den botanischen Namen *Tropaeolum canariense* und *T. aduncum* bekannte Kletterpflanze gehört zur Familie der Kapuzinerkressegewächse *(Tropaeolaceae)*. Der mit Blattstielen rankende Kletterer stammt ursprünglich aus den Gebirgswäldern von Peru und Ecuador, wird bei uns aufgrund der Frostempfindlichkeit aber als einjährige Pflanze gezogen. Die 5- bis 7-lappigen, handförmigen Blätter sind oberseits frischgrün und unterseits graugrün. Die zierlichen, gefransten, zitronengelben Blüten erscheinen von Sommer bis Herbst. Gestützt durch Stangen oder Schnüre klettert die Pflanze auch auf dem Balkon oder der Terrasse bis 2 m hoch und bietet einen attraktiven, leuchtenden Sichtschutz. Sie bevorzugt einen warmen, sonnigen bis halbschattigen, windgeschützten Standort, reichlich Wasser und mindestens zweimal pro Monat einen niedrig dosierten Dünger. Im Frühjahr wird im Haus ausgesät, dabei werden etwa vier Samen pro Topf ausgelegt.

Echte Weinrebe

Vitis vinifera

Die zur Familie der Weinrebengewächse *(Vitaceae)* gehörende Echte Weinrebe wird schon seit altersher zur Weinherstellung kultiviert. Als Wildform kommt sie heute in den gemäßigten nördlichen Breiten vor. Wird sie durch einen Rückschnitt im Winter oder Sommer nicht bewusst niedrig gehalten, erreicht die rankende, Laub abwerfende Kletterpflanze eine Höhe von etwa 7 m. Sie benötigt viel Platz und sollte am Terrassenrand in einer sonnigen und geschützten Lage ausgepflanzt werden. Die 3- bis 5-lappigen, bis zu 15 cm langen Blätter färben sich im Herbst braunrot. Aus den grünlichen, kleinen Blüten entstehen im Herbst Weintrauben, die je nach Sorte hellgrün, gelb oder blau gefärbt sind. Für ein gutes Gedeihen ist eine jährliche Zugabe von Langzeitdünger oder organischem Dünger erforderlich. Die Vermehrung erfolgt durch Stecklinge im Sommer oder Steckhölzer im Spätherbst. Anfällig ist die Echte Weinrebe für Echten Mehltau und Hallimasch.

Standort: ♦☀—☀⛰
Vermehrung: ▨
Eigenschaften: ∞ ❀ ❄
*Schädlinge: Echter Mehltau.
Hallimasch*
Blütezeit: Sommer

Vitis vinifera

Japanischer Blauregen

Wisteria floribunda

ⓘ

Standort: 💧 ☀ – ☀ ⚠
Vermehrung: ⬚
Eigenschaften: ✖ ∞ ✿ ❄
*Krankheiten: Blattflecken,
    Hallimasch, Schorf*
Schädlinge: Blattläuse
Blütezeit: Sommer

Diese sommergrüne Schlingpflanze aus der Familie der Schmetterlingsblütler *(Fabaceae)* kommt ursprünglich aus Ostasien und ist seit Jahrhunderten als Gartenpflanze beliebt. Der schnell wachsende, bis 10 m hohe Strauch bewächst Klettergerüste aller Art und eignet sich hervorragend zur Begrünung von Terassenwänden, Lauben und Pergolen. Nicht nur die im Frühsommer erscheinenden Blütentrauben, sondern auch die hellgrünen, gefiederten, etwa 35 cm langen Blätter sind ein Blickfang. Die duftenden Blüten erscheinen je nach Sorte blau bis violett, rosafarben oder weiß, nacheinander von der Triebbasis bis zur Spitze hinauf. Sie reifen zu bohnenartigen, langen Hülsen heran. Der Blauregen bevorzugt einen warmen und sonnigen Standort, wächst aber auch im Halbschatten noch gut. Vom Sommer bis zum Winter lassen sich Stecklinge schneiden, vermehrt wird meist durch Veredelung. Sämlinge sind häufig blühfaul. Die Samen sind sehr giftig.

*Rechts und
gegenüberliegende Seite: Wisteria floribunda*

Kräuter

Gegenüberliegende Seite im Uhrzeigersinn (von hinten links): Salvia, Laureus, Tropaeolum, Mentha, Rosmarinus und Artemisia absinthium

Ein Kräutergarten darf auch auf der Terrasse oder auf dem Balkon nicht fehlen, sei es als zierender Blickfang, Duftspender, Gewürzlieferant oder Kräuterapotheke. Zudem holen Sie sich ein Stück Natur in Ihre Nähe, denn das herrliche Aroma lockt Bienen und Schmetterlinge sogar bis auf hoch gelegene Balkone an.

Spezielle Kräutertöpfe aus Terrakotta, die seitlich bepflanzt werden, sind dekorativ und nützlich zugleich. Sie ermöglichen einen Kräutergarten auf kleinstem Raum. Einzeltöpfe bieten den Vorteil, dass man sie über Winter leicht ins Haus holen kann. Mediterrane Vertreter wie Basilikum, Oregano, Thymian oder Salbei versorgen uns mit den typischen Kräutern der italienischen Küche und verleihen jedem Platz obendrein eine südliche Atmosphäre.

Kräuter gedeihen und entwickeln ihr Aroma am besten an warmen Standorten in voller Sonne, sind ansonsten aber pflegeleicht. Einige andere, wie zum Beispiel die Petersilie, geben sich auch mit schattigen Plätzchen zufrieden. Mit dem Gießen sollte man es nicht übertreiben, denn Kräuter nehmen Trockenheit weit weniger übel als zu viel Nässe. Frisch geerntet, am besten noch vor der Blüte, schmecken sie am besten. Getrocknet oder eingefroren sichern sie die Versorgung im Winter.

Vom Wochenmarkt bis zur Gärtnerei, das Angebot an Kräutern in Töpfen ist groß. Hat man ausreichend Platz und Zeit, kann man sie auch leicht aussäen. Wärme liebende Arten sollten dabei im Haus vorkultiviert werden. Wenn der Winter naht bedenken Sie, dass viele mehrjährige Kräuter im Topf nicht so frosthart sind wie ausgepflanzt. Deshalb sollten sie mit Reisig oder ähnlichem Material abgedeckt oder im frostfreien, hellen Raum überwintert werden.

Schnittlauch

Allium schoenoprasum

ⓘ

Standort: ◗ ☼ — ☀
Pflege: ❋
Vermehrung: ∙°° ✿
Eigenschaften: ∞ ❋
*Krankheiten: Weißfäule, Falscher
   Mehltau*
*Schädlinge: Zwiebelfliegen,
   Blattläuse*
Ernte: Frühjahr – Sommer

Die in der Küche häufig verwendete, mehrjährige Zwiebelpflanze aus der Familie der Lauchgewächse *(Alliaceae)* findet man in ganz Europa, von Sibirien bis nach China und in Nordamerika. Der ausgepflanzt winterharte Schnittlauch wächst in der Sonne wie im Halbschatten und bevorzugt kalkhaltige, nährstoffreiche Erde. Im Sommer sollte man ihn gleichmäßig feucht halten, wobei Staunässe zu vermeiden ist. Alle zwei Wochen gibt man einen Dünger zu. Den Wurzelstock kann man im Frühjahr und Herbst gut teilen. Die dunkelgrünen, röhrenförmigen Oberblätter, die ständig nachwachsen, dienen zum Würzen und als Garnierung von Speisen. Sie sind sehr Vitamin-C-haltig, regen den Appetit und die Verdauung an. Wer wenig erntet, kann sich im Sommer an den rosa- bis lilafarbenen Blütendolden erfreuen. Ab Februar kann man im Haus aussäen, ab Ende März auch direkt in den Balkonkasten. Die Erntezeit beginnt im Frühjahr. Topfpflanzen überwintert man frostfrei.

Allium schoenoprasum

Dill

Anethum graveolens

Der zu den Doldenblütlern *(Apiaceae)* zählende, einjährige Dill zeichnet sich durch einen rasch aufschießenden Spross mit sehr feinen Fiederblättchen aus, an dessen Spitze große Blütendolden sitzen, die im Sommer in kräftigem Gelb erblühen und danach flache, eiförmige Samen tragen. Letztere haben einen kümmelähnlichen Geschmack. Die Pflanze braucht lockere, feuchte Erde und einen windgeschützten, sonnigen Standort. Vom Frühjahr bis in den Spätsommer, im Abstand von jeweils 3 bis 4 Wochen, wird Dill in das Pflanzgefäß gesät, um ständig frische Blätter zu erhalten. Dies sollte mindestens 20 cm tief sein. Um eine vorzeitige Reife zu verhindern, muss man in der Wachstumsphase reichlich gießen. Mit Dillzweigen würzt man Salate, Quark-, Fisch- und Fleischspeisen und verwendet sie zum Einlegen von Gurken. Da Blätter und Samen ätherisches Öl enthalten, werden sie auch medizinisch genutzt – bei Blähungen, Koliken und als harntreibendes Mittel.

Standort: 💧 ☀ ⌂
Vermehrung: ∴
Eigenschaften: ☉
Ernte: Sommer – Herbst

Anethum graveolens

Garten-Kerbel

Anthriscus cerefolium

Der in Europa und Westasien vorkommende, einjährige Garten-Kerbel aus der Familie der Doldenblütler *(Apiaceae)* wird stetig beliebter. Die hellgrünen Blätter, die einen stark aromatischen, anisartigen Duft besitzen, werden in der Küche genutzt und vor dem Aufblühen der weißen Blütendolden im Hochsommer geschnitten. Gesät wird im Abstand von 3 bis 4 Wochen von Ende März bis zum Hochsommer, um von Mai bis September ernten zu können. Kerbel schätzt nährstoffreiche, durchlässige Erde und einen halbschattigen oder schattigen Standort. Im Sommer sollte man regelmäßig gießen. Will man ihn auch im Winter ernten, muss man ihn bei mindestens 7–10 °C kultivieren. Mit Kerbelblättern würzt man Salate, Quark, Kräuterbutter, Eiergerichte und Fischsaucen. Berühmt ist die sämige Kerbelsuppe. Man kann die Blätter einfrieren, aber nicht trocknen, da dabei wie auch beim längeren Kochen der Anisgeschmack verloren geht.

ℹ

Standort: ☀ – ☀
Pflege: ❄
Vermehrung:
Eigenschaften: ☉
Krankheiten: Echter Mehltau
Schädlinge: Schnecken, Raupen
Ernte: Sommer – Winter

Estragon

Artemisia dracunculus

Der Korbblütler aus der Familie *Asteraceae* ist in Asien und Nordamerika heimisch und empfiehlt sich dank seines ausgeprägten, feinen Aromas sehr für den Eigenanbau auch auf Balkon und Terrasse. Die mehrjährige, aber frostempfindliche Pflanze bildet unterirdische Ausläufer, aus denen jedes Jahr beblätterte Stängel austreiben, die Rispen mit unscheinbaren, gelbgrünen Blütenkörbchen entwickeln. Die hellgrünen, sehr aromatischen Blättchen können vom Frühjahr bis zum Spätherbst geerntet werden. Beim Trocknen verlieren sie allerdings viel Aroma. Estragon schätzt sonnige, windgeschützte Lagen und kalkhaltige, humusreiche Erde. Der Wurzelballen sollte stets feucht sein. Man muss den Strauch im Winter abdecken und im Frühjahr fast bis zum Topfrand zurückschneiden. Er wird durch Ausläufer oder Teilung vermehrt. Mit seinen Blättern würzt man Salate, Essig, Sauerbraten, Geflügel- und Wildgerichte, sie sind verdauungsfördernd und harntreibend.

ℹ

Standort: ☀
Pflege:
Vermehrung:
Eigenschaften: ∞
Ernte: Frühjahr – Herbst

Boretsch

Borago officinalis

Mit ihren schönen azurblauen Sternblüten kann diese einjährige Nutzpflanze aus der Familie der Raublattgewächse *(Boraginaceae)* mit jeder Zierpflanze konkurrieren. Von den Arabern einst nach Spanien gebracht, findet man sie heute nahezu in ganz Europa. Die Aussaat erfolgt von April bis Juni, wobei die Samen gut mit Erde bedeckt werden müssen. Sobald sich Blütenknospen zeigen, muss alle zwei Wochen gedüngt werden. Boretsch benötigt Sonne und einen feuchten, gut durchlässigen, nährstoffreichen Boden. Die dicht behaarten Stängel und Blätter können Hautreizungen und Allergien auslösen, weshalb man bei der Pflege besser Handschuhe trägt. Die mineralstoffreichen Blätter schmecken gurkenartig, daher auch der Name Gurkenkraut; sie regen den Stoffwechsel an und werden gern für Salate und Suppen verwendet. Essbar sind auch die Blüten, die bei einigen Sorten in Rosa und Weiß erscheinen. Boretsch-Tee wirkt blutreinigend und schleimlösend.

Standort: ◖ ☼ – ☼
Vermehrung: ∘°°
Eigenschaften: ☉
Krankheiten: Echter Mehltau
Schädlinge: Blattläuse
Ernte: Frühjahr – Sommer

Borago officinalis

Melissa officinalis

Standort: 🌢 ☼ ⚠
Pflege: ⚠
Vermehrung: ⸴° ▱ ✂
Eigenschaften: ∞
Ernte: Frühjahr – Herbst

Zitronen-Melisse

Melissa officinalis

Ihren Namen verdankt die in Südeuropa und Vorderasien beheimatete, mehrjährige Staude aus der Familie der Lippenblütler *(Lamiaceae)* dem intensiven Zitronenduft ihrer Blätter. Das Aroma ist sehr flüchtig, darum sollte man die Blätter nur frisch verwenden und keinesfalls kochen. Die im Topf bis 50 cm hohe Staude benötigt einen warmen, geschützten Standort und nährstoffreiche, gut durchlässige Erde. Sie muss maßvoll feucht gehalten und sparsam gedüngt werden. Im Winter sollte man sie zurückschneiden und abdecken. Am einfachsten ist die Vermehrung durch Teilung oder Stecklinge, Aussaat ist ab April möglich. Zum Würzen kann man die jungen Triebe und Blätter vom Frühjahr bis zum Spätherbst ernten, zur Teebereitung streift man die Blätter kurz vor der Blüte von den Trieben und trocknet sie. Mit Zitronen-Melisse würzt man Salate, Wild- und Pilzgerichte. Ihr ätherisches Öl wirkt gegen Müdigkeit, Appetitmangel und nervöse Beschwerden.

Grüne Minze

Mentha spicata

Standort: 🌢 ☼ ⚠
Pflege: ⚠
Vermehrung: ⸴° ✂
Eigenschaften: ∞
Krankheiten: Echter Mehltau,
   Rostpilze
Ernte: Frühjahr – Herbst

Bei der Grünen Minze, im Englischen 'Spearmint' genannt, handelt es sich um eine ausladende Staude mit länglichen, gesägten Blättern. Sie gehört wie alle Minzen zu den Lippenblütlern *(Lamiaceae)* und bildet im Sommer rosa, fliederfarbene oder weiße Blüten. Die Vermehrung erfolgt am einfachsten durch Teilung oder Aussaat. Der beste Zeitpunkt dafür ist das Frühjahr. Da die Grüne Minze sich stark ausbreitet, ist die Haltung im Topf ideal. Wie die meisten Minze-Arten braucht sie einen feuchten Boden und viel Sonne. Der Nährstoffbedarf ist nicht sehr hoch. Die Blätter werden in der Küche zum Garnieren und Würzen genutzt, etwa in der berühmten englischen Minzsauce. Auch Kräutertees und eisgekühlte Getränke werden aus ihr bereitet. Außerdem hilft sie bei Verdauungsbeschwerden, Koliken und Blähungen. Ihr ätherisches Öl findet sich unter anderem in Mundhygienepräparaten und Kaugummi.

Ananas-Minze

Mentha suaveolens

Diese in West- und Südeuropa und im Mittelmeerraum verbreitete, weiß oder rosa blühende Art hat runde Blätter, die gesägt und weich behaart, manchmal am Rand wellig oder eingerollt sind. Daher auch der Name »Rundblättrige Minze«. Die Sorte 'Variegata' besitzt Blätter mit breiten, cremefarbenen Rändern und Flecken, die zudem noch einen kräftigen, fruchtigen Duft verströmen. Sie schmecken ähnlich wie die der Grünen Minze und werden auch in der Küche verwendet; wegen ihrer Behaarung isst man sie selten frisch, dafür lassen sie sich ausgezeichnet kandieren. Wie bei den anderen Minze-Arten können die jungen aromatischen Blätter während der gesamten Wachstumszeit geschnitten und frisch verwendet werden. Sie wird gerne als Blattschmuckpflanze in Balkonkästen und Ampeln eingesetzt. Die Pflege und Vermehrung entspricht der Grünen Minze, nur wächst sie lieber im lichten Schatten als in der prallen Sonne.

Standort: ♦ ☼ – ☼
Vermehrung: ▦ ✿
Eigenschaften: ∞ ▧ ❄
Krankheiten: Echter Mehltau, Rostpilze
Ernte: Sommer

Mentha x piperita

Pfefferminze

Mentha x piperita

Die Pfefferminze ist eine Kreuzung aus verschiedenen Wildarten und in ganz Europa verbreitet. Die Staude wächst dicht buschig und ihr stark duftendes, Menthol enthaltendes, ätherisches Öl wird aus den Drüsenschuppen der dunkelgrünen, gezähnten Blätter gewonnen. Wenn man sie nicht vollständig aberntet, erscheinen im Sommer an den 50–80 cm hohen Stängeln rosa bis violette Scheinähren. Die Anwendungsgebiete der Pflanze reichen von der Küche bis zur Medizin. Der populäre Pfefferminztee wird in der Volksmedizin seit altersher gegen Schmerzen, Erkältungen, Übelkeit und Krämpfe eingesetzt. Durch die Einkreuzungen ist die Arten- und Sortenvielfalt sehr groß. Äußerst beliebt sind die Englische Minze (*M. x piperita* 'Mitcham') und die Orangen-Minze (*M. x piperita* 'Citrata'). Letztere zeichnet sich durch purpurfarben gerandete, dunkelgrüne Blätter aus. Kultur und Pflege entsprechen der Grünen Minze.

Standort: ♦ ☼ ⚠
Vermehrung: ▦ ✿
Eigenschaften: ∞ ❄
Krankheiten: Echter Mehltau, Rostpilze
Ernte: Frühjahr – Herbst

Basilikum

Ocimum basilicum

ℹ️

Standort: ♦ ☼ ⚠
Vermehrung: ₀°₀°
Eigenschaften: ☉
Krankheiten: Echter Mehltau
Schädlinge: Blattläuse, Schnecken
Ernte: Sommer

Das »Königliche Kraut« aus der Familie der Lippenblütler *(Lamiaceae)* kam aus Indien über Persien und Griechenland nach Italien und ist seitdem aus der mitteleuropäischen Küche nicht mehr wegzudenken. Die aromatischen Blätter und jungen Triebe, die im Sommer bis zum Blütenbeginn geerntet werden, haben aber auch eine harntreibende und krampflösende Wirkung. Die ätherischen Öle kommen zudem in der Parfümherstellung und in Kräuterlikören zum Tragen. Die subtropische Pflanze wird im Frühjahr in sandig humose, durchlässige Erde gesät und an einem sonnigen, windgeschützten Platz postiert. Sie muss stets feucht gehalten und gelegentlich gedüngt werden. Da sie frostempfindlich ist, wird sie bei uns einjährig gehalten. Es gibt zahlreiche Sorten, die sich in Größe, Aroma und Blattfarbe unterscheiden. 'Opal' und 'Genoveser' zum Beispiel haben dunkelrote Blätter, die Sorte 'Lemon' duftet nach Zitrone. Die robustesten sind die grünblättrigen Sorten.

Majoran

Origanum majorana

ℹ️

Standort: ◌ ☼ ⚠
Pflege: ✳
Vermehrung: ₀°₀°
Eigenschaften: ☉/∞
Schädlinge: Blattläuse, Spinnmilben
Ernte: Frühjahr – Winter

In warmen, südlichen Regionen wächst der Majoran als mehrjährige Staude. Bei uns wird der Lippenblütler *(Lamiaceae)* ein- oder zweijährig kultiviert. Man sät im zeitigen Frühjahr zunächst im Haus in leichte, humose und kalkhaltige Erde aus und stellt die Töpfe erst ohne Frostgefahr an einen sonnigen, geschützten Standort ins Freie. Jungpflanzen müssen, anders als ältere Exemplare, stetig gegossen werden, ohne aber Staunässe ausgesetzt zu sein. Nach etwa 6 Wochen können Sie das erste frische Kraut ernten. Für den Winterbedarf säen Sie im Sommer ein zweites Mal aus, dann müssen Sie die Pflanzen allerdings vor dem ersten Frost ins Haus holen. Sie können aber auch die Blätter der ersten Saat für die kalte Jahreszeit trocknen. Der stark aromatische Majoran wird in der Küche frisch oder getrocknet gern bei Eintöpfen und Kartoffelgerichten verwendet, daneben kommt er bei Rheuma, Appetitlosigkeit und Verdauungsbeschwerden zum Einsatz.

Oregano

Origanum vulgare

Das hoch aromatische Würz- und Heilkraut aus der Lippenblütler-Familie *(Lamiaceae)* ist hierzulande den meisten als Pizzagewürz bekannt und gedeiht auch in Europa mehrjährig. Der Wilde Majoran lässt sich durch Teilung leicht vermehren, üblicherweise sät man ihn aber im Frühjahr an einem sonnigen Standort in humose, durchlässige Erde, um vom Sommer bis zum Winteranfang die köstlichen frischen Triebe zu ernten. Für Tees und Trockenwürze erntet man während der Blüte. In der Naturheilkunde nutzt man Oregano zur Krampflösung und Nervenstärkung. Daneben ist das Kraut zwischen farbstarken Blühpflanzen eine schöne, erst im Spätsommer blühende Strukturpflanze. Oregano wird nur wenig gegossen und erst nach der Vegetationsperiode gedüngt. Obschon mehrjährig, verträgt er keinen starken Frost. Sie müssen ihn also abdecken oder im Haus überwintern. Ältere Pflanzen sollten Sie im Frühjahr stark zurückschneiden, um den Austrieb zu fördern.

ⓘ

Standort: ◌ ☼ ⬟
Pflege: ⬟ ❄
Vermehrung: ⸰° ⚘
Eigenschaften: ∞
Schädlinge: Blattläuse, Spinnmilben
Ernte: Frühjahr – Winter

Petroselinum crispum

Petersilie

Petroselinum crispum

Die zweijährige Petersilie stammt aus dem Mittelmeerraum und gehört zu den Doldenblütlern *(Apiaceae)*. Im ersten Jahr entwickelt sie eine Blattrosette, aus der im zweiten Jahr Blütendolden treiben. Dann sind die Pflanzen ungenießbar. Die gesamte Pflanze zeigt ein intensives Aroma, zum Würzen werden aber nur die frischen Blätter verwendet, die man von außen nach innen erntet. Durch Einfrieren und Trocknen lassen sie sich gut für den Winter konservieren. Es gibt viele Sorten, auch glattblättrige. Die fleischige Wurzel der Wurzel-Petersilie dient vielerorts als Suppengewürz. Man sät ab März in nährstoffreiche, humose Erde und stellt das Gefäß ab Ende April an einen sonnigen bis halbschattigen Standort. Die Pflanze sollte stets feucht, aber nicht staunass stehen. Zweimal im Monat wird niedrig dosiert gedüngt. Ernten Sie erst, wenn die Blätter etwa 10 cm hoch sind und verletzen Sie die Herzblätter in der Mitte der Pflanze nicht.

ⓘ

Standort: ◌ ☼ – ☼ ⬟
Eigenschaften: ∞
Krankheiten: Blattflecken, Viren
Schädlinge: Möhrenfliege,
  Selleriefliege, Blattläuse
Ernte: Frühjahr – Herbst

Rosmarin

Rosmarinus officinalis

ⓘ

Standort: ◌ ☼ ⚠
Pflege: ❄
Eigenschaften: ∞
Schädlinge: Blattläuse
Ernte: ganzjährig

Der immergrüne, mehrjährige Halbstrauch aus dem Mittelmeerraum besitzt nadelförmige Blätter, die bei Berührung einen äußerst würzigen Duft verströmen. Man kann die jungen frischen Triebspitzen ganzjährig ernten, in der Küche sind sie für Kartoffel-, Gemüse- und Lammgerichte beliebt, aber auch Bestandteil von Kräuterwein und Kräuterschnaps. Der Lippenblütler *(Lamiaceae)* wird daneben auch gegen Beschwerden im Magen-, Darm- und Gallenbereich eingesetzt. Die dankbare Kübelpflanze schätzt durchlässige Erde, zurückhaltende Bewässerung und Düngung sowie einen hellen, voll besonnten Standort. Nur unter diesen Bedingungen entwickelt sie ihre aromatischen Qualitäten. Im Frühjahr wird ausgesät, die Jungpflanzen können ab Mitte Mai ins Freie. Man kann ihn aber auch über Stecklinge vermehren oder schlicht Jungpflanzen kaufen. Der frostempfindliche Strauch sollte im Haus überwintern und alle zwei Jahre in ein größeres Gefäß umgetopft werden.

Rosmarinus officinalis

Salvia officinalis

Echter Salbei

Salvia officinalis

Dieser dekorative, mehrjährige Halbstrauch stammt aus dem Mittelmeerraum und gehört wie viele Kräuter zur Familie der Lippenblütler *(Lamiaceae)*. Die jungen Triebe und Blätter der stark aromatischen Pflanze können den ganzen Sommer hindurch geerntet und zum Würzen verwendet werden. Für die Teezubereitung erntet man kurz vor der Blüte. Die Blätter lassen sich durch Einfrieren oder Trocknung gut konservieren. Der stark wachsende Muskateller-Salbei duftet noch kräftiger und wird für kosmetische Zwecke und als Zierpflanze angebaut. Salbei schätzt durchlässige, trockene Erde und viel Sonne an einem windgeschützten Standort. Er wird trocken gehalten und nur einmal im Monat gedüngt. Die Anzucht ist durch Aussaat, Stecklinge oder Teilung möglich. Im Frühjahr empfiehlt sich ein starker Rückschnitt. In der Antike galt Salbei als Allheilmittel zur Entzündungs- und Wundheilung – daher der Name: Das lateinische salvere bedeutet »sich wohlfühlen«.

Standort: ○ ☼ ⚠
Vermehrung: ⚬° ⊡ ✂
Eigenschaften: ∞
Krankheiten: Wurzelhalsfäule
Schädlinge: Schnecken, Blattläuse,
  Spinnmilben, Weiße Fleige
Ernte: Sommer

Garten-Bohnenkraut

Satureja hortensis

Standort: ⬤ ☼ – ☀ ⛰
Vermehrung: ⸵ ⚘
Eigenschaften: ⊙/∞
Ernte: ganzjährig

Aus dem Mittelmeerraum kommt das einjährige Bohnenkraut, das ebenfalls zu den Lippenblütlern *(Lamiaceae)* zählt. Sie können es bis zum Winterbeginn fortwährend ernten, um Ihre Eintopf-, Hülsen- und Fleischgerichte zu verfeinern. Der aus den Trieben gepresste Saft soll blutreinigend und harntreibend wirken. Man sät das Bohnenkraut ab April in ein leichtes, kalkhaltiges Substrat und setzt das Gefäß ohne Frostgefahr an einen sonnigen oder halbschattigen Standort. Es wird nur wenig gegossen, Staunässe ist zu vermeiden. Zu Sommerbeginn empfiehlt sich eine Düngung. Sie können das Kraut gut trocknen oder einfrieren, am besten ernten Sie erst kurz vor der Blüte. Bescheidener in seinen Ansprüchen, aber in seiner Verwendung identisch ist Satureja montana, das Berg-Bohnenkraut. Auch diese mehrjährige Staude eignet sich für Kübel oder Balkonkasten. Man sollte sie im Frühjahr stark zurückschneiden und kann sie durch Teilung problemlos vermehren.

Satureja hortensis

Echter Thymian

Thymus vulgaris

Der kleine, aus der Mittelmeerregion stammende Strauch wird wegen seines herb würzigen Aromas geschätzt, das seine jungen Triebe, frisch oder getrocknet, in der Küche vielfach verwendbar macht. Daneben nutzt man den Lippenblütler in der Naturheilkunde und der Naturkosmetik. Die Samen zieht man ab April in lehmig humosem Substrat vor. Im Mai kann das Pflanzgefäß ins Freie, an einen sonnigen Standort. Gießen ist kaum erforderlich, und eine einmalige Düngegabe im späten Frühjahr reicht. Man kann Thymian bis zur Blüte fortwährend ernten, gegen Mittag ist der Gehalt an ätherischen Ölen in den Trieben am größten. Darum sollte man sie nur zu diesem Zeitpunkt schneiden, und zwar so weit, dass etwa 8 cm stehen bleiben. Im zweiten Frühjahr fördert ein kräftiger Rückschnitt das buschige Wachstum. Berücksichtigen Sie beim Kauf, dass nur der deutsche Winter-Thymian frosthart ist, der französische Sommer-Thymian ist es nicht.

Standort: ◊ ☼ ⚠
Vermehrung: ⸳°°
Eigenschaften: ∞ ❄
Ernte: Sommer

Thymus vulgaris

Gemüse

Gegenüberliegende Seite: Capsicum annum

Sie mögen gesundes Essen? Dann nichts wie ran an das Gemüse. Der Trend, Mini-Gemüse zu züchten, kommt einem Gemüsegarten auf dem Balkon sehr entgegen. Ob Blumenkohl, Möhren, Gurken, Tomaten – für jeden Geschmack ist etwas dabei. Sie selbst genießen den Vorteil ständig erntefrischer Portionen und die Zeiten sind vorbei, in denen große Gemüsemengen im Kühlschrank vor sich hin welken. Ein Tipp: Besonders zart ist Gemüse, wenn Sie es früh ernten.

Doch ist Gemüse zum Essen allein viel zu schade. Die leuchtend roten Stiele des Blattmangolds, die purpurroten Früchte der Prunk-Bohne, gelbe Zucchini, buntblättrige Kopfsalate oder der bizarre Blumenkohl 'Romanesco' sind nur einige Beispiele dekorativer Zierstücke. Form, Farbe und Struktur von Gemüsepflanzen und Sommerblumen ergänzen sich häufig sehr harmonisch. Hübsche Partner sind zum Beispiel Löwenmäulchen, Ringelblume, Studentenblume oder Salbei-Arten.

Bei Gemüse eignen sich vor allem Pflanzen mit einem geringen Nährstoffbedarf, sogenannte Schwachzehrer, für die Kultur in Gefäßen. Kleinere Pflanzen passen gut in Balkonkästen, die mindestens 20 cm tief und breit sein sollten. Größere Exemplare brauchen ein Erdvolumen von etwa 10 Litern; das Gefäß sollte mindestens 30 cm tief sein. Sie können normale Blumenerde verwenden, der Sie gleich bei der Pflanzung Langzeitdünger zugeben.

Kombinieren Sie Gemüse, die sich nicht gegenseitig die Nährstoffe streitig machen. Bedenken Sie auch die Wuchskraft, damit sie sich nicht die Sonne wegnehmen. Gute Partner sind: Bohnen und Erdbeeren, Gurken und Kopfsalat, Salate und Kohl-Arten, Möhren und Salat, während sich Tomaten und Gurken oder Zwiebeln und Radieschen überhaupt nicht vertragen.

Gurke

Cucumis sativus

Standort: ◗ ☼ ⚠
Vermehrung: ∘°°
Eigenschaften: ☉
*Krankheiten: Mehltau, Grau-
    schimmel, Gurkenmosaikvirus*
*Schädlinge: Blattläuse, Spinnmilben,
    Weiße Fliege*
Ernte: Sommer – Herbst

Schlangengurken in Kübeln auf Balkon oder Terrasse? Das gelingt durchaus – vorausgesetzt, Sie stellen ihnen genügend große Gefäße, Rankgitter oder Spaliere und einen vollsonnigen, windgeschützten Standort zur Verfügung. In Frage kommen hier die kriechenden und rankenden Freilandgurken, denn die eigentlichen Salatgurken gedeihen nur im Gewächshaus zufriedenstellend. Sie alle gehören zu den wärmeliebenden Kürbisgewächsen (*Cucurbitaceae*). Ziehen Sie Ihre Gurken ab April in Einzeltöpfen in humus- und nährstoffreicher Erde im Zimmer vor und bringen Sie sie erst nach den Eisheiligen ins Freie. Während der Fruchtbildung sollten Sie zweimal düngen, wesentlich für den Erfolg ist allerdings die regelmäßige Bewässerung und zwar möglichst mit abgestandenem, nicht zu kaltem Wasser, was die Entstehung bitterer Früchte verhindert. Hinter dem fünften oder sechsten Blatt kappt man für gewöhnlich den Haupttrieb, um die Bildung von Nebentrieben anzuregen.

Bohne

Phaseolus

Standort: ◗ ☼ ⚠
Vermehrung: ∘°°
Eigenschaften: ✖ ☉
*Krankheiten: Bohnenmosaikvirus,
    Grauschimmel*
Schädlinge: Blattläuse, Bohnenfliegen
Ernte: Sommer – Herbst

Die meisten europäischen Bohnen-Arten stammen ursprünglich aus dem subtropischen Amerika – daher auch das Wärmebedürfnis der Schmetterlingsblütler (*Fabaceae*). Neben Stangen-Bohnen (*Phaseolus vulgaris*) ist für die Kultur in Pflanzgefäßen die robuste, windverträgliche Feuer-Bohne (*P. coccineus*) zu empfehlen. Sie entwickelt nicht nur Früchte, sondern blüht auch üppig und feuerrot. Beide benötigen humose, durchlässige Erde und einen sonnigen, windgeschützten Platz. Wärme sollte sich dort aber nicht stauen. Wichtig ist zudem ein Rankgerüst. Im April im Haus ausgesät, können sie erst nach den Eisheiligen ins Freie. Während der Wachstumszeit ist der Wasserbedarf sehr hoch. Das Substrat sollte nie austrocknen, das Gießwasser darf nicht zu kalt sein. Zudem wird wöchentlich gedüngt. In der Regel kann man 40 Tage nach der Aussaat mit der Ernte beginnen. Pflücken Sie vorsichtig, um Verletzungen zu vermeiden. Die Bohnen sind ungekocht giftig.

Phaseolus

Foeniculum vulgare

Knollen-Fenchel

Foeniculum vulgare var. azoricum

Der Knollen-Fenchel stammt aus der Familie der Doldenblütler *(Apiaceae)*. Nach langen Sommertagen können sich gelbe Blütenstände zeigen, die man jedoch entfernen muss, damit sich die zarten Knollen ausbilden. Mittlerweile gibt es schossfeste Sorten, die schon im Frühjahr im Haus ausgesät werden können, am besten gleich in genügend große Töpfe oder Kübel. Ohne den Schutz einer Folie dürfen die Pflanzen erst ins Freie, wenn keine Frostgefahr mehr besteht. Drei bis vier Monate später beginnt die Erntezeit. Fenchel muss regelmäßig gegossen werden, da sonst die Knollen verholzen. Man kultiviert ihn in fruchtbarer, durchlässiger Erde an einem geschützten, sonnigen Standort. Eine zurückhaltende Düngung unterstützt die Knollenentwicklung. Sie werden gern als Salat oder als gedünstetes Gemüse zubereitet, das zarte Laub ist ein feines Gewürz. In feuchtem Sand an einem dunklen, kühlen Ort gelagert, halte sich die Knollen bis ins kommende Jahr.

Standort: ◑ ☼ ⚠
Vermehrung: ₀°°
Eigenschaften: ⊙
Krankheiten: Mehltau
Schädlinge: Blattläuse, Schnecken
Ernte: Sommer – Herbst

Garten-Möhre

Daucus carota subsp. sativus

Standort: ◗ ☼ ⚠
Vermehrung: ⚬°°
Eigenschaften: ☉
Krankheiten: Blattfleckenkrankheit
Schädlinge: Möhrenfliege
Ernte: Sommer – Herbst

Das populäre Wurzelgemüse gehört zur Familie der Doldenblütler *(Apiaceae)*. Für die Gefäßhaltung auf Balkon oder Terrasse eignen sich am besten die kurzen, kegel- oder walzenförmigen Sorten, da die langen zylindrischen einen sehr tiefen Kübel benötigten. Säen Sie von März bis Juni in humusreiche, durchlässige Erde jeweils frühe, mittlere und späte Sorten, um von Sommerbeginn bis zum Spätherbst ernten zu können. Wichtig ist eine aureichende Wasserversorgung und eine sparsame Düngung. Vermeiden Sie aber Staunässe und bedecken Sie die Köpfe, die aus dem Boden drängen, gleich wieder mit Erde, damit sie nicht grün werden. Frühzeitig geerntete, nicht allzu großen Möhren sind besonders zart; späte Sorten erntet man erst kurz vor dem ersten Frost. Kühl gelagert, halten sie sich monatelang. Ein unerwünschter Besucher ist die Möhrenfliege, deren Maden in die Frucht eindringen. Vor ihnen schützt nur ein spezielles Schutznetz.

Kohlrabi

Brassica oleracea-Gongylodes-Gruppe

Standort: ◗ ☼ ⚠
Vermehrung: ⚬°°
Eigenschaften: ☉
Schädlinge: Schnecken, Rübenerdflöhe
Ernte: Sommer

Das überaus beliebte Gemüse aus der Familie der Kreuzblütler *(Brassicaceae)* ist, wie alle Kohlarten, ein Abkömmling des Wilden Kohls. In Aussehen und Geschmack weicht es allerdings sehr von seinen Verwandten ab. Erhältlich sind weiße Sorten, die hellgrüne Knollen, Blätter und Stiele aufweisen, und blaue Sorten mit blauvioletten Knollen. Man kann die ab Februar auf der Fensterbank vorgezogenen Pflanzen zur Frühjahrsmitte ins Freie stellen. Der Abstand zwischen zwei Jungpflanzen sollte etwa 40 cm betragen; man setzt sie möglichst hoch in humusreiche, kalkhaltige Erde. Kohlrabi schätzt einen sonnigen Standort sowie eine gleichmäßige Bodenfeuchte und mäßige Düngung. Unter diesen Bedingungen bringt er nach gut zwei Monaten gleichmäßige, zarte Knollen hervor, die man rechtzeitig – bei etwa 6–8 cm Durchmesser – ernten sollte. Ansonsten besteht die Gefahr, dass sie verholzen und an Geschmack einbüßen.

Mangold

Beta vulgaris

Auf Balkon und Terrasse kann man sowohl die nützliche wie die dekorative Seite dieses robusten, zweijährigen Gänsefußgewächses *(Chenopodiaceae)* nutzen. Nach der Aussaat im Frühjahr erfreut man sich im ersten Jahr an den schönen, aufrechten Blättern und attraktiven Stielen, die neben grün auch feurig rot gefärbt sein können. Beim Schnitt-Mangold kann man nach zwei, beim Stiel-Mangold nach drei Monaten mit der Ernte beginnen. Sofern Sie ihn überwintern, beendet der Mangold im Sommer des zweiten Jahres seinen Lebenszyklus mit der Blüte. Die Blätter beider Varietäten bereitet man wie Spinat zu, während vom Stiel-Mangold die Blattstiele und -rippen in der Küche verwertet werden. Berücksichtigen Sie bei der Kübelbepflanzung, dass die Stauden im Freiland einen Abstand von etwa 40 cm benötigen. Sie honorieren humushaltige Erde, einen windgeschützten Standort in Sonne oder Halbschatten, dazu gleichmäßige, aber zurückhaltende Wässerung und Düngung.

Standort: 💧 ☼ − ☀ ⚠
Pflege: ⚠
Vermehrung: ⟡
Eigenschaften: ☉ / ∞ ❀
Krankheiten: Falscher Mehltau
Ernte: Sommer

Beta vulgaris

Capsicum annuum

ⓘ

Standort: 💧 ☀ ⚠
Vermehrung: ⚬°°
Eigenschaften: ✖ ⊙
Krankheiten: *Welkekrankheiten,*
  Echter Mehltau, Virosen
Schädlinge: *Spinnmilben, Blattläuse*
Ernte: *Sommer – Herbst*

Zier-Paprika

Capsicum annuum

Das aus Südamerika stammende Nachtschattengewächs *(Solanaceae)* umfasst die unterschiedlichsten Formen: vom Zier-Paprika über den sehr scharfen Chili (Cayennepfeffer) bis zur Gemüse- und Gewürzpaprika. Die Sortenvielfalt ist riesig groß. Generell kann man sagen, je kleiner die Frucht ist, umso schärfer ist ihr Geschmack. Das äußerst kälteempfindliche, einjährige Nachtschattengewächs wird im warmen Haus im Spätwinter ausgesät und vorkultiviert, oder als Jungpflanze zugekauft und nach den Spätfrösten im Mai ausgepflanzt. Die tief wurzelnde Pflanze sollte in einem hohen Topf an einen sehr sonnigen Standort aufgestellt werden. In der Wachstumszeit, das heißt bis die unreifen grünen Früchte orange oder rot werden, muss die Pflanze reichlich gegossen und alle zwei Wochen mit einem Flüssigdünger gedüngt werden. Um den Fruchtansatz zu fördern, werden die Blüten jeden Tag besprüht.

Radieschen

Raphanus sativus

Standort: 💧 ☀ ⚠
Vermehrung: ⚬°°
Eigenschaften: ⊙/∞
Krankheiten: *Falscher Mehltau*
Schädlinge: *Erdflöhe, Gemüsefliegen*
Ernte: *Frühjahr – Sommer*

Dieses pikante, handliche und rasch wachsende Knollengemüse gehört zur Familie der Kreuzblütler *(Brassicaceae)*. Seine Ansprüche sind bescheiden, ein sonniger Standort, lockere humose Erde und gleichmäßige Bewässerung genügen dem Schwachzehrer schon, um nach gut einem Monat mit der Ernte beginnen zu können. Man kann Radieschen vom Frühlingsbeginn bis zum Hochsommer aussäen. Die Erntezeit lässt sich mit frühen Sorten und späten Sommersorten ausdehnen. Neben den bekannten roten Radieschen gibt es auch Sorten, die rot-weiße Knollen ausbilden, oder sogar rettichartige mit weißen, länglichen Knollen. Im Balkonkasten und Pflanzgefäß sind sie, ähnlich dem Salat, ausgezeichnete Lückenfüller. Mit Beginn der Reife sollte man die Radieschen unverzüglich und laufend ernten, denn wenn sie zu lange in der Erde bleiben, werden sie pelzig und spröde oder hohl. Ihre würzige Schärfe verdankt sie einem hohen Gehalt an Senfölen.

Grüner Salat

Lactuca sativa

Der Grüne Salat gehört zu den Korbblütlern *(Asteraceae)* und bereichert Küche und Garten mit zahlreichen Varianten. Neben dem bekannten Kopfsalat gibt es Eissalate und Römischen Salat. Für die Nutzung auf Balkon und Terrasse benötigen Sie aber recht große Gefäße, da die Pfahlwurzeln und ausgewachsenen Salatköpfe viel Platz beanspruchen. Pflück- oder Schnittsalaten dagegen reicht ein Balkonkasten. Beispiele sind 'Lollo rosso', 'Lollo bionda' oder der rote Eichenblattsalat 'Red Salad Bowl'. Viel Sonne, durchlässige, lockere Erde sowie eine gleichmäßige Bewässerung sind die wesentlichen Voraussetzungen für eine üppige Ernte. Gedüngt wird nur sparsam, und zwar vor der Aussaat oder Pflanzung. Pflücksalat, der sich wiederholt ernten lässt, düngt man nach der ersten Ernte. Man zieht die Pflanzen ab Januar im Zimmer vor und bringt sie nach dem letzten Frost ins Freie. Die Erntezeit lässt sich durch die Wahl früher oder später Sorten ausdehnen.

Standort: 💧 ☀
Vermehrung: ˳°˳
Eigenschaften: ⊙
Krankheiten: Grauschimmel
Schädlinge: Schnecken, Blattläuse
Ernte: Sommer

Lactuca

Lycopersicon esculentum

Standort: ◗ ☼ ⧍
Vermehrung: ₀₀°
Eigenschaften: ✖ ☉
Krankheiten: Kraut- und Knollen-
    fäule, Grauschimmel
Schädlinge: Weiße Fliege,
    Spinnmilben, Blattläuse
Ernte: Sommer – Herbst

Tomate

Lycopersicon esculentum

Der Paradies- oder Liebesapfel, wie die Tomate auch genannt wird, gehört zu den Nachtschattengewächsen *(Solanaceae)*. Sie ist eine wohl schmeckende und gesunde Frucht, die schon lange in der Küche geschätzt wird. Heute gibt es speziell für die Kultur auf Balkon und Terrasse klein bleibende Sorten mit besonders aromatischen Früchten. Aber auch kleinfrüchtige Tomaten wie Cocktail- oder Kirschtomaten können durchaus zwei Meter hoch werden. Achten Sie also auf die Wuchshöhe. Man kann im Frühjahr im Haus aussäen oder Jungpflanzen kaufen, die man nach den Eisheiligen herausstellt. Tomaten brauchen einen vollsonnigen, warmen, möglichst vor Regen geschützten Standort und nährstoffreiche, gut aufgedüngte Erde. Während der Früchtbildung müssen sie reichlich gegossen und wöchentlich gedüngt werden. Um reich zu ernten, müssen Sie die Seitentriebe entfernen, das heißt »ausgeizen«. Grüne Früchte und Pflanzenteile enthalten giftige Alkaloide.

Zucchini

Cucurbita pepo

Die Zucchini, das gurkenähnliche, grüne Kürbisgewächs aus der Familie *Cucurbitaceae*, ist eine beliebte und weitaus unkomplizierter zu haltende Gemüsepflanze als Kürbis und Gurke. Ihr Anbau gelingt in fast jedem Klima. Sie benötigt lediglich einen geschützten Standort in voller Sonne, durchlässige, nährstoffreiche Erde sowie reichliche Wasser- und Düngegaben. All das dankt sie mit einem reichen Fruchtertrag vom Frühsommer bis zum Herbst und zusätzlich mit äußerst dekorativen, gelben Sternblüten. Ziehen Sie die Pflanze ab April im Haus vor und stellen Sie sie Ende Mai ins Freie. Bedenken Sie aber bei der Gefäßauswahl, dass die Zucchini viel Platz benötigt, etwa einen Quadratmeter, denn die Blätter entwickeln gewaltige Ausmaße. Vor nicht allzu langer Zeit noch entwickelten Gärtner den Ehrgeiz, besonders große Früchte zu produzieren. Heute schätzt man eher die kleineren Früchte, die umso zahlreicher erscheinen und aromatischer schmecken.

Standort: ◗ ☼ – ☼ ⧍
Vermehrung: ₀₀°
Eigenschaften: ☉ ✿
Krankheiten: Mehltau,
    Welkekrankheit
Ernte: Sommer

Cucurbita pepo

Erbse

Pisum sativum

Erbsen gehören ebenfalls zu den Schmetterlingsblütlern *(Fabaceae)*. Im Garten kommen drei Arten zum Tragen, die sich auch für die Gefäßbepflanzung eignen: Mark-Erbsen, Pal- oder Schalerbsen und Zucker-Erbsen. Mark-Erbsen sind die bekanntesten, von denen es heute niedrig wachsende Sorten gibt, die ohne Stütze auskommen. Pal-Erbsen, die Grundlage der Erbsensuppe, sind als Trocken-Erbsen bekannt. Auch Zucker-Erbsen sind mittlerweile als niedrige Buschsorten erhältlich, man kann sie mitsamt der Hülsen essen. Ab Februar wird im Haus ausgesät; Pal-Erbsen können schon Anfang April ins Freie, Mark- und Zucker-Erbsen erst ohne Frostgefahr. Sie schätzen durchlässige, humose Erde und einen sonnigen, luftigen Standort. Wichtig ist eine regelmäßige Wasserversorgung und wöchentliche Düngung. Die meisten Sorten benötigen eine Stütze. Pal-Erbsen sollten gepflückt werden, ehe sie vergilben. Auch Mark- und Zucker-Erbsen schmecken jung am besten.

Pisum sativum

Standort: 💧 ☀
Vermehrung: ⚬°°
Eigenschaften: ☉
Krankheiten: Mehltau
Schädlinge: Blattläuse, Erbsenwickler
Ernte: Sommer

Obst

Gegenüberliegende Seite: Birne auf Spalier

Ein Schlaraffenland auf Balkon oder Terrasse – nichts leichter als das. Erdbeeren haben auch auf dem kleinsten Balkon noch Platz und selbst Obstbäume müssen nicht mehr in den Himmel wachsen. Für die Kultur in Kübeln gibt es ein großes Angebot an klein bleibenden Pflanzen, die mit dem begrenzten Erdvolumen auskommen. Bäume sollten unbedingt auf schwach wachsende Unterlagen veredelt sein, wie zum Beispiel die 'Ballerina'-Äpfel. Hochstämmchen von Stachel- oder Johannisbeeren beanspruchen nur wenig Raum, sie erleichtern die Ernte und bieten noch Platz für eine Unterpflanzung mit Sommerblumen. Auch unter den klassischen Kübelpflanzen finden sich mit der Feige Obstlieferanten und dekorative Blattschmuckpflanzen zugleich.

Die Gefäße für Beerensträucher und Obstbäume sollten ein Erdvolumen von etwa 10-15 Litern fassen. Ideal sind Kübel aus Ton oder Terrakotta. Sie heizen nicht so schnell auf wie schwarze Plastikcontainer und bieten einen natürlichen Wasserhaushalt. Der Wurzelballen darf aber nie austrocknen. Als Substrat eignet sich handelsübliche Kübelpflanzenerde oder eine Eigenmischung aus Kompost, Gartenerde und Sand zu gleichen Teilen. Mischen Sie gleich einen Langzeitdünger unter. Für einen sicheren Fruchtertrag stellen Sie vor allem wärmebedürftige Pflanzen an einem warmen, geschützten Standort auf. Kälteempfindliche Pflanzen wie Feige oder Pfirsich überwintern Sie wie Kübelpflanzen in einem frostfreien Raum. Apfel- und Kirschbäume sowie Beerensträucher stellen Sie am besten vor praller Sonne geschützt an die Hauswand. Die Kübel isolieren Sie, wie Sie es schon von den Kübelpflanzen kennen. Wichtig ist, dass die Erde auch im Winter nicht austrocknet.

Apfel

Malus

ⓘ

Standort: 💧 ☼ ⛰
Eigenschaften: ∞ ❄
Krankheiten: Krebs, Apfelschorf,
  Feuerbrand, Mehltau
Schädlinge: Blattläuse, Spinnmilben,
  Raupen
Ernte: Sommer – Herbst

Der Apfel gehört zu den Rosengewächsen *(Rosaceae)* und bleibt stets ein wirklicher Baum, auch wenn er wie die kleineren 'Ballerina'-Äpfel in großen Kübeln wächst. Doch auch sie können zwei bis drei Meter hoch werden. Da die Bäume im Freien überwintern, müssen Sie vor allem auf ein frostbeständiges Pflanzgefäß achten. Schwarze Plastiktöpfe sind weniger geeignet, da sie bei Sonne die Wurzeln zu stark aufheizen. 'Ballerina'-Sorten sind auf schwach wachsende Unterlagen veredelt und bilden nur den Stamm und kleine Fruchtspieße, aber keine Seitentriebe aus. Erscheint dennoch ein Nebenast, kann er bis auf zwei oder drei Knospen entfernt werden. Bewährte Sorten sind 'Waltz', der geschmacklich dem 'Golden Delicious' ähnelt, und 'Bolero', der an 'James Grieve' erinnert. Neben nährstoffreicher, durchlässiger Erde und einem sonnigen Standort braucht der Apfelbaum regelmäßige Wasser- und Düngergaben. Ein winterlicher Rückschnitt ist angebracht.

Malus 'Red Ellison'

Prunus persica

Pfirsich

Prunus persica

Dieses früh blühende Rosengewächs mit seinen edlen, schmackhaften Früchten stammt aus Nord- und Zentral-China, daher auch sein Bedürfnis nach einem besonnten, warmen Standort. Deshalb trägt der Pfirsich in unseren gemäßigten Breiten, ebenso wie die Nektarine, nur bei äußerst günstigen Bedingungen reichlich Früchte. Balkon und Terrasse bieten häufig ein geschütztes Kleinklima. Für die Kübelbepflanzung bieten sich bewährte Zwergsorten an, die wie kleine Palmen aussehen, aber Früchte hervorbringen, die den Vergleich mit denen der großen Geschwister nicht scheuen müssen. Ein weiterer Vorzug: Sie brauchen keinen Schnitt. Auch seine schöne Blüte, die man vor Spätfrösten schützen muss, macht den Pfirsich zu einem äußerst dekorativen Gewächs. Er schätzt durchlässige, nährstoffreiche Erde, regelmäßige Wassergaben und eine 14-tägige Düngung. Man kann den Blütenstaub zur Befruchtung mit einem Pinsel von Blüte zu Blüte selbst übertragen.

Standort: 💧 ☼ ⛰
Pflege: ❋ – 🌡
Vermehrung: ⚬ᵒ°
Eigenschaften: ∞
Krankheiten: Kräuselkrankheiten, Polsterschimmel, Mehltau
Schädlinge: Blattläuse, Schildläuse, Raupen
Ernte: Sommer

Gegenüberliegende Seite: Fragaria x ananassa

Süßkirsche

Prunus avium

Dank neuer, schwach wachsender Züchtungen kann man die in Europa heimische, zu den Rosengewächsen *(Rosaceae)* gehörende Süßkirsche mittlerweile ausgezeichnet im Kübel halten. Der Baum ist zwar winterhart, aber die Blüte ist stets durch Fröste im Frühjahr bedroht. Die Kirsche benötigt gut wasserdurchlässige, nährstoffreiche Erde und muss während der Wachstumszeit regelmäßig gegossen und alle 14 Tage gedüngt werden. Wichtig ist vor allem ein sonniger Standort. Die Erde in den Pflanzgefäßen sollte nicht austrocknen, da die Pflanze keinen Nachschub aus dem Boden bekommt. Sie sollte nicht durch andere Bäume beschattet werden, da dies Ertrag und Aroma vermindert. Noch in der Jugend, aber nicht zu früh, schneidet man die Kirsche in Form. Mit Beginn der Fruchtbildung kann man den Kirschbaum leicht durch ein Netz vor Vogelfraß schützen. Die Anzucht, in der Regel eine Sache des Fachmanns, erfolgt durch Veredelung auf Sämlingsunterlagen.

ⓘ

Standort: 💧 ☼ ⚠
Eigenschaften: ∞ ❄
Krankheiten: Bleiglanz, Monilia-Spitzendürre
Schädlinge: Blattläuse, Raupen, Vögel (Dompfaff)
Ernte: Sommer

Garten-Erdbeere

Fragaria x ananassa

Für Erdbeeren lässt sich auf jedem Balkon und jeder Terrasse ein Plätzchen finden. Sie gehören zur Familie der Rosengewächse *(Rosaceae)* und ihre Wildform kommt natürlich in ganz Europa vor. Mittlerweile gibt es eine Vielzahl von Sorten, die auch gut in Töpfen, Ampeln und Balkonkästen wachsen. Zur Fruchtausbildung brauchen sie reichlich Sonne und eine regelmäßige Wasserversorgung. Am liebsten stehen sie vor Wind und Regen geschützt. Als Substrat eignet sich Balkonpflanzen- oder Kübelpflanzenerde, der man im Frühjahr am besten einen Langzeitdünger zugibt. Das Gefäß sollte den Wurzeln genügend Platz zur Ausbreitung bieten. Wenn Sie die Substratoberfläche wie die Profis mit Stroh abdecken, werden die Früchte vor Fäulnis geschützt. Durch eine geschickte Sortenauswahl lässt sich zudem die Erntezeit ausdehnen. Mehrmalstragende Sorten können Sie vom Sommer bis zum Herbst durchgehend ernten. Im Spätsommer lassen sich die Ausläufer bewurzeln.

ⓘ

Standort: 💧 ☼ ⚠
Vermehrung: ✂ *Ausläufer*
Eigenschaften: ∞ ❄
Krankheiten: Grauschimmel
Ernte: Sommer

Birne

Pyrus communis

Standort: 💧 ☼ ⛰

Pflege: ⛰ – ❄

Eigenschaften: ∞

Krankheiten: Braunfäule, Echter
    Mehltau, Schorf, Monilia

Schädlinge: Birnenpockenmilbe,
    Blattläuse, Dickmaulrüssler

Ernte: Herbst

Die Birne, seit Jahrhunderten kultiviert, hat nicht annähernd die Bedeutung des verwandten Apfels erlangen können. Grund dafür sind ihre geringere Lagerfähigkeit, aber auch die höheren Ansprüche, die sie an den Gärtner stellt. Dazu gehören vor allem die nährstoffreiche, humose Erde, ein sonniger, warmer und geschützter Standort und ihre Unverträglichkeit gegenüber Staunässe und zu niedrigen Temperaturen. Besonders die Blüte ist durch Spätfröste gefährdet. Dabei sind Frühsorten robuster als Spätsorten. In Kübeln gedeihen jene Sorten gut, die auf einer schwach wachsenden Unterlage veredelt sind, etwa die Tafelbirne 'Conference' oder die Herbstsorte 'Köstliche von Charneu'. Die meisten sind als Containerpflanzen erhältlich. Die häufig französischen Namen rühren daher, dass viele Birnensorten zwischen 1700 und 1900 in Frankreich und Belgien gezüchtet wurden. Die Pflanzen benötigen, da selbstbefruchtend, unterstützende Handbestäubung.

Pyrus communis

Ribes

Johannisbeere

Ribes

Die Sträucher mit den beliebten roten, schwarzen oder weißen Beeren gehören zur Familie *Grossulariaceae* und können sehr gut in Kübeln gezogen werden. Sie sind winterhart, nur die Blüten sind frostanfällig, darum sollte man die Kübelpflanzen bei Spätfrostgefahr im Frühjahr abdecken oder ins Haus holen. Gepflanzt werden Johannisbeeren günstigerweise im Herbst, und zwar in humusreichen, durchlässigen Boden. In der folgenden Ruhezeit ist ein kräftiger Rückschnitt angebracht, um die Fruchtbildung des kommenden Jahres zu unterstützen. Die Pflanzen benötigen während der gesamten Vergetationsperiode im späten Frühjahr eine ausreichende Versorgung mit Wasser und Nährstoffen. Rote und Weiße Johannisbeeren werden mit schwach, mittel und stark wachsenden Sorten angeboten; die Unterschiede gibt es bei den Schwarzen Johannisbeeren nicht. Wichtig für das Gedeihen der Sträucher ist ein regelmäßiges Auslichten. Hochstämme erleichtern die Ernte.

Standort: ◆ ☀ ⛰
Vermehrung: ⊞
Eigenschaften: ∞ ❄
Krankheiten: Echter Mehltau,
 Rotpusteln
Schädlinge: Blattläuse, Johannisbeer-
 Gallmilbe
Ernte: Sommer

Brombeere

Rubus

Standort: 💧 ☀ – ☀ ⛰
Pflege: ⛰
Vermehrung: ▦ ✂
Eigenschaften: ∞
Krankheiten: Botrytis,
    Rutenkrankheit
Schädlinge: Maden
Ernte: Sommer – Herbst

Die Garten-Brombeere, ein holziger, ausladender Strauch, gehört auch zu den Rosengewächsen. Für die Gefäßpflanzung sollte man zu stachellosen Sorten greifen, die erheblich leichter zu ernten sind. Die schwarzen Früchte werden vom Hochsommer bis zum Frühherbst erntereif. Ehe Sie die Pflanze in durchlässige, nahrhafte Erde setzen, füllen Sie in den Kübel zunächst eine Dränage-Schicht, zum Beispiel Tonscherben. Man sollte der Brombeere einen sonnigen bis halbschattigen Standort gönnen und sie vor kalten Winterwinden schützen. Sie verlangt in der Vegetationsperiode wöchentliche Düngergaben und reichlich Wasser. Kürzen Sie den Strauch nach dem Pflanzen auf etwa 30–40 cm Höhe ein. Die Pflanze trägt stets an den Trieben des Vorjahres Früchte. Darum schneidet man nach der Ernte alle Triebe, die Früchte getragen haben, zurück. In der Regel benötigt die Brombeere eine Stütze, und wenn man sie im Freien überwintert, sollte man sie gut abdecken.

Rubus

Heidelbeere

Vaccinium corymbosum

Die robuste Heidelbeere, die aus Nordamerika stammt, zählt zu den Heidekrautgewächsen *(Ericaceae)*. Wie die Preiselbeere kommt sie nur in saurer, stets feuchter Erde an einem sonnigen, windgeschützten Standort zum gewünschten Ernteerfolg. Die buschige, langsam wachsende Pflanze kann auch im Kübel eine Größe von mehr als einem Meter erreichen. Besonders während der Wachstumsperiode muss die Heidelbeere reichlich gewässert und regelmäßig gedüngt werden. Da sie Früchte nur am einjährigen Holz hervorbringt, ist ein umfangreicher Form- oder Ausdünnungsschnitt kaum erforderlich, wohl aber sollte man den Strauch nach einigen Jahren verjüngen. Man vermehrt ihn durch Stecklinge oder Teilung des Wurzelstocks. Verbreitete Sorten sind die kräftig wachsenden 'Bluecrop' und 'Goldtraube', die frostharte 'Patriot' und die kompakte 'Top Hat'. Die Heidelbeere ist wenig anfällig gegenüber Krankheiten und Schädlingsbefall.

Standort: 💧 ☀ ⛰
Vermehrung: 🛏 ✂
Eigenschaften: ∞
Krankheiten: Phytophthora-Wurzelfäule
Ernte: Sommer

Vaccinium corymbosum

Arbeiten im Jahresverlauf

Im Frühjahr ...

... ist es endlich soweit. Nach der langen Zeit des Nichtstuns geht es ab März mit den Vermehrungsarbeiten los:

• Sommerblumen, Kräuter und Gemüse werden ausgesät; je nach Temperaturansprüchen im Haus oder schon direkt in Gefäße auf Balkon oder Terrasse.

• Kübelpflanzen, die jetzt zurückgeschnitten werden, liefern gleichzeitig Stecklinge.

• Stauden wie Immergrün, Sonnenhut, Astilbe, Taglilie, Bergenie oder Thymian werden geteilt.

• Ungeduldige können Ihrem »grünen Zimmer« jetzt schon mit frühjahrsblühenden Zwiebel- oder Knollenpflanzen, Stauden oder zweijährigen Sommerblumen Farbe verleihen.

• Stauden und Gehölze können gepflanzt werden.

• Beetrosen werden zurückgeschnitten.

• Kübelpflanzen werden jetzt umgetopft. Als Faustregel gilt: jüngere Pflanzen alle 2 bis 3 Jahre, ältere alle 5 bis 6 Jahre.

• Vergessen Sie bei warmem, sonnigen Wetter nicht, das Gewächshaus gut zu lüften, damit die Temperatur nicht zu hoch ansteigt. Besonders Gemüsepflanzen nehmen dies übel. Kleine Gewächshäuser für Balkon und Terrasse, die auch Schutz im Winter bieten können, werden überall in den Gartenbedarfsabteilungen größerer Gartencenter angeboten.

• Ab April sollten Kübelpflanzen, die nicht umgetopft werden, eine leichte Düngung erhalten, zum Beispiel mit organischen Flüssigdüngern. Oder Sie entfernen die obere Erdschicht und ersetzen diese durch eine Mischung aus Kompost und frischem Substrat. Lorbeer liebt das ganz besonders.

• Jetzt kann man kälteverträgliche Kübelpflanzen langsam an Freilandbedingungen gewöhnen, doch unbedingt vor praller Sonne und Spätfrösten schützen.

• Pflanzen Sie jetzt Blaubeeren und Himbeeren, damit die Früchte zum Hochsommer reif sind. Bei Himbeeren sollten im Dezember davor alle Triebe ebenerdig abgeschnitten werden, denn die Früchte entwickeln sich nur an neuen Trieben.

- Formgehölze wie Buchsbaum, Liguster oder Spindelstrauch werden nachgeschnitten und bei Bedarf gedüngt, am besten mit lang wirkenden Gartendüngern. Die Schnittreste von Buchsbaum können Sie als Stecklinge weiter vermehren.

- Sommerblühende Zwiebel- und Knollenpflanzen können gesetzt werden.

- Ab Mitte Mai, nach den Eisheiligen, dürfen alle frostempfindlichen Pflanzen ins Freie. Der Sommerflor beginnt.

- Je nach Witterung beginnt die Zeit der Schädlinge: Blattläuse, Spinnmilben und Schnecken können ab Mai eine Plage werden. Kontrollieren Sie Ihre Pflanzen regelmäßig. Bei Rosen können Echter Mehltau, Rosenrost oder Sternrußtau dazukommen.

- Wildtriebe an Rosenstämmchen abreißen.

Im Sommer ...

... fallen viele regelmäßige Arbeiten an

- Verblühtes und welkes Laub werden regelmäßig entfernt, ebenso wie trockene oder abgestorbene Triebe.

- Zwiebelblumen, deren Blätter verwelkt sind, werden entfernt. Gleichzeitig werden Zwiebeln und Knollen von Herbstblühern gepflanzt.

- Auf ausreichende Wasserversorgung achten.

- Wenn Sie bei der Pflanzung im Frühjahr aufgedüngtes Substrat verwendet haben, ist es ab Juni an der Zeit, nachzudüngen, denn der Düngervorrat ist meist nach 4 bis 6 Wochen verbraucht. Nadelgehölze brauchen magnesiumhaltigen Dünger.

- Bei mehrmals blühenden Rosen, egal ob Beet-, Kletter- oder Hochstammrose, ist ein Sommerschnitt angebracht. Das heißt, verblühte Triebe werden abgeschnitten, gleichzeitig wird mit einem speziellem Rosendünger nachgedüngt.

- Vergessen Sie nicht, Tomaten aufzubinden und Seitenzweige (Geiztriebe) laufend zu entfernen.

- Ab Juli kann man Erdbeerausläufer abnehmen und in Töpfe pflanzen, angießen und mit Vlies abdecken.

- Je nach Gattung und Sorte beginnt jetzt die Erntezeit im Obst-, Gemüse- und Kräutergarten.

- Im Spätsommer können Sie von Ihren Sommerblumen, Blütenstauden und Gräsern Samen ernten.

- Zweijährige Pflanzen werden jetzt ausgesät.

- Von Fuchsien, Pelargonien, Chrysanthemen und einigen Gehölzen können Sie Sommerstecklinge schneiden.

• Denken Sie an die Versorgung Ihrer Pflanzen im Urlaub.

• Decken Sie im Spätsommer Tomaten, Paprika, Auberginen und andere wärmebedürftige Gemüsearten mit einer Folienhaube ab. So können sie geschützt ausreifen.

Im Herbst ...

... heißt es »einpacken«

• Ersetzen Sie verblühte Sommerblumen durch eine Herbstbepflanzung. Gleichzeitig lassen sich Sträucher und winterharte Stauden pflanzen.

• Mediterrane Kübelpflanzen, mehrjährige Kräuter und Gehölze werden vor der Winterruhe nicht mehr gedüngt, denn sonst reifen die Triebe nicht aus.

• Nicht frostharte, mehrjährige Pflanzen müssen vor den ersten Minusgraden in das Winterquartier eingeräumt werden.

• Gleichzeitig gilt es, winterharte Gehölze und Stauden im Kübel vor starken Frösten zu schützen.

• Blüten von herbstblühenden Stauden werden bei Nachtfrösten abgedeckt, zum Beispiel mit Vlies.

• Zwiebelblumen für das nächste Frühjahr werden jetzt schon in Töpfe, Schalen oder Kästen gepflanzt. Sie müssen an einem geschützten Platz überwintern; am besten mit Reisig abdecken oder in ein Beet eingraben.

• Weinreben sollte man mit Netzen vor Vogelfraß schützen.

• Beste Pflanzzeit für Clematis.

• Frostempfindliche Wasserpflanzen wie Seerosen überwintert man am besten in einem mit Wasser gefüllten Gefäß, das kühl, dunkel und frostfrei aufgestellt wird (falls die Wassertiefe in Ihrem Becken weniger als 80 cm beträgt).

• Im Oktober/November Dahlien- und Canna-Knollen ausgraben, säubern und frostfrei an einem kühlen Ort überwintern.

• Jetzt lassen sich gut Stecklinge von Duft-Pelargonien oder Kräutern wie Rosmarin, Ananas-Salbei und Zitronen-Verbenen schneiden und auf der Fensterbank unter Folie bewurzeln.

Auch im Winter ...

... darf man nicht faul sein

• Selbst in der kalten Jahreszeit muss man nicht auf Balkonschmuck verzichten. Kästen und Kübel lassen sich mit Zweigen von Lebensbaum, Eibe, Buchsbaum, Tanne oder Fichte ausschmücken. Fruchtzweige von Vogelbeere, Schlehe, Cotoneaster oder Ilex sind bei der Vogelwelt ebenso beliebt wie gekauftes Vogelfutter.

• Eine nasse Schneedecke sollten Sie von den Pflanzen abfegen, aber vorsichtig, denn gefrorene Triebe brechen leicht. Eine Decke aus lockerem Schnee aber hält warm.

• Immergrüne Stauden wie Christrose oder Alpenveilchen werden durch Abdecken mit Reisig oder trockenem Laub vor langen Frostperioden geschützt.

• Kübelpflanzen im Winterquartier einmal wöchentlich auf Schädlinge, Krankheiten und Wasserbedarf kontrollieren, regelmäßig lüften.

• Räumen Sie Pflanzerden und Gießkannen ein, damit sie nicht durchfrieren bzw. platzen. Und sperren Sie die Wasseranschlüsse ab.

• Ab Januar kann man mediterrane Pflanzen wie Rosmarin oder Lorbeer an frostfreien Tagen an windgeschützte Stellen ins Freie stellen. Das härtet sie ab und schützt einem Schädlingsbefall vor. Aber vergessen Sie nicht, sie wieder hereinzuholen.

• Ab Mitte Januar können frühe Gemüsesorten, Sommerblumen und Kübelpflanzen, zum Beispiel Salate, Pelargonien, Begonien, Fuchsien, Palmen, Strelitzien oder Bananen, auf der Fensterbank ausgesät werden.

• Verzichten Sie auch im Winter nicht auf Vitamine. Mit Keimsprossen und grünen Kräutern in Schalen oder Gläsern gelingt dies leicht. Schnittlauch lässt sich leicht auf der Fensterbank ziehen.

• Im Februar kann man sommerblühende Sträucher an frostfreien Tagen zurück-

zuschneiden, darunter Forsythie, Weigelie, Pfeifenstrauch, Schneeball, Deutzie; Frühlingsblüher wie Ranunkelstrauch oder Brautspiere schneidet man erst nach der Blüte.

• Auch im Winter brauchen immergrüne Pflanzen an frostfreien Tagen Wasser. Entfernen Sie Untersetzer in dieser Jahreszeit besser, um Staunässe zu vermeiden.

Was blüht wo?

Neben dem regionalen Klima ist der Standort auf Balkon oder Terrasse entscheidend für das Wohlbefinden Ihrer Pflanzen. Vertragen die Pflanzen vollsonnige, warme Südlagen? Was wächst auf lichtarmen, kühleren Nordseiten? Nachfolgend finden Sie alles auf einen Blick.

Erläuterungen:
Blütezeit: S = Sommer, F = Frühjahr, H = Herbst, W = Winter

Ein- und Zweijährige Balkonpflanzen ...

... für sonnige Standorte

Botanischer Name	Deutscher Name	Blüte/Frucht	Eigenschaften / Feuchtigkeitsbedarf
Aeonium	Dickblatt	F-S	Strukturpflanze / mäßig
Amaranthus caudatus	Fuchsschwanz	S	Blütenpflanze / reichlich
Asteriscus maritimus	Goldtaler	S	Blütenpflanze / gleichmäßig
Bassia scoparia	Sommerzypresse	S	Strukturpflanze / mäßig
Bidens ferulifolia	Zweizahn	S	Blütenpflanze / reichlich
Briza maxima	Großes Zittergras	S	Strukturpflanze / reichlich
Callistephus chinensis	Sommeraster	S	Blütenpflanze / gleichmäßig
Calocephalus brownii	Calocephalus		Strukturpflanze / mäßig
Capsicum annuum	Zier-Paprika	S, Früchte H	Fruchtpflanze / reichlich
Celosia spicata	Hahnenkamm	S	Blütenpflanze / reichlich
Centaurea cyanus	Kornblume	S	Blütenpflanze / mäßig
Cleome spinosa	Spinnenpflanze	S	Blütenpflanze / reichlich
Clianthus punicus	Papageienschnabel	S	Blütenpflanze / reichlich
Convolvulus sabatius	»Blaue Mauritius«	S	Blütenpflanze / reichlich
Crassula coccinea	Dickblatt	S	Blütenpflanze / mäßig
Crocus	Krokus	F oder H	Blütenpflanze / reichlich
Cucurbita pepo	Zier-Kürbis	S, Früchte H	Fruchtpflanze / reichlich
Curcuma	Safranwurz	S	Blütenpflanze / reichlich
Dahlia	Dahlie	S	Blütenpflanze / reichlich
Dianthus	Nelke	S, Duft	Blütenpflanze / mäßig
Diascia	Elfensporn	S	Blütenpflanze / mäßig
Dorotheanthus bellidiformis	Mittagsblume	S	Blütenpflanze / mäßig
Echeveria	Echeverie	H	Blütenpflanze / mäßig
Euphorbia marginata	Schnee-auf-dem-Berge	S	Blütenpflanze / reichlich
Felicia amelloides	Blaues Gänseblümchen	S	Blütenpflanze / mäßig
Gazania	Mittagsgold, Gazanie	S	Blütenpflanze / mäßig
Gerbera jamesonii	Gerbera	S	Blütenpflanze / gleichmäßig

Botanischer Name	Deutscher Name	Blüte/Frucht	Eigenschaften / Feuchtigkeitsbedarf
Helianthus annuus	Sonnenblume	S	Blütenpflanze / reichlich
Helichrysum bracteatum	Strohblume	S	Blütenpflanze / mäßig
Helichrysum subulifolium	Strohblume	S	Blütenpflanze / mäßig
Heliotropium arborescens	Vanilleblume	S, Duft	Blütenpflanze / gleichmäßig
Hordeum jubatum	Mähnengerste	So	Strukturpflanze / mäßig
Hymenostemma paludosum	Zwergmargerite	S	Blütenpflanze / gleichmäßig
Iberis saxatilis	Felsen-Schleifenblume	F-S, Duft	Blütenpflanze / mäßig
Iris	Schwertlilie	F	Blütenpflanze / gleichmäßig
Lagurus ovatus	Hasenschwanzgras	S	Strukturpflanze / mäßig
Lampranthus	Eisnelke	S	Blütenpflanze / mäßig
Laurentia axillaris	Blausternchen	S	Blütenpflanze / gleichmäßig
Limonium sinuatum	Meerlavendel	S	Blütenpflanze / mäßig
Linaria maroccana	Leinkraut	S	Blütenpflanze / mäßig
Lobularia maritima	Duftsteinrich	S, Duft	Blütenpflanze / mäßig
Lotus	Hornklee	S	Blütenpflanze / gleichmäßig
Lupinus nanus	Zwerg-Lupine	S	Blütenpflanze / gleichmäßig
Matthiola incana	Garten-Levkoje	S, Duft	Blütenpflanze / gleichmäßig
Mesembryanthemum crystallinum	Mittagsblume	S	Blütenpflanze / mäßig
Molucella laevis	Muschelblume	S	Blütenpflanze / mäßig
Muscari	Traubenhyazinthe	F	Blütenpflanze / mäßig
Nemesia	Elfenspiegel	S	Blütenpflanze / gleichmäßig
Nicotinia	Zier-Tabak	S, Duft	Blütenpflanze / gleichmäßig
Nigella	Schwarzkümmel	S	Blütenpflanze / mäßig
Osteospermum	Kapmargerite	S	Blütenpflanze / mäßig
Papaver	Mohn	F-S	Blütenpflanze / reichlich
Pennisetum setaceum	Federborstengras	S	Strukturpflanze / reichlich
Phlox drummondii	Sommerphlox	S	Blütenpflanze / gleichmäßig
Pogonatherum paniceum	Zimmerbambus		Strukturpflanze / reichlich
Portulaca grandiflora	Portulakröschen	S	Blütenpflanze / mäßig
Salpiglossis sinuata	Trompetenzunge	S, Duft	Blütenpflanze / reichlich
Salvia	Salbei	S	Blütenpflanze / reichlich
Sanvitalia procumbens	Husarenknopf	S	Blütenpflanze / mäßig
Schizanthus x wisetonensis	Spaltblume	S	Blütenpflanze / reichlich
Senecio cineraria	Silberblatt	S	Strukturpflanze / mäßig
Solanum melongena	Eierfrucht	S, Früchte S-H	Fruchtpflanze / reichlich
Verbena	Eisenkraut	S	Blütenpflanze / gleichmäßig

... für sonnige-halbschattige Standorte

Botanischer Name	Deutscher Name	Blüte/Frucht	Eigenschaften / Feuchtigkeitsbedarf
Ageratum houstonianum	Leberbalsam	S	Blütenpflanze / reichlich
Antirrhinum majus	Löwenmäulchen	S	Blütenpflanze / mäßig
Bellis perennis	Tausendschön	F	Blütenpflanze / gleichmäßig

Botanischer Name	Deutscher Name	Blüte/Frucht	Eigenschaften / Feuchtigkeitsbedarf
Brachycome	Australisches Gänseblümchen	S	Blütenpflanze / reichlich
Browallia speciosa	Browallie	S	Blütenpflanze / mäßig
Calceolaria integrifolia	Pantoffelblume	S	Blütenpflanze / reichlich
Calendula officinalis	Ringelblume	S, Duft	Blütenpflanze / reichlich
Campanula	Glockenblume	S	Blütenpflanze / mäßig
Chlorophytum comosum	Grünlilie	S	Strukturpflanze / gleichmäßig
Clarkia	Godetie	S	Blütenpflanze / reichlich
Cosmos	Schmuckkörbchen	S	Blütenpflanze / reichlich
Cyperus papyrus	Papyrus	S-H	Strukturpflanze / reichlich
Dendranthema indicum	Herbst-Chrysantheme	H, Duft	Blütenpflanze / mäßig
Eustoma grandiflorum	Prärieenzian	So	Blütenpflanze / reichlich
Exacum affine	Blaues Lieschen	S	Blütenpflanze / reichlich
Fuchsia	»Sonnen-Fuchsie«	S	Blütenpflanze / reichlich
Helichrysum petiolare	Ruhrkraut, Silberblatt	S	Strukturpflanze / reichlich
Hyacinthus	Hyazinthe	F, Duft	Blütenpflanze / mäßig
Justicia brandegeana	Zierhopfen	F-H	Blütenpflanze / reichlich
Lantana camara	Wandelröschen	S, Duft	Blütenpflanze / reichlich
Lobelia	Blaue Lobelie, Männertreu	S	Blütenpflanze / gleichmäßig
Lysimachia congestiflora	Felberich, Lyssi	S	Blütenpflanze / gleichmäßig
Melampodium paludosum	Sterntaler	S	Blütenpflanze / gleichmäßig
Myosotis	Vergissmeinnicht	F	Blütenpflanze / reichlich
Narcissus	Narzisse, Osterglocke	F, Duft	Blütenpflanze / mäßig
Nierembergia hippomanica	Becherblume	S	Blütenpflanze / gleichmäßig
Nolana paradoxa	Glockenwinde	S	Blütenpflanze / mäßig
Pelargonium-Arten	Pelargonie, »Geranie«	S	Blüten-,Struktur-, Duftpflanze; je nach Art und Sorte / mäßig
Pentas lanceolata	Pentas	S, Duft	Blütenpflanze / mäßig
Pericallis cruentus	Cinerarie	F	Blütenpflanze / reichlich
Petunia	Petunie	S, Duft	Blütenpflanze / reichlich
Primula malacoides, P. obconica	Primel	F	Blütenpflanze / gleichmäßig
Ranunculus asiaticus	Ranunkel	F	Blütenpflanze / gleichmäßig
Rudbeckia hirta	Rauer Sonnenhut	S	Blütenpflanze / reichlich
Scaevola saligna	Blaue Fächerblume	S	Blütenpflanze / reichlich
Scilla sibirica	Blausternchen	F	Blütenpflanze / mäßig
Sparmannia africana	Zimmerlinde	F-S	Blütenpflanze / reichlich
Sutera	Schneeflockenblume	S	Blütenpflanze / reichlich
Tagetes	Studentenblume	S, Duft	Blütenpflanze / gleichmäßig
Torenia fournieri	Schnappmäulchen	S	Blütenpflanze / reichlich
Tropaeolum	Kapuzinerkresse	S	Blütenpflanze / reichlich
Tulipa	Tulpe	F	Blütenpflanze / mäßig
Viola wittrockiana	Stiefmütterchen	F, H	Blütenpflanze / gleichmäßig
Zantedeschia aethiopica	Zimmerkalla	F, S	Blütenpflanze / reichlich

... für halbschattige-schattige Standorte

Botanischer Name	Deutscher Name	Blüte/Frucht	Eigenschaften / Feuchtigkeitsbedarf
Acalypha hispida	Katzenschwanz	S	Blütenpflanze / reichlich
Begonia	Begonie	S	Blütenpflanze / reichlich
Catharanthus roseus	Immergrün	S	Blütenpflanze / mäßig
Cyclamen (Wildform)	Alpenveilchen	F, Duft	Blütenpflanze / mäßig
Fuchsia	Fuchsie	S	Blütenpflanze / reichlich
Hypoestes phyllostachya	Bunte Hüllenklaue	S	Strukturpflanze / reichlich
Impatiens walleriana	Fleißiges Lieschen	S	Blütenpflanze / reichlich
Impatiens-Neu-Guinea-Hybriden	Edellieschen	S-H	Blütenpflanze / reichlich
Mimulus	Gauklerblume	S	Blütenpflanze / reichlich
Plectrantus forsteri	Harfenstrauch	S	Strukturpflanze / reichlich
Sinningia	Gloxinie, Gesnerie	F, S	Blütenpflanze / gleichmäßig
Solenostemon scutellarioiedes	Buntnessel	S	Strukturpflanze / reichlich

Mehrjährige Balkonpflanzen ...

... für sonnige Standorte

Botanischer Name	Deutscher Name	Blüte/Frucht	Eigenschaften / Feuchtigkeitsbedarf
Achillea	Schafgarbe	S, Duft	Blütenpflanze / mäßig
Ajania pacifica	Ajania	H	Blütenpflanze / mäßig
Alyssum	Steinkraut	F, Duft	Blütenpflanze / mäßig
Arabis caucasia	Gänsekresse, Schaumkresse	F	Blütenpflanze / mäßig
Armeria maritima	Grasnelke	F-S	Blütenpflanze / gleichmäßig
Artemisia	Beifuß, Eberraute	S	Blütenpflanze / reichlich
Aster dumosus	Kissen-Aster	H	Blütenpflanze / mäßig
Aster novi-belgii	Glattblatt-Aster	H	Blütenpflanze / mäßig
Aubrieta	Blaukissen	F	Blütenpflanze / mäßig
Calluna vulgaris	Besenheide	S, H	Blütenpflanze / mäßig
Campanula capartica	Karpaten-Glockenblume	S	Blütenpflanze / mäßig
Carex buchananii	Fuchsrote Segge	S	Strukturpflanze / reichlich
Centranthus ruber	Spornblume	S	Blütenpflanze / mäßig
Delphinium grandiflorum	Zwerg-Rittersporn	S, Duft	Blütenpflanze / gleichmäßig
Echinacea purpurea	Roter Sonnenhut	S	Blütenpflanze / reichlich
Erigeron karvinskianus	Spanisches Gänseblümchen	S, H	Blütenpflanze / reichlich
Gaillardia pulchella	Kokardenblume	S	Blütenpflanze / mäßig
Gysophila	Schleierkraut	S	Blütenpflanze / reichlich
Hebe	Strauchveronika	S	Blütenpflanze / mäßig

Botanischer Name	Deutscher Name	Blüte/Frucht	Eigenschaften / Feuchtigkeitsbedarf
Iberis	Schleifenblume	F-S	Blütenpflanze / mäßig
Jovibarba sobolifera	Steinrose	S	Blütenpflanze / mäßig
Kniphofia	Fackellilie	S	Blütenpflanze / gleichmäßig
Liatris spicata	Prachtscharte	S	Blütenpflanze / mäßig
Limonium	Meerlavendel	S	Blütenpflanze / mäßig
Linum	Lein	S	Blütenpflanze / gleichmäßig
Lupinus polyphyllus	Stauden-Lupine	S, H	Blütenpflanze / reichlich
Lychnis	Lichtnelke	S	Blütenpflanze / mäßig
Nepeta X faassenii	Katzenminze	S, Duft	Blütenpflanze / mäßig
Oenothera	Nachtkerze	S, Duft	Blütenpflanze / mäßig
Origanum laevigatum	Dost, Zier-Oregano	S, Duft	Blütenpflanze / mäßig
Panicum virgatum	Rispenhirse	S	Strukturpflanze / gleichmäßig
Pennisetum alopecuroides	Federborstengras	S, H	Strukturpflanze / mäßig
Phlox	Flammenblume	F	Blütenpflanze / reichlich
Platycodon grandiflorus	Ballonblume	S	Blütenpflanze / reichlich
Primula veris	Echte Schlüsselblume	F	Blütenpflanze / mäßig
Salvia nemorosa	Steppen-Salbei	S, H, Duft	Blütenpflanze / mäßig
Salvia officinalis	Echter Salbei	S, Duft	Blütenpflanze / mäßig
Santolina chamaecyparissus	Heiligenkraut	S, Duft	Strukturpflanze / mäßig
Scabiosa	Skabiose	S	Blütenpflanze / mäßig
Sedum telephium	Purpur-Fetthenne	S-H, Duft	Blütenpflanze / mäßig
Sempervivum	Hauswurz	S	Blütenpflanze / mäßig
Stachys byzantina	Silberwoll-Ziest	F-S	Strukturpflanze / mäßig
Stipa	Ferderschweif	S-H	Strukturpflanze / mäßig
Tanacetum parthenium	Goldkamillie	S, Duft	Blütenpflanze / mäßig
Thymus	Thymian, Quendel	S, Duft	Blütenpflanze / mäßig

... für sonnige-halbschattige Standorte

Botanischer Name	Deutscher Name	Blüte/Frucht	Eigenschaften / Feuchtigkeitsbedarf
Acorus gramineus	Kalmus	F-S	Strukturpflanze / reichlich
Agastache	Mexikanische Minze	S, Duft	Blütenpflanze / reichlich
Alchemilla mollis	Frauenmantel	S	Blütenpflanze / mäßig
Aquilegia	Akelei	F	Blütenpflanze / gleichmäßig
Aster alpinus	Alpen-Aster	F-S	Blütenpflanze / mäßig
Bergenia	Bergenie	F	Blütenpflanze, Strukturpflanze / reichlich
Briza media	Mittleres Zittergras	F-S	Strukturpflanze / mäßig
Campanula persicifolia	Pfirsichblättrige Glockenblume	S	Blütenpflanze / mäßig
Campanula pyramidalis	Pyramiden-Glockenblume	S	Blütenpflanze / mäßig
Cerastium tomentosum	Hornkraut	F-S	Blütenpflanze / mäßig
Dianthus plumarius	Feder-Nelke	F-S, Duft	Blütenpflanze / mäßig
Erica	Glockenheide	S-H, W (je nach Art)	Blütenpflanze / reichlich
Festuca	Schwingel	S/F-W	Strukturpflanze / mäßig

Botanischer Name	Deutscher Name	Blüte/Frucht	Eigenschaften / Feuchtigkeitsbedarf
Fragaria	Garten-Erdbeere	So	Fruchtpflanze / gleichmäßig
Gentiana	Enzian	S	Blütenpflanze / mäßig
Geum	Nelkenwurz	S	Blütenpflanze / reichlich
Hakonechloa macra	Japanwaldgras	S-H	Strukturpflanze / reichlich
Heuchera micrantha	Purpurglöckchen	S	Blütenpflanze, Strukturpflanze / gleichmäßig
Linaria purpurea	Leinkraut	S	Blütenpflanze / mäßig
Lobelia x speciosa	Lobelie	S	Blütenpflanze / reichlich
Lysimachia punctata	Goldfelberich	S	Blütenpflanze / reichlich
Malva moschata	Moschus-Malve	S	Blütenpflanze / gleichmäßig
Meconopsis	Schlafmohn	S	Blütenpflanze / reichlich
Mimulus	Gauklerblume	S	Blütenpflanze / reichlich
Molinia caerulea	Blaues Pfeifengras	S	Strukturpflanze / reichlich
Monarda	Indianernessel	S, Duft	Blütenpflanze / mäßig
Oxalis	Glücksklee	F	Blütenpflanze / reichlich
Papaver nudicaule	Island-Mohn	S	Blütenpflanze / mäßig
Pulsatilla	Küchenschelle	F	Blütenpflanze / mäßig
Pyracantha	Feuerdorn	F, S	Blütenpflanze / mäßig
Trollius chinensis	Trollblume	S	Blütenpflanze / reichlich
Viola cornuta	Horn-Veilchen	F-H	Blütenpflanze / mäßig

... für halbschattige- schattige Standorte

Botanischer Name	Deutscher Name	Blüte/Frucht	Eigenschaften / Feuchtigkeitsbedarf
Adiantum	Frauenhaarfarn		Strukturpflanze / gleichmäßig
Ajuga reptans	Ajuga	F	Blütenpflanze / reichlich
Anemone blanda	Vorfrühlings-Anemone	F	Blütenpflanze / gleichmäßig
Aruncus	Geißbart	S	Blütenpflanze / reichlich
Asplenium	Streifenfarn		Strukturpflanze / mäßig
Astilbe	Prachtspiere	S-H	Blütenpflanze / reichlich
Calamintha nepetoides	Steinquendel	S, Duft	Blütenpflanze / reichlich
Campanula glomerata	Knäuel-Glockenblume	S	Blütenpflanze / mäßig
Campanula portenschlagiana	Dalmatiner-Glockenblume	S-H	Blütenpflanze / mäßig
Campanula poscharskyana	Hängepolster-Glockenblume	S	Blütenpflanze / mäßig
Carex morrowii	Japan-Segge	F	Strukturpflanze / reichlich
Dicentra spectabilis	Tränendes Herz	F-S	Blütenpflanze / gleichmäßig
Dryopteris	Wurmfarn		Strukturpflanze / reichlich
Geranium	Storchschnabel	S	Blütenpflanze / mäßig
Glechoma hederacea	Gundermann	S	Strukturpflanze / reichlich
Helleborus	Nieswurz, Christrose	W, F	Blütenpflanze / reichlich
Hosta	Funkie	S	Strukturpflanze / reichlich
Houttuynia cordata	Houttuynie	S	Strukturpflanze / reichlich
Kirengeshoma palmata	Wachsblume	S	Blütenpflanze / reichlich

Botanischer Name	Deutscher Name	Blüte/Frucht	Eigenschaften / Feuchtigkeitsbedarf
Lamium maculatum	Taubnessel	S	Strukturpflanze / reichlich
Lewisia cotyledon	Bitterwurz	S	Blütenpflanze / mäßig
Mentha suaveolens	Ananas-Minze	S	Strukturpflanze / reichlich
Ophiopogon	Schlangenbart	F	Strukturpflanze / reichlich
Osmunda	Königsfarn		Strukturpflanze / reichlich
Polystichum	Schildfarn		Strukturpflanze / reichlich
Primula denticulata	Kugel-Primel	F, Duft	Blütenpflanze / reichlich
Primula japonica	Japanische Etagen-Primel	S	Blütenpflanze / reichlich
Primula vulgaris	Kissen-Primel	F, Duft	Blütenpflanze / reichlich
Pritzelago alpina	Alpen-Gämskresse	F-S	Blütenpflanze / mäßig
Saxifraga	Steinbrech	F	Blütenpflanze / gleichäßig
Vinca minor	Kleines Immergrün	F	Blütenpflanze / reichlich

Kübelpflanzen ...

... für sonnige Standorte

Botanischer Name	Deutscher Name	Blüte/Frucht	Überwinterung (nur bedingt)
Abutilon megapotanicum	Schönmalve	S-H	Hell, 10-15 (20) °C
Acacia	Akazie	F-H	Hell, 5-15 °C
Agave	Agave	Blüten nach 10 bis 15 Jahren,	Hell, 5-15°; dunkel um 5 °C Pflanze stirbt dann ab
Anigozanthus	Kängurublume	F-S	Hell, 10-15 °C
Argyranthenum frutescens	Strauchmargerite	S-H	Hell, 5-15 °C
Asclepias curassavica	Seidenpflanze	S	Hell, 10-15 °C
Bougainvillea glabra	Bougainvillie	S-H	Hell, 10-15 °C; dunkel 5-10 °C
Callistemon citrinus	Zylinderputzer	S	Hell, 5-10 °C
Canna indica	Blumenrohr	S	Dunkel (Knollen), 10-15 °C
Cassia	Kassie, Gewürzrinde	S-H	Hell um 10 °C; dunkel um 5 °C
Caryopteris x clandonensis	Bartblume	S-H	Winterschutz
Chamaerops humilis	Zwergpalme		Hell, 5-10 °C; Dunkel 0-5 °C
Cistus	Zistrose	S	Hell, 5-10 °C; im Weinbauklima ausgepflanzt mit Winterschutz
Citrus	Zitruspflanzen	F-S, Duft	Hell, (5) 10-15 °C
Cotinus coggyria	Perückenstrauch	F-S, auffällige Fruchtstände	Im Freien
Cupressus macrocarpa	Monterey-Zypresse		Hell, 5-10 °C
Cytisus decumbens	Kriechender Geißklee	F	Im Freien
Cytisus x racemosus	Geißklee	F, Duft	Hell, 5-10 °C

Botanischer Name	Deutscher Name	Blüte/Frucht	Überwinterung (nur bedingt)
Dracaena draco	Drachenbaum	F	Hell, 10-15 °C
Echium wildpretii	Natternkopf	S	Hell, 5-10 °C
Erica	Baumheide	F	Hell, 5-10 °C
Erythrina crista-galli	Korallenbaum	S	Hell-dunkel, 5-10 °C
Eucomis bicolor	Schopflilie	S	Ohne Laub (Zwiebel) dunkel, 5-10 °C
Euryops	Gelbe Kap-Margerite	S-H	Hell, 5-15 °C
Ficus carica	Echte Feige	F	Hell-dunkel, 1-10 °C, im Weinbauklima ausgepflanzt mit Winterschutz
Genista maderensis	Ginster	F	Hell, 5-10 °C
Genista tintoria	Färber-Ginster	S	Im Freien
Hedychium	Kranzblume	S	Hell, 10-15 °C
Hibiscus rosa-sinensis	Roseneibisch	S-H	Hell, 10-15 °C; im Wintergarten bis 20 °C
Hibiscus syriacus	Strauch-Eibisch	So	Im Freien mit Winterschutz
Jasminum officinale	Echter Jasmin	S-H, Duft	Hell, 5-10 °C; im Weinbauklima ausgepflanzt mit Winterschutz
Juniperus squamata	Schuppen-Wacholder		Im Freien
Lagerstroemia indica	Kreppmyrte	S-H	Hell 10-15 °C; Dunkel 5-10 °C
Lantana camara	Wandelröschen	S-H, Duft	Hell, 10-15 °C; Dunkel um 5 °C
Lavandula	Lavendel	S-H, Duft (auch Blätter)	Hell, 5-10 °C
Lavatera thuringiaca	Strauchpappel	S	Im Freien
Lavatera arborea, L. olbia	Baum-, Strauch-Malve	S	Hell, 5-10 °C
Leptospermum scoparium	Zaubermyrte	F-S	Hell, 5-10 °C
Magnolia grandiflora	Magnolie	S, Duft	Hell, 5-10 °C
Nerinum oleander	Oleander	S-H, Duft	Hell, 5-10 °C
Olea europaea	Ölbaum	S, Frucht H	Hell, 5-10 °C; im Weinbauklima ausgepflanzt mit Winterschutz
Passiflora	Passionsblume	S, Duft	Hell, 5-10 (15) °C
Phoenix	Dattelpalme	S	Hell, 5-10 °C
Phormium cookianum, P. tenax	Neeseeländer Flachs	S	Hell (dunkel), 5-10 °C; im Weinbauklima ausgepflanzt mit Winterschutz
Picea pungens	Blau-Fichte	F, hängende Zapfen	Im Freien
Pinus parviflora	Mädchen-Kiefer	F, braunrote Zapfen	Im Freien
Prunus serrulata	Japanische Blütenkirsche	F	Im Freien
Punica granatum	Granatbaum	F-S, Frucht S-H	Hell- dunkel, 5-10 °C
Ricinus communis	Wunderbaum	S-H	Hell, 5-10 °C; meist einjährig gezogen

Botanischer Name	Deutscher Name	Blüte/Frucht	Überwinterung (nur bedingt)
Rosmarinus officinalis	Rosmarin	S, Duft	Hell, 5-10 °C; im Weinbauklima ausgepflanzt mit Winterschutz
Spiraea japonica	Zwerg-Spierstrauch	S	Im Freien
Strelitzia reginae	Strelitzie	F-S	Hell, 10-15 °C
Syringa microphylla	Kleinblättriger Flieder	S, H	
Tibouchina urvilleana	Prinzessinnenblume	S-H	Hell, (5) 10-15 °C
Washingtonia filifera	Priesterpalme		Hell (dunkel), 5-10 °C

... für sonnige-halbschattige Standorte

Botanischer Name	Deutscher Name	Blüte/Frucht	Überwinterung (nur bedingt)
Acer negundo	Eschen-Ahorn	F	Im Freien; Herbstfärbung
Acer palmatum	Fächer-Ahorn	F	Im Freien; Herbstfärung
Acer platanoides	Spitz-Ahorn	F, Duft	Im Freien; Herbstfärbung
Agapanthus	Schmucklilie	S	Hell (dunkel), 5-10 °C
Albizia	Seidenbaum	S	Hell, 5-10 (15) °C
Aloysia triphylla	Aloysia	S (Blätter duften)	Hell, 5-10 °C
Anisodontea capensis	Scheinmalve	S-H	Hell, (5) 10-15 °C
Berberis thunbergii	Thunbergs Berberitze	F	Im Freien
Brugmansia	Engelstrompete	S-H, Duft	Hell, 10-15 °C; Dunkel 5-10 °C
Cestrum elegans	Hammerstrauch	S	Hell, 10-15 °C; dunkel 5-10 °C
Chamaecyparis lawsoniana	Scheinzypresse	Kleine, kugelige Frucht	Im Freien
Chamaecyparis pisifera	Scheinzypresse	Kleine, kugelige Zapfen	Im Freien
Choisya ternata	Orangenblume	F-S, Duft	Hell, 5-10 °C
Cordyline australis	Keulenlilie	Unscheinbar	Hell, 5-15 °C
Cotoneaster	Zwergmispel	F, Beeren S	
Eucalyptus	Eukalyptus	H-W	Hell, 5-15 °C; im Weinbauklima ausgepflanzt mit Winterschutz
Euonymus alatus	Flügel-Spindelstrauch	F	Im Freien; Herbstfärbung
Exochorda macrantha	Radspiere	F	Im Freien
Gingko biloba	Ginkgo	F	Im Freien
Grevillea robusta	Silbereiche	Blüte erst nach 10-15 Jahren	Hell, 10-15 °C; dunkel 5-10 °C
Hemerocallis	Taglilie	S	Im Freien mit Winterschutz
Kalmia angustifolia	Lorbeerrose	S	Im Freien
Laurus nobilis	Lorbeer	F (Blätter duften)	Hell, 1-5 (10) °C
Lilium	Lilie	4-5 Monate nach der Pflanzung; Duft	Im Freien, mit Winterschutz
Lycianthes rantonetti	Blauer Kartoffelstrauch	F-H	Hell um 10°C, dunkel um 5°C
Metrosideros excelsa	Eisenholzbaum	F-S	Hell, 5-10 °C
Myrtus communis	Myrte	S-H, Duft (auch Blätter)	Hell, 5-10 (15)°C

Botanischer Name	Deutscher Name	Blüte/Frucht	Überwinterung (nur bedingt)
Pinus mugo subsp. pumilio	Zwerg-Kiefer	F, längliche Zapfen	Im Freien
Pittosporum	Klebsame	F-S, Duft	Hell, 5-10 °C
Plumbago auriculata	Bleiwurz	S-H	Hell, 5-10 °C; dunkel 3-5 °C
Potentilla fruticosa	Fingerstrauch	F-H	Im Freien
Prunus laurocerasus	Lorbeerkirsche	F, später kugelige Früchte	Im Freien
Prunus triloba	Mandelbäumchen	F	Im Freien
Quercus suber	Korkeiche	Unscheinbar	Hell, 5-10 ^C
Ruscus aculeatus	Mäusedorn	F	Hell, 5-10 °C
Salix	Weide	F, Fruchtkätzchen	Im Freien
Syzygium paniculatum	Kirschmyrte	S	Hell, 5-10 °C
Taxus baccata	Eibe	F, Samen mit roter Fruchtschale	Im Freien
Thuja occidentalis	Abendländischer Lebensbaum	F, längliche Zapfen	Im Freien
Trachycarpus fortunei	Hanfpalme	S	Hell (dunkel), 5-10 °C
Ulmus x hollandica	Holländische Ulme	F	Im Freien
Viburnum tinus	Lorbeerblättriger Schneeball	F, H, Duft	Hell, 5-10 °C

... für halbschattige-schattige Standorte

Botanischer Name	Deutscher Name	Blüte/Frucht	Überwinterung (nur bedingt)
Aspidistra elatior	Schusterpalme	F, unscheinbar	Hell, um 10 °C
Aucuba japonica	Aukube	F, unscheinbar	Hell, 5-10 °C; im Freien mit Winterschutz
Bambusa	Bambus	S	Mit Winterschutz im Freien, besser bei 5-10 °C und hell
Buxus sempervirens	Buchsbaum	F, unscheinbar	Im Freien
Camellia japonica	Kamelie	W-F	Hell, 5-10 °C
Cleyera japonica	Sperrstrauch	F, Beeren S	Hell, (5) 10-15 °C
Corokia cotoneaster	Zickzackstrauch	F, Duft	Hell, 5-10 °C
Cornus alba	Weißer Hartriegel	F	
Cycas revoluta	Sagopalme, Palmfarn		Hell, (5) 10-15 °C
Euonymus japonica	Spindelstrauch	S	Hell, 5-10 °C; verträgt bis −5 °C
Fatsia japonica	Zimmeraralie	S-H, klein	Hell, 5-10 (15) °C
Fuchsia	Fuchsie	F-H	Hell-dunkel, 5-10 °C
Gardenia jasminoides	Gardenie	S-H, Duft	Hell, 10-15 °C
Howeia belmoreana, H. forsteriana	Kentiapalme		Hell, (5) 10-15 °C
Hydrangea macrophylla	Hortensie	S	Dunkel, 5-10 °C
Ilex	Stechpalme	F	Im Freien
Ligustrum indicum, L. lucidum	Liguster	F-S, Duft	Hell, 5-10 °C
Osmanthus heterophyllus, O. delavayi	Duftblüte	F, Duft	Hell, 5-10 °C

Botanischer Name	Deutscher Name	Blüte/Frucht	Überwinterung (nur bedingt)
Phyllostachys nigra	Schwarzer Bambus		Mit Winterschutz im Freien oder hell bei 5-10 °C
Pieris japonica	Lavendelheide	F	Im Freien
Rhapis humilis, R. excelsa	Steckenpalme	F (unscheinbar)	Hell, 5-20 °C je nach Lichtintensität
Rhododendron	Alpenrose, Rhododendron	F	Im Freien
Skimmia japonica	Skimmie	F, kugelige, rote Früchte	Im Freien

Wichtiger Hinweis: Für alle Kübelpflanzen, die im Freien überwintern, empfiehlt sich – vor allem in kälteren Regionen mit längeren Frostperioden – den Wurzelballen, sprich Kübel, gut zu isolieren. Genaue Hinweise finden Sie auf S. 22.

Kletterpflanzen...

... für sonnige Standorte

Botanischer Name	Deutscher Name	Blüte/Frucht	Lebensform / Überwinterung
Actinidia arguta, A. kolomikta	Strahlengriffel	F-S, kleine Früchte	Mehrjährig, frosthart
Akebia quinata	Akebie	F, Duft	Mehrjährig, frosthart
Asarina barclaiana	Maurandie	S	Einjährig kultiviert, frostempfindlich
Bignonia capreolata	Kreuzrebe	F-S	Mehrjährig
Campsis radicans	Klettertrompete	S	Mehrjährig, frosthart
Cardiospermum halicacabum	Ballonpflanze	S	Einjährig
Cobaea scandens	Glockenrebe	S-H	Einjährig
Convolvulus tricolor	Buschwinde	S	Einjährig
Eccremocarpus scaber	Schönrauke	S-H	Einjährig, mehrjährig
Ipomoea coccinea	Rote Sternwinde	S-H, Duft	Einjährig
Ipomoea purpurea	Trichterwinde	S	Einjährig
Ipomoea tricolor	Trichterwinde	S-H	Einjährig
Lathyrus odoratus	Duftwicke	S, Duft	Einjährig
Mandevilla laxa	Chilenischer Jasmin	S, Duft	Hell oder dunkel, 5-10 °C
Phaseolus coccineus	Feuer-Bohne	S, große Bohnen	Einjährig
Rosa	Kletterrosen	S-H, Duft, je nach Sorte	Mehrjährig, frosthart
Tecomaria capensis	Trompetenwinde	S-H	Hell, 10-15 °C; dunkel max. 10 °C
Thunbergia alata, Th. grandiflora	Schwarzäugige Susanne	S-H	Einjährig
Wisteria floribunda	Japanischer Blauregen	F, S	Mehrjährig, frosthart

... für sonnige-halbschattige Standorte

Botanischer Name	Deutscher Name	Blüte/Frucht	Lebensform / Überwinterung
Ampelopsis brevipedunculata	Scheinrebe	S	Mehrjährig
Clematis montana	Berg-Waldrebe	F-S, Duft	Mehrjährig, frosthart
Clematis-Sorten (Hybriden)	Großblumige Klematis	F-H, je nach Sorte	Mehrjährig, frosthart
Humulus japonicus	Japanischer Hopfen	S, unscheinbar	Einjährig
Hydrangea anomala supsp. petiolaris	Kletter-Hortensie	S	Mehrjährig, frosthart
Ipomoea lobata	Sternwinde	S-H	Einjährig
Jasminum nudiflorum	Winter-Jasmin	F	Mehrjährig
Rhodochiton atrosanguineus	Purpurglocke, Rosenkleid	S-H	Einjährig
Tropaeolum peregrinum	Kanarische Kapuzinerkresse	S-H	Einjährig
Vitis vinifera	Echte Weinrebe	S	Mehrjährig, frosthart

... für halbschattige-schattige Standorte

Botanischer Name	Deutscher Name	Blüte/Frucht	Lebensform / Überwinterung
Aristolochia macrophylla	Pfeifenwinde	S	Mehrjährig, frosthart
Clematis alpina	Alpen-Waldrebe	F, S	Mehrjährig, frosthart
Fallopia baldschuriana	Knöterich	S	Mehrjährig, frosthart
Hedera helix	Efeu	S, schwarze Beeren, giftig	Mehrjährig, frosthart
Humulus japonicus	Japanischer Hopfen	S, unscheinbar	Einjährig
Lonicera	Geißblatt	S, je nach Sorte duftend	Mehrjährig, frosthart
Parthenocissus	Jungfernrebe, Wilder Wein	S, blauschwarze Beeren, giftig Herbstfärbung	Mehrjährig, frosthart

Wichtiger Hinweise: Kletterpflanzen brauchen einen windgeschützten Standort. Bei längeren Frostperioden decken Sie die Wurzelscheibe ab; wachsen die Pflanzen im Kübel, schützen Sie den Wurzelbereich vor Frost (siehe »Kübelpflanzen«).

Kräuter, Gemüse, Obst

Die meisten Kräuter, Gemüse- und Obstpflanzen brauchen zur Ausbildung ihres unvergleichlichen Aromas und schmackhafter Früchte unbedingt sonnige Standorte. Einige wachsen aber auch gut im Schatten.

Kräuter für halbschattige bis schattige Standorte:
Schnittlauch, Kerbel, Estragon, Borretsch, Melisse, Krause Minze, Ananas-Minze, Pfeffer-Minze, Petersilie
Gemüse und Obst für sonnige bis halbschattige Standorte:
Bohnen, Karotten, Kohlrabi, Mangold, Salat, Zucchini; Erdbeere, Apfel, Pfirsich, Süßkirsche, Birne, Johannisbeere, Brombeere, Heidelbeere,

Schädlinge und Krankheiten

Vorbeugung und Bekämpfung

Damit man sich lange Zeit an seiner Pflanzenpracht erfreuen kann, gilt auf dem Balkon und auf der Terrasse die gleiche Devise wie im Garten: »Vorbeugung ist die beste Medizin«. Der erste Schritt ist schon getan, wenn man beim Kauf auf gesunde, kräftige Pflanzen achtet. Gute Qualität hat natürlich ihren Preis, doch die Investition lohnt sich, denn diese Pflanzen sind widerstandsfähiger und entwickeln sich schneller als schwächliche Exemplare.

Ebenso entscheidend für eine gute Entwicklung ist der richtige Standort und die richtige Pflege. So können eine zu enge Pflanzung oder zu dunkle, feuchte Standorte das Auftreten von Schädlingen und Krankheiten ebenso fördern wie zu geringe oder übermäßige Wasser- und Düngergaben. Stehen die Pflanzen zu nass, faulen sie schnell und bieten Eintrittspforten für Pilzkrankheiten. Werden sie zu stark gedüngt, wird das Gewebe sehr weich und eine leichte Beute für saugende Insekten wie Blattläuse. Stellen Sie Ihre Pflanzen nicht zu dicht auf und achten Sie darauf, dass sie nach Regenschauern schnell wieder abtrocknen können, um das Entstehen von Pilzerkrankungen zu verhindern.

Kontrollieren Sie Ihre Pflanzen regelmäßig auf einen Schädlings- oder Krankheitsbefall, damit Sie diesen frühzeitig eindämmen können.

Nützliche Insekten fühlen sich auch auf dem Balkon oder der Terrasse wohl, vorausgesetzt, Sie verzichten auf chemische Pflanzenschutzmittel, denn diese beschränken sich leider nicht nur auf Schadinsekten. Marienkäfer, Schwebfliegen, Florfliegen und Co. siedeln sich von ganz allein an und wirken oft wahre Wunde. Lassen Sie auch Spinnen an ihrem Platz gewähren, auch sie fressen Blattläuse, Mücken und Fliegen. Nachhelfen kann man zum Beispiel mit Nistkästen und Tränken für Vögel oder Schlupfwinkel für Kröten, die ebenfalls sehr fleißige Schädlingsvertilger sind. Die Pflanze selbst toleriert häufig eine gewisse Anzahl von Schädlingen ohne selbst Schaden zu nehmen. Sind genügend natürliche Feinde vorhanden und das biologische Gleichgewicht in Ordnung, ist eine chemische Bekämpfung meist nicht notwendig. Ist sie doch einmal unvermeidlich, fragen Sie im Fachhandel nach nützlingsschonenden Präparaten. Bei der Behandlung von blühenden Pflanzen greifen Sie unbedingt auf bienenungefährliche Mittel zurück.

Empfehlenswert wegen ihrer vorbeugenden, pflanzenstärkenden und schädlingsabwehrenden Wirkung sind Kräuterzubereitungen wie Tees, Brühen oder Jauchen, die es mittlerweile auch schon als Fertigpräparate im Handel gibt. Sie lassen sich leicht selbst ansetzen, als Faustregel gilt 1 kg frische bzw. 150 g getrocknete Pflanzen auf 10 l Wasser. Tees werden wie gewöhnlich gekocht und müssen dann noch etwas ziehen, Brühen werden nach 24 Stunden noch einmal aufgekocht. Beide dürfen nur abgekühlt verwendet werden. Jauchen müssen etwa 14 Tage vergären, bis sie nicht mehr schäumen, und sollten nur verdünnt, am besten abends, auf die Pflanze gespritzt werden.

Mit Jauche, Tee und Brühe gegen Schädlinge und Krankheiten: Dabei werden 1 kg frische oder 200 g getrocknete Brennesseln mit 10 l Wasser angesetzt und täglich umgerührt. Wen der Geruch auf dem Balkon oder der Terrasse stört, kann auch einen Kaltwasserauszug aus Brennesseln herstellen. Dieser wird genauso angesetzt, vergärt aber nicht und kann nach 1-2 Tagen unverdünnt gespritzt werden.

Ackerschachtelhalmtee gegen Mehltau, Rost und Schorf sowie Spinnmilben: 1 kg frisches oder 150 g getrocknetes Kraut wird mit 10 l Wasser 30 Minuten aufgekocht, anschließend abgegossen und fünffach verdünnt auf die Pflanzen gespritzt. Knoblauchtee ist ebenso wirksam. Hier reichen 75 g zerkleinerter Knoblauch auf 10 l Wasser; der Tee kann unverdünnt angewendet werden.

Rainfarnbrühe gegen Blattläuse, Spinnmilben und Pilzkrankheiten: 300 g frische oder 30 g getrocknete Pflanzen werden 24 Stunden in 10 l Wasser eingeweicht und danach noch einmal 20 bis 30 Minuten aufgekocht, bevor sie abgekühlt gespritzt werden können.

Tierische Schädlinge

Blattläuse: Wer kennt sie nicht, diese weit verbreiteten Schädlinge, die fast jede Pflanzenart befällt. Typisches Schadbild sind verkrüppelte, gekräuselte oder zusammengerollte Blätter, die Triebe sind verkürzt und die Pflanze welkt teilweise oder ganz. Die Blattlauskolonien sitzen bevorzugt an der Blattunterseite, besonders gerne saugen sie an jungen, weichen Pflanzenteilen. Durch die Honigtauabsonderung folgen häufig Rußtaupilze. Zudem übertragen Blattläuse viele gefährliche Viruskrankheiten. Vorbeugen kann man mit einer ausgewogenen Düngung ohne zu viel Stickstoff. Bei einem leichtem Befall reicht es aus, die befallenen Pflanzenteile zu entfernen oder in Schmierseifenbrühe zu tauchen. Ein Kaltwasserauszug der Brennessel, als unverdünntes Spritzmittel eingesetzt, ist ebenfalls sehr wirksam. Bei stärkerem Befall kann man ein nützlingsschonendes Pflanzenschutzmittel einsetzen, das natürlichen Feinden wie Florfliegen oder Marienkäfer nicht schadet.

Schildläuse: Sie befallen Nadel- und Laubgehölze, Obstbäume und -sträucher und sind nicht selten unliebsame Begleiter im Winterquartier von Kübelpflanzen, häufig bei Zitruspflanzen. Die flachen oder gewölbten, gelblich bis bräunlichen Läuse sitzen bewegungslos an Zweigen und Blättern. Durch die Absonderung von Honigtau kommt es häufig zum Befall mit Rußtaupilzen. Bei schwächerem Befall sammelt man die Tiere am besten ab. Bei starkem Befall ist bei hartlaubigen Pflanzen der Einsatz eines mineralölhaltiges Präparat hilfreich, das wiederholt gespritzt wird und die Läuse unter dem Ölfilm erstickt. Dies sollte aber nicht zu häufig geschehen, damit die Spaltöffnungen der Blätter nicht verkleben. Im Gewächshaus helfen nützliche Schlupfwespen, die über den Fachhandel zu bestellen sind.

Schmierläuse (Wollläuse): Die kleinen, mit weißen Wachsausscheidungen überzogenen Tiere sitzen an den Blattunterseiten, Blattstielen, Trieben und besonders in den Blattachseln. Im Gegensatz zu Schildläusen sind sie beweglich, aber genauso lästig. Durch die Absonderung von Honigtau folgen häufig Rußtaupilze. Die Blätter sind dann klebrig und glänzend. Bei Nadelbäumen vergilben die Nadeln und fallen ab. Die Bekämpfung erfolgt wie bei Schildläusen.

> **Tipp:** Empfindliche Zimmer- und Kübelpflanzen sollten nicht zu warm überwintert werden, damit sich die Läuse nicht weiter vermehren.

Spinnmilben: Die nur etwa 0,5 mm großen »Roten Spinnen« verursachen durch ihre Saugtätigkeit punktförmige, helle Flecken auf der Blattoberseite. Die Blätter vertrocknen und sterben schließlich ab. Pelargonien reagieren mit sogenannten »Korkflecken« auf den Blättern. Die Tiere sitzen an der Blattunterseite und ihr Wirtsspektrum reicht von der Zimmerpflanze bis zum Obstbaum. Typisch sind weiße Gespinste zwischen den Blattachseln und auf den Blattunterseiten. Spinnmilben treten besonders bei trockener, warmer Witterung auf, die ihre Vermehrung fördert. Aus diesem Grund ist trockene Luft möglichst zu vermeiden. Auf Terrasse und Balkon sollte man wichtige Gegenspieler wie Raubmilben und Raubwanzen fördern und nur bei starkem Befall auf ein nützlingsschonendes Pflanzenschutzmittel wie Kaliseifen-Präparate zurückgreifen.

Weiße Fliegen (Mottenschildläuse): Die geflügelten, weiß bepuderten Insekten und ihre unbeweglichen Larven sitzen an den Blattunterseiten und legen dort ihre zahlreichen Eier ab. Die erwachsenen Tiere fliegen bei Berührung sofort auf. Ihre Saugtätigkeit verursacht gelbe Sprenkel auf der Blattoberseite, die Blätter vertrocknen und fallen schließlich ab. Durch die Honigtauabsonderung folgt häufig ein Befall mit Rußtaupilzen. Weiße Fliegen bevorzugen bestimmte Pflanzen, dazu gehören Fuchsien, Verbenen und Wandelröschen. Vorbeugend gilt es, eine zu hohe Stickstoffdüngung zu vermeiden, damit das Gewebe nicht zu weich und anfällig wird. Weiße Fliegen sind häufige Schädlinge im Winterquartier, deshalb dort Gelbtafeln zur Befallskontrolle aufhängen, ausreichend lüften oder bei Bedarf mit Schlupfwespen bekämpfen. Bei stärkerem Befall frühzeitig ein nützlingsschonendes Präparat einsetzen.

Thripse (Blasenfüße): Die flügellosen Larven und die erwachsenen Tiere verursachen silbrig schimmernde Saugstellen an Laub- und Blütenblättern, die später verkorken. Die Blätter verkrüppeln, vertrocknen und sterben ab, der gesamte Wuchs ist kümmerlich. Die Tiere saugen oft an der Blattunterseite und treten besonders bei feuchter Witterung und hoher Luftfeuchtigkeit auf. Natürliche Feinde sind Raubmilben, Raubwanzen und Florfliegen. Im Gewächshaus kann man mit Blautafeln die Befallsstärke kontrollieren und erfolgreich mit den bereits erwähnten Nützlingen bekämpfen, die über den Fachhandel zu bestellen sind. Nur bei sehr starkem Befall empfiehlt sich ein nützlingsschonendes Pflanzenschutzmittel gegen saugende Insekten, sehr stark befallene Pflanzen entfernt man am besten ganz. Pflanzenreste sollten aber nicht auf den Kompost gelangen, da die Tiere im Boden als auch an Pflanzenresten überwintern können.

Blattwanzen: Wanzen erkennt man an ihrem flachen Körper mit dem dreieckigen Rückenschild zwischen den Vorderflügeln. Die Vorderflügel liegen flach am Körper an und im Gegensatz zu Käfern überlappen sich die Deckflügel. Sie sind grün bis bräunlich und mit ihren langen Beinen sehr flink. Durch ihre Saugtätigkeit rufen sie gelbe Flecken auf den Blättern hervor, die später verbräunen und aufreißen. Das Blatt ist mehr oder weniger stark durchlöchert. Bei Rosen werden auch die Knospen und jungen Triebe befallen, die verkrüppeln. Werden sie lästig, reicht häufig eine Behandlung mit nützlingsschonenden Kaliseife-Präparaten aus, die am besten morgens erfolgt, wenn die Tiere wegen der noch niedrigen Temperaturen flugunfähig sind. Fördern Sie natürliche Feinde wie Raubwanzen und Vögel.

Minierfliegen: Minierfliegen sind weit verbreitet. Die Weibchen legen ihre Eier mittels ihres »Legebohrers« direkt in das Blatt, in dem sich die Larven dann ungestört entwickeln. Manche Arten verpuppen sich sogar darin. Die Larve frisst sich durch das Blattgewebe und hinterlässt einen deutlich sichtbaren weißen Fraß-

gang auf den Blättern, die mit Kot gefüllt sind. Ist der Befall überschaubar, entfernen sie zunächst die befallenen Blätter. Erst bei stärkerem Befall empfiehlt sich ein handelsübliches, nützlingschonendes Pflanzenschutzmittel.

Trauermückenlarven: Die Larven halten sich im Boden auf und verursachen Fraßschäden an Wurzel und Stängelbasis. Bei Berührung der Pflanzen fliegen 2 bis 3 mm kleine, schwarze Mücken auf. Die Pflanzen sollten möglichst trocken gehalten werden. Eine Sandschicht auf den Töpfen verhindert die Eiablage und ist tödlich für schlüpfende Larven. Gelbtafeln zur Befallskontrolle aufhängen, biologische Bekämpfung mit parasitären Nematoden (Steinernema) möglich.

Gemüsefliegen: Die Gruppe der Gemüsefliegen ist groß, doch das Schadbild ist immer ähnlich. Ob Möhrenfliege, Kohlfliege, Zwiebelfliege, Bohnenfliege – die weißlichen Larven fressen an den Früchten, Blättern und manchmal auch an den Wurzeln, was zur Folge hat, dass die Fraßgänge verbräunen, die Pflanzenteile absterben oder die ganze Pflanze welkt. Möhren schmecken dann bitter. Zur Eiablage Ende April/Anfang Mai bevorzugen sie warme, windgeschützte Plätze. Man kann sie austricksen und diese gefährliche Zeit umgehen, indem man sehr frühe oder späte Sorten aussät oder im Haus vorkultiviert. Insektenschutznetze bieten eine wirksame mechanische Barriere. Bei einem Befall sollten Sie auf jeden Fall die Substrate erneuern, denn die Möhrenfliege kann im Boden überwintern und auf andere Pflanzen, gerne auf Petersilie, übergreifen.

Gefurchter Dickmaulrüssler: Der Käfer verursacht einen halbkreisförmigen, buchtenförmigen Fraß an den Blatträndern und schont auch Knospen nicht. Die kleinen, weißen Larven fressen an Wurzeln, was zu Welkeerscheinungen und schwächlichem Wuchs führt. Die flugunfähigen, nachtaktiven Käfer kann man in den Abendstunden absammeln, denn tagsüber halten sie sich im Boden auf. Larven und Käfer überwintern auch im Boden. Gegen die Larven lassen sich im Frühjahr und Herbst parasitäre Nematoden (Heterorhabditis) im Gießverfahren ausbringen. Sie sind im Fachhandel zu bestellen und auch bei Dachgärten, Kübeln und Balkonkästen einsetzbar. Beste Vorbeugung ist ein sauberes Kultursubstrat. Häufige »Opfer« sind Rhododendron und Eibe, Stauden, Erdbeeren, Weinreben, aber auch Zimmerpflanzen wie Alpenveilchen.

Nacktschnecken: Schnecken zerfressen Blätter und Früchte und machen sich besonders gern über zartes, junges Pflanzengewebe her. Manchmal verursachen sie in einer Nacht einen totalen Kahlfraß. Nur bei Regenwetter treten sie auch tagsüber in Erscheinung. Sie hinterlassen immer deutliche Schleimspuren. Genauso lästig wie die Schädlinge ist der Einfallsreichtum der Gartenbesitzer, um sie von den Pflanzen fern zu halten. Dies reicht vom Einsammeln der Tiere, über das Ausbringen von Schutzstreifen aus Sägemehl oder Sand, Schneckenfallen wie Biertränken bis hin zu Schneckenschutzzäunen. Hilfreich ist auch, Schlupfwinkel zu entfernen, übermäßige Feuchtigkeit zu vermeiden und Lebensräume für natürliche Feinde wie Vögel, Igel, Frösche oder Kröten, zu schaffen. Falls alles nicht hilft, kann man Schneckenkorn um die Pflanzen geben. Dabei sollte man aber bedenken, dass diese Mittel für Haustiere giftig sind.

Raupen (Frostspanner): Die grünen Raupen des Kleinen und Großen Frostspanners verursachen im Frühjahr starke Fraßschäden an Blättern und Trieben frisch austreibender Laubgehölze. Junge Blätter werden dabei zusammengesponnen. Spannerraupen lassen sich durch ihre fünf Beinpaare und typische Buckelbildung erkennen, wobei die Raupen des Großen Frostspanners auffällige weiße Seitenstreifen besitzen. Fördern Sie natürliche Feinde wie Schlupfwespen oder Vögel, denn ein Meisenpaar kann bei der Aufzucht seiner Jungen bis zu 30 kg Raupen verschlingen. Leimringe, die im Herbst um den Stamm gelegt werden, fangen die flugunfähigen Weibchen auf ihrem Weg zur Eiablage in die Baumkrone ab. Gefährdet sind vor allem Hainbuche, Eiche und Obstgehölze.

Stock- oder Stängelälchen: Typisch ist ein gestauchter, kümmerlicher Wuchs und ein angeschwollener, gekrümmter Stängel. Bei Phlox verursachen die Nematoden die sogenannte »Fadenblättrigkeit«, bei der nur noch die Mittelrippe der Blätter stehen bleibt. Befallene Pflanzenteile sollten umgehend entfernt werden. Vorbeugend ist ein lockerer, nicht zu enger Stand. Empfehlenswert sind Anbaupausen und Mischkulturen. »Unkräuter« sind häufig Wirtspflanzen und werden am besten entfernt, um Neuinfektionen zu vermeiden. Älchen treten neben Stauden an Zwiebel- und Knollenblumen (Tulpen, Narzissen, Krokus) und Sommerblumen (Nelken) auf.

Zikaden: Erwachsene Tiere sowie Larven verursachen durch ihre Saugtätigkeit weiße Sprenkel auf der Blattoberseite, was einem Spinnmilbenbefall sehr ähnelt. Zikaden und Spinnmilben kommen auch häufig gemeinsam an einer Pflanze vor, sind aber leicht voneinander zu unterscheiden. Die gelbgrünen Zikaden springen bei Berührung weg und lassen nach der Häutung ihre auffälligen weißen Häute zurück. Auffälliges Merkmal der Schaumzikaden ist der speichelartige Schaum an den Trieben, in dem die Larven ungestört saugen. Besonders stark vermehren sie sich bei warmer, trockener Witterung. Vorbeugen kann man mit einem luftigen Standort und einer ausgewogenen, nicht zu stark Stickstoff betonten Düngung. Als hilfreich hat sich ein Kaltauszug aus Brennesseln erwiesen, bei stärkerem Befall kann man die Blattunterseiten wiederholt mit einem handelsüblichem, nützlingsschonendem Präparat gegen saugende Insekten spritzen.

Pflanzenkrankheiten

Grauschimmel (Botrytis): Dieser typische Fäulnispilz zeigt sich durch braune, faule Stellen auf Blättern und Blüten, die teilweise bis auf den Stängel übergehen. Bei Früchten bilden sich weiche Faulstellen mit grauem Schimmelrasen, sie schmecken zudem muffig. Der Befallsdruck ist besonders bei feuchtwarmer Witterung sehr stark. Stellen Sie die Pflanzen locker und luftig auf, damit sie schnell abtrocknen können. Bäume und Sträucher sollten bei Bedarf ausgelichtet werden, bei bodennahen Pflanzen wie Erdbeeren empfiehlt sich eine Mulch-

decke. Vermeiden Sie eine übermäßige Stickstoffdüngung, damit das Pflanzengewebe nicht weich und anfällig wird. Abgestorbene Pflanzenteile, an denen der Pilz überwintern kann, sind Infektionsquellen und sollten daher sofort entfernt werden. Möchten Sie auf eine chemische Behandlung während der Blütezeit nicht verzichten, verwenden Sie unbedingt ein bienenungefährliches Präparat.

Rostpilze: Im Frühjahr bilden sich besonders auf der Blattunterseite pustelartige, je nach Erreger gelbliche bis rostbraune, stäubende Sporenlager, die sich im Herbst dunkel färben. Auf der Blattoberseite zeigen sich gelbliche Flecken. Die Blätter vertrocknen und faulen ab, die Pflanze wächst nur noch kümmerlich. Achten Sie darauf, dass die Luftfeuchtigkeit nicht zu hoch ist und die Blätter nicht ständig benetzt werden. Eine übermäßige Stickstoffdüngung fördert ebenfalls den Befall. Die Sporen tragenden Pflanzenteile müssen unbedingt entfernt und vernichtet werden, da der Pilz an ihnen überdauert. Rostpilze leben häufig im Wirtswechsel mit anderen Pflanzen, die als Infektionsquelle ausgeschaltet werden sollten. Werden Ihre Pflanzen ständig auf's Neue infiziert, erkundigen Sie sich ruhig bei Ihrem Gärtner, welche Wirtspflanzen als Übeltäter in Frage kommen könnten. Pflanzenstärkende Wirkung haben Extrakte aus Schachtelhalm und Rainfarn, die auch gleichzeitig gegen Mehltaupilze helfen.

Keimlingskrankheiten, Wurzel- und Wurzelhalsfäulen: Verursacher können verschiedene Pilzarten sein, aber immer mit ähnlichem Symptom. Der Pilz dringt bevorzugt in ungeschütztes, junges Gewebe oder über Verletzungsstellen ein und befällt daher häufig Sämlinge und Stecklinge. Wurzelhals und Stängelgrund verfärben sich braun, die Wurzeln faulen, die Pflänzchen fallen um und welken schließlich. Das Auftreten von Pythium- und Phytophthora-Fäulen ist sehr häufig die Folge eines zu nassen Standortes, beispielsweise durch einen verdichteten Boden und zu häufiges Gießen. Deshalb ist besonders auf einen gut wasserdurchlässigen Boden zu achten, im Gewächshaus sollte die Luftfeuchtigkeit nicht zu hoch sein. Kranke Pflanzen müssen entfernt und vernichtet werden. Empfindliche Pflanzen kann man im Vermehrungsbeet vorbeugend mit einem handelsüblichem Präparat gegen Keimlingskrankheiten angießen.

Welkekrankheiten: Durch die Infektion der Leitungsbahnen welken zunächst die Blätter einseitig am Trieb und bleiben vertrocknet dort hängen. In anderen Fällen sterben ganze Triebe ab. Die Pflanzen wachsen nur noch schwach und brechen später zusammen. Schneidet man den Stängel auf, zeigt sich, dass die Gefäßbündel braun verfärbt sind. Die Wurzeln sind nicht betroffen. Als einzige Möglichkeit bleibt nur, die befallenen Pflanzen zu entfernen. Mittlerweile gibt es wie bei den Astern zahlreiche, gegen Fusarium- oder Verticillium unempfindliche oder resistente Sorten. Besonderen Wert sollte auf die Hygiene bei Pflanzenarbeiten gelegt werden, insbesondere auf saubere Gefäße und keimfreies Substrat. Bei der Sklerotinia-Welke bilden sich im weißen Pilzrasen am Stängel oder Stängelgrund schwarze Dauerkörper, sogenannte Sklerotien, mit denen

der Pilz jahrelang im Boden überwintern kann. Deshalb ist es wichtig, bei einem Befall das Substrat auszuwechseln. Sie tritt häufig bei Bohnen, Gurken und Tomaten auf. Fragen Sie nach unempfindlichen Sorten.

Echter Mehltau: Typisches Merkmal dieses weit verbreiteten Pilzes ist der hauptsächlich oberseits auftretende, mehlig weiße Belag an den Blättern, an Blütenkelchen und an jungen, weichen Trieben; bei Obst auch an Früchten und Blütenständen. Die Blätter verbräunen, rollen sich ein und vertrocknen. Der Pilz vermehrt sich besonders rasch bei feuchtwarmer Witterung, besonders bei sonnigen, warmen Tagen mit nächtlicher Taubildung. Deshalb empfiehlt sich ein luftiger Standort und eine nicht zu enge Pflanzung ebenso wie eine ausgewogene, nicht zu stickstoffreiche Düngung. Eine gute Wirkung zeigen Jauchen oder Brühen aus Schachtelhalm oder Rainfarn. Wählen Sie am besten weniger anfällige oder gar resistente Sorten, die es beim Wein in größerer Anzahl gibt. Bei mehrjährigen Pflanzen müssen befallene Pflanzenteile sorgfältig bis ins gesunde Holz zurückgeschnitten werden. Bei starkem Befall kann ein Präparat auf Schwefelbasis Abhilfe schaffen.

Falscher Mehltau: Die Symptome werden wie beim Echten Mehltau ebenfalls durch verschiedene Erreger verursacht. Charakteristisch sind von den Blattadern begrenzte Flecken, je nach Erreger hell bis rot-violett (bei Rosen). Auf der Blattunterseite befinden sich weißliche bis bräunliche Sporenlager. Der Pilz befällt auch Früchte und Knollen; die Früchte der Weinrebe verfärben sich bläulich braun

und trocknen ein (»Lederbeeren«). Gefördert wird die Ausbreitung des Pilzes bei kühler, feuchter Witterung. Deshalb sollten die Bestände nicht zu dicht gepflanzt werden, damit die Pflanzen immer gut abtrocknen können. Bei Sträuchern empfiehlt sich ein frühzeitiges Auslichten. Da der Pilz häufig auf befallenen Blattresten überwintert, sollten diese eingesammelt und am besten vernichtet werden. Stark infizierte Pflanzen entfernt man ganz aus dem Bestand. Im Gewächshaus ist für eine gute Lüftung zu sorgen. Fragen Sie im Fachhandel nach resistenten Sorten, die es beispielsweise bei Salat ausreichend gibt.

Blattfleckenkrankheiten: Dunkle, runde Blattflecken treten besonders bei länger andauernder Feuchtigkeit und häufiger Benetzung der Blätter auf. Je nach Erreger sind die Flecken rötlich bis violett umrandet und auf den Flecken können schwarze Fruchtkörper auftreten. Bei hoher Luftfeuchtigkeit und Verletzungen des Pflanzengewebes, beispielsweise durch saugende Insekten, breitet sich der Pilz rasch aus. Um die Verbreitung des Pilzes zu unterbinden, sollten befallene Pflanzenteile frühzeitig entfernt werden. Die Blätter müssen rasch abtrocknen, deshalb nicht zu eng pflanzen und Bäume und Sträucher bei Bedarf auslichten. Wichtig ist eine ausgewogene Düngung, denn wenig abgehärtetes, weiches Gewebe fördert den Befall ebenfalls. Vorbeugend kann mit einer Ackerschachtelhalmbrühe gespritzt werden.

Kraut- und Braunfäule: Diese Krankheit wird von dem Pilz Phytophthora infestans verursacht und befällt neben der Kartoffel die Tomate. Sie tritt vorwiegend bei feuchter Witterung auf, verstärkt ab Juli, und äußert sich in bräunlich schwarzen Flecken auf Blättern und Früchte. Das Fruchtfleisch wird hart, die Früchte ungenießbar. Vorbeugen kann man mit der Auswahl unempfindlicher Sorten sowie mit pflanzenstärkender Brennnesseljauche. Folienhauben bieten nicht nur Wärme zur Ausreifung der Früchte, sondern schützen auch vor der Infektion mit umherfliegenden Pilzsporen. Ackerschachtelhalmtee hilft bei schon befallenen Pflanzen. Verwenden Sie in jeder Saison frisches Substrat.

Viruskrankheiten: Je nach Erreger zeigen sich die unterschiedlichsten Schadsymptome: Von Wachstumsstörungen verbunden mit mosaikartigen, scharf begrenzten Flecken auf Blättern und Blüten (Blüten wirken dabei fleckig), über Deformationen von Blättern, Blüten, Früchten, Trieben und Wurzeln bis hin zum völligen Absterben des befallenen Gewebes. Dabei sind die Erreger häufig auf eine Pflanzengattung spezialisiert. Wichtige Gegenmaßnahmen sind, Virusüberträger wie Blattläuse, Wanzen oder Zikaden zu bekämpfen; Wirtspflanzen, sprich Unkräuter, zu entfernen; gesundes Pflanzgut, widerstandsfähige oder virusresistente Sorten zu verwenden sowie sorgfältigste Hygiene bei Vermehrungsarbeiten (Werkzeuge und Gefäße desinfizieren).

Bakterienkrankheiten: Bakterien können, je nach Erreger, die unterschiedlichsten Schadsymptome hervorrufen. Sie reichen von Blattflecken über Gallenbildung bis hin zu Bakterienbrand, von schlei-

miger Fäulnisbildung über Stängel- und Wurzelfäulen bis hin zu Welkekrankheiten.

Eine meldepflichtige Quarantänekrankheit ist der Feuerbrand: Dabei färben sich zunächst die Blüten, dann die Blätter bräunlich schwarz. Sie bleiben wie verbrannt an den Trieben hängen. Bei hoher Luftfeuchtigkeit treten aus den Befallsstellen sogar Schleimtropfen aus, die die gefährlichen Bakterien enthalten. Die wichtigsten Wirtspflanzen stammen aus der Familie der Rosengewächse *(Rosaceae)*, wie der Apfel, der Feuerdorn oder die Birne.

Zur Bekämpfung von Bakterienkrankheiten, insbesondere auch des Feuerbrandes, gibt es keine chemischen Pflanzenschutzmittel. Befallene und auch verdächtige Pflanzen sind sofort aus dem Bestand zu entfernen und zu vernichten.

Ein lauschiges Plätzchen: Wenn Sie Krankheiten und Schädlinge richtig im Griff haben, steht der Blütenpracht auf Balkon und Terrasse nichts mehr im Wege

Register